图书馆 2.0：

升级你的服务

图书馆 2.0 工作室　编

北京图书馆出版社

图书在版编目(CIP)数据

图书馆 2.0:升级你的服务/图书馆 2.0 工作室编. —北京:北京图书馆出版社,2008.4
ISBN 978 -7 -5013 -3611 -1

Ⅰ.图… Ⅱ.范… Ⅲ.数字图书馆 Ⅳ.G250.76

中国版本图书馆 CIP 数据核字(2008)第 024838 号

书名 图书馆 2.0:升级你的服务
著者 图书馆 2.0 工作室 编

出版 北京图书馆出版社 (100034 北京西城区文津街 7 号)
发行 010 -66139745 66175620 66126153
66174391(传真) 66126156(门市部)
E-mail cbs@nlc.gov.cn(投稿) btsfxb@nlc.gov.cn(邮购)
Website www.nlcpress.com
经销 新华书店
印刷 北京兴华昌盛印刷有限公司

开本 787 ×1092 毫米 1/16
印张 22.75
版次 2008 年 4 月第 1 版 2008 年 4 月第 1 次印刷
字数 400 千字

书号 ISBN 978 -7 -5013 -3611 -1/G · 750
定价 60.00 元

目　次

前　言

2004年，一个极具IT特色的名词Web2.0出现。尽管人们关于Web2.0的解释多种多样，但所有定义都无一例外强调普通用户在网络信息服务中的重要性，鼓励用户参与网络资源的创建与组织。Web2.0的基本理念，对应用网络技术从事信息服务的部门与行业产生了强大的冲击。人们在各个不同的行业中引入Web2.0的基本理念，改造原有的信息服务或创建新的信息服务，由此产生一批形形色色的2.0。

2005年秋天，西方网络图书馆学领域出现了一个由Web2.0演化而来的新名词：Library 2.0。很快，这一概念由网络图书馆学领域延伸到“正式”学术领域，出现了大量有关图书馆2.0的期刊论文、学术专著、学术报告和学术会议。

图书馆2.0这个名词出现后，中国图书馆人亦为这一概念备受鼓舞。图书馆2.0基本理念——用户参与、图书馆无处不在、图书馆没有障碍，等等，与图书馆的职业精神如此的贴近，它使得赖以有效提升图书馆服务能力的信息技术与图书馆人信奉的人文精神融为一体。因此，我们成为图书馆2.0的忠实信徒和布道者。

本书是在我们的倡导与组织下，由一群来自五湖四海的图书馆2.0忠实拥趸，以Web2.0的方式，共笔而成的学术著作。每章作者来自不同的工作单位：高校图书馆、公共图书馆或高校图情专业。作者后面还有一个后援团队，作者与后援团都是在网上讨论中产生的。这群年轻的合作者没有什么学术声望，他们相互之间基本没有师承、同学关系，有些合作者甚至到现在还未曾见过面。唯一能使他们走到一起来的因素，只是他们都有着共同的理念：他们看到了图书馆2.0希望所在，体验到了实践图书馆2.0给图书馆服务带来的变化，同时也体验到了践行图书馆2.0给自己职业生活带来的快乐。他们自愿走进“图书馆2.0工作室”这样一个写作集体，无私地奉献着自己的激情与智慧。许多为本书或多或少作出贡献的朋友，甚至主动放弃在本书中任何地方出现他们的名字。这样一种合作所体现的，就是参与和奉献的图书馆2.0精神。这种精神出现在这样一批年轻的图书馆人身上，我们并不感到奇怪。一位知名教授在中国图书馆学会“图书馆志愿者活动”培训时说，今天的中国图书馆人向社会奉献了一种稀缺：职业精神。我们以为，这部书作者也是拥有这种“稀缺”的图书馆人。

从技术上说，本书的编写也充分利用了 Web2.0 的技术。这么一大批作者共同编写一部书，作者间的交流是一个大问题。但在 Web2.0 时代，这个问题不再存在。作者们通常在 IM 中交流，问题集中了就召开网络会议，语音的或者文字的。各种前期思想与初步成果放到Wiki上，由大家一起“共笔”完善。如果有人因工作太忙或其他原因缺席了网络会议，他还可以迅速从其他网友那儿看到讨论过程与结论，并将自己的意见补充进去。本书从酝酿构思到大纲制定，从人员招募到修改定稿，都借助于博客、Wiki 平台、IM 群、邮件组等各类工具，进行了充分的头脑风暴和激情碰撞，全程贯彻了平等、参与和互动的团队合作精神，并得到了广大网友的支持和反馈。

这部书的大纲是作者们在网上多次激烈讨论后产生的。大纲的原型出自一位年青的图书馆员。他提出了以“服务”为主线索构建图书馆 2.0 理论体系的思想。

2006 年 1 月，《大学图书馆学报》发表《图书馆 2.0：构建新的图书馆服务》，同年 9 月，以严谨著称并略带保守色彩的 *Library Journal*，在人们对于图书馆 2.0 的阵阵质疑声中，发表了《图书馆 2.0：下一代图书馆的服务》。现在人们常引用《大学图书馆学报》的说法，将图书馆 2.0 定义为“Web 2.0 的技术或服务在图书馆信息服务中的应用”，尽管现在图书馆 2.0 的定义仍然似是而非，但可以肯定的是，现在的理解要较 2006 年初的理解更加深入了。其实细心的人们可以注意到由中外正式期刊首先发表的这两篇图书馆 2.0 的论文，不约而同地在“图书馆 2.0”的副标题中，采用了“服务”一词。就是说，图书馆 2.0 倡导者所理解的“图书馆 2.0”并不是一种“图书馆”的形态，甚至不是图书馆 IT 系统的一种形态，而是图书馆的一种新的服务。

服务，这是被后来的很多图书馆 2.0 研究者都忽视了的一个命题。在大量的图书馆 2.0 的讨论中，人们关注的是 Web 2.0 诸技术在图书馆的应用。尽管这种应用必然地要进入服务领域，并引起研究者对于服务的关注，但切入视角的不同，却可能导致些许微细的差异。而正是这些微细的差异，不经意间却可能左右了图书馆 2.0 的总体走向。纵观图书馆 2.0 的发展走势，可以说，正是那些执著关注图书馆服务的人们，一次次将图书馆 2.0 这个新的概念、新的理念，带向一个正确的方向。图书馆人可以通过对于服务的关注，发现更多更好的技术应用，或者发现对于技术的新的需求。这种理解图书馆 2.0 的思路，构成了中外图书馆 2.0 发展的一个流派。

这部书的大纲就是构筑在图书馆服务基础上，各种技术的切入点是图书馆服务，并有围绕服务展开的图书馆 2.0 综合应用章节。具体地说，这部书由三个大的部分构成：第一部分是“总纲”，由第一、第二两章组成，它们从总体上论述 Web2.0 与图书馆 2.0 的基本思想，以及作者对于 Web2.0 和图书馆 2.0 的思考。第二部分是分论，从第三到第七章分别论述了RSS、Blog、Wiki、Tag和SNS在图书馆的应用,它们是图书馆2.0的主体内容。第三部分是Web2.0技术与理念在图书馆服务中的综合性应用,包括第八到第十一章,论述了Web2.0在参考咨询、个性化服务、OPAC和图书馆员中的应用,这些内容是Web2.0技术与理念综合应用于图书馆服务的直接体现。由于图书馆2.0理论目前尚不十分成熟,同时也由于本书作者对于图书馆2.0的理解存在差异,知识结构也不同,我们没有统一各章的写作风格,甚至允许某章节内容稍许重复及表述差异。

为了了解本书形成过程,兹将创作过程中若干群体性事件,略记如下:

1.2007年春天来临前的某一天傍晚,在上海街头某一茶馆内,老槐与Keven又一次相聚在一起,说起如何在国内推动图书馆2.0的事,终于决定写一本书以普及和推广图书馆2.0理念与实践。

2.2007年4月,Keven进入"大旗底下"QQ群。该群是由一些来自祖国各地的年轻图书馆员,在工作之余思考交流之用,思想火花时时闪烁。Keven见此情景,大胆设想:以此群成员为基础,再吸收合适的人员加入进来,一起共笔写书,并在写作的过程中,不断学习、交流和传播图书馆2.0理念和实践。

3.2007年4月22日,在厦门举办的第二届"Web2.0与信息服务"会议上,Keven主持会议时提出了图书馆2.0未来发展的若干项目,其中重点提出图书馆2.0书的写作计划,呼吁有兴趣的与会者和网络参会者主动加入进来。会后不断有人加入到QQ群中,由此,QQ群成为本书写作的平时讨论与交流的最主要媒介。

4.2007年4月29日,老槐和Keven等人,在QQ群中进一步动员后,正式主持召开了本书写作的第一次网络会议。会议的主会场就设在Keven的办公室里,架起了Seehaha(网上直播工具),使用了QQ群(文字互动)、Skype(语音、文字互动)、Pamela(录音)等诸多免费工具,与会者可以远程看到主会场的实时视频,并通过语音进行互动交流,效果不错。由于会前Keven等人在CNlib2.0(http://cnlib20.ning.com/)上发布了会议信息,吸引了海外同仁的关注并得到了很多建议。此次会议在交流中逐步达成若干共识:(1)本书写作定位:是写给图书馆员看的,非技术白皮书;(2)由Keven、老槐、万二等负责具体组织联络;(3)尽可能收罗全有关资料,以便学习与共享;(4)建立一个写书专用的Wiki平台;(5)分头撰写提纲,以便下次会议讨论确定大纲。

5.2007年5月10日,召开了本书写作的第二次网络会议,主要以Skype进行语音和文字交流。在会前,大家已在QQ群中进行了充分热身,在空花菜、花生壳等人的努力下,在 sogg 等人的协助下,搭建起了写书专用的 Wiki 平台,以备共笔。雨僧、六六、图林小钟、万二、一问、罗布泊、花生壳、空谷幽兰、游园惊梦等人分头撰写出的大纲,已挂在平台上供大家讨论。此次会议主要是对大纲进行讨论和定位。会议在热烈的争论中,形成两派意见:一是以服务为主线架构,二是以应用为主线架构。由于时间关系,会议在争议中暂时休会,提议大家先回去冷静思考一下后,再开会确定大纲。会议结束次日,游园惊梦博客发表"七条反对意见",激起大家的进一步互动。5 月 13 日,图林小钟抛出杀手锏,拟订出了一个全新的综合大纲,受到热议和部分肯定,并在 QQ 群中逐步达成共识。万二在吸收大家智慧的基础上,也抛出了一个新的综合大纲。

6. 2007 年 5 月 16 日,从新西兰回到南京的雨僧,专程抽空赶到上海,与 Keven、老槐、Leon、万二等人专门就本书的大纲、写作风格、内容框架及编排格式等等进行了热烈而有深度的交谈。

7. 2007 年 5 月 19 日,召开了本书写作的第三次网络会议,主要以 QQ 群的方式进行交流。结合此前大家的讨论意见,对大纲作了进一步的讨论与修订,形成了最新大纲。本次会议开始动员大家认领相关章节的写作;会后在博客、Wiki 平台上,发布招标通告,并通过各种途径和方式,在自愿和半推半就相结合的基础上,逐步确定各章节的写作负责人、参与者及支持者,开始启动本书的正式写作。个别章节的写作暂时无人承担。另外,在写书的 Wiki 平台上,用上了由洞庭水手设计的专用 Logo。此前,图林小钟也做了一系列的设计,反响也不错。

8. 2007 年 5 月 27 日,召开了本书写作的第四次网络会议,主要以 QQ 群的方式进行交流。会议主要内容是对各章的负责人所提交的该章节的详细框架和设想,进行充分的讨论,逐步形成共识。会后各章节负责人结合会上讨论内容,开始写作初稿。

9. 2007 年 5 月 30 日,在上海大学图书馆召开的"上海地区图书馆 2.0 应用与实践研讨会"上,万二在会议上乘机介绍了 QQ 群与本书写作的概况,并动员有兴趣者加入进来。在随后的日子里,大家借助于各类平台,相互鼓劲,共同写作。

9. 2007 年 7 月 5 日,一问承担的章节率先完成初稿。随后六六、钱涂无量、云影、花生壳、图林丫枝等人负责的章节均按时完成初稿;万二、sogg、游园惊梦、图林小钟负责的章节略有拖延。至 7 月底,大部分章节的初稿出笼。与此同时,在写书的 Wiki 平台上,大家对初稿进行了即时评点和讨论。来自写作者之外的如图林小子等人也在此平台上发布了个人看法。在 cnlib2.07(http://cnlib20.ning.com/)等平台上,远洋过客等海外学者也发表了个人见解,表达了对本书写作的关注。各章负责人在吸收大家意见的基础上,开始了第二稿的修改。至9月上旬,大多数章节的二稿修改完成,个别章节的初稿也得已完成。

10.2007年9月18日中午,老槐、Keven和万二相聚在华东师大后门的一家咖啡店,开始就本书的催产,进行了最后会诊。会上确定了本书的主编为“图书馆2.0工作室”,并对后期的工作作了规划和落实。

11.2007年9月22日,召开了本书写作的第五次网络会议。主要以QQ群(文字)与Skype(音频)为交流方式。会议主要由Keven对各章节的二稿进行集中点评,提出具体的修改意见和进一步努力的方向。会后开始了本书大部分章节的第三稿写作与修改和个别章节的二稿写作与修改。

12.2007年10月份上旬开始,大家陆陆续续提交本书的第三稿。2007年11月20日,万二在大部分章节的三稿基础上,对全书的框架结构和具体内容进行了初步整合修改,完成了本书的第一次统稿,形成第四稿。2007年12月16日,Keven完成了本书的第二次统稿和修改,形成第五稿。2007年12月20日,花生壳完成了本书第三次统稿和修改,形成第六稿。2007年12月27日,老槐完成了本书的第四次统稿和修改,并动员编目精灵对图书馆Wiki部分进行了改写,形成第七稿。2008年1月7日,Keven、花生壳、空心菜等对本书进行了最后调整和修改,充实了丰富的参考资料,完善了参考文献等工作,形成本书的终稿。

本书的写作过程中,还得到了图有其表、书骨精、豫阳、邱冠华、任树怀、马国栋、丘东江等QQ群内外的诸多网友的互动交流和大力帮助,也得到了现实生活中的诸多师长的关怀和鼓励。北京图书馆出版社的宋安莉、王涛对本书的写作给予极大的信任,为本书的编辑付出了大量的心血和努力,在此一并表示深深的感谢!

这本书不是图书馆2.0的一切,它只是图书馆2.0之梦开始的地方。

范并思　刘炜　金武刚

2008年1月于上海

第 1 章　Web2. 0 时代：梦醒巴比塔

梁灿兴

维护现状和仅仅推广过去的成功是在准备灾难。

——张晓林

近 50 年来，计算机技术和通信技术的高速发展，极大地改变了社会的生产方式，20 世纪 80 年代以来这种变化更广泛渗入到普通人生活的方方面面。作为服务于一般公众的图书馆，在工作方式和服务形式上也随之发生了许多变化。在这一波又一波汹涌而至的信息技术浪潮中，已经有两次浪潮让图书馆服务发生了根本转型。

当前，我们又面临着新一轮的 Web2. 0 浪潮的冲击，图书馆服务将何去何从？认真梳理这几次浪潮对图书馆形成的冲击以及图书馆的因势而变，会给我们图书馆人带来莫大的启示，这也正是我们对图书馆的未来发展树立起信心的力量源泉。

1.1　第三次信息技术浪潮

1.1.1　自动化浪潮

20 世纪 60 年代，二战之后的西方国家经过 10 余年的恢复，社会经济日益繁荣，科学技术日新月异。电子计算机经过多年的研究与开发，日渐成熟，开始逐步应用于各类生产与管理之中，出现了自动化应用的浪潮。

1959 年，DEC 公司推出 PDP－1 计算机，价格约 12 万美元，从而使得大企业应用计算机辅助管理成为可能。1960 年，美国伯利恒（Bethelehem）钢厂开始利用计算机进行订货、库存管理，并进行生产过程的实时控制，表明计算机能够胜任企业生产过程中的信息管理。

与此同时，记录着大量信息的社会文献数量急遽增加，并以指数形式不断增长，形成全球范围的“信息爆炸”之势，从而给图书馆的文献资源采购、管理与检索都带来了极大的压力和麻烦。

图书馆是一个传统的行业，但它处理的对象却是不断变化的信息。在信息革命的浪潮尚处于潜动阶段时，图书馆没有死守自己的传统信息处理手段，而是以极大的热情拥抱了新兴的信息技术。1962 年,美国加利福尼亚大学和南伊利诺伊大学图书馆,分别利用计算机进行期刊和流通管理,开启了图书馆领域计算机应用的先河。1965 年,Licklider 写下了《未来的图书馆》一书。在 Licklider 写书的时候,分时计算机还处于研究阶段,计算机的存储价格为每字节 1 美元,但他大胆地预测了未来 30 年后(1994 年)数字图书馆的面貌。W. Y. Arms 对此称道说:"他的预言应验了,尽管他没有预见 30 年后的所有变化,但整体面貌上却非常准确。"①

1964 年,美国国会图书馆开始 MARC 试验计划,但不尽如人意。划时代的事件发生在 1967 年前后,1967 年发布 MARC Ⅱ,并于两年之后开始发行 LC – MARC 磁带,迈开了图书馆信息管理标准自动化的步伐。几乎与此同时,俄亥俄学院图书馆成立 OCLC(俄亥俄学院图书馆中心/联机图书馆中心),并于 1971 年开始联机编目。这样,建立一个基于统一标准的书目数据格式的图书馆目录联机网络的技术条件就都具备了。最迟至 20 世纪 80 年代,基于 MARC Ⅱ 标准、面向公众开放提供的书目存取(OPAC)的出现,迅速在美国流行开来,并形成了图书馆的一项"标准"服务。类似这样的联机编目网络,全世界还有 10 多个,如英国 BLAISE、SWALCAP,荷兰的 PICA,加拿大的 UTILS,香港的香港图书馆网络,澳大利亚的 ABN 和日本的学术情报中心等。我国在上世纪 90 年代,也产生了全国联合编目中心、中国高等教育文献保障体系(CALIS)和地方版文献联合采编协作网(CRLnet)。

20 世纪 70 年代,出现了一批提供联机检索的超大型商业数据库,如医学文献联机检索系统(MEDLARS)、DIALOG 系统、ORBIT 系统等,实现了高度集中的情报检索自动化。这预示着类似于 OCLC 的图书馆联机编目系统所衍生的计算机文献信息检索可以达到的高度。

1.1.2 互联网浪潮

1969 年 12 月的一天,位于美国马塞诸塞州 Cambridge 的 BBN 公司里,技术人员把 4 台主机用信号线连在一起,成功地进行了主机与主机之间的通信。让人始料不及的是,这个原来只有 4 台主机的网络,在 30 年不到的时间里竟然遍布全球,几乎成了地球的另一层"皮肤",形成了当今人们工作、学习与生活都不可或缺的互联网(Internet)。

互联网最初是由政府出资建立的,基本只限制于在科研、教育和政府等机构内使

① W. Y. Arms. 数字图书馆概论. 北京:电子工业出版社,2001

用。20 世纪 90 年代初期，互联网放宽了对商业活动的限制，并开始对互联网实施私有化，从此互联网插上了商业化的翅膀，跳跃式发展，规模急遽扩大，成为覆盖全球的最大网络。与此同时，另一项技术的出现大大加快了互联网的进程，这就是 WWW（World Wide Web，简称 Web）。Web 是互联网的一部分，它是一些计算机按照一种特定方式互相连接所构成的互联网的子集，这些计算机可以很容易地进行内容互访。Web 更像是对信息的存储和获取进行组织的一种思维方式。Web 最重要的特点就是具有容易使用的标准图形界面，这种界面使那些对计算机不是很精通的人也可以用 Web 访问大量的互联网资源。从此，互联网从研究专家走向了平民百姓，掀起了又一次的信息技术发展浪潮。

根据国际电信联盟的数据，接入全球互联网的主机数 1989 年 10 月为不到 16 万台，1995 年初为 485 万台，2000 年 7 月达 9082 万台，2005 年 1 月已达 3 亿 1764 万台。①

网民人数是衡量互联网发展的另一个指标，到 2006 年 10 月底，全球网民已达到 11.3 多，在 2000—2007 年间，增长了 214.0%。② 据 CNNIC 统计，截止到 2007 年 6 月底，中国的网民数量也达到了 1.62 亿。③

互联网主机数量和网民数量的大量增加，带来了更多的信息资源的增长，网络上提供和发布的信息难以精确计算。如何有效地管理网络上的信息资源成为一道 20 世纪末的难题。数字图书馆在这样的背景下应运而生了。

数字图书馆的出现，是多路径推动的，因而也产生了对数字图书馆的不同认识。第一条路径，是从商业联机数据库和 WebOPAC 文献传递服务发展而来的，从传递文献的硬拷贝到转换成特定的电子文档的格式提供给用户，其间不过一“纸”之隔。

第二条路径，是从图书馆馆藏数字化而来的，目的在于文献内容的保存，提供不受时空限制的查询、存取，从而提高图书馆服务质量。在推动数字图书馆研究的实际项目中，这条路径的推动作用非常明显。如美国 20 世纪 90 年代两期数字图书馆先导研究计划，就是由始于 1989 年的美国记忆和美国国家数字图书馆项目带动下推出来的。这两个计划都是将美国国会图书馆的部分馆藏数字化并提供网络存取服务。

第三条路径，才是着眼于解决网络上所有信息存取问题的数字图书馆，这是美国数字图书馆先导计划提出的概念性成果，认为“数字图书馆不仅仅是数字馆藏及管理

---

① http://www.isc.org/index.pl/ops/ds/

② http://www.internetworldstats.com/emarketing.htm

③ http://www.cnnic.net.cn/uploadfiles/pdf/2007/7/18/113918.pdf

工具的集合,而应包括信息、数据和知识在整个创建、发布、利用、存储等声明周期内的所有活动”。可见,数字图书馆的核心是解决分布式环境下对于数字对象的组织、访问和服务的问题。数字图书馆的目的,是充分利用遍布全球的网络通信和计算能力,将信息资源连接在一起,形成一种信息基础设施。

因此,数字图书馆立足于解决网络上信息的语义识别和不同系统之间的互操作问题,为用户提供网络信息资源的快速而准确的集成检索服务。这样的数字图书馆,在理论上可以存取在网络上的任何信息,从而在存取广度上超越了以往任何一个时代;在深度上,又可以达到对象级;在提供对信息资源中知识的可获性上,具有完全超越“OPAC + 文献传递”时代的特性,是人类普遍存取所有知识资源梦想的实现途径。

1.1.3 Web2.0:第三次浪潮

进入21世纪之后,一个不仅“可读”,而且“可写”和“可交互”的新型Web服务逐渐浮出水面,由“全民上网”变身为“全民织网”,被人们称之为“Web2.0”时代的来临。以Web2.0理念为核心的Blog、Wiki、RSS、SNS等网络信息服务大行其道,深受用户的欢迎,日渐成为当前网络信息服务的主流趋势,形成了一股方兴未艾的第三次信息技术发展浪潮。

Web2.0的概念,产生于2004年O'Reillv公司和Media Live国际公司举办的一次头脑风暴会议中。对于什么是Web2.0并没有统一定义。作为Web2.0概念的提出者,Tim O'Reilly认为:“Web 2.0的经验是:有效利用消费者的自助服务和算法上的数据管理,以便能够将触角延伸至整个互联网,延伸至各个边缘而不仅仅是中心,延伸至长尾而不仅仅是头部。”

互联网实验室给出的定义比较全面:“Web2.0不单纯是技术或者解决方案,Web2.0是一套可执行的理念体系,实践着网络社会化和个性化的理想,使个人成为真正意义上的主体,实现互联网生产方式的变革从而解放生产力,这个理念体系在不断发展完善中,并且会越来越清晰。实践Web2.0的成型的应用元素包括:博客(Blog,包含文字、声音、图像、视频,让个人成为主体)以及RSS(简易聚合)、Web service(Web服务)、开放式API's(开放式应用程序接口)、Wiki(维客)、Tag(分类分众标签)、bookmark(社会性书签)、SN(社会网络)、Ajax(异步传输)等等,底层是XML和接口协议,而这些应用又都是在一些Web2.0体系下的理论和思想指导下形成的,包括:六度分离理论、长尾理论、社会资本、去中心化等等。”

其实,不管Web2.0的定义如何,早在“Web2.0”这一概念明确提出之前,各种各样的 Web2.0 服务技术就早已存在了，只不过“Web2.0”概念的出现，为这些早已出现且日趋成熟的 Web 信息服务做了一个迟到的但非常精妙的概括。比如，Blog、Wiki、RSS 等信息发布和组织技术形成都已经有若干年了，但其形成巨大的社会影响力却在 2005 年之后。

2005 年 3 月，全球博客数量还只有 800 万，而至 2007 年 3 月底，这一数据就上升到 7200 万。现在全球平均每天新增博客 12 万个，即每两秒就新增 3 个。网民自发撰写的维基百科成为全球访问量前十大网站之一。Myspace 在美国的访问量首次超过雅虎，《时代》周刊将 2006 年的“年度人物”称号授予了那些在网络上勇于展现自我的“YOU”。

同时，以 Web2.0 理念建立起来的 Web2.0 信息服务，在商业化过程中不断获得巨大成功，又反过来刺激人们关注和使用 Web2.0 工具。2006 年，成立还不到一年的视频分享 Web2.0 网站——Youtube，以 16.5 亿美元的天价被 Google 收购，令人侧目；而 2007 年 10 月，微软以 2.4 亿美元击败两大竞争对手 Google 和 Yahoo 公司，购得 SNS 网站——Facebook 的 1.6% 的股份，又引起了巨大轰动，因为这意味着这家创建仅 3 年多的 Web2.0 网站的市值已飙升至 150 亿美元。

虽然当前国内用户对 Web2.0 理念的认同度还不是很明朗，但在使用网络过程中，不可避免地会接触到大量的 Web2.0 工具，Web2.0 服务的流行已经成为不可阻挡的历史潮流。而 Web2.0 服务的社会化和个性化的理念，不可避免地会对人们存取知识的习惯和行为产生重大影响，从而影响了以存取知识为己任的图书馆的生存和发展。

图书馆应用信息技术大事年表

1901 年，美国国会图书馆（LC）生产印刷目录卡片，共享编目开始。

1919 年，美国图书馆协会（ALA）采用首个资源共享规则（resource sharing code）。

1950 年，美国海军军械中心图书馆的 H. E. 泰利特提交了世界上第一篇建议图书馆应用计算机的研究报告。

1952 年，美国图书馆协会（ALA）修改馆际互借规则，采用标准化的馆际互借单。

1954 年，美国海军军械中心图书馆首先在 IBM701 型计算机上建立 NOTS 检索系统，采用单元词组配方式检索，输出结果为文献号码。NOTS 检索系统的建立，开始了图书馆现代信息技术的新时期。

1958 年，经过改进的 NOTS 系统使用 IBM704 型计算机，可以检索文摘、题目和作者等项目。

1960年,美国人L. R. 尼诺提出了编印目录卡片的机械化装置,被认为是最初的机读目录。

1962年,美国加利福尼亚大学和南伊利诺伊大学图书馆分别应用计算机进行期刊和流通管理。

1963年,原西德柏林大学和鸿波大学图书馆用计算机管理流通、目录编制和期刊登记。

1964年,美国国家医学图书馆用计算机编制《医学文摘》,并生产MEDLARS数据库磁带。

1966年,美国颁布信息公开法案(The U. S. Freedom of Information Act),1996年修订后涵盖电子信息。

1966年,美国国会图书馆开始MARC试验计划;同年,原西德国家图书馆开始用计算机编制全国书目,英国电气工程师学会开始用计算机检索,日本科学技术文献中心完成文献速报自动编制系统。

1967年,英美编目条例(AACR: Anglo American Cataloging Rules)出版。

1967年,OCLC(Ohio College Library Center)系统创建,1977年更名为联机计算机图书馆中心(Online Computer Library Center),并成立OCLC公司。OCLC的发展历史是“图书馆自动化系统由单机发展到联机,并逐渐发展成为计算机网络系统”历程的代表。

1969年,首个OPAC用于IBM高级系统开发部(IBM Advanced System Development Division)图书馆。

1969年,美国国会图书馆的MARC Ⅱ格式机读目录磁带公开发行。

1969年,世界上第一个大规模联机检索系统——美国NASA的REOCN系统投入使用。

1970年,建立了美国洛克希德公司的DIALOG系统,系统发展公司的ORBIT系统;MEDLARS开展联机检索服务。

1971年,图书馆开始以电子方式共享编目资源。

1972年,国际图联(IFLA)推出UNIMARC。

1974年,“汉字信息处理工程”(简称“748”工程)开始。该工程的研究任务包括汉字计算机情报检索软件、汉语主题词表、汉字通信和机器翻译等内容。

1978年,英美编目条例第二版(AACR2)出版。

1978 年，北京图书馆、中国科学院图书馆、北京大学图书馆和清华大学图书馆等单位共同协作，对引进的美国 MARC 磁带进行研究和试用。

1979 年，图书馆开始使用计算机馆际互借系统代还资料。

1987 年，美国国会图书馆发行 BiblioFile 光盘书目数据产品。

1990 年，北京图书馆开始正式发售 CNMARC 数据软盘，以后又以光盘方式发售。

1992 年，馆员 Polly Jean Armour 造出词组“互联网冲浪”（surfing the Internet）。

1994 年，弗吉尼亚技术大学、密歇根大学及美国海军研究图书馆发布图书馆网站。

1995 年，Jenny Levine 创建首个图书馆技术博客。

1996 年，《中国机读目录格式（WH/T0503 – 96）》（CNMARC）由文化部颁布为文化行业标准。

1998 年，纽约州立大学 Morrisville 分校的 Bill Drew 使用 IM 提供实时参考服务。

2001 年，美国通过爱国者法案（PATRIOT Act）。

2002 年，明尼苏达州颁布美国第一部赛伯空间隐私法（enacts the first cyberspace privacy law in the U. S）。

2006 年，图书馆开始在联机 3D 虚拟世界“第二生命”（Second Life）中提供服务。

2006 年，发布 WorldCat. org——在网上共享 10 000 多所图书馆的馆藏。

2007 年，在 YouTube 上标签为或说明中有“图书馆”或“图书馆员”的视频超过 25 000 个。

1.2　巴比塔的阴影

1.2.1　巴比塔之梦

巴比塔（The tower of Babel）是《圣经》之《旧约 · 创世纪》第 11 章中的一座通天塔，由挪亚（Noa）的后代在示拿（Shinnar）所建。传说古时候，天下人都说一种语言。人们在向东迁移时走到一个叫示拿的地方，发现一片平原，于是便住下来。后来他们计划修一座高耸入云的塔，塔顶则直达天庭，用以显示人类团结的智慧与力量。巴比塔因而成为人类通过团结实现宏伟目标的一个象征，也被用来作为人类虚荣幻想的代名词。

在图书馆界，也存在着类似于巴比塔般的宏伟目标，那就是实现对所知文献资源的普遍存取。古希腊的托勒密王朝时期出现的亚历山大图书馆，第一次表现出了图书馆的这种雄心。据说，该馆是当时希腊化的诸国中最大的一座图书馆，不仅收藏希腊的几乎全部的重要文献，还收有其他各国的学术作品。只要是学术作品，不管是哪一个国家的，该馆都争先恐后地去收购。在还是以纸草书写的时代，亚历山大图书馆的馆藏就达 10—70 万卷之巨，成为希腊化时代的文献中心，并因此使得亚历山大城成为当时希腊化世界的科学文化中心。

从此以后，只要条件允许，图书馆的这种雄心就会不时地表现出来。被称为“图书馆的拿破仑”的大不列颠博物馆馆长帕尼齐，致力于将大不列颠博物馆发展成为与当时英国的国际地位相适应的国家图书馆，他说：“不列颠博物馆应当收藏世界上一切语种的有用的珍贵图书。英文的藏书应当是世界第一的，俄文藏书应当在俄国境外是第一的，其他外文的收藏也应当如此。”而且，过去被忽视的地图、乐谱、报纸以及官方文件等等，也在收集之列。等到他退职时，据说馆藏已达近 100 万，不列颠博物馆变成了当时世界上最大的图书资料中心。

图书馆接近目标的另一种方法是开展联合采购、编制联合目录和馆际互借。通过联合采购，提高资金的使用效率，购买到更多的馆藏；通过编制联合目录，使得各馆用户可以获知彼此馆藏信息；通过开展馆际互借，使得本地用户对文献资源的获取范围扩大到整个图书馆网络。现代更发展到了通过 Web OPAC 获知并且存取远程的异馆文献。

所有这些努力，都可以看作图书馆不断逼近实现对所知文献资源的普遍存取目标的历史脚步。

1.2.2 接近实现的梦想

对文献资源中的知识的普遍存取，可以分为技术和社会两个层面。在技术层面，主要包括线索搜索和内容提供两部分，在社会层面，主要包括谁能获知和如何获得两个方面。

自互联网之门开启以来，借助 Web 的广泛普及，信息资源中知识的普遍存取，更多地表现为技术层面的问题。因为，在社会层面上，互联网底层结构对信息存取分布式的支持，使得信息封锁和信息过滤的政策缺乏技术上的绝对保障。对于 Web 上发布的信息来说，谁能获知不再是制度问题，更多时候表现为获取信息的机会和能力的问题。对于信息资源提供者来说，是知识版权的保护问题。

在技术层面上，搜索的问题已被当前的各种搜索引擎技术基本解决了。Google 迅速壮大之后，成为人们信息求助的第一站，搜索引擎出现一家独大、一站式解决的趋势。Google 覆盖 250 个国家，占领了全球 70% 以上的搜索市场，市场占有率全球第一。即使在中国面临百度的强有力竞争，在用户选择的所有搜索引擎中比例仍然达到 57.5%，在高端用户的使用中，则以 46.5% 的比例名列榜首，在搜索全面的用户体验上名列第一。Google 在搜索领域推出了影响比较大的细分市场产品，包括 Google Book Search（图书搜索）、Google Print（数字图书馆）、Google Code（开源代码搜索）、Google Earth（数字地球）、Google Image Search（图片搜索）、Google Maps（地图搜索）、Google Scholar（学术搜索）、Froogle（购物搜索）、Google Answers（咨询搜索）、Google Video（视频搜索）等。

在这些搜索中，Google Print、Google Book Search、Google Scholar 与图书馆的馆藏书目搜索服务相关。馆藏书目搜索是图书馆传统服务领域，OCLC 的 WorldCat 是图书馆在这个领域的最高成就，WorldCat 在全球拥有超过 5.7 万家成员图书馆，8500 多万条的书目记录，收藏 11.4 亿余馆藏信息。但是，随着 Google 学术搜索的“图书馆链接计划”和 Google Book Search 图书搜索的展开，图书馆的这个传统领地正在受到搜索引擎的“侵蚀”。

一方面，在 Google Book Search 中的高级搜索（Advanced Book Search）中，可以选择图书馆目录（Library catalogs），直接查找所有的联合目录。首页的 10 个检索结果链接到了 7 个国家的联合目录，比如美国的为 OCLC 的 WorldCat。而另一方面，根据 Google 馆员中心博客报道，参加 Google Scholar 的图书馆至今已经超过 1200 家。这意味着加入的图书馆的书目，可以在 Google Scholar 学术搜索中直接搜索命中。如果图书馆提供了免费的数字资源链接的授权，还可以直接链接到数字资源，这种搜索方式提供的信息，比 OCLC 的 WorldCat 更为丰富多彩。可见，线索获取对人们获取信息所构成的障碍，将越来越小。

在内容服务方面，超大型数字图书馆计划的实施和大量商业全文数据库的产生，使得内容服务正全面进入一个数字存取的时代。虽然，阅读的舒适性仍然是妨碍数字阅读被广泛接受的一个障碍，但是，对于注重内容新颖和急需特定内容的用户来说，数字资源仍然是不二之选。由此形成的市场需求，也就成为内容服务收费的理由。经济利益的驱动，使得现在多数有经济价值的文献资源都被转换成了数字资源，如索引、文摘、期刊、报纸、专利、博硕士论文等。这些大型数据库的出现，为存取具有经济价值的内容提供了方便。

由于一般的图书资料数字化的经济效益较低，因此，常常是由政府相关部门出资，支持数字图书馆计划来加以数字化。而经济效益较高、涉及版权保护部分的新书部分，则通常可由商业公司来制作提供。这些数字图书资源的转换，使得文献资源中历史价值斐然的部分得以实现数字存取。

如美国记忆和美国国家数字图书馆计划,最终使得750万件有关美国历史的数字化文献和声像资料可以在互联网上存取。中国国家图书馆已经将无版权的数字资源,面向全国读者免费开放,总数超过7000万页。美国国会图书馆准备和世界各地的国家级图书馆合作联合组成的"世界数字图书馆"。这个图书馆的网上收藏品包括各种艺术大家的真迹、手稿、海报招贴画、稀有邮票,以及各民族、文化的代表性物品。

实力雄厚的Google联合了5个美国机构,于2004年发起的Google print计划。计划用5年时间把数以千万册的图书数字化。有报道说目前该计划已经有加州大学、马德里大学、密歇根大学、哈佛大学、斯坦福大学、威斯康星大学、纽约大学、牛津大学和德国巴伐利亚州图书馆等加盟。这些图书馆的藏书量都很大,语种分布广泛,如哈佛大学的馆藏图书共有1500万册,威斯康星大学和密西根大学图书馆藏书总数都在720万册以上。德国巴伐利亚州图书馆是世界最大的德语图书馆之一,藏书量900万册。马德里大学的馆藏量仅次于西班牙国家图书馆,藏书300万册。最近更有美国明尼苏达大学和美国中西部其他11所大学宣布与Google合作,向Google数字图书馆计划提供大约1000万册的图书进行数字化。欧洲五国为对抗Google Print项目而建立起"欧洲数字图书馆"计划。

由加利福尼亚大学、多伦多大学、英国国家档案馆、O' Reilly出版社、欧洲档案馆、Adobe公司、惠普实验室、微软以及Yahoo!共同组成的开放内容联盟(Open Content Alliance),计划将已经没有版权的文学作品、档案甚至工程白皮书等多种类型的文献数字化,连同多媒体的内容一起提供给个人用户和非赢利组织免费并重复使用,并且开放内容接口。

而超星图书馆、书生图书馆、国家数字图书馆和CNKI的中文数字图书,也已能提供数以百万册计的中文数字图书。

此外,还有其他数字图书馆计划,如亚马逊书店、兰登书屋、哈泼—柯林斯公司等,都各自有数字化计划。在不久的将来,配合版权保护和网上支付的全球化,可以预见原文获取问题将在很大程度上被解决。图书馆的"实现知识资源普遍存取"的职业梦想,将很大程度上得到实现。

1.2.3 巴比塔的阴影

虽然,知识资源的普遍存取是图书馆职业的梦想,但是,搜索引擎+数字化图书馆所带来的知识资源普遍存取,并没有能让现实中的图书馆人感到兴奋,反而如身处深秋寒影般的阴冷。因为，这些知识资源普遍存取的方式，主要还是商业机构和少数大型机构的活动，并没有多少图书馆职业的位置。这在图书馆人的心中投下了长长的阴影，图书馆人开始反思：图书馆以往的职业之梦，是不是存在某些导致今天这个结果的因素？

长久以来，对既有知识资源的普遍存取，一直都是图书馆职业的重心。随着近代社会的到来，在知识传播领域中，新的技术和制度改变所导致的需求增长和变化交替出现，图书馆服务不断调整，通过联合目录、联合采购、联合编目、馆际互借等方式来应对新的挑战，形成一种技术自负和惯性：即认为对既有知识资源的普遍存取，只有图书馆可以实现。

确实，通过馆际互借等方式实现对既有知识资源的普遍存取，目前并没有发现其他机构可以替代。但这一切都是建立在信息的记录和显示载体合二为一的基础上的。在这样的基础上，要存取信息资源，只能存取这个合二为一的载体本身。如此，对这些记录载体内容高度集成的替代物——目录的存取才成为必然。图书馆作为社会集中存放文献的公共机构，目录本来就是业务所必需，由于公益的性质使得图书馆更容易达成联合。因此，馆际互借等方式成为了图书馆足以自傲的资本。在印刷本时代的月光照耀之下，图书馆的巴比塔之梦，高耸入云，伸手可摘星辰。

然而，当信息的记录和显示载体可以一分为二并且与网络结合起来的时候，令图书馆人骄傲的资本，已经开始悄悄贬值了。因为信息记录载体的高密度化和远程存取，已经使得信息的保存和存取突破了保存空间、存取距离和时间的限制。接下来的发展，只是通过时间逐渐证明，图书馆对既有知识资源的普遍存取丧失了绝对的话语权。

在这几千年来未有的大变局来临之际，图书馆仍然按照原有的思路进行业务调整。这既是业务思路惯性使然，也是由于现实条件转变的缓慢所致。正是图书馆心目中曾经的巴比塔，在印刷本时代月光下的阴影，有意无意地模糊了图书馆眺望未来的视线。

1.3　Web2.0 的怒海与图书馆的方舟

1.3.1　夕阳下的图书馆服务

20 世纪 70 年代，美国的图书情报学家兰开斯特提出“无纸社会”和“图书馆消亡”即将到来的论断。虽然兰开斯特的预言没有兑现，并且兰开斯特本人也因这些预言受到某些保守的图书馆人的嘲笑，但兰开斯特对新技术的关注值得尊敬。兰开斯特的预言与其说是对图书馆未来的预言，不如说是宣告了图书馆主导知识资源普遍存取时代的终结。随着新的信息存储和传播技术的发展，图书馆也跟随时代进入了互联网的Web1.0时代——一个以旧的信息发布方式为体、以新信息技术为用的时代。

在印刷本时代，出版机构是信息发布的过滤器。出版机构是汇集生产知识成品和发行知识产品的唯一平台。这样，读者与作者之间，就增加出版机构的因素。知识的生产者和使用者之间的交流被隔断了。由于出版机构在社会知识交流中的枢纽作用，作者和读者都需要从出版机构那里获取信息和知识，于是形成了以出版机构为核心的信息发布机制，即信息发布是出版机构的主动行为，而读者只能被动接收信息。为了吸引更多的作者和读者，出版机构采取及时发布大量信息和知识的方式来提高自己的社会被关注程度。

20世纪90年代，由于Web的出现，互联网的易用性大为提高。然而，在2003年之前，互联网的信息发布机制，基本上还是印刷本时代的“克隆”。所不同的只不过是信息发布的机构，从原来处于垄断地位的出版机构，变成有更多的机构都可以发布信息而已，而社会知识交流中信息发布机制并没有发生多大的改变，人们还是处于被动地接受信息的地位。这就是所谓的Web1.0时代。其更详细的特点是：

(1)以层次分明、统一分类的门户网站作为信息发布的基本结构，如新闻发布、分类网站、文件下载等，无不如此；

(2)网站的信息发布由网站的维护人员完成；

(3)信息在网站出现位置由网站手工控制；

(4)对于网站提供的信息，用户只能阅读或者附加简单评论，包括搜索引擎等；

(5)用户基本上只能通过浏览器进行浏览；

(6)网站的技术升级是网站的秘密，网站由专业人员维护；

(7)论坛等公共交流的工具处于信息发布的边缘状态。

图书馆在Web1.0时代，服务形式的特点也具有上述特点：

(1)图书馆的网络服务，主要通过图书馆门户网站提供，一般可分为部门服务相关介绍和馆内通知发布、各类数据库的分类链接、虚拟咨询和承接情报服务、各种检索课件和软件下载、馆藏书目查询和预借续借等六大版块内容；

(2)图书馆服务以提供和发布信息为主，如服务指南、部门介绍、全文数据库的链接等，表现为层次分明的网页结构，而书目查询、借还信息查询等则是信息查询，也是单向的信息发布；

(3)基于信息交流的图书馆服务，如参考咨询、检索培训、情报服务等，也以单向服务为主，图书馆是知识的提供者，而用户是知识的学习者和使用者。

可见，Web1. 0 时代的图书馆服务的立足点，与之前的印刷本时代，并无太大区别。虽然，图书馆号称是知识资源的公共服务机构，但是，在服务上缺乏以内容为核心的公共交流方式，而更多的扮演了知识传递者的角色。

1. 3. 2　Web2. 0 的怒海

人们经常用一大堆互联网上的应用来指代 Web2. 0，说：这就是 Web2. 0。例如，博客、Wiki、RSS、社会性网络(SNS)、标签和民俗分类法、Ajax/REST/JASON 等都是 2. 0……，甚至只是具体应用的举例：维基百科是 2. 0，豆瓣是 2. 0，土豆是 2. 0……，如果问它们为什么是 2. 0，而另一些为什么不是？你可能会得到一大堆解释，但是没有一个能够很有逻辑地说服你。在你似懂非懂的时候，他们会总结一大堆特点，如果当你用这些特点去套用任何一个新出现的网站时，总会出现例外，就像侯宝林郭全宝的相声《什么是……》一样。Web2. 0 就没有一个完整、清晰，让人一目了然的解释吗？

甚至到了目前，Web2. 0 已成风潮，无人不知无人不晓的时候，也很难有一个权威定义。但是不要因此怀疑别人或你自己的智力，或者因此武断地推论 Web2. 0 是江湖骗子的发明(虽然极力宣扬 Web2. 0 的人的确有试图重振网络经济、寻求商业利益之嫌)。任何科学总是缘于对未知现象的解释，大千世界也总有让一时一地的科学解释不了的现象，这就是科学发展的规律。Web2. 0 一词的发明人，用了一个非常高明的词汇：Meme，我们可以把它翻译成“社会生物基因”，来归纳所有 Web2. 0 现象。你可以说，所有具有 Web2. 0 社会生物基因的网络服务，都可以称为 Web2. 0 网站。

这个方法很巧妙地解决了“什么是 Web2. 0 的问题”。即：把对于 Web2. 0 林林总总的解释，封装到了“Meme”中。

那么什么是 Meme 呢？Meme 是社会生物学家提出的一个概念，指在诸如语言、观念、信仰、行为方式等人类社会活动中与生物基因的遗传和变异类似的现象或特征，即某些现象或特征在族群中得到繁衍，但又不是完全相同。牛津英语词典对 Meme 的解释为“文化的基本单位，通过非遗传的方式，特别是模仿得到传递。”

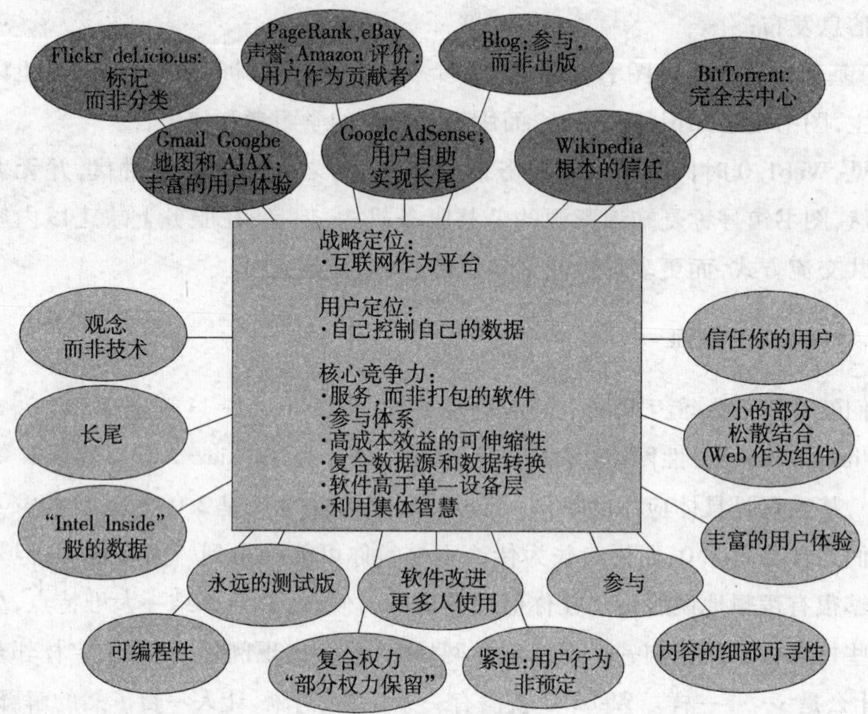

图1-1　Web2.0社会生物基因图(Meme Map)①

Web2.0这个概念内涵的最终奠基者Tim O'Reilly,为Web2.0总结出上述"社会生物基因"(特征),②得到大家的一致公认。其基本的原则或特征为:

- 互联网作为平台;
- 利用集体智慧;
- 数据是下一个Intel Inside;
- 软件发布周期终结;
- 轻量型编程模型;
- 软件超越单一设备;
- 丰富的用户体验。

应该指出的是,Web1.0和Web2.0并无截然的区分,例如有人将IM(Instant Message即时通讯)作为Web1.0的应用,也有人将它归入2.0中。下面的四象限图(图1-2)并不十分严格地反映了各类常见应用的一种从1.0(左下角)到2.0(右上

① 图片来自http://www.oreilly.com.cn/news/whatisweb20figure1.jpg

② Tim O'Reilly著;玄伟剑译.什么是Web2.0——下一代软件的设计模式和商业模式.http://www.oreilly.com.cn/news/whatisweb20.php

角）过渡的关系。但是一个应用的 2.0 特征是否明显，使用的人往往很容易体会到，这往往被归结为具不具有 2.0 的灵魂，也印证了 2.0 并不是技术决定的，而更多的是一种理念和精神。

技术 (Web 1.0 / Web 2.0)	
SOA, Ajax, Flock, Netvibs, Greesemonkey, Pandora, Podcast, RSS Aggr., Rojo, Blogllnes, Tagging	技术: Mashups, Ontology, Google Map, Ning, Taxonomy, Calendar, Metadata, Digg, VideoBlogging, Wiki, Folksonomy, 43thing — Web 2.0 — 社区
个人: IM, Skype VolP, Streaming, Office, Net storage, Writely, email — Web 1.0 — 数据	Del.icio.us, 土豆, 豆瓣, Furl, MySpace, YouTube, Librarything, Blogging, mallinglist

图 1–2　互联网各类新兴应用和技术具有不同程度的 2.0 特征

1.3.3　图书馆——上帝的诅咒

传说中的巴比塔，开始建造时并没有引起上帝的注意，等到巴比塔高耸入云时，上帝发觉了并发出了阻止继续建造的诅咒。图书馆的上帝——用户，也是在图书馆的巴比塔之梦已经遥遥可见之时，发出了“诅咒”，而 Web2.0 浪潮则是那只推醒“上帝”的手。

Web1.0 时代，当知识资源的普遍存取成为一种现实可能的时候，图书馆人发现，也许对知识资源的普遍存取并不是自己的终极梦想，而只是提供了通向梦想的台阶。

尽管理论上，所有人的信息需求构成了对所有知识资源的普遍存取的理由，然而，在 Web1.0 时代之前，纸质文献的大量增长，已经引发了对“信息爆炸”的忧虑。而当搜索引擎动辄将成千上万条信息线索推到面前的时候，信息过载成了流浪在“信息海洋”上的人们的真实体验。此时，人们发现“对所有知识资源的普遍存取”并非如此美妙。对于个体的人来说,更重要的是建立起个人的信息结构与外部信息联系的链接,在不断变化的外部信息与个人信息结构的交流中,实现个人信息结构的演变。而那些没有与个人信息结构建立链接的外部信息,对于个人来说,即使对于其他领域和个人来说可能非常重要或者非常有吸引力,但对于特定的个人来说,却无异于信息垃圾。

Web2.0的出现,为个人提供了建立个人信息结构与外部信息的链接的工具。当然,这是建立在外部信息链接化的基础上的。这个基础是Web1.0时代的贡献。因而,当Blog、RSS、Wiki、SNS等工具被Web2.0概念整合为一,向社会推广的时候,迅速获得了用户的广泛认同。

在中国,以Web2.0中最受欢迎的Blog为例。2002年8月,由方兴东推出了第一家博客网站,当时博客人数不足万人。到了2003年,用户猛增到了20万。2004年,博客开始成为互联网上的一种普遍现象。引起学术界的关注。2005年,搜狐、新浪等门户网站看好博客的市场前景,纷纷做起了BSP,博客开始由精英向大众普及。2006年,号称中国互联网的"博客年",各大网站根据各自优势展开的争夺网民吸引"眼球"的活动,搞得网络风生水起。根据CNNIC的报告,①至2007年6月底,在1.62亿的中国网民中,写Blog的占19.1%,合计约3000多万。

作为最受欢迎的Web2.0的工具,成熟的Blog可以集成多种个人知识组织的工具,比如Tag、RSS、网摘、搜索、管理、展示和引用图片、视频、文件、代码等等,还可以通过集成Tag的类聚(即博客手拉手一类的功能)、加入具有相同爱好的群体形成博客圈等。而一旦形成了博客圈,又可以加入更多的群体性应用。Blog作为一种Web2.0工具的流行,使得用户意识到:他们所有在网上的活动,都可以成为扩大交往的依据和途径,所缺少的只是并不复杂的技术实现。

按照马克思的说法,"人的本质是一切社会关系的总和"。Web2.0极大地扩展了人与人之间交往内容和形式的可能性,为人更深刻体验"本质感"提供了必要的工具。人对本质的追逐是本能的。图书馆阅读是相当花费时间和精力的事情,当用户在Web2.0中体验了更深的"本质感"之后,回过头来再看图书馆服务,发现花费了相当精力的图书馆阅读,居然为没有自己提供扩大交往的便捷工具和途径,他们还会对图书馆的服务感到满意吗?也许,用户从没有意识到图书馆应该提供何种服务,但是,他会尽可能在网络的Web2.0服务中寻找替代阅读的方式,默默地用行动表达他们

① http://www.cnnic.net.cn/uploadfiles/pdf/2007/7/18/113918.pdf

的意见。这些"用脚投票"的行动，就如同上帝的诅咒，使图书馆的巴比塔之梦越来越缺少公众的支持。

1.3.4　Web2.0 怒海中的图书馆服务

如前所述，迄今最流行的 Web2.0 技术工具的雏形，在 Web2.0 概念提出之前就已经出现多年了。但 Web2.0 概念的提出，使得 Web2.0 所代表的理念变得广为人知，并被社会所接受，正在形成一场社会信息交流领域的革命。典型的表现为：

(1)用户控制自己的数据，使得用户本身成为知识交流的中心；

(2)由于内容的主导者是大量业余人士，信息交流呈现出去中心化的特征；

(3)由于信息发布难度的极大降低，任何人都可以书写内容和贡献，使得信息交流的广度得到前所未有的扩展。

这三点变化，对传统图书馆的信息交流环境的影响是巨大的，极大地冲击了传统的图书馆理念。

第一，传统图书馆的服务理念，其实是一种"图书馆中心论"。尽管图书馆有"读者就是上帝"、"一切为了读者"等服务理念，但这一切都是建立在图书馆是信息资源管理中心的基础之上的。用户并不能介入到信息资源的管理当中，更不用说让用户按照自己的需要去组织图书馆的知识资源和相应服务。

第二，传统图书馆对社会的影响，主要依靠与社会团体之间的互动。在印刷本时代和 Web1.0 时代，社群交流主要以正式组织为依托，社群内部交流多不公开。这样，社群数量较少，图书馆需要面对的对象也少，业务活动开展起来相对容易，图书馆在相关领域也容易获得领导地位，从而，有利于扩大图书馆的社会影响。但随着 Web2.0 时代的到来，大量以个人知识管理为特征的公开站点的出现和强化这些站点内容关系的技术手段的增多，使得社会组成非正式团体的数量和类型都大大增加了。即使在专业业务上，图书馆也未必具有多少优势，图书馆获得影响力的难度增加了。

第三，Web2.0 以个人交流为中心，形成信息发布与互动的聚集，信息丰富的个人或社群站点成为信息汇集的中心。这种信息汇集中心，具有互动解题和资源自给的功能，是适于网络多向交流、多媒体类型交流的生存适应者，是 Web2.0 时代的新生信息中心。这种新生的信息中心使得知识的获取呈现"去中心化"的特征，这对图书馆由于知识资源聚集而自然形成的中心地位，构成了很大挑战。

可见，在 Web2.0 面前，图书馆面对的不仅是技术的革新，而是更加深刻的传统信息交流环境的变化，以及随之而来的观念的变革。Web2.0 在图书馆面前展开的，不仅是令人眼花缭乱的浪花，更是汹涌澎湃的浪潮，以及浪潮下面潜动着的怒海。

Web2.0 对于图书馆来说，不但提出了新的挑战，也提供了应对挑战的“武器”。而这些“武器”恰恰就是使得 Web2.0 最初兴起的开源软件和工具。Web2.0 服务所需要的软件和工具，一般都有相应的开源软件和工具。对这些软件和工具的使用、参照和再创新，造就了 Web2.0 时代。同样地，图书馆也可以利用这些不断创新的软件和工具，联合起来，构建起新型的图书馆信息服务新体系，与时俱进，恰如诺亚方舟那般，在波涛汹涌的 Web2.0 怒海中领航。

推荐阅读

1 O'Reilly, Tim. What is Web 2.0: Design patterns and business models for the next Generation of Software, 2005. http://www.oreillynet.com/lpt/a/6228

2 Anderson, Chris. The long tail. http://www.wired.com/wired/archive/12.10/tail.html

3 Miller, Paul. Web 2.0: Building the New Library. http://www.ariadne.ac.uk/issue45/miller/

4 提姆·奥莱理，玄伟剑. 什么是 web 2.0. [http://www.oreilly.com.cn/news/whatisweb20.php]互联网周刊，2005(11)

5 毛新生. Web 2.0 介绍. 程序员，2007(9)

6 刘向晖. 互联网草根革命：Web 2.0 时代的成功方略. 清华大学出版社，2007

7 汤代禄，韩建俊，边振兴. 互联网的变革：Web 2.0 理念与设计. 电子工业出版社，2007

8 成江东. Web 2.0 研究. 电子商务，2006(4)

9 陈慧. Web 2.0 及其典型应用研究. 华东师范大学优秀硕士论文

访谈专栏：图书馆员 2.0 之路

访谈对象：一问　　工作部门：阅览部　　年龄：30－40 岁

1. 除了 IM，您是从什么时候开始使用第一个 Web2.0 工具的？这个工具是什么？

答：2005 年，tikiwiki，包含 Wiki、Blog、RSS 的社区。

2. 您现在使用的 Web2.0 工具有哪些？使用频率如何？您还打算尝试哪些工具？

答：Blog，偶尔更新，打算搬家；RSS，看人家的；SNS，比如饭否。

3. 您觉得这些 Web2.0 工具给您的工作、学习、生活各带来了哪些新的变化？

答：读 Web2.0 比较浪费时间，信息零碎，但使用 IM、SNS 等可以增强和学术同仁的联系。对工作上基本无帮助，学习交流上有些帮助，可以增加生活交际面和交际深度。

4. 您心目中的图书馆员 2.0 应该是什么样的？最重要的特征是什么？

答：图书馆员 2.0 是这样一群人：(1) 乐于尝试新信息技术应用；(2) 能从新应用中感受信息环境的变化，并思考图书馆工作如何适应这种变化；(3) 对一些新应用有较深体验，是这些新应用在图书馆应用的先行者；(4) 乐于利用新应用获取和交流知识，向公众宣传图书馆。具有上述两条以上的特征，就可以称得上是图书馆员 2.0 了。

5. 您认为自己可以称作图书馆员 2.0 吗？

答：算是吧，因为具有以上一、二点特征。

6. 请您帮助分析下面的事例："有两个图书馆员 A 和 B，A 有自己的博客和博客圈，经常发表专业见解和同行交流，并且使用各种 2.0 工具，用于专业学习，但不直接为读者服务。B 建立了学科馆员博客，为读者推荐学科资源，介绍图书馆服务等，和读者进行互动。B 也使用了一些 2.0 工具，主要应用在图书馆的资源与服务中。"请问，A 和 B，哪个更像理想的图书馆员 2.0 模样？还是"A + B"才更理想？或者您还有其他观点？能说一下理由吗？

答：都是。理由见上。图书馆员 2.0 应该是比较宽泛的指称，能够容纳不同个性和兴趣取向的图书馆员。他们是在接触和利用新信息技术上，具有图书馆职业感的人。

7. 如果让您选 3 位图书馆员 2.0 之星，您会选哪几位？请说明您的理由。

答：Keven、老槐、游园。

8. 您是否认同"所有的图书馆员都该努力蜕变成图书馆员 2.0"？

答：中国不可能。因为一方面，图书馆员 2.0 需要熟练掌握较多信息技术，另一方面，中国大多数人仍未能享受基本的图书馆服务，网民也只有 1 亿，还有 1 亿多文盲，多数基层图书馆仍需以发展基础服务为主。况且，电子阅读仍有诸多不便。

9. 您认为在"用户—图书馆—馆员"这三者中，图书馆员 2.0 究竟该扮演怎样的角色？

答：图书馆员 2.0 应力图扮演用户交际圈中的知识百事通、信息提供者的角色。

10. 如果请您给您的图书馆员 2.0 生活加标签，您会用哪些词句？

答：助推学术生活，启发职业情感，扩大职业视野。

第2章 图书馆2.0：一个古老职业的复兴

刘 炜 俞传正

我们目睹了由于技术的变化而带来的整个行业的覆灭，图书馆也无法免疫。变革必须立即开始，所有类型的图书馆都应该充满活力，迎接变革。

——David Bishop

我们生活在一个信息爆炸的时代。在这个时代，信息技术不断带给人类创造财富和掌控世界的乐趣，人们站在知识经济的门口，又一次充满了建设理想国的憧憬和力量。图书馆是传统社会的知识宝库，却被质疑能否成为现代社会的信息中心。新的理念正促使图书馆抛弃头上充满疑问的王冠，走下并不牢固的神坛，卸掉包袱，轻装上阵，汇入主流，在数字时代承担起信息枢纽的作用。

图书馆2.0像是沱沱河水终于汇入西陵峡的第一座险滩，可能不会造就黄河壶口那样壮观的瀑布，却滩险流急，漩涡密布，暗礁丛生。它是告别涓涓细流的必经之地，也是成就浩荡江河的前奏曲。本书希望能够成为一本航行指南，不仅提供了大量最新装备的说明书，同时也是一本危机管理手册。不同的乘客有不同的目的地，但是图书馆应该慈航普度，惠泽众生。每一种不同类型的图书馆，就像一个船队，每一个具体的图书馆，就是其中的航船，不同的船队拥有不同的装备，每一艘航船都有自己的航线。每个图书馆都应该与读者同舟共济，满载理想，驶向彼岸。

2.1 弄潮图书馆2.0

2.1.1 图书馆2.0的缘起

在Web2.0的概念出现1年多后，2.0的提法进入了图书馆领域。2005年9月23日，Michael Casey在他的Flickr账户中上传了一幅图片，[①]图下边有如下标注："由一个努力推行图书馆2.0的图书馆员创建。"打开他的博客，可以看到博客的副标题为"下一代图书馆服务：Michael Casey对图书馆2.0的看法"。Michael的图书馆2.0之

① 参见：http://www.flickr.com/photos/michaelcasey/45954748/

旅，就从这个博客静悄悄地开始了。经过博客圈中一些讨论，“图书馆 2.0”这个术语很快引起了强烈反响，称赞者有之，认为哗众取宠者有之，然而更多的讨论，还是希望赋予这个概念以更为清晰的含义和更为深刻的内容，可能连 Michael 自己都没有想过，这个拷贝自 Web2.0 的概念能够掀起了整个行业的巨浪。

图书馆 2.0（Library2.0）一词并不是 Michael Casey 的创造，[①]但是大多数人并不介意把这个荣誉给他，因为赋予一个术语以合适的名称固然重要，更重要的是赋予其内涵，这远不是提出一个时髦名词那么简单。Michael Casey 利用他的博客 Librarycrunch.com 不断介绍Web2.0，把图书馆的技术应用与之类比，提出新的问题，并积极倡导各类应用的 2.0 化。当然，图书馆 2.0 概念的最终成型，实际上是一大批倡导者共同努力的结果，其中英国图书馆自动化系统提供商 Talis 的 Paul Miller 不遗余力地撰文宣传，Michael Stephens 在美国图书馆协会技术博客（Techsource Blog）上的积极鼓吹起到了巨大的作用，其他还有 Jenny Levine，Stephen Abram，John Blyberg，Meredith Farkas，Walt Crawford 等等，他们大多并不是技术大拿，但却是业界的活跃分子，对新生事物充满热情，并亲身尝试，利用自己的博客，参与学术，宣传理念，组织活动。正是由于这样一批先行者持续不断的努力，图书馆 2.0 渐成大潮，深入人心。

Paul Miller 2005 年 10 月在英国的一份著名的免费电子期刊 *Ariadne* 刊登的文章《Web2.0：构建新的图书馆》是一篇开创性的文章。文中一个小标题就是“Web2.0 + Library = Library2.0?”。[②] 尽管 Miller 提及“图书馆 2.0”时使用了一个问号，但该文却成为图书馆 2.0 研究的最重要文献之一。因为 *Ariadne* 是英国著名数字图书馆研究机构 UKOLN 所主办的重要电子出版物，创刊于 1996 年，是一个比较“正式”的学术媒体；同时 Miller 的文章是一篇内容丰富的学术论文，它的学术影响远远超过了以往图书馆学博客上对“图书馆 2.0”的讨论。该文发表后，立即受到众多图书馆学博客的关注与讨论。

2005 年 11 月，著名联机媒体《出版》上发表了 Jason Boog 的文章——《图书馆 2.0 运动有益于与用户协作》。这篇文章提及，在“因特网图书馆员大会”上，超过 100 位图书馆专业人员在思考着如何在这个“基于 web 的”、“用户创建内容的”时代中生

---

① 参见：Albanese A. R. Campus Library 2.0，Library Journal，2004，129（7）：30—33

② 参见：Miller P. Web 2.0：Building the new library. http：//www. ariadne. ac. uk/ issue45/ miller/

存,于是他们提出了一个叫做图书馆 2.0 的精神。①

Paul Miller 等后来把他们对于图书馆 2.0 的认识集中于 Talis 公司的白皮书《对图书馆重要吗?图书馆 2.0 的兴起》中,这可以看成是关于图书馆 2.0 的纲领性文件。在这份不算很长的报告中,KenChad 和 PaulMiller 系统而简洁地叙述了图书馆 2.0 的产生环境、基本原理以及 Talis 在图书馆 2.0 领域所从事的理论与实践。Talis 的白皮书导致人们对图书馆 2.0 的进一步关注,图书馆学博客对该报告频频地引用与介绍。

2.1.2 什么是图书馆 2.0

那么,图书馆 2.0 有没有一个统一一致的定义呢?让我们看看那些国外同行的一些观点:②

- 是一种图书馆服务模式;
- 是一种服务哲学;
- 是思考方式、行为方式、新的框架;新水平的服务;
- 是图书馆的一种范式转变;关于用户体验,可用性灵活性和交互性;
- 是更加互动更加协作,用户需求推动;
- 是图书馆长期追求的目标;
- 是服务延伸;
- 是永恒的改变;
- 是保持存在的唯一方式;
- 是不想成为废墟的图书馆;
- 是以图书馆为中心;
- 是困惑;
- 是口号标语;
- 是教条;
- 是挑战传统;
- 是观念
- 是一种广告

① Boog J. Library 2.0 movement sees benefits in collaboration with patrons. http:// www. publish. com/ article2/0,1895,1881893,00. asp

② 部分来自:图林中文译站. http://liblog. wordpress. com/2006/01/15/cites - insights/

- 是精神
- 是理念
- 是泡沫

……

到目前为止，对于图书馆2.0还没有一致公认的定义。就目前的各种观点，由狭隘至宽泛，可以归纳为如下数种理解：

- Web2.0技术的领域应用（注意：仅仅是技术）；
- 图书馆业务改造（强调利用Web2.0的技术与理念对图书馆的传统业务进行变革）；
- 图书馆员2.0（阐述了对图书馆员的影响）；
- 资源共享与用户参与（强调图书馆参与社会性网络的构建）；
- 图书馆的业务和服务的全面升级（从一个更广阔的范围考察Web2.0对于图书馆未来的影响）。

Michael C. Habib在他的硕士毕业论文中大量考察了业界对于图书馆2.0的看法，对于这一概念下了一个中规中矩的定义：图书馆2.0是由于Web2.0而直接或间接导致的、顺应用户需求而产生的一类图书馆服务。[①] 如果一定要给图书馆2.0下一个定义，似乎只有这种宽泛的说法能够得到比较一致的认同。我们在本书中认同上述定义的一个比较简洁的国内版本：即范并思、胡小菁在论文《图书馆2.0：构建新的图书馆服务》中提出的"图书馆2.0是Web 2.0的技术或服务在图书馆信息服务中的应用"。[②]

如同Web2.0并不是一项技术或者一堆软件的混合体一样，图书馆2.0也不仅仅是技术与产品，图书馆人更愿意从图书馆2.0中看到一种理念和精神。Web2.0受到图书馆人的追捧，除了其所提供的技术和手段正好契合了图书馆在网络时代的转型需求之外，更多的是它在理念和精神方面与图书馆职业具有共鸣和互动。这或许可以解释为什么一大批普通图书馆员、图书馆管理者以及图书情报学院的教授非常热衷于图书馆2.0，而不是仅仅局限于一帮技术"奇客"（Geek）。因此我们可以说，图书馆2.0绝非仅仅是技术解决方案，技术永远不可能是振兴一个职业的药方，它也是一套理念，或者说一种思想。这种思想也不是凭空产生，应该说早已有之，但是2.0

---

① 参见：http://etd.ils.unc.edu/dspace/bitstream/1901/356/1/michaelhabib.pdf

② 范并思，胡小菁．图书馆2.0：构建新的图书馆服务．大学图书馆学报，2006(1)：2—7

的生存环境能够使得这套理念更加成熟、完整,使之茁壮成长、发扬光大。

模仿Web2.0的Meme图,Bonaria Biancu也给图书馆2.0设计了一个社会生物基因图(见图2-1),用来解释图书馆2.0的种种特征和表现。

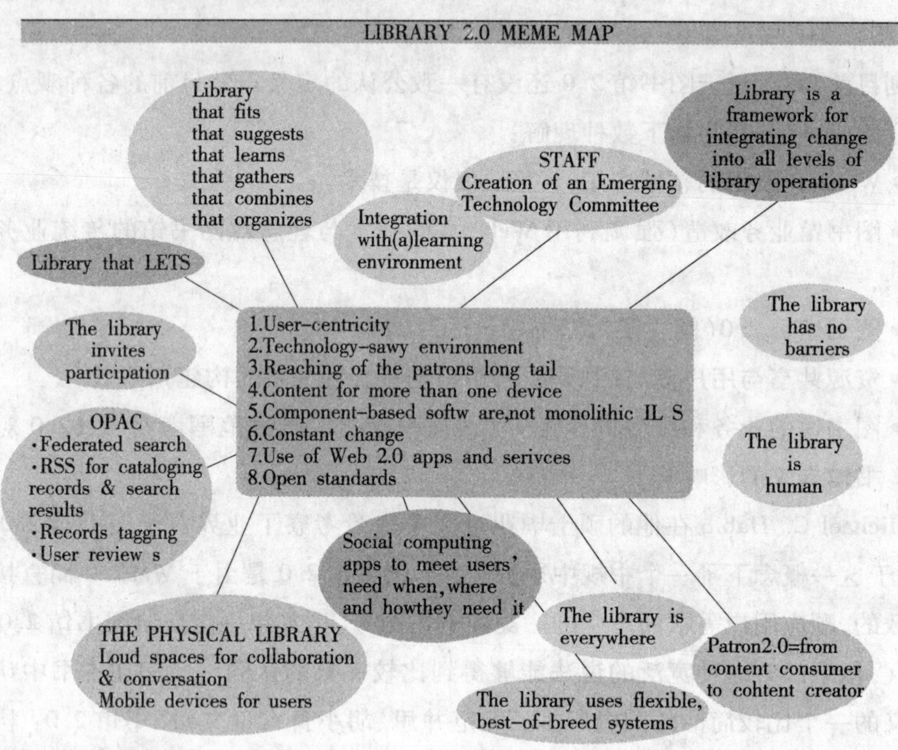

图2-1 图书馆2.0社会生物基因图①

本书尽可能从服务的角度介绍图书馆2.0,但是鉴于起始阶段,除了"是什么"和"为什么"之外,"怎么做"也是大家普遍关注的一个问题,因此不可避免地会大量涉及Web2.0技术实现方面的介绍。

2.1.3 Web2.0与图书馆2.0的异同

考察Talis的"图书馆2.0四原则"和图书馆2.0的"社会生物基因图",与O'Reilly总结的Web2.0社会基因图进行比较,可以看出其渊源关系,但也能体会出其明显的不同。

① 见:http://www.library.pima.gov/about/presentations/AzLA111506.pdf

表2-1　Web2.0与图书馆2.0的Meme对比

Web2.0	图书馆2.0
互联网成为平台(参与体系)而不是利用互联网来统治和控制；	以用户为中心；
充分重视并利用集体力量和智慧；	富技术(technology-savvy)环境；
将数据变成"Intel Inside"；	提供长尾化服务；
分享和参与的架构驱动的网络效应；	内容为多种设备而准备；
通过带动分散的、独立的开发者把各个系统和网站组合形成大汇集的改革；	软件的组件化,而不是单一的ILS解决方案；
通过内容和服务的联合使轻量的业务模型可行,分享经济的模式；	持续不断的变化；
注重用户体验的持续的服务("永久的Beta版")；	采用Web2.0的应用和服务；
服务和应用无处不在(非单机版和单一平台版本)。	开放标准。

图书馆2.0是Web2.0对于图书馆领域的应用,实际上我们可以看到Web2.0与图书馆2.0的应用还是有很大差别的,虽然从表2-1的Web 2.0的社会生物基因中也能够找到图书馆2.0的源头,然而有些特征是很弱的。例如对于"用户控制数据",如果理解为图书馆员控制图书馆的数据,则图书馆还应该向数据出版商和软件提供商们争取更多的权益。即使是书目数据,图书馆也无法"完全操控",提供OPAC以外的具有2.0特色的应用。如果理解为读者提供数据上载空间和其他服务,严格说来又属于图书馆的职能范围。其他的2.0特征图书馆必须依托方案提供商、资源提供商等一同来实现,按照国内对于"数字图书馆"的理解,似乎都不属于图书馆应该从事的工作。所以再一次说明图书馆2.0的发展首先是一个理念的更新,需要突破传统上对于图书馆业务范围的认识,与时俱进。

表2-2比较了Web2.0与图书馆2.0在诸多方面的不同。

表2-2　Web2.0与图书馆2.0的不同之处

	Web2.0	图书馆2.0
资源	用户创造资源为主	图书馆提供资源为主,用户创造的资源纳入图书馆资源体系
资源组织	多样化,强调用户主导(tag,folksonomy的应用)	引入用户主导的方式,结合图书馆传统的知识组织体系(试图以传统的规范分类法、主题法优化民俗分类法)
用户互动性	主动性强,即使不是用户创造资源,也由用户附加资源。形成社区	对图书馆认识单一。需要利用2.0增强互动性,以赢得更多的读者,实现长尾化服务

(续表)

	Web2.0	图书馆 2.0
服务模式	自服务,单纯依靠网络	与传统服务结合,但目前还没有很好的与业务流程结合的手段
技术实现	多为用户主导应用,“后组式”(采用 Mashup 等自适应方式)服务	多为图书馆员主导应用,“前组式”(预先设计好)服务

传统的业务模式中,图书馆只是以自己的资源服务于读者,而且并不需要与读者的互动。所以目前对于图书馆 2.0 来说,应用的最多的还是 Web2.0 的理念,包括以用户为中心、把 Web 作为平台、与用户互动、注重用户体验等等。在技术方面,图书馆 2.0 借鉴了 Web2.0 的许多内容,例如采用个性化定制、应用标签和民俗分类法以及集体智能等等,应用于书目数据查询与链接、就近借阅、阅读推荐、读者社区建设等方面。Web2.0 的技术与理念应用于图书馆之后,实际上为“复合型”数字图书馆的建设和服务提供了许多新的内容,然而要充分实施 Web2.0 的技术,图书馆界还有许多传统理念需要突破。

2.1.4 图书馆 2.0 在中国

当 Michael Casey 提出 library2.0 这一崭新而极具启发意义的概念时,他不会想到图书馆 2.0 很快会在遥远的东方古国里掀起一阵旋风。一群学者、图书馆员、关注图书馆人士迅速地卷入这一场风暴之中。

处于风暴之眼的首先是一群博客。在中国的博客中,图书馆员无疑是一群最早参与讨论和写作的职业人员。他们嗅觉敏锐,通晓技术,愿意接受新生事物,是 Web2.0 的先行者与试水者。与许多“舶来”概念一样,先是 Web2.0 的引介,之后图书馆 2.0 也在图书馆博客圈中如烈火般蔓延开来。2005 年 11 月,“编目精灵”就在介绍一家网上图书馆“你我之书”时创造了图书馆 2.0 这一新词。此后,图书馆 2.0 的传播与接受再也势不可挡。

(1)艰难起步:2005

历史的改变总由一件微不足道的小事开始,中文图林译站的出现就是这样一件小事。2005 年,一群信仰 Web2.0 精神的年轻的图书馆员创建了这个译站。他们从 2005 年末开始翻译国外有关图书馆 2.0 的博客文章,从 2005 年 12 月 14 日翻译第一篇相关文章《图书馆 2.0:我们如何共享》,到《从哪里开始? 与 Michael Casey 关于图书馆 2.0 的对话》、《关于图书馆与图书馆 2.0》、《我为什么不喜欢图书馆 2.0 的标签》、《图书馆 2.0 的七个定义、62 种观点》、《社区 2.0》、《图书馆 2.0》等等。早期的译站翻译成为中国图书馆界了解图书馆 2.0 最方便与直接的渠道之一。

(2)渐入佳境：2006

研究

2006 年是图书馆 2.0 广泛传播与激烈争论的一年。2006 新年伊始，《大学图书馆学报》发表了范并思、胡小菁的论文《图书馆 2.0：构建新的图书馆服务》，这是第一篇专门论述图书馆 2.0 的中文文献。该文主要对图书馆 2.0 的理念与应用作了一些简单的介绍，用范先生自己的话说，"这篇文章的主要价值，在于它较为全面的揭示了图书馆 2.0 的实际应用。"2006 年 3 月，范并思先生在自己的博客中发布了图书馆 2.0 的五定律，第一次以简洁的语言明确了图书馆 2.0 的原则。2006 年 9 月，刘炜与葛秋妍在《现代图书情报技术》上撰文《从 Web2.0 到图书馆 2.0：服务因用户而改变》第一次概括而系统地论述了图书馆 2.0 应用现状、问题和未来趋势，同时也提出了自己的图书馆 2.0 应用的五项原则。

会议

2006 年 5 月 25 日，"Web2.0 与信息服务"在上海图书馆召开。此次会议为国内图书馆 2.0 的关注者第一次聚会，同时也是图书馆 2.0 热潮中极为重要的一次学术研讨。会前会后形成的图书馆 2.0 热潮几乎吸引了图书馆界各层人士的关注。上海会议的议题主要涉及"Web2.0 与信息服务"、"Web2.0 与电子商务"、"新型 OPAC"等。其中编目精灵所做的关于 OPAC 改进的报告尤其让与会者对图书馆 2.0 的未来充满希望和信心。之后她将其整理并撰成《论新一代 OPAC 的理念与实践》一文在《中国图书馆学报》上公开发表。

(3)走向高潮：2007

研究：两次专题

2007 年的图书馆 2.0 研究已成为中国图书馆学术界最重要的主题。与初期谨慎的接受与宏观的讨论不同，2007 年的图书馆 2.0 研究更多地关注图书馆 2.0 各项专门技术的研究，如博客、维基、RSS、社会网络、社会书签等在图书馆的应用。据笔者以中国知网的不完全统计，2007 年以"图书馆 2.0"为关键词的文章多达 40 篇，其中包括 4 篇硕士论文。尤其值得一提的是，《数字图书馆论坛》与《图书馆杂志》以专题的形式进行了图书馆 2.0 的集中研讨。《数字图书馆论坛》2007 年第 4 期以 5 篇文章集结了国内图书馆 2.0 的最新研究成果，其中包括刘炜的《建设 2.0 版的图书馆集成管理系统》、台湾林泰宏先生的《台湾地区大学图书馆 Web2.0 技术应用探讨》、北大王益民先生的《长尾理论和图书馆服务的变革》以及胡小菁的《发展中的新一代 OPAC》

等文章。上海《图书馆杂志》也以专题形式发表了由浙江大学叶鹰教授主持的图书馆 2.0 讨论,4 篇文章的主题涉及图书馆 2.0 与开源、维基、标签以及 Ajax 等。此时的图书馆 2.0 研究更多地侧重于专门技术,同时也利用调研获取用户的反馈意见。

会议:三次研讨

2007 年 4 月 21、22 日,继上海图书馆第一届"Web2.0 与信息服务"后,第二届会议在图书馆 2.0 重镇厦门大学如期举办。此次会议以"服务:因你而变"为主题,海峡两岸携手共议图书馆 2.0 的广泛应用和光明前景。会议就社会性软件在大学图书馆的应用、开放存取、维基、专业期刊 2.0 等议题作为主旨报告,海峡两岸图书馆 2.0 关注者共同讨论并分享建设与实施图书馆 2.0 的经验。此次会议的另外一个重要事件是一些图书馆自动化厂商的参与,如汇文系统的代表也与会参与讨论。

2007 年 5 月 30 日,由上海市图书馆学会学术委员会主办、上海大学图书馆承办的"上海地区图书馆 2.0 应用与实践研讨会"举行。这是国内第一次直接以"图书馆 2.0"命名的会议。范并思教授作了"上海地区图书馆 2.0 应用与实践活动机制"的报告,此外,会议还讨论了"Lib2.0 应用与国内外现状"、"Lib2.0 技术国内外现状及上图经验"、"RSS 聚合服务端的开发"等问题。

2007 年 11 月 20 日,"上海地区第二届 Lib2.0 研讨会"在上海交通大学图书馆举行。会议主题为"图书馆 2.0 规划与实施",这也标志着图书馆 2.0 的具体实施和应用已经发展到一个新的水平。会议讨论了图书馆 2.0 的组织文化、规划与实施、数据库 2.0、用户 2.0 等问题。值得关注的是,一些数据库厂商此次也参会并加入到 2.0 技术的开发应用中来,如 Elsevier 和 CNKI 都派出代表发言并介绍其 2.0 的应用进展。

2007 年的三次会议使得国内图书馆 2.0 的关注者齐聚一堂,共议图书馆 2.0 的开发与应用、规划与实施。从图书馆员博客到图书馆馆长,从图书馆集成化系统厂商到图书馆数据库商,从图书馆 2.0 的未知者到图书馆 2.0 的狂热信徒,2007 年他们都经历了一次技术与理念的洗礼。从此,图书馆 2.0 不再成为图书馆极客们的时尚新词,也不再神秘,它已飞入寻常图书馆。

2.2 图书馆 2.0 的理论基础

2.2.1 Web2.0 的相关理论

Web2.0 并不是一个学科领域,而是一种网络现象,因而并不具有很强的理论性。

但是由于千年之交.Net泡沫破裂之后，人们对Web2.0所代表的新网络经济寄予厚望，非常重视为Web2.0提供理论依据，因此该领域的深度研究进展很快，不断有基于数学、社会学、大众传播学等各方面的理论探讨。图书馆2.0虽然不强调商业利益和盈利模式，但是作为图书馆领域的Web2.0应用，自然也符合其基本的理论解释。

迄今为止，人们引用较多的主要是从传播学角度对Web2.0现象进行的理论探讨。与此相关的理论大致有如下一些：

长尾理论：被认为是为Web2.0商业模式寻找理论支点的最有力的解释。该理论为《连线》杂志主编Chris Anderson在2004年10月首次提出，主要内容是认为一些网站（如亚马逊、eBay、Google广告、苹果iTune网络商店等）所呈现的新经济现象已经颠覆了传统经济中资源效率分布的2/8定律，即“80%的消费集中于20%的客户”，而能够从传统上被忽略的80%的客户（即“长尾”）中获得利益。正是Web2.0技术和模式提供了这种可能性，让网络公司抓住“长尾”，从而拥有一片广阔的“蓝海”，为企业创造了超额财富。对于图书馆来说，长尾理论暗合阮冈纳赞“图书馆学五定律”第二定律（每个读者有其书）和第三定律（每本书有其读者），以往图书馆受制于技术手段和业务模式，难于实现阮冈纳赞的理想，而图书馆2.0第一次使其有了实现的可能。

六度分离理论（又称小世界现象，另有“孤岛理论”等与此相关）：该理论提供了Web2.0社会性功能的一个基本解释，即“任何两个素不相识的人中间最多只隔着6个人”，实际上是对一种社会信息传播现象的社会学解释。由于在一本著名的传播学畅销书《引爆流行》中得到详细的阐释和引申，提出了众多的“法则”（如“关键人物法则”、“附着力法则”、“破窗理论”、“150法则”等①）能够解释很多2.0现象，并对Web2.0网站建设给予指导，因而被奉为圭臬。图书馆2.0由于具有前一节所述的一些特殊性，在强调读者参与的同时，也不能忽视图书馆和图书馆员的中介作用，因而如何在图书馆2.0中应用该理论还未得到很好的研究。

自组织理论（包括复杂系统理论、分形理论等）：认为由于大规模的用户参与，Web2.0的信息资源组织具有“自组织”的特点，包括用户和资源两方面的自组织，都可以用相关理论来解释，并且以此深化自组织的理论研究。② 应该说这种努力在当代

① 参考“星汉的博客”中的系列博文．见：http://www.xinghan.net/index.php/post/7

② 参考系列博客文章．见：http://blog.csdn.net/ministonenap/archive/2007/08/04/1726444.aspx

经济学、社会学中不乏其例,应用于解释 Web2.0 网络现象目前虽然刚刚起步,应该大有前途。图书馆 2.0 恰恰就是针对信息资源和用户信息行为的解决方案,与其说该理论是 Web2.0 的理论,不如说它更多的是在为图书馆 2.0 提供理论依据。

微内容(或微媒体):可能不能称其为"理论",但它解释了 Web2.0 不同于 Web1.0 的一种现象,即资源标识的微结构化,以及大量涌现对这些微结构进行组织和管理的媒体(从某种程度上说,定位于数字资源对象管理的数字图书馆也是此类 Web2.0 的成员之一)。传统的 Web 资源大多以网站和网页形式进行标识和管理,而 Web2.0 出现了许多新的构成单位,如 RSS、微格式甚至 OpenURL 等等。

公共版权论:即 Copy Left,知识产权部分保留的声明框架。公共版权论被归入 Web2.0 的相关理论也有些勉强,但是这是随着网络时代信息创造力大爆发而带来的必然结果,传统工业化时代所制定的严格的版权保护体系和不合理的利益分配正在阻碍网络内容的创造和传播,Web2.0 的相关应用如果没有一定的突破,诸如用户创造内容、Mashup 等根本不可能得到大规模发展。

2.2.2 社会知识交流论

对于在时间的长河中不断发展和变化的图书馆事业来说,"图书馆 2.0"只是代表着某个阶段的一个符号而已,我们现在选择并认同这个名称,并不是用它来描述一件具体的事物,而是用来归纳和说明一些现象,这些现象具有某些共同的特征,对传统图书馆 1.0 业务和服务模式是一种升级和颠覆。今后或许会有 3.0、4.0,但是对我们现在的 1.0 来说,它们都代表着下一代,都是 2.0。

图书馆学理论的一个基本功能是对图书馆相关的活动和现象提供理论解释。任何事物在不同的发展阶段都可能具有不同的特点,因而理论发展呈现阶段性特征也不足为奇,甚至在某些阶段多种理论共存也是自然现象。图书馆 2.0 虽然初露端倪,但是我们也不妨把它放在一定的理论框架中进行考察,看看这些变化的意义,指导我们自觉地利用它引导它,适应环境变化,促进事业发展。

在对众多的图书馆学基础理论进行考察之后我们认为,上世纪 80 年代由宓浩、黄纯元提出的"社会知识交流论",具有前瞻性地为数字图书馆以及图书馆 2.0 的发展,提供了一个逻辑研究框架。

社会知识交流论认为,社会知识是符号化和载体化的个人知识,图书馆的基本使命是通过社会化的存储和传递,实现社会知识的横向(空间维)和纵向(时间维)交流。交流的含义是从信源到信宿的完整过程。[①] 图书馆学对社会知识交流的研究应该包括三个层次：[②]知识层次（知识、知识载体与知识交流的关系，也即认知研究）、交流层次（知识交流与交流实体关系）和宏观实体层次（图书馆知识交流的内在机制和工作机理）。

这一理论最大的特点在于"扩大了图书馆学的研究范畴"，将图书馆学的研究对象，定位于"社会知识交流"。现在看来它确实为图书馆新的形态——"数字图书馆"提供了很好的解释框架，图书馆学不再拘泥于载体学、书皮学，而深入到大规模的知识组织、保存、利用和社会性认知过程。

图书馆2.0定位于用户中心、理念先行、无处不在、惠及长尾，是传统图书馆向数字图书馆变革发展过程中的中间形态，其变化根源在于新的信息环境下社会知识交流的需求使然。

利用社会知识交流论来考察图书馆2.0，可以发现：

与传统的知识交流途径相比，去中心化、人人参与的Web2.0时代带来各类交流通路的"短路"，缩短了知识交流的链条，在各类不同实体之间产生了许多直接的"跳线"，消灭知识中介是其造成的直接后果之一。而建设"复合型"数字图书馆，使图书馆服务随时、随地、无所不在、嵌入用户环境，成了图书馆新的生存方式，这些内容必须纳入到图书馆学的研究体系中来，并为其提供方法论指导。这属于知识交流论研究的"宏观实体层次"问题。

社会知识交流论对于交流成功与否的判定取决于用户服务。用户研究属于知识交流论"交流层次"的问题，它并不是知识交流论所独有，一直就是图书馆学的研究重点，但是却从来没有成为图书馆学的研究重点。"用户永远正确"几乎成了传统图书馆服务的最大讽刺，用户在图书馆的业务流程和服务设计中虽然一直被称为上帝，但这个上帝似乎永远是管理、引导、宣传和教育的对象。图书馆2.0区别于传统图书馆的最显著的地方，实际上就是真正的用户参与和用户中心，因为没有对于用户利用情况的收集和挖掘，没有用户聚类和资源聚类，没有用户贡献内容，没有用户对于服务的选择和评价，可以说就没有图书馆2.0。而真正的用户中心又是目前图书馆向2.0过渡最难的地方，目前似乎只能依靠馆长们的觉悟，没有任何体制、机制的制约或者组织文化的动因能够驱使1.0的图书馆向2.0升级。

---

① 黄纯元.追问图书馆的本质.图书馆杂志，1998年理论学术年刊

② 宓浩，黄纯元.知识交流和交流的科学——关于图书馆学基础理论的建设.图书馆研究与工作，1985(3)

图书馆收集、保存、处理、传播的对象呈现进一步多样化的趋势。延续以前的微观化和细粒度化趋势,各种网络资源,包括"微内容"、"微结构"等,更呈现一种任意分化组合的结构特征,这些新的知识单元理所当然地应该成为是图书馆的管理对象。能否驾驭这些新的资源形式,成为图书馆能否适应变革、实现数字化生存的关键能力。对于知识组织方式的研究属于知识交流论微观"知识层次"的研究。传统的知识组织方式(如分类法、叙词表等情报检索语言)能否经过改造,引入基于读者贡献(如标签方法、民俗分类法以及根据相关反馈更好地提供推荐等)的方法,反过来应用于网络资源的组织,并对这些自发的"草根"方法赋予一定的规范性,发展起一整套对网络资源进行整序和规范控制的元数据和本体方法,将形成图书馆员在网络时代社会知识交流中最重要的核心竞争力。

Web2.0是万维网向语义万维网过渡的中间形态,Web2.0的应用(如博客等)使得个体知识的社会化过程越来越简单、方便,且人人可为,并且使得知识的利用过程也就是知识的创造过程,极大地促进了"知识生产力"的提高。但是这种个体知识的大规模社会化缺乏计算机可操作的语义标注,使其不可能在更大范围内共享和传播,因此如果在一定范围内建立了信息语义化的规范和机制,就能够真正实现这种社会知识的大范围大规模交流(也即实现宏观层次的语义互操作)。这种规范和机制的研究理应是图书馆学的研究范畴,实际上也是实现语义万维网的基础,对于知识交流论来说属于宏观"知识层次"的研究内容。

综上所述我们认为,图书馆2.0虽然带来了表面上的诸多变化,甚至是对传统图书馆造成冲击,但其实图书馆的核心价值和理念始终没有发生任何改变,相反传统理念中的精华倒反而得到彰显。传统社会中图书馆所起的作用和所承担的职能,例如知识保障、文化传播、信息交流和终身教育,在Web2.0时代能不能够继续存在,似乎并不是取决于外部环境,而是取决于图书馆自身,取决于图书馆能否顺利向图书馆2.0过渡和升级。

2.2.3 图书馆生存环境扫描

社会进化论认为,一定的社会机构组织是否能够长久生存,取决于这个机构组织对于环境的适应能力。阮冈纳赞图书馆学五定律的第五定律说:"图书馆是一个不断发展的有机体",正是这种认识的反映。图书馆作为一种由人的主观意识而设立的社会机构,要像一个独立的"有机体"那样自主发展,似乎并不容易,需要取决于两个条件:①图书馆事业的独立性问题;②对社会环境的认知问题。

第一个问题永远是相对的，图书馆事业承载着具体的社会职能，体制机制问题决定着其运行方式和相对独立性，古今中外不同，不同类型的图书馆也不同，但是总会有某种程度的独立性。对于这个问题的深入讨论不属于本书的范围。

第二个问题实际上是要回答"图书馆2.0的必要性"问题。当前图书馆的生存环境发生了怎样的改变，使我们一定要进行"图书馆2.0升级"？

图书馆危机论早在上世纪70、80年代就开始了，最著名的要算兰开斯特无纸化社会的预言，他大胆地预测了图书馆实体的消亡但认为图书馆员这个职业依旧兴旺。与2003年OCLC的《环境扫描》报告中指出的"作为一种社会功能，图书馆可能会一直存在下去，但作为一种组织机构形态，却未必"①如出一辙。粗看起来兰开斯特过于绝对的预测似乎早已破产，但细究下去可以发现并非如此，他的论据和推演过程十分的合理而缜密。

据美国加州伯克利大学信息管理与系统学院（SIMS）的权威测算，②到2002年全球内容不重复的信息总量（包括以纸张、胶片和磁光介质上存储的所有信息，也即经过符号化载体化的"社会知识"）约为5个Exabyte（简称EB，1个EB等于10^6TB），年增长速度为19%，到2006年信息总量可达10个EB（10^7TB），而当年Google索引的信息总量只有1058TB，占当年全球信息总量的0.02%。与之相比，美国国会图书馆全部1600万册藏书如果数字化的话，大约136TB。仅仅从信息的占有量上来看，在以纸张为主要信息媒体的100年前，图书馆的重要性是不言而喻的，就目前而言，几乎可以忽略不计。

尼葛洛庞帝在《数字化生存》中说："当一个产业揽镜自问'我在数字化世界中有什么前途'时，它们的前途百分之百要看它们的产品或服务能不能转化为数字形式。"③可以说"数字化转型"是传统图书馆在信息社会生存必须跨过的一个坎。既然在信息媒体的数量上我们已无法占据优势，是否能在服务、质量或其他方面发挥图书馆的所长呢？这成为数字图书馆建设必须思考的一个问题，也是我们为什么必须重视图书馆2.0所带来种种理念和技术的原因。

---

① 见：http://www.oclc.org/reports/escan/downloads/escansummary_ch_OCLC_images.pdf

② 参见：http://www2.sims.berkeley.edu/research/projects/how-much-info-2003/execsum.htm

③ 尼葛洛庞帝（Negroponte）：美国麻省理工学院教授及媒体实验室的创办人，美国*Online*杂志的专栏作家，著有著名的《数字化生存》一书。西方媒体推崇他为电脑和传播科技领域最具影响力的大师之一，1996年7月被《时代》周刊列为当代最重要的未来学家之一。

OCLC 的另一份报告《图书馆与信息资源认知：给 OCLC 成员的报告》[①]调查了当前各类人群对图书馆服务的认知程度。以下是节选的一些结论：[②]

84% 的用户使用搜索引擎开始信息搜索，1% 的人从图书馆网页上开始信息的搜索。

用户对出版商提供的信息与免费的信息都信任，用户对免费的信息有较高的期盼。

图书馆用户喜欢自助服务，大多数用户在使用图书馆资源时不寻求帮助。

自从网络的出现，信息用户越来越少利用图书馆。

"书"是图书馆的标识，没有别的机构可以替代它。

大多数信息用户意识到社区图书馆服务和图书馆在更大的社会中所扮演的角色，大多数用户认为图书馆是一个学习的地方。

来自用户的评论为实体图书馆提供了清晰的方向：图书馆应当是干净的、明亮的、舒适的和温暖的；那里的工作人员是友善的，开放时间应满足不同人的生活方式，还应当有宣传服务。图书馆应当寻找方法将用户所需的文献提供给他们，而不是让人们到图书馆去找。

……

所有这些调查结果，都指向一个结论：图书馆正在走出人们进行"社会知识交流"的中心地带，也不再是人们获取知识的起点，已经被边缘化，其形象与传统的知识载体"书"牢牢地捆绑在一起，或许是人们闲暇时间的一个好去处……

OCLC 副总裁、高级研究员 Lorcan Dempsey 对于图书馆所处的信息资源环境的图示（图 2-2），恰当地反映了图书馆在其中应处的位置，从中可以看出图书馆馆藏建设所擅长的领域和未来的发展方向，发人深省。

① 参见：http://www.oclc.org/reports/2005perceptions.htm

② 译文来自：图林中文译站. http://liblog.yculblog.com/post.1032052.html

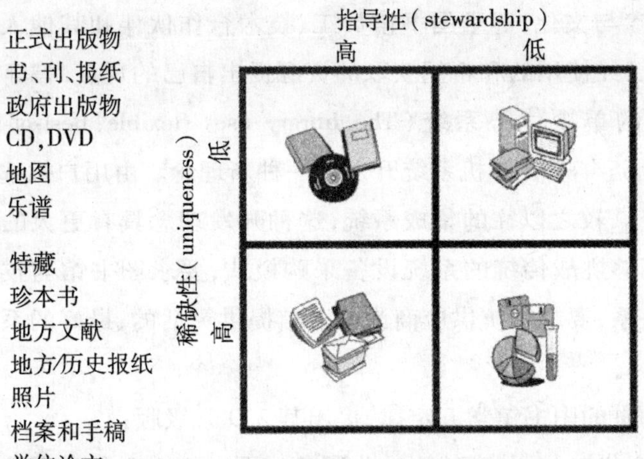

图2-2　图书馆所面临的资源内容环境①

图书馆2.0的到来，使图书馆重归以用户为中心而不是以资源或技术为中心的轨道，提供了一个重建图书馆认知的契机。以下图书馆2.0的诸多原则，为图书馆职业的未来开出了系列药方。

2.2.4　图书馆2.0的基本原则

Talis的"图书馆2.0四原则"很好地诠释了图书馆2.0所应具有的一些基本理念：②

（1）图书馆无处不在（The library is everywhere）。图书馆2.0帮助图书馆真正成为"没有围墙的图书馆"、"随时随地的图书馆"以及"嵌入用户知识环境的图书馆"。图书馆2.0的许多工具能够将图书馆的相关内容复制到用户需要的任何地方和任何时候，人们不需要打开图书馆的网站就能获取图书馆资源。

（2）图书馆没有障碍（The library has no barriers）。图书馆2.0确保图书馆管理的信息资源是可以在其被需要的位置上被获得的，使用中障碍是最小的。同时必须摧毁我们的系统和信息周围的围墙，实现信息民主。

（3）图书馆邀请参与（The library invites participation）。白皮书在谈及这一原则

① 参照美国肯特州立大学的曾蕾教授摘译自Lorcan Dempsey "Terms and conditions ... libraries, subject terminologies and the web 2004"改编。原文见：http://www.oclc.org/research/presentations/dempsey/dewey_20040316.ppt

② 见：Ken Chad & Paul Miller. Do Libraries Matter? The Rise of Library 2.0.［2008-1-3］. http://www.talis.com/applications/downloads/white_papers/DoLibrariesMatter.pdf

时,提到了图书馆2.0鼓励参与文化,尊重图书馆员工、技术合作伙伴和其他人的贡献,促进图书馆用户对他们已经使用的和希望获取的资源提出自己的观点,等等。

(4)图书馆使用灵活的单项优势系统(The library uses flexible, best-of-breed systems)。“best of breed”是近年来计算机系统开发的一种新理念。由用户挑选最好的单项系统后组合成新系统。较之以往的集成系统,这种开发理念具有更大的灵活性。图书馆2.0使图书馆能够挑战传统的系统设备采购模式,要求图书馆与技术合作伙伴之间有一种新型的关系,要求系统供应商为图书馆提供灵活的、最好的系统架构。

范并思教授根据阮冈纳赞的图书馆学五定律,提出其2.0升级版:

(1)第一定律:图书馆提供参与、共享的人性化服务。图书馆2.0所实现的不但是全方位为用户服务,而且是鼓励用户参与的人性化服务。参与、共享的Web 2.0思想,在E时代已成为了图书馆存在的基础,这一原则如同纸本时代确立的“书是为了用的”。

(2)第二定律:图书馆没有障碍。原第二定律为“每个读者有其书”,网络环境下要实现此理想,须遵循图书馆2.0的“图书馆没有障碍”的原则。没有障碍的图书馆才有可能做到人人可获得信息。

(3)第三定律:图书馆无处不在。在信息时代只要实现了图书馆无处不在,就是真正体现Web 2.0时代“每本书有其读者”的精神。

(4)第四定律:无缝的用户体验。原第四定律为“节省读者的时间”,Web环境中节省用户时间的最高境界,无疑是使图书馆的资源与服务对用户而言是一种“无缝”的感觉。

(5)第五定律:永远的Beta版。原第五定律为“图书馆是一个生长着的机体”,在信息时代应为图书馆信息资源与信息系统的永续生长,“永远的Beta版”的Web 2.0术语,准确地描述了“图书馆是一个生长着的机体”的时代特征。

Keven从理念决定技术的角度,提出了其“图书馆2.0五原则”:①

(1)图书馆2.0是为读者而存在的,不是为图书馆员而存在,也绝不是为了挽救图书馆已有的业务模式而存在。因此在面临是否需要提供与传统服务不同的“额外”服务的时候(例如Information Commons,为读者提供社区服务等),图书馆应该积极提

① 刘炜,葛秋妍.从Web 2.0到图书馆2.0:服务因用户而变.现代图书情报技术,2006(9):8—12

供，不能因其不是“传统”业务而故步自封。

(2)图书馆2.0应保持最大限度的开放性和中立性。任何资源类型、技术、模式的发展都有可能，图书馆都可以而且应该进行试验，不为概念所束缚，也不为任何利益集团所左右。

(3)图书馆2.0尽可能采用开放资源进行服务，包括开放内容和开放软件等。充分整合各类开放资源，同时代表读者的利益，并不为一家所左右，利用自己的核心资源和核心能力发展事业。

(4)图书馆2.0尽可能采用商用服务，例如Google、Amazon、Yahoo！、OCLC的许多开放的API都可以为我所用，这些服务并非成本高昂，有许多甚至是免费的。图书馆可以利用其独特的地位取得平等的合作关系。

(5)图书馆2.0的技术必须是模块化、组建化、具有很强的平台和设备独立性、符合各类协议标准、可以非常方便地进行组合搭配。不要幻想由一家软件公司提供一揽子解决方案。目前可以看到几乎每个2.0功能都是独立的，但是数据和应用程序接口又都是可以共享的、互操作的，为它们之间的融合提供了方便。

国内外还有很多机构或学者，分别从不同的角度，阐述了一些类似的原则或“定律”。

2.3 图书馆2.0的技术基础

信息技术在Web2.0中充当着助产师和急先锋的作用，对于图书馆2.0，虽然它并不是必需的，但是却扮演者极其重要的角色。Web2.0技术可以帮助图书馆构建一个用户驱动的2.0环境，并能够因应读者的需求而变化。信息技术的进步引导者图书情报机构不断增强服务能力，以前不可能的服务，由于技术的发展而变得容易，这种可能性积聚起来，对图书馆传统的业务和服务模式将会形成挑战。例如网络公司开展的“数字图书馆”全文提供服务、网民自助的参考咨询平台、无人值守的“机器人”实时咨询等等，都是图书馆的传统业务，在信息技术并不发达的过去，以营利为目的的公司是不会经营此类业务的。如今他们借助机制和技术优势侵入了图书馆的传统领地，图书馆只有自觉地建立起一种主动的需求驱动型变革机制，才能够应用新技术，自觉地逐步实现图书馆2.0。

2.3.1 图书馆2.0与数字图书馆

图书馆2.0的兴起可以说在一定程度上改变了数字图书馆的发展方向。图书馆

2.0中所涉及的许多技术、理念都属于数字图书馆范畴，虽然大多集中于表现层和应用层，而不是架构层、存储层或者互操作层的东西，但这些东西却是前所未有的，能够极大地刺激数字图书馆的建设，丰富数字图书馆的应用，从而在一定程度上主导数字图书馆的发展。

具体说来，2.0时代的数字图书馆：

①要支持用户创建资源、描述资源、组织资源；

②要利用集体智慧，进行信息过滤，提供智能化的服务；

③无所不在的微内容（数字图书馆的逻辑组成：数字对象）；

④无所不在的静态和动态本体，用于信息的结构化和“语义化”；

⑤更加分布的服务，更加松散的应用耦合（mashup）；

……

这些原本都是数字图书馆的内容，Web2.0带来了明确的进展。

当然数字图书馆是一个比图书馆2.0宽泛得多的概念，虽然它并不能完全包容后者（它们之间有一个交集），但却是一个比较恒定的概念，代表了图书馆的发展方向。

（1）Web2.0的技术本质

通过对于数百个Web2.0应用的考察可以发现，在这股Web2.0应用的大潮中，起决定作用的是技术、内容和用户三方面的相互作用，用户创造或附加内容，技术提供内容组织和与用户交互的手段，内容或基于内容的互动满足用户需求。这似乎是一种三角关系，但在第1章图1－2中将用户作“个人”到“社区”区分，对应于从强调数据到强调技术的差别，用一个四象限图容纳所有的Web2.0应用。任何一个成功的Web2.0应用都是这三方面结合的复杂有机体，任何单独的方面都难成气候。特别对于技术和内容来说，还必须到达相应的阈值、具备一定的条件才行。

“技术”、“内容”与“用户”在Web2.0应用中呈现出与以往完全不同的“互动”特征，这些特征是这些年来Web相关技术的发展（具体说来是语义Web技术、数字图书馆技术以及Web服务技术）所带来的。

首先，在Web上任何信息都可以被看成是“资源”，任何资源都是“可寻址”的。对于数字图书馆来说也是这样，任何被管理的资源均被看成是有独立标识的存在，其内部可以是简单或复杂的“包”结构，相互之间也可以有各种复杂的关系，但其独立性与可管理性是同时存在的。我们可以看到在所有的Web2.0应用中，数据可标识、可管理性是一个基本特点，用户也是作为一类特殊的数据存在于系统中，也是可以标识和管理的。

其次，除了数据与数据需要建立联系之外，数据与描述性数据（元数据）也需建立起复杂但是可控的联系，这些联系常常用到大量的标准或非标准的 XHTML/XML 进行编码。这样的数据在系统层面就构成了信息甚至知识，通过系统实现特定的功能，即产生了丰富的 Web2.0 应用。

第三，各类数据及其相互之间的联系需要有想象力的组织模式把他们组织起来。不同的数据组织方式也是不同的，Web2.0 的应用除了要满足数据的权威性（可信的和可验证性）要求之外，也常常要满足动态的、随需产生的、自学习的、多视图的组织要求。例如社会性网络就可以看成是以用户数据之间的某种联系建立起的关系。

基于上述三点，结合目前语义 Web、Web 服务和数字图书馆的相关技术，我们可以管窥 Web2.0 的未来发展路径，同时也可以预测图书馆 2.0 的一些发展趋势。

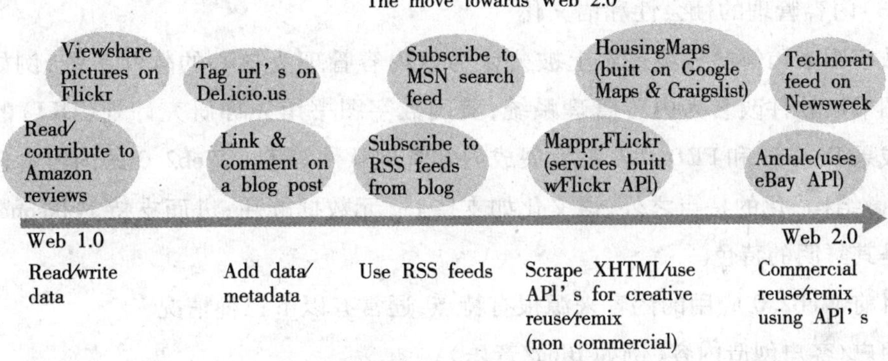

图 2-3　Web2.0 应用的迁移①

（2）资源的可标识性（微结构化）

正如 Tim Berners-Lee 所说的那样，他在最初设计 Web 的时候就没有想过 Web 只是少数人“出版”内容而大多数人消费内容的模式，而恰恰是 Web2.0 这种人人制作信息而又分享信息的模式。只是由于 Web 技术设计的缺陷和过于强调简单，造成了对于 Web 的读与写的不对称。HTML/HTTP 这种专注于格式呈现的标准和协议不利于大多数人把精力集中于内容上。而现在基于 RSS 的各种应用（Blog、Wiki、评论、网摘、多媒体等等）提供了一种极其简单的分离内容与格式的方法，使内容的发布变得前所未有的简单。

① 图示来自：http://www.rashmisinha.com/archives/05_08/web2-data-metadata-interface.html

无论多么动态和复杂的内容到了客户端总归要以HTML方式呈现，因而许多数据格式以XML来定义倒还不如以XHTML方式定义来的更加直接，这就是众多的包含语义的微结构和微格式产生的原因。RSS、微结构、微内容①等专注于信息内容的描述，而把页面的呈现交给CSS去实现，使得内容单元构成的“数据”具有了独立的标识，具有了独立性和可管理性，可被描述、发现、联系、重用、组合，这就是数字图书馆中所称的“数字对象”，也就是语义Web中所称的“资源”。

资源的可被标识性是资源具有独立性的基础，也是资源的内容与形式分离的必要条件。作为“数据的Web”和Data Inside的特性，以及许多其他特性都就来自于此。

进一步地，可标识的数字资源通过资源调度系统或服务注册系统进行发布、解析、管理和自动发现，可通过支持OpenURL、SRU/W、OAI-PMH以及它们的组合（例如在通过CoINs、PiggyBank代码等）实现灵活的、具有良好互操作性的分布式应用。

（3）内容管理的社会性和语义化

数字图书馆解决方案基本上被公认为以内容管理为核心的软件系统，例如IBM数字图书馆软件改名为内容管理系统，美国数字图书馆先导研究计划（DLI）的两个重要成果DSpace和FEDORA都发展成内容管理软件等等。Web2.0的内容管理除了上述“微结构”化的特点之外，语义化如支持tag元数据标注，进而支持Folksonomy分类也是其鲜明的特色。

目前Web2.0应用的内容来源很有特点，通常有以下三种情况：

用户/客户创造内容（例如Blog/音乐）；

用户/客户添加内容（例如网摘/地图/ tagging）；

用户/客户的行为创造/添加了内容（点击/选择/评价而形成“群众智慧”）。

对于某些Web2.0应用来说，用户与客户是不尽相同的，例如音乐网站的音乐提供者和音乐消费者，搜索网站的广告主和搜索客户，等等，内容的来源也可能不同，因此在这里将用户和客户稍作区分。

所有的Web2.0应用都旨在建立资源之间的联系，这就少不了元数据的应用。采用任何方式对资源进行元数据标注都可以看成是语义化。传统的HTML网页数据是没有语义标注的，其传达的语义要靠人来识别。把tag赋予资源就是一种语义标注，其他的语义标注还有资源相互关系的标注、根据资源的使用情况由机器自动赋予资源的标

① 有人把RSS、FOAF等也理解为微内容，并无不可，但是由于目前所指的微结构、微内容多基于XMTML，在本文中进行一定的区分。

注等等。这些语义标注目前虽然还不能为机器所自动识别,但是起码可以做到语义匹配,以及聚类等等。Tag 标注常常并不区分资源的属性,直接标注属性值,而大量标注形成的 Folksonomy 具有很强的社会性,目前大多还是平面的词表形式,有一些 Web2.0 应用已经开始赋予简单的层次结构。

仔细分析可以发现这种语义标注与传统图书馆的分类主题标引是多么的类似,而且图书馆对于信息内容规范控制的手段和方法可以为 Web2.0 提供大量的经验,目前 NKOS 的努力已经取得一定的成果,结合语义 Web 技术,能够使 Web2.0 的内容管理更规范,更可信。

客户端的复杂性(Ajax 化)

Web2.0 与传统的 Web 应用最大的区别在于客户端(浏览器)的复杂化,简单的 HTTP 协议传输的信息已远不是 HTML 文件那么简单,除了其中可能包含各种微格式、展示信息、原数据之外,Ajax(Asynchronous + JAvascript + Xml via http)能使浏览器接近于一台单独执行任务、与服务器交互的客户机。

Ajax 技术等于在客户端相应 HTTP 获取服务器相关文件和代码之后,由客户端根据用户的操作做出响应,进行逻辑处理,执行一些相对简单的程序,避免了每次相应用户操作都需要与服务器多次交互,由于这实际上是在用户界面与服务器之间有增加了一台虚拟的"机器",所以实际上这种机制带来的好处还远远不止节省一些与服务器的交互这么简单。

Ajax 所带来的好处可以从 Web2.0 目前大量采用的与用户交互、收集用户行为、汇聚集体智慧以及提供更为个性化的服务这些特性上可以看到。当然 Ajax 技术本身是一个复杂的混合体,不断在增加新的内容,进一步可以与多种标准或协议协同使用,例如同样采用 REST 的 SRU 元搜索标准,OpenURL 标准或嵌入对 OAI 的支持,以及对多种元数据标准的识别和解析等等,并且 Ajax 对服务器端和客户端的应用环境具有较强的依赖性。实际上类似于 Ajax 的技术还有很多,包括 Macromedia 的 Flex、微软的 Atlas、Mozilla 社区的 XUL、Laszlo 公司的Laszlo、Java 的 Swing 都是类似的实现方式。在目前基于 SOA 的 Web 服务架构下 Web2.0 有着非常广阔的发展前景。

(4)体系的开放性

应用融合(Mashup,或称 Remix)充分显示了 Web2.0 的开放性,实际上就是系统之间互操作问题的实现方式。开放性有开放数据内容(例如 OAI 的 Data Provider 角色)和开放应用编程接口(API)两个方面,开放数据内容(即实现数据的互操作)主要取决于数据格式、获取方式以及格式的解析三个方面,现在大多数数据格式都采用

XML来定义,为互操作的解决提供了一个基础。获取方式通常采用HTTP/SOAP为基础的方式,结合简化的体系架构,也有应用专门的API的,标准的API接口就可以规定为一种协议(例如Z39.50或者OAI),通过开放API最终目的还是为了共享内容。内容格式的解析通常交给客户段的操作系统去做,一般只要支持MIME就可以了。由此可见这一套应用都是建立在Web架构上的,是Web技术的自然发展,称之为Web2.0倒也理所当然。

目前的应用融合又出现了新的趋势,可以分成两类:服务器端的融合和浏览器端的融合,前者又可称为Pre-coordinate,后者为Just-In-Time的Post-coordinate,目前的趋势似乎是逐渐偏重于后者,把应用的控制权交还给用户。服务器端可以融合多个开放API或数据的应用,提供特殊的增值服务,具有稳定性好,适合大型、联系紧密地应用,例如基于Google Map的许多服务。浏览器端是通过对内容频道或运行代码进行融合的支持而组合各类应用和资源,目前功能稍差,应用模式也比较简单,例如采用支持Greasemonkey的js用户代码、可定制的个性化门户入口网站等等。

开放性也是数字图书馆的一个基本要求。对于数字图书馆来说,主要是出于对于数据的系统独立性以利于永久保存、增强跨系统的互操作性等方面的考虑,对于大多数Web2.0应用来说,开放性则更具有商业上作用,这种商业上的作用是一把双刃剑,一方面只有开放才会有大量的用户和客户的支持,以及用户和关联应用的迅速增长,才会使服务在市场上更具有竞争力;但另一方面开放会招来模仿,一些行业巨人的模仿往往是致命性的,同时也容易受到攻击。

2.3.2 图书馆2.0的主要技术

图书馆2.0的技术需求应该是:①

直接、开放的数据库访问;

全面采用开放的W3C标准,通过API支持读/写功能;

平台、系统无关性,自己控制;

交互、可视化,达成互动。

前文我们较为系统探讨了Web2.0技术的渊源,着重与数字图书馆技术进行了对比。如果说数字图书馆技术是近十多年来相关信息技术领域长出的几株大树的

① 前三项来自:John Blyberg. ILS Customer Bill-of-Rights. http://www.blyberg.net/2005/11/20/ils-customer-bill-of-rights

话，Web2.0技术大多位于树梢，正在结出第一批果子，而图书馆2.0则是这批成果中能够直接为图书馆行业所享用的部分。许多研究都指出了这些技术主要有Blog、Wiki、RSS、SNS、Ajax、Tag/Folksonomy等，实际上还有许多果子虽然青涩，但是正在成熟，影响丝毫不让前者，甚至硕果可待。

以下是目前图书馆2.0常用的技术及简要说明。

RSS/ATOM：用于信息资源内容的聚合/共享/推送/订阅/发布，应用于各类新闻报道、服务推送、书目或其他数据的定题查询定制（类似传统的SDI服务）等，是目前图书馆2.0应用得最多的技术之一。

Blog/PodCast：中文称为博客/播客或网志，逐渐演变为一种个人媒体，可作为图书馆公告信息、与读者交流的一种手段，也可为读者提供博客空间，作为"读者俱乐部"或"我的图书馆"的辅助功能，帮助形成读者社区。可以看作取代1.0时代的BBS的部分功能。

Wiki：又称"维客"、"共笔"，供多人编写、上载和发布内容的一种网络服务，可以构建知识网络系统，支持在一个社群内共享领域知识。例如OCLC的Open WorldCat就采用开源软件开发的Wikid建立了允许用户对于书目记录进行评论的功能。① 也有将海量的Wiki（例如Wikipedia）作为内容管理的2.0版。

Instant Message（IM）：即"即时通信"，例如MSN、QQ、Skype等，可以包括文字、语音、视频等各种方式。许多图书馆很早就在使用IM进行虚拟参考服务，2.0时代需要更好地整合各类相关服务和数据，为网上参考工作提供更为方便的平台。

SNS功能：即"社会性网络服务"，源自"六度理论"：任何两人可由至多六个朋友结识，为用户提供创建人际关系网的网络服务，帮助用户通过个人的人际关系网络，满足各种需求。

① 参见：http://www.oclc.org/productworks/wcwiki.htm

Collective Intelligence：集体智慧，即通过用户提供信息，或用户在使用服务时所创造的信息发现信息的内在规律或结构，应用于优化服务的方式。一般方法是：按照信息资源的个性特征，或动态的使用统计信息，将人群或资源聚类。或采用用户的相关反馈信息获取相应参数。图书馆2.0模仿Amazon等Web2.0应用进行图书和信息资源的推荐，或协助读者形成阅读/兴趣小组。

Tagging/Folksonomy：即对信息资源添加“标签”，进而形成标签表（民间分类法）的过程。标引工作是图书馆最古老的核心业务之一，而“加标签”看似杂乱无序，却能集合集体智慧，形成多种分类或聚类规则，往往更切合读者的需要。该方法是图书馆2.0将大有作为的领域之一。

浏览器插件：配合浏览器使用的一种辅助软件，以扩充一般浏览器不支持的功能，或响应服务器的特殊指令。传统上图书馆的许多应用都是C/S结构的，客户端的功能做成浏览器插件的形式之后，就可以执行一些特殊的功能。由于插件都需要客户自行安装，用户往往不知道安装什么、如何安装插件，而且插件的安装数量也是有限的，所以随着Ajax技术的流行，插件技术有逐渐式微的趋势。

Greasemonkey：滑猴子（Greasemonkey）是Firefox等浏览器的一种特殊的插件，并非支持某种单一的特定功能，而是通过对浏览器运行客户代码（js）的支持，而使用户能够扩展自己对于某些网页或内容的处理功能，例如修改网页、添加特别标注、改变右键功能等。OCLC的Open WorldCat通过滑猴子支持对书目数据ISBN的“发现”，从而能够进行xISBN扩展检索，并应用于揭示本地馆藏，以便读者就近借阅。

Bookmarklet：即“小书签”，可以自动发现某些指定的网页内容，运行特定的简单代码。对于图书馆2.0的用处类似于简单的浏览器插件或滑猴子用户代码。

Ajax/Flex/Atlas：　Ajax 与 Macromedia 的 Flex 技术、微软的 Atlas 技术等都属于 Rich Web Application，由于应用强调用户体验而使此类技术成为 Web2.0 技术的核心内容。Ajax 结合了 Java 技术、XML 以及 JavaScript 等编程技术，使用客户端脚本与 Web 服务器交换数据的 Web 应用开发方法，打破了页面重载惯例，能够很好地优化用户体验并实现功能丰富的 GUI。

Open Source：　广义的开源软件包括开放源代码和开放内容等，是开放精神的体现。对于图书馆 2.0 常包括开放应用程序接口（Open API）、开放资源内容（Open Content）和开放标准规范（例如 OpenURL 等 Open Link 标准，大量的如 METS、MODS、CoINs、Microstructure、OAI、SRU/SRW、REST 等元数据及编码和协议标准规范等等）。许多图书馆采用 Google、Amazon 以及 OCLC 的许多开放的 API 提供服务，这些开源内容对于图书馆 2.0 进行服务融合和资源融合有着非常重要的意义。

2.3.3　图书馆 2.0 技术应用

上述图书馆 2.0 相关技术在具体应用中能够组合出十分丰富的具体实现形式。由于 Web2.0 和图书馆 2.0 的提出还只有几年的时间，其创造性主要体现在服务和资源融合方面，因此现在考察这些初级应用很难勾画出图书馆 2.0 的全貌。不过从我们对其展现出的理念和活力的观察看，相信谁也不会低估图书馆 2.0 在提升图书馆服务能力方面的潜力。

目前图书馆 2.0 相关技术的应用大致可以分成两类：提供“我的图书馆 2.0 版”功能和“图书馆集成管理系统的 2.0 扩展”。前者主要指图书馆提供平台与互动支持，而主要由读者自行（或互助）操作的服务；后者是图书馆为完善其数字资源服务体系而对于其系统进行的功能改进。这种区分并不是很严格，而且许多图书馆 2.0 网站也并非这样称呼，仅仅为了研究方便进行这样的划分。

（1）“我的图书馆”2.0 版

数年前随着许多图书馆网络门户的开通，提供读者个性化定制的“我的图书馆”功能曾经风靡一时，然而似乎读者对图书馆一厢情愿的功能并不领情，基本上成了摆设。究其原因，可能主要是仅靠一家图书馆难以支撑任何读者多样化的信息需求，不论从信息源方面还是服务的质量、方便性、响应时间方面，都不足以与现在 2.0 时代的开放的网络资源以及读者“自服务”相比。

因此可以说 Web2.0 将给“我的图书馆”的功能和应用带来一场革命，一些初步的功能已经成为目前图书馆 2.0 应用的亮点。

表 2-3 罗列了现有图书馆 2.0 的一些主要的“我的图书馆”服务，可以看出都有 1.0 时代的影子，但是实际运作模式、能力都不是 1.0 时代能够同日而语的。

表 2-3　目前主要的图书馆 2.0“我的图书馆”服务

服务	描　述	目前的不足或趋势	举例
个性化门户（频道定制）	由读者自行设定的个性化门户入口，可订制。曾经许多系统都有频道定制栏目，但是由于开放性和完整性的缺陷（频道设置无标准，不支持外部频道），只作为图书馆门户网站（或资源检索栏目）的一个功能，没有提高到读者个性化门户的地位。	图书馆利用开源软件提供读者开放的可定制入口页面，技术上不复杂，但是图书馆的重点应该在更多的灵活自动的频道资源的提供。	Netvibes，Pageflakes Fold Shanghai Library 2.0 Portal
我的收藏夹	提供读者在线网摘、分类或主题词标注、建立知识库、搜索、共享等功能。个人知识管理的工具，同时具有社会化功能（推荐、评价、聚类等）。	共享功能的开发； 分类体系的规范化； 提供自动分类、自动摘要甚至自动翻译功能。	365key
我的藏书架	类似于“我的收藏夹”，提供个性化藏书（包括 CD/DVD 收藏）目录，简便地获取书目信息，并提供书目、全文或网上书店的连接，进一步支持社区功能，显示推荐、群组信息。	很有潜力的图书馆 2.0 应用，但必须克服图书馆应用的繁琐和片面强调功能，必须十分方便和人性化。	IMDB
我的影集	提供读者上载照片的功能，作为本地文化的数字化保存或社区互动。	空间有限，难以防止滥用。	AADL
我的音乐	MP3 音乐共享功能，支持 P2P。	版权难以控制，容易引起法律纠纷。	Pandora
我的订阅	RSS 频道发布，以及新闻订阅、新到资料通知等（类似于传统的 SDI 服务）。	许多搜索引擎和资源提供商已经提供类似服务，可以进行“聚合”创造。	Google CNKI
我的好友/兴趣小组	进行兴趣聚类，推荐交友，支持兴趣小组活动，可与邮件列表、博客、Wiki 以及书评等组合使用。	必须有共同的兴趣和实在的内容，纯粹为交友而交友难以持续。	豆瓣

（续表）

服务	描　述	目前的不足或趋势	举例
读者俱乐部	上述多项服务的组合可以形成读者俱乐部，例如书评、影迷等。	界面与流程设计是一个挑战，业务模式难以突破现有服务（如豆瓣）的框架。	豆瓣
空间提供	纯粹提供博客/共笔/网络存储/网页空间。	与图书馆业务相关度不高。	网络硬盘
虚拟参考工作	考虑采用类似于MSN小I之类的机器人方式解决常见问题。	需整合各种方式（email、即时通讯、语音视频、推送），形成综合业务平台。	VRD
推荐书目/推荐阅读	根据新到资料自动或人工地进行推送。可以作为剪报或专题情报服务的手段。	准确性有待提高，必须依靠相关反馈逐步调优。	许多在线数据库

试图穷尽所有的具体应用永远是一种奢望，但上表应该归纳了大部分同类应用，可作参考。

（2）图书馆集成管理系统的变迁

早在Web2.0提出之前的Web1.0时代，图书馆自动化集成管理系统就已经在谋求改变，传统的采编流通期刊管理以及公共目录查询等大量的C/S结构的应用都还没有完全转变到B/S的模式中来，基于物理载体的管理要向数字资源的管理转变，基于"拥有"的服务向基于"可获得"资源的服务转变，管理系统必须解决资源之间、资源库之间的多种链接问题，以及管理和服务的全面Web化问题。

曾有一度Web OPAC兴起，MARC856字段增加到电子资源全文的链接，到后来的OpenURL标准的出现，联邦/跨库检索的提出，加上门户技术（包括系统内部的个性化定制和推送服务）以及数字参考服务系统的推出，曾经作为数字图书馆的基本技术而风靡一时，然而其中大多数解决方案还处在一种非标准的、开发商主导的软件（解决方案）提供模式。一直没有形成像传统的图书馆自动化集成管理系统那样的规范的、基于业界统一标准套装软件。

或许这种依靠软件提供解决方案的方式已经一去不复返了。Web2.0的风行更使我们看到了以Web为平台，以服务作为软件营运模式的时代的到来。英国老牌图书馆自动化解决方案提供商Talis在其出版的《图书馆2.0白皮书》（参见推荐阅读1）中指出，在开放的Web环境下，图书馆的业务管理与服务，越来越不可能有统一的一揽子解决方案，必须通过开放接口互通互联，实现基于标准的高层互操作。

图书馆2.0条件下的图书馆集成管理系统正在经历如下八个方面的变化：

内容管理方面：支持 CSS、XHTML 语义标注以及各种微格式；

用户交互方面：支持 Ajax 等 Rich Application 技术；

内容协同方面：采用 RSS/ATOM 进行数据协同；

内容聚合方面：支持 RSS/ATOM 聚合；

链接标准方面：支持简单但有含义的 URL；

社区建设方面：支持方便直接的服务器发布；

服务协议方面：优先支持 REST 或其他基于 XML 的轻型 Web 服务应用程序接口标准；

社会性网络方面：支持基本的社会性网络服务。

显然所有这些变化如果由一家公司提供方案显然是不太现实的。目前这些变化正刚刚开始，一些前沿的图书馆解决方案提供商正在朝这些方向努力。已经看得到的此类应用主要集中在书目数据（OPAC）以及数字原文的提供、管理和利用方面。表 2-4 列出了其中的初步内容。

表 2-4 “图书馆集成管理系统”2.0 的初步功能

服务	描　述	目前的不足或趋势	举例
数字资源管理	数字资源管理作为数字图书馆的核心功能，可能并不是图书馆 2.0 的典型功能，但是却是 2.0 必须解决的问题。借助 Dspace 或 Fedora 的应用很多，开放存取运动带来的资源已成为图书馆 2.0 的重要资源内容。	Web2.0 在大规模资源管理方面还没有经过考验。2.0 的特征不明显。	浙江大学图书馆的机构库试验 国外大量的 Dspace 应用
内容聚合	提供 RSS 内容聚合，进行资源导航等服务。	目前还不普遍，并非所有的资源服务都支持，依赖于资源提供商。	上海大学
资源整合	资源的地图分布，资源库的跨库检索。	元数据和协议标准尚不足以支持 2.0 应用。	Talis、Ex Libris Sirsi/Dynix
Web OPAC 服务	采用多种插件以及 Ajax 技术，目前最活跃的图书馆 2.0 应用，综合了多项 2.0 服务，如 RSS 订阅、标签、扩展检索、推荐阅读、个性化排序、上下文敏感链接、拼写校验、借阅清单查询、借期提醒、组合外部（Google/Amazon）服务等等。	尚未形成统一的需求规范	联合目录（如 OCLC OWC），xISBN

2.4　图书馆 2.0：永远的 Beta 版

2.4.1　图书馆 2.0：西西弗斯的攀登

在希腊神话中，西西弗斯被天神惩罚，天天推巨石上山，石头推上山顶又自动滚落下来，这样循环往复，苦役永无休止。图书馆员历朝历代一直在建造知识的通天塔，信息爆炸又带来无数更多的巨石，图书馆员如同信息时代的苦行僧，承载着永无止境的苦役，只有通天塔是心中永远的念想。

图书馆 2.0 是一个崭新的起点。道路依旧漫长，但它是黑暗中的一点光亮，启明着我们这个事业的前程。目前尚在襁褓中的图书馆 2.0 还不是一个完整的体系，或许不会有这样的体系，那么，怎样的图书馆才能够称为 2.0 的图书馆？什么样的服务能够称为图书馆 2.0 服务？如何构建这些服务？图书馆 2.0 成功或失败的标准是什么？应该如何判定？种种这些问题，正在开始得到确立。或许本书并不能对这些问题做出明确的解答，但是本书的架构就是对这些问题的探索，或许看完了本书，你自己就有了答案。

Michael Casey 和 Laura Savastinuk 说："任何服务，无论是实体或者网络，只要能够成功地将信息传递给读者，有效评估并利用用户创造的信息，就可以称之为图书馆 2.0。"[①]Michael Stephen 说："图书馆 2.0 的原则就是要打破图书馆所设立的种种妨碍读者利用信息和知识的樊篱。"可见，2.0 首先是一种态度，一种图书馆的知识自由精神和理念支撑的态度。图书馆 2.0 绝非技术的琼楼玉宇或者炫目的技术所能代表，它也并不需要处处彰显图书馆员的存在和能力。相反，图书馆 2.0 的最高境界，是服务无处不在，而接受服务者看不到图书馆和图书馆员。

实践图书馆 2.0 最大的障碍，似乎也正是对图书馆 2.0 背后的这种图书馆精神的认同，以及理念的培养，从而造就一种服务用户的态度。从这个意义上说，任何条件的图书馆都可以实践图书馆 2.0，任何图书馆员都能够成为 2.0 的图书馆员。

做到这一点并不容易。目前图书馆 2.0 所提倡的用户参与、一切以用户为中心的服务理念，有人说现在的图书馆还存在大量的人为障碍，连图书馆 1.0 都达不到，奢谈 2.0！可能正因为如此，我们才需要"跨越式发展"，用图书馆 2.0 弥补读者与图书馆之间的鸿沟。现在看来这并不是施恩于读者，反而是自救己身。

2.4.2　图书馆 2.0 行动计划

关于图书馆 2.0 的所有研究和讨论，最终都应该落实于应用和实施，否则都是空

① 参见"图林中文译站"译文：http://www.qiantu.org/liblog/archives/library-20.html

话。如何 2.0,每个图书馆的具体情况都不同,没有固定的模式可以参照,但是一般而言,必须有来自管理层的认识和支持,以及馆员和用户之间的协作。图书馆 2.0 是建立在对传统图书馆服务改造基础之上的,可以说任何图书馆都可以立即开展一些可以归入图书馆 2.0 的服务,不论自上而下或者自下而上,如果要持续进行图书馆 2.0 升级,就需要建立起一定的组织文化,以及与用户互动的组织框架或系统。

对于某个图书馆整体而言,预先的规划对于事后的评估将起到重要作用,因此管理层应该首先明确如下问题:

图书馆 2.0 能给你带来什么?

你的机构目标是什么?图书馆 2.0 如何帮助你更好地实现?

你的核心价值是什么?图书馆 2.0 在哪些方面强化了你的核心价值?

你的图书馆 2.0 具体计划,为读者带来些什么?

图书馆 2.0 自从提出以来已经两年有余,各类具体案例举不胜举,其中不乏许多系统的“行动方案”可供借鉴,例如 Laura Cohen 在博客上详细介绍了她所在的图书馆进行 2.0“升级”的计划,①以及上海交通大学图书馆的 2.0 建设设想,非常值得借鉴。②

总体而言,图书馆 2.0 并非很多人所想的那样,主要依赖于技术,反而是依赖于以下一些“组织文化因素”:

整个组织特别是领导层主动、积极的态度;

开放、积极、协作的文化,首先是理念合拍;

打破部门界限的合作,以用户为中心的业务构想和整合;

馆员 2.0:注重馆员的培训(具体内容见最后一章“图书馆员 2.0”);

技术人员和活跃分子的参与,以及对开源软件的重视(开源软件与图书馆 2.0 有着天然的联系);

管理的扁平化、矩阵化;

图书馆 2.0 相关活动纳入绩效评估。

2.4.3 趋势展望

图书馆 2.0 当前只是起步。有人曾预测,Web2.0 转型将在 2—3 年内实现。那么图书馆 2.0 的转型呢?图书馆 2.0 由于涉及的不仅仅是技术进步,而是一个古老的行业生存方式的变革,所以我们估计这种变革将要持续更长的时间。但是变革已

① 参见:http://liblogs.albany.edu/library20/2007/03/action_plan_for_a_20_library.html

② 参见:http://202.120.13.61/blog/u/library20/archives/2007/16.html#82

经发生，就不可能倒退。整个图书馆行业将被信息化社会的大潮裹挟着向前发展，在这个过程中，一些特殊类型的图书馆或者个体图书馆跟不上发展潮流，成为“前朝遗老”，也属正常现象，产生图书馆事业的社会环境依然存在，只不过形式不同，社会对于信息收集、处理、保存、交流的需求依旧，甚至呈指数级增长，因此图书馆事业存在理由是毋庸置疑的，存在危机的只是现有的这些机构能不能不断变革、升级、补充新鲜血液，从而发展壮大。

我们总是以过去的经验预测未来，而经验告诉我们，预测未来总是要冒很大的风险。即使这样，也总有人乐此不疲。当今信息技术高速发展，让我们的预测变得越来越困难，能够预测的时间期限越来越短，可能在不远的将来，回过头来以五年或十年为单位考察现在，你会感到变化是那样令人吃惊。

然而变化总是在不经意间自然产生，生活在今天的我们，可能不会意识到这种沧桑巨变。对于图书馆2.0来说，以下的环境中有着大片的处女地，可能不属于图书馆传统领地，但是却是一片蓝海，非常值得关注和占领。

以下发展中的新信息环境，是使“图书馆无处不在”的载体：

各种新媒体、手持设备；

随处的无线网络；

普遍计算。

以下新兴的社会环境，是图书馆接近用户的新疆域：

社会性网络；

虚拟世界。

以下崛起的新型知识环境，是图书馆跨越实体形态，而成为社会知识交流中介所必须掌控的领地：

知识的细粒度化；

信息的语义化；

知识的形式化。

老槐认为①，对图书馆2.0研究所产生的影响，已经在真实地改变图书馆信息服务的理念与模式。至少从以下四个方面，还在逐渐强化着、改变着图书馆的系统与信息服务：

①推动以用户为中心的理念的普及。以用户为中心并非一个新理念，但在传统图书馆服务中，总有那么一些地方、一些人以各种借口，拒绝推行这一理念。管理者

① 参见：http://oldhuai.bokee.com/6109929.html

可以通过图书馆 2.0 这个概念及其相关研究成果,很直接或很准确地找到传统图书馆网站、OPAC、ILS 的死穴:以系统为中心。这就推动了以用户为中心的理念在图书馆的全面普及。

②强化参与、互动、个性化的信息服务。以用户为中心的理念,需要一些表现方式,用户的参与、图书馆与用户的互动、对用户的个性化服务,等等,就是它的表现方式。这些个方式,已经通过图书馆 2.0 或 Web2.0 技术在图书馆的应用,变成了服务与产品。有了图书馆 2.0,图书馆信息服务的开发者和提供者们就有了一个共同的话语体系,在这个话语体系中,图书馆人有了对话的平台,只要谈 2.0,不需要谈一个个具体服务与产品,就能研讨、对话,这就大大强化了参与、互动、个性化的信息服务。

③激发图书馆 IT 人员的创新意识。以往 IT 人员进入图书馆,除极少数有开发任务,大多极为苦恼。因为他们的工作就是系统维护,一种没有创造力的工作。图书馆 2.0 的出现,虽然仍有许多开发人员不想从事创新性工作,但却为希望有所创新的图书馆 IT 人员打开了创新之门。不论是系统二次开发还是外挂软件的开发,不论是使用开源软件还是购买新的开发软件,都需要 IT 人员们学习、创新。在很多国内外图书馆,我们都能看到这种可喜的变化。

④增大对 ILS 开发商改进系统的压力。也许没有哪个图书馆对于 ILS 没有抱怨,但在以前,抱怨无济于事,因为你提不出实际的、可操作的改进方向。但是自从图书馆 2.0 出现后,图书馆人给出的方向就非常明确了。我们看到的情形是几乎所有的 ILS 商都动起来了,在系统中增加 RSS 订阅功能是第一步,只要图书馆能持续增加这种压力,更好的产品会源源不断地开发出来。

推荐阅读

1 Chad, Ken, Paul Miller. Do libraries matter? The rise of Library 2.0 Tails. http://www.talis.com/applications/downloads/white_papers/DoLibrariesMatter.pdf

2 Maness, Jack M. Library 2.0 Theory: Web 2.0 and Its Implications for Libraries. http://www.webology.ir/2006/v3n2/a25.html

3 Miller, Paul. Coming Together around Library 2.0: A Focus for Discussion and a Call to Arms. http://www.dlib.org/dlib/april06/miller/04miller.html

4 Casey, Michael. Savastinuk, Laura. Library 2.0--Service for the next - generation library Library Journal. 9/1/2006 http://www.libraryjournal.com/article/CA6365200.html(译文请见“图林中文译站” http://www.qiantu.org/liblog/

archives/library－20. html）

5　Casey, Michael. Library 2. 0--Like It Or Hate It, It's Public Domain. http://www. librarycrunch. com/2006/05/library_20_like_it_or_hate_it. html

6　Walt Crawford. Library 2. 0 and "Library 2. 0". Cites and Insights, 2006, 6(2). Midwinter 2006. http://cites. boisestate. edu/civ6i2. pdf

7　Library 2. 0 Reading List. http://www. squidoo. com/library20

8　Library 2. 0 Social Network at Ning. http://library20. ning. com/

9　Ning上的中文图书馆2.0社会性网络：http://cnlib20. ning. com/

10　林泰宏.2.0时代的图书馆——Web2.0、Lib2.0介绍.台湾图书馆学会电子报，2006(2)

11　任树怀，高海峰，季颖斐.基于图书馆2.0构建学科知识服务平台.大学图书馆学报，2007(3)

12　刘炜，葛秋妍.Web 2.0技术图书馆应用分析. http://www. libnet. sh. cn/sztsg/fulltext/reports/2006/libraryTech20. pdf

13　葛秋妍，Web 2.0技术和软件在图书馆的应用现状研究. http://www. libnet. sh. cn/sztsg/fulltext/reports/2006/libraryTech20Ge. pdf

访谈专栏：图书馆员2.0之路

访谈对象：Keven　　　　工作部门：图书馆研究部门　　　　年龄：40－50岁

问：除了IM，您是从什么时候开始使用第一个2.0工具的？这个工具是什么？

答：什么是2.0的工具？很多现在公认为2.0的东西，实际年纪要比Web2.0大很多，例如WeBlog，Wiki等，而且IM算不算2.0似乎很有争议。我是2003—2004年接触博客的，2004年夏天用过Blogger. com，从11月开始，由于科研项目的需要，开始正常、有规律地写博客了。

问：您现在使用的2.0工具有哪些？您使用这些工具都用于哪些方面？

答：几乎路过的所有2.0工具都会去注册和使用。曾经写过"我的2.0生活"，里面罗列了一些常用的工具。现在考虑如何开发2.0的应用，不光是个人使用的，还包括知识管理的、数字图书馆的等等。

问：您觉得这些2.0工具(包括2.0理念)给您的工作、学习、生活各带来了哪些新的变化？

答：现在对我来说互联网就是2.0，我已经几乎不用纯粹1.0的东西了。例如网页很少看，只看RSS。Email也只用Gmail，连单位的PoP Mail也用Gmail接收。IM用Meebo集成起来，QQ是不得已，跟朋友交流需要才用的。

我从一个2.0的使用者，变成了2.0的创造者。提供博客空间，建立了Ning社区，建立diglib@googlegroups.com；为Info20会议（也就是Lib2.06）建立了会议网站（http://info20.Blogbus.com）；创建了好几个Wiki，还有DC元数据中文网：http://www.dublincore.cn。

问：您心目中的图书馆员2.0应该是什么样的？您认为图书馆员2.0最重要的特征是什么？

答：图书馆员2.0不在于形式，而在于内心。我们许多图书馆员实际上连1.0都不够格，怎么2.0呢？当然2.0的图书馆员也不是一定要共产党员才能做，他/她可以上班时候2.0，下班之后0.2。也就是说最重要的特征是：具有做好资源与用户中介的热心，以及足够的学习能力，能够利用各种2.0手段进行图书馆的业务工作和日常服务。

问：您认为自己可以称作图书馆员2.0吗？如果是，能说明理由吗？如果不是，还缺少哪些？

答：我不是图书馆员2.0，因为我不是直接为读者服务的。我可能会帮助很多图书馆员成为2.0，并为他们提供工具。

问：A和B哪个更像理想的图书馆员2.0模样？（注：此问题详细内容请参见前文相关论述）

答：A+B。B肯定是图书馆员2.0。A应该也是，因为他/她会在日常工作中利用2.0提供服务，2.0是一种传染病，得了一般是治不好的，渗透到毛孔和血液中，他/她不可能不利用2.0的工具/理念为读者服务。

问：在您身边（或者您熟悉的人中），有图书馆员2.0存在吗？如果让您选3个图书馆员2.0之星，您会选哪几位？请说明您的理由？

答：首先厦门大学图书馆有一帮2.0的图书馆员，例如Sogg，小薇等，我身边正在兴起、成型，六六应该算一位。

问：您是否认同“所有的图书馆员都该努力蜕变成图书馆员2.0”？能说明您同意或反对的理由吗？

答：是的，我认同。当图书馆不得不向2.0转化的时候，任何达不到要求的图书馆员都是落伍的。当然，中国的图书馆行业没有职业准入制度，理想归理想，做不到还是做不到。

问：您认为在 lib2.0 中，图书馆员 2.0 究竟该扮演怎样的角色？

答：未来的图书馆任何有形的东西（建筑、空间、资源等）都不是图书馆所独有的核心竞争力，只有图书馆员才是，图书馆员是将知识/信息与读者以及读者与读者联系起来的纽带，图书馆员 2.0 将是这个职业的唯一象征。

问：如果请您给您的图书馆员 2.0 生活加标签，您会用哪些词语？如果请您加个标题的话，您能用一句话概括吗？

答：2.0 无所不在，2.0 非你莫属。

访谈专栏：图书馆员 2.0 之路

姓名：游园　　　工作部门：参考咨询　　　年龄：30－40 岁

1. 除了 IM，您是从什么时候开始使用第一个 Web2.0 工具的？这个工具是什么？

答：我从 2004 年开始使用 Web2.0 工具，包括写博客，利用 RSS 阅读器（bloglines），利用图片分享网站 flickr，豆瓣读书，友播听音乐，gmail 邮箱以及 google 的其他服务如 picasa、googlepage，美味书签以及 365key 书签等。

2. 您现在使用的 Web2.0 工具有哪些？使用频率如何？您还打算尝试哪些工具？

答：博客基本上一周更新三次左右，新闻阅读器每天打开数次。饭否以及 twitter 每天发布多条信息。上传照片到 picasa，订阅了 technorati 上的关键词。准备尝试的还有个人化的主页，如 igoogle、飞鸽等。

3. 您觉得这些 Web2.0 工具给您的工作、学习、生活各带来了哪些新的变化？

答：生活变得充实有趣，信息内容越来越多。视野更开阔。与专业人员与其他朋友之间的联系加强。

4. 您心目中的图书馆员 2.0 应该是什么样的？最重要的特征是什么？

答：图书馆员 2.0 需要有技术上的认知和利用，他既有敏锐的技术嗅觉，又要不断尝试与实验的精神，还需要有批判与怀疑的能力。图书馆员 2.0 更需要一种开放的视野与开阔的胸襟，既能认识到图书馆与图书馆 2.0 技术应用的优势，也能预测到技术的缺陷。一言以蔽之，图书馆员 2.0 是理论与实践、技术与应用探索的完美结合体。

5. 您认为自己可以称作图书馆员 2.0 吗？

答：我不是图书馆员 2.0，主要是由于技术的缺陷。不会编程，不会主动创造新的应用工具。只能是被动的 Web2.0 技术利用者。

6. 请您帮助分析下面的事例："有两个图书馆员A和B，A有自己的博客和博客圈，经常发表专业见解和同行交流，并且使用各种2.0工具，用于专业学习，但不直接为读者服务。B建立了学科馆员博客，为读者推荐学科资源，介绍图书馆服务等，和读者进行互动。B也使用了一些2.0工具，主要应用在图书馆的资源与服务中。"请问，A和B，哪个更像理想的图书馆员2.0模样？还是"A+B"才更理想？或者您还有其他观点？能说一下理由吗？

答：我选择"A+B"，虽然A也积极利用了Web2.0技术和工具，但只局限于个人交流的范围，这一点一个普通读者也可以做到；而图书馆2.0的核心任务便是服务，即利用相关技术如何迅速准确及时地为用户提供文献、信息、情报等服务。毫无疑问，B首先必须具备A的能力。

7. 如果让您选3位图书馆员2.0之星，您会选哪几位？

答：keven，sogg，一思不狗。

8. 您是否认同"所有的图书馆员都该努力蜕变成图书馆员2.0"？

答：我不太同意，因为所有的图书馆员成为2.0，那只能是空想。每个图书馆员都有其自己的目标和定位，图书馆员2.0为什么要成为每个人的标签呢？

9. 您认为在"用户—图书馆—馆员"这三者中，图书馆员2.0究竟该扮演怎样的角色？

答：图书馆员2.0是变革图书馆服务的主要力量，也是为用户服务的生力军。他们是未来图书馆的主角。

10. 如果请您给您的图书馆员2.0生活加标签，您会用哪些词句？

答：变化、尝试、Web2.0。

第 3 章　巧用 RSS：信息之水天上来

秦　鸿

图书馆应该对用户新的期望足够重视，应该扔掉“我们从来就是这样做的”这种腔调，多考虑一下我们能够做些什么，重新调度我们的资源，把更多的精力放到适应需求的变化上去。

—— Rachel Singer Gordon

当今时代是信息过剩时代，网络信息浩如烟海，常常让人无所适从，造成信息迷航。RSS 应运而生，成为互联网新技术的杰出代表，是新闻出版、信息发布、互动交流领域的奇葩。RSS 带来了一种全新的信息管理方式和网络阅读的革命。对信息传播者而言，它通过主动的“推”技术直接把信息送到用户桌面，实现信息的整合传播；对用户而言，它以频道订阅的方式，随时抓取网络上自己需要的信息页面，及时、动态获知相关信息，满足个性化的信息需求。

借助 RSS，图书馆能够更好地起到“信息中介”的作用。有人说，搜索引擎索引的页面是死的万维网，一经索引，就是静态的，而 RSS 所呈现的内容，是活的、不断在更新的。将来“活的”Web 恐怕都会采用类似于 RSS 的技术来发布信息。图书馆一方面是海量 RSS 的消费者，在浩瀚的信息海洋中掌握着一类特殊的“洋流”；另一方面又是过滤者、导航员和提供者，更好地起到信息看门人的作用，使得图书馆能够更好地满足信息传输定向化、内容个性化的要求，为图书馆在 Web2.0 时代的生存，提供新的尖端武器。

3.1　RSS 魅力：新书通报的前世今生

RSS 通常被认为是“Really Simple Syndication”的简称，可译为“真正简易聚合”，与 HTML 网页一样，是网络内容分发和汇集的另一种形式。RSS 是 Web2.0 最重要的应用之一。人们常说网络上只有两样东西：人和内容。RSS 为这两样东西架起了一座桥梁，使个性化的信息利用成为可能，“对传播者和受众之间的信息传播方式产生了颠覆性影响”。[①] 图书馆信息服务要搭上 Web2.0 的快车,RSS 是必备的技术之一。我们不妨先从图书馆的一项传统服务——“新书通报”的转型来管窥 RSS 的魅力。

新书通报是图书馆将新到馆或新出版的文献信息传递给用户的最灵活、最重要的一种文献报导方式,它使用户能够了解图书馆入藏的最新动态,有助于用户尽快获得有关专业的新知识、新信息。新书通报在用户的阅读活动中起着重要的宣传导向作用。[②] 不同的时代有不同的新书通报方式,目前,RSS 开始被越来越广泛地应用于图书馆新书通报,使这一传统服务呈现出新的面貌。

3.1.1 印刷本时代的新书通报

在图书馆的业务工作还停留在纸张和卡片的时代,新书通报主要是一种“橱窗式报导”,普遍采用的是:新书展示,直接将新书陈列在特定场合;设立新书目录通报栏、新书内容简介栏,以卡片形式展示新书信息;将新书目录印刷装订成册,向外分发等形式。

印刷本时代的新书通报方式的不足,是显而易见的。比如:用户不能远程获取,必须到特定的图书馆甚至到特定橱窗,才能接触新书信息;推荐内容不能累积,新的内容来了,老的内容就得撤走;布置橱窗需要大量的手工劳动,费时费力。

3.1.2 Web1.0 时代的新书通报

在计算机和网络普及以后,也就是 Web1.0 时代,新书通报也随之发生转型。简单一些的,可以在图书馆建立的网站上开辟一个专门的栏目,把“橱窗式报导”电子化、网络化,可供用户远程获取。

自动化程度高一点的,则可以借助图书馆集成管理系统的 WebOPAC 模块来实现自动通报。可以由系统根据日期和学科分类,自动进行信息发布,并周期性更新。这时新书通报不再需要人工干预,报导方式也由静态转向动态,而且报导的文献载体范围,也不再局限于图书。一些 OPAC 系统具备了简单的检索功能,甚至可将选定的书目信息进行打印、保存或 Email 发送。[③]

Web1.0 时代的新书通报,使用户可以足不出户就获得详细的书目信息,也能够大大减轻图书馆员的工作负担,但不足之处是:这种新书通报服务还是一种单向的

---

① 刘策. 基于 RSS 的新闻信息产品聚合——《华尔街日报》RSS 聚合新闻服务成功经验的启示. 中外企业家, 2006(7)

② 陈恩满. 网络环境下如何做好高校图书馆的新书推荐工作. 情报探索,2006(5)

③ 毛晓苔. 中美高校图书馆新书通报远程服务比较研究. 图书馆建设, 2003(6)

被动的服务，每次都需要用户主动上网查询，不能进行分门别类的信息推送，而且提供的信息也不全是用户所需要的，因此也就难以满足用户的个性化需求。

3.1.3　Web2.0 时代的新书通报

随着“以用户为中心”的 Web2.0 时代的到来，图书馆的新书通报已经以另一种独特的面貌展现在用户面前。

以上海大学图书馆主页上的新书通报服务为例。① 打开定制页面，在屏幕的左下角，有两个 RSS 图标，它表示图书馆提供了 RSS 的新型信息阅读服务。

新书通告

定制新书

请选择学科分类

□ 马恩列斯毛	□ 哲学、宗教	□ 社会科学总论	□ 政治、法律
□ 军事	□ 经济	□ 文化、教育、体育	□ 语言、文字
□ 文学	□ 艺术	□ 历史、地理	□ 自然科学总论
□ 数学	□ 物理	□ 化学	□ 天文学、地球科学
□ 生物科学	□ 医药、卫生	□ 农业科学	□ 一般工业技术
□ 矿业工程	□ 石油、天然气工业	□ 冶金工业	□ 金属学与金属工艺
□ 机械、仪表工业	□ 武器工业	□ 能源与动力工程	□ 原子能技术
□ 电工技术	□ 无线电电子学、电信	□ 自动化、计算机	□ 化学工业
□ 轻工业、手工业	□ 建筑科学	□ 水利工程	□ 交通运输
□ 航空、航天	□ 环境科学、安全科学	□ 综合性图书	

请输入书名包含关键词

请输入作者包含关键词

请输入出版信息关键词

请选择馆址信息关键词　所有

RSS 图标

定制新书RSS地址　全部新书RSS地址

最新划到期刊

最新划到期刊

图 3-1　上海大学图书馆的 RSS 定制页面

用户只需在这个表单中勾选感兴趣的学科，或者在“书名”、“作者”或者“出版”的栏目中，输入一个或几个相应的关键词，进行组配定制，然后点击一下 RSS 图标后的链接，根据提示完成余下的步骤。定制完成后，一旦用户原先所选择的这些学科或关键词的新书信息有了更新，系统就会自动把那些信息推送给出用户。毋须频繁地访问图书馆的页面，毋须每一次点好几下鼠标去寻找想看的内容，那些信息会主动找上门来。而且定制过程只需要一次就完成，一劳永逸。当然用户也可以随时更改定制信息，满足其个性化的需求。怎么样？RSS 的新书通报方式，是不是有点“酷”？

更为关键的是，RSS 的定制过程并不复杂，有点像用 Email 订阅新闻那样，先选

---

① http://202.120.121.193/shulibrss/rss_help.htm

择,再收取。事实上,RSS 信息定制比邮件订阅更具优越性。比如:使用 Email 订阅时,需要用户提交自己的 Email 地址(泄露隐私),再由信息提供方发信息给用户,还是一个信息的单向流动过程;用户在接收什么样的信息方面并没有太多的选择权,还可能收到随订阅信息搭车而来的垃圾邮件;信息提供方还要维护一个订阅者档案库并维护邮件服务。而 RSS 定制是一种完全自定义式的、个性化的信息推送服务;用户可以主动订阅和获取,避免垃圾信息;信息服务方只需发布 RSS 种子,不需要额外维护订阅者档案库;而且 RSS 技术支持双向交流,如果用户愿意,交流的内容可以在网上公开,被他人共享。可见,RSS 是一种崭新的信息发布技术,它在个性化信息服务方面有着得天独厚的优势,使信息服务从被动转向主动。

信息技术的发展历来都是图书馆发展的直接推动力,在强调开放、互动的 Web2.0 时代,应用 RSS 技术,能够极大地提升图书馆的信息服务质量和水平。

那么,RSS 究竟是什么呢?

3.2 RSS 概念:喝上信息之湖的自来水

3.2.1 什么是 RSS

(1)RSS 的形象解释

《华尔街日报》专栏像作者 Jeremy Wagstaff 有一个对 RSS 非常形象的绝妙比喻:

首先,请把信息想象成水,而图书馆就是一个湖。书籍和期刊等信息载体像水一样被倒进了这个"湖"里。那些希望获得信息的人来到湖边,将水从湖中舀出。虽然不断有水进出湖泊,但大部分的水还是停留在湖中的,我们要得到这些水就必须去湖边。网页很大程度上与之类似。

各类信息被不断汇总到图书馆这个"湖"中,但这一过程却大体上是波澜不惊的。发给我们的电子邮件就不同了,信息之水简直是汹涌而来。这些信息对我们要有用得多,因为水不再是静止不动的,我们也无需再亲往湖边自己舀水。但与以往一样,我们仍要依赖别人给我们的桶里注水,对于自己能得到哪类信息,以及何时及以何种方式得到这些信息,我们仍然作不了主。正因为如此,电子邮件的一大缺点就是我们经常接到大量脏水——垃圾邮件。如果说信息如水,那么当我们需要这些水时,肯定会有一种方式将水运送到我们家里,就像自来水通过管道流入家中一样。这就是 RSS:一种以适合我们的办法将信息送到我们手中的方式。RSS 就是让我们得以点用和管理信息流的管道和阀门。①

(2)RSS 的定义

维基百科②中的 RSS 定义："RSS 是一种用于网上新闻频道、网志(weblogs)和其他 Web 内容的数据规范,起源于网景通讯公司(Netscape)的推送技术,将订户订阅的内容传送给他们的通讯协同格式。"

百度百科③中的 RSS 定义："RSS 是一种描述和同步网页内容的格式,是目前使用最广泛的 XML 应用。RSS 是站点用来和其他站点之间共享内容的一种简易方式(也叫聚合内容),通常被用于新闻和其他按时间先后顺序排列的网站,例如 Blog。一个 RSS 包含很多新闻条目,一个新闻条目的介绍可能包含新闻的全部介绍,或者仅仅是额外的内容和简短的介绍。这些条目的链接通常都能链接到全部的内容。"XML(可扩展标识语言)是一种简单的数据存储语言,类似于 HTML,是一种描述网络上的数据内容和结构的标准。

说得更简单一点,RSS 就是一种用来分发和汇集网页内容和元数据的 XML 格式,这种元数据可以包含标题、摘要或者 URL。信息提供方,或内容发布者,可以利用 RSS 编制 Feed(频道)提供给用户订阅,也可以将其他站点的相关内容集成到自己的站点上。用户则可以通过一种叫做 RSS 阅读器的软件,订阅这些 RSS Feed,将多个信息提供方或内容发布者的站点上感兴趣的内容聚合在阅读器中进行阅读。④ 所以我们也可以将 RSS 理解为一种由网站直接把信息推送到用户桌面的技术。

(3)RSS Feed

在 RSS 技术中,RSS Feed 是个核心的概念。

每一个被发布的 RSS 文件称为一个 RSS Feed 或 RSS 种子,它是一段规范的 XML 格式的数据。RSS Feed 为网站内容提供了一个提要,包括能链接到源内容的入口项,这些提要信息能直接被其他站点调用,也能在其他的终端和服务中使用。

RSS Feed 可以通过众所周知的 URL 地址获得,一般以 rss、xml 或者 rdf 作为后缀。通过订阅这个地址,网络用户可以在不打开网站内容页面的情况下阅读支持 RSS 输出的网站内容,当然前提是在用户的客户端要装载一个工具软件——RSS 阅读器。

---

① 使用 RSS 原来如此简单. [2007－03－09]. http://chinese. wsj. com/gb/20070309/ptk143602. asp? source = newsearch

② http://zh. wikipedia. org/wiki/RSS

③ http://bk. baidu. com/view/1644. htm

④ 李书宁,纪高飞. RSS 及其在图书馆的应用. 图书馆理论与实践. 2006(5)

RSS Feed 通常由 4 个主要元素构成：< channel >、< image >、< item >和 < text input >等，每个元素都包含若干个子元素。其中 < channel >和 < item >元素是必须的，< channel >元素包含了一个频道的标题、超链接等信息的元数据。而 < item >元素包含了频道内一条具体资源内容的元数据，如标题、超链接、创建日期等。

由此我们可以看出，提供 RSS 订阅的网站，实际上是一系列频道（Channels）的组合，而频道又是一系列资源（Items）的组合，描述网站就是描述频道和资源。RSS Feed 就是描述网站内容的文件，其实质是符合 RSS 规范的 XML 文档。

一个 Feed 就是一个频道，也就是一个可供订阅的资源列表，它可以在 RSS 阅读器中被阅读。

(4) RSS 的版本

RSS 是一个缩写的英文术语，被认为有几个不同的源头，并被不同的技术团体做不同的解释。它既可以是"Rich Site Summary"（丰富站点摘要）或"RDF Site Summary"（RDF 站点摘要），也可以是"Really Simple Syndication"（真正简易聚合）。之所以有这些分歧，需要从 RSS 发展的不同版本说起。

最初的 0.90 版本 RSS 是由 Netscape 公司设计的，用于建立一个整合了各主要新闻站点内容的门户，在一个简化的 RSS 0.91 版本问世后，项目于 2000 年暂停。

之后，著名的 Blogger/Geek 戴夫·温那（Dave Winner）的公司 UserLand 接手 RSS0.91 版本，并将其作为 Blog（博客）软件的基础功能之一继续开发，于 2002 年 9 月发布 RSS 2.0，定义为"Really Simple Syndication"（真正简易聚合）。

在戴夫·温那接手 RSS0.91 前，很多的专业人士认识到需要通过一个第三方、非商业的组织，把 RSS 发展成为一个通用的规范，并进一步标准化。于是 2001 年一个联合小组在 0.90 版本 RSS 的开发原则下，以 W3C 新一代的语义网技术 RDF（Resource Description Framework）为基础，对 RSS 进行了重新定义，发布 RSS1.0，并将 RSS 定义为"RDF Site Summary"。

目前 RSS 已经分化为 RSS 0.9x/2.0 和 RSS 1.0 两个阵营，由于博客的盛行，前者应用更为广泛。

表 3 - 1　RSS 不同版本的比较①

版本	名称	发布时间	发布机构	RDF 支持	XML 命名空间
0.90	RDF Site Summary	1999.3	Netscape	有	有
0.91	Rich Site Summary	1999.7	Netscape（RSS0.90）+ Userland(ScriptingNews)	无	无
0.92 (0.9×)	Rich Site Summary	2000.12	UserLand	无	无
1.0	RDF Site Summary	2000.8	RSS - DEV	有	有
2.0	Really Simple Syndication	2002.8	UserLand	无	有

其实，还有一种类似 RSS 的标准——ATOM，它是 Google 的 Blogger 服务使用的标准，它与 RSS 的不同之处在于它不仅是一个内容发布格式，还可以作为编辑、处理信息的格式。

不过对用户而言，并不需要关心这些复杂的标准之争和版本问题，因为几乎所有的 RSS 阅读器都同时支持不同版本的 RSS 及 ATOM。

3.2.2　为什么要用 RSS

（1）RSS 能够做什么

目前，RSS 的主要用途有：

①订阅博客（Blog）。用户可以订阅学习、工作中所需要的专业博客，也可以订阅与自己有共同爱好的各类博客，也就是说只要你感兴趣的博客，都可以任意订阅。

②订阅新闻。无论是奇闻怪事、明星消息、体坛风云，只要您想知道的，都可以订阅。

③关注最新商品的信息，如：亚马逊（Amazon）的图书信息，eBay 的拍卖信息等。

④订阅天气预报等实用信息，如问天网（www.tq121.com.cn）等。

⑤跟踪论坛中的帖子更新，如 v2ex（www.v2ex.com）等。

⑥获知最新评论，如豆瓣（http://www.douban.com/）中的读书评论等。

用通俗的语言可以这样描述 RSS 的基本应用：用户通过 RSS 订阅，从网站上获取最新的文章标题、内容提要及全文链接等基本信息，并据此进行可取舍的、有针对性的快速阅读。

---

① 黄天赐. 交错杂综的 RSS 演进史. *iTHome*, 2005(202): 66

(2)RSS 的优势

①享受"一站式"服务,方便、快捷、集中、高效

据网络用户上网习惯的调查显示,超过70%的网民每天都会在固定网站查看信息的更新,由于其中无价值的重复性"劳动"非常多,网民50%的时间其实是"浪费"在对更新信息的"查找",而不是对信息的"阅读"和"利用"上。①

借助于 RSS 阅读器,用户可以把需要查看的多个网站,集成在一个浏览器或页面中,不需要登录网站,就可以获得最新更新的信息,实现了多种来源信息的"一站式"服务,从而给用户带来了一种"大餐式"的崭新阅读体验,减少了"信息爆炸"所带来的茫然。

而且 RSS 内容以提要的方式出现,大大提高浏览速度,并能根据用户的需要,进行有选择性地阅读。在提高信息获取效率的同时,也提高了信息的利用率。

②只关注想关注的内容,不及其余,成为个性化十足的知识管理工具

网络上的信息虽然丰富多彩,却极为分散,不稳定且杂乱无序,如何从大量信息中快捷、准确地获取自己真正需要的信息,对其进行科学的组织和管理,以及分享自己的信息资源,是当前网络信息组织研究的一大热点和难点问题。

RSS 技术独具个性化的"聚合"特性,完全由用户根据自身喜好,以"频道"的形式订阅值得信任的信息来源,可以屏蔽掉用户没有订阅的内容,以及弹出的广告、垃圾邮件等,使订阅的内容完全符合个人的口味。并可下载所订阅 RSS 内容,进行离线阅读、存档保留、搜索排序,对资源进行分类等管理操作。这样,阅读软件的功能就不仅仅局限于"阅读",更是学习者的"知识管理工具"了。

(3)RSS 默默流行

正是由于 RSS 的上述优点,它借博客勃兴之机,很快成为 Web2.0 的核心应用之一。

从2004年开始,RSS 在美国呈现爆炸式增长,在一个国外重要的 RSS 站点索引网站 Syndic8② 的 Feeds 增长图中,这一趋势一目了然。

目前国内外所有的博客网站都支持 RSS,绝大多数的新闻和门户网站提供 RSS 频道定制,如国外的 Yahoo 新闻频道、BBC、CNN 和国内的新华网、天极网、博客中国

① 顾洪洋. RSS 阅读流行新玩法. 微电脑世界,2006(8)

② http://www.syndic8.com/stats.php

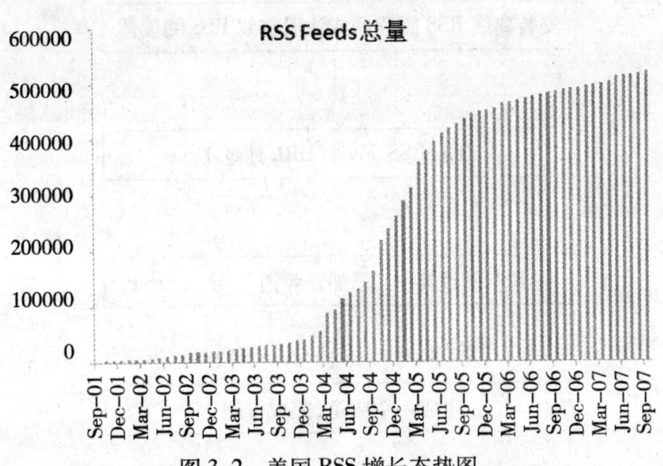

图3-2　美国RSS增长态势图

等。RSS在政府、出版和电子商务网站中也得到了广泛的应用。有人形容RSS使信息"插上了智慧的翅膀",在最短时间内飞到最需要它们的用户身边。此外,RSS还能进入其他产品和服务,如PDA、手机、Email,甚至语音升级服务。随着越来越多的站点对RSS的支持,RSS已经成为目前最成功的XML应用之一。

尤其是一些网络巨头公司对RSS青睐有加,如Yahoo公司将RSS整合进了自己的电子邮件系统,微软公司将RSS嵌入自己的新一代IE7网络浏览器,而Google公司也借机推出了基于ATOM的Google Base服务和GData格式。相信RSS将继续一步步地接近主流用户群体,很快就会看到大量基于RSS的专业门户、聚合站点和更精确的搜索引擎。

3.3　使用RSS：我要的信息我做主

那么,对用户而言,应该怎么使用RSS呢?

其实,RSS的使用并不复杂。首先用户需要安装一个RSS阅读器,然后就要找到RSS Feed,这是定制的关键。然后复制Feed链接即可生成一个频道,一个频道对应一个RSS源(可能是一个网站,也可能是网站中的一个栏目)。点击频道名即可查阅该RSS源的更新信息,系统会自动根据设置的时间间隔与网站保持同步,并可将频道置于合适的类目下,进行分类管理。

3.3.1　先利其器——RSS阅读器

RSS阅读器(RSS Reader)是一种软件或者说一个程序,通过它,可以自由读取

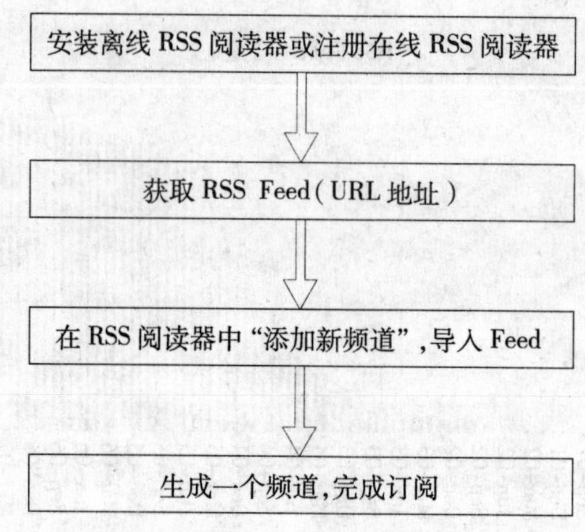

图 3-3 RSS 订阅流程图

RSS 和 Atom 两种规范格式的文档。目前,RSS 阅读器分为两大类,在线的 RSS 阅读器和离线的 RSS 阅读器。绝大多数的 RSS 阅读器可以免费获取,用户可以将 RSS 阅读器看作一个信息获取的"总阀门"。阀门一开,信息之湖的自来水就会汩汩而来。

(1)离线 RSS 阅读器

离线 RSS 阅读器,是一种在客户端安装相应软件,然后再进行 RSS 阅读的方式。使用离线 RSS 阅读的优点是稳定,直接与服务器上的数据同步。缺点是在不同计算机上使用,需要在每一台计算机上进行重复配置,有点不方便;需要占用一些本地资源,速度可能会有点慢。

常用的离线 RSS 阅读器如周博通(http://www.potu.com/),是目前比较流行的专用阅读器。它的界面友好,分类清晰,操作简便。支持将所有频道导出为一个 OPML 文件,以便与他人共享频道资源。支持频道合烧,即将多个 Blog 或者新闻频道合并成一个频道,这样的好处是不用一一查看单个频道。如果您是注册用户,还可以将自己的 RSS 频道列表上传至服务器,以后重装系统或软件时,可以直接从服务器进行恢复。周博通的具体使用可参考它的"帮助"文件。

其他的专用 RSS 阅读器,如 GreatNews(http://www.curiostudio.com/cn_index.html)、看天下(http://rss.com.tv/)等。专用 RSS 阅读器的基本样式一般是:顶上的部分为菜单和各种功能的快捷键;左边是各个站点或栏目的 RSS 链接(Feed 地址),这些链接一般由用户根据需要自己添加和设置;右边则是显示的 RSS 页面的内容,可以直接链接到相应的源网站。

也有些 RSS 阅读器需在 .NET Framework 工作环境中运行。如果在安装 RSS 阅读器的过程中有提示，就需要先安装 Microsoft .NET Framework，可以通过 Windows update 获取。[①]

另外，还有些浏览器自带 RSS 阅读功能，如 IE7、FireFox、Maxthon（遨游）等，也可以利用邮件收发程序进行 RSS 阅读，如 Foxmail6.0、Outlook2007。[②]

（2）在线 RSS 阅读器

相对于离线 RSS 阅读器，在线 RSS 阅读器是一个后起之秀。在线的 RSS 阅读器，是使用一个专门的服务网站进行在线 RSS 阅读，使用时相当于登录一个网页，而不需要用户安装客户端程序。它的好处是：不消耗客户端资源，速度一般较快，对于在不同地点阅读可以不必进行多次配置，保持阅读内容连贯、同步。缺点是：有时会出现更新不同步的情形，不同被订阅信息到达同一阅读器时间可能不同；网站可能出现故障甚至倒闭，致使用户积累的 RSS 订阅资源受损。因此，使用在线 RSS 阅读器宜选择较为可靠的公司（如大公司或上市公司）的产品。

常用的在线 RSS 阅读器有：

①Google Reader（http://www.google.com/reader），这是 Google 实验室的在线 RSS 阅读器，用起来很方便，支持 SSL 访问，速度快。新增 Trends（趋势）功能，可以分析用户所订阅 Feed 的详细更新情况，比如更新频率，更新时段；还包括用户的阅读习惯分析，对每个所订阅 Feed 的阅读频率，阅读时段，文章阅读率与阅读停留时间等等，从而有助于 RSS 频道的筛选。

②Bloglines（http://www.bloglines.com/），这是一个国外很成熟的在线 RSS 阅读网站，功能很完备，缺点是没有简体中文版本和访问速度相对较慢。

③抓虾（http://www.zhuaxia.com），界面清爽，使用 Ajax 技术；不足是无法按目录浏览，是一个很大的功能缺陷。

④鲜果（http://www.xianguo.com/login.htm），国产 RSS 阅读网站的新秀，在功能上的设计吸取了 Google Reader 和抓虾的一些特点，订制的频道可以按目录分类。

据中国互联网协会发布的《2005－2006 Web2.0 现状与趋势调查报告》称：相对于离线 RSS，更多的用户倾向于使用在线 RSS。仅使用在线 RSS 服务的用户比例高

---

① http://windowsupdate.microsoft.com/

② 利用微软 Outlook2007 订阅 RSS 源的方法参阅：http://office.microsoft.com/zh-cn/help/FX100340982052.aspx

达60.8%，仅使用离线RSS服务的用户比例为14.6%，前者是后者的4倍。[①]

(3)手机RSS阅读器

手机作为人们日益普及的随身携带品，在信息传递的及时性方面，具有无可比拟的优势。当RSS遇到手机，无线的主动订阅式阅读就成为可能。在手机上使用RSS与使用浏览器相比，在内容的可读性、使用成本、使用速度、使用便捷性等各方面都具有很强的优势。[②] 可以毫不夸张地说，RSS将使手机阅读前进一个时代。[③]

目前国内的手机RSS软件还较少，有几个也大多是Wap版的。但是通过Wap浏览器进行信息浏览，速度很慢，操作也不简便，应用在智能手机或JAVA上的客户端模式的RSS软件，是比较实用的。

常用的手机RSS浏览器有：

①掌上博通RSSReader：UU地带推出的聚合内容网页阅读器，Java版，多平台使用，速度非常好，缺点是不支持图片，大大降低了阅读的乐趣，但加快了信息显示速度。网络连接方式：Java版，所以支持cmwap，cmnet。

②拇指天空：Smartphone版(http://www.mztk.com)，国产软件，功能强大，内容丰富，可以看全文和图片，可以在登录其网站使用分配的拇指号增加订阅，但不支持直接输入RSS地址。网络连接方式：支持cmwap，cmnet。

③newsBreak：PPC版(http://www.iliumsoft.com/site/nw/newsbreak.php)，国外软件，使用过的人评价都非常高。使用方式极为简便，界面风格简洁、精致，但是RSS源要自己填，只显示摘要。网络连接方式：支持cmwap，cmnet。

④SORSS：(http://www.sorss.com)Wap访问，无需客户端安装软件，不能自己添加RSS地址。网络连接方式：Opera、Smartphone IE。

此外，还有一些RSS阅读器也推出了手机版本，如Bloglines、Google reader、抓虾、周博通等。国内还有一些手机RSS软件，如胖葫芦、魔橙、维信和掌讯通等。

(4)另类RSS订阅方式

①通过即时通讯软件传送RSS

---

① 2005-2006 Web2.0现状与趋势调查报告发布.[2006-02-24]. http://it.sohu.com/20060224/n242002953.shtml

② RSS软件与IE在手机上的使用比较.[2007-2-28]. http://blog.csdn.net/wang_junjie/archive/2007/02/28/1517019.aspx

③ 当RSS遇到手机.[2007-04-10]. http://blog.donews.com/sayonly/archive/2007/04/10/1153929.aspx

即时通讯（IM，Instant Messaging）软件是目前非常方便、使用也非常普及的互联网应用，从QQ到MSN、Yahoo Message、Google Talk等全属于即时通讯软件。RSS利用IM通讯，是订阅者在即时通讯软件连线中，当订阅的RSS Feed内容有更新时，即能主动通知您的即时通信软件，使订阅者可以第一时间得到讯息通知。适用于订阅特别关注、时效性特别强的信息。这是RSS技术与IM技术结合的新型服务。常见系统有：MSN Alerts、Yahoo Alert、immedi. at等。①

国内也推出了相应的服务，名为哪吒（http://anothr. com/），是基于Skype/Gtalk/MSN等即时通信软件进行自动订阅投递，核心价值在于及时的检测、更新、提醒和跟踪。

②通过邮件传送RSS

很多人对于邮件比较熟悉，使用邮件系统来订阅全文Feed，也是一个选择。前文已经提及利用邮件收发程序来订阅RSS，但是较低版本的邮件软件不支持直接订阅RSS。这时可以使用专门的邮件订阅服务，一般是在该类服务网站上输入用户的邮件地址和想订阅的RSS Feed，服务系统会自动帮助用户检查所订阅的RSS Feed内容是否有更新，并会自动将更新的RSS内容投递到您的邮件信箱。

常用的RSS Feed邮件订阅服务有：

- FeedBlitz（feedblitz. com）。目前功能最强大、用户口碑最好的一家提供邮件订阅RSS的服务商，可参见其详细的教程。②
- Rmail（r-mail. org）。一款优秀的邮件订阅服务，邮件标题是文章的标题，易于辨认，特色是邮件中会包含当天评论的内容，就如同浏览实际页面一样。在网站上增加Rmail的订阅链接也很简单，只要在http://www. r-mail. org/profiles. aspx/后面加上用户的RSS Feed地址即可。
- Feedburner（feedburner. com）和Feedsky（feedsky. com）。作为两个优秀的RSS托管服务商，他们也都提供了Email订阅RSS的服务。
- RSS邮天下（emailrss. cn）。一个国内开发的RSS邮件订阅系统。
- EW8（ew8. cn）。国内另外一家提供轻量级邮件订阅RSS服务的网站。
- 其他RSS邮件订阅服务还有RssFwd 、Feedblitz等。

---

① 吴锦范. RSS的介绍及其在图书馆的应用. http://www. lac. org. tw/epaper/200607/RSS20060716. pdf

② http://iyee. cn/post/feedblitz. html

3.3.2 披沙拣金——订阅 RSS Feed

(1)按图索骥找 Feed

真正实现 RSS 订阅,还需要首先要找到 RSS Feed,如果说阅读器是一个总阀门,那么一个 Feed 就是一个信息水龙头。想喝哪一种口味的信息自来水,就打开哪个 Feed,“Feed 一开,信息自然来”,绝对是“挡不住的感觉”!

提供 RSS 订阅的网站上,往往有下列图标中的一个或多个:

RSS　RDF

这些标签一般是橘红色的,也可能是蓝色或其他颜色,有人形容 RSS 标签是给原本已五光十色的网页又添加了一粒辛迪·克劳馥式的美人痣,使其迅速成为一种互联网上的时尚标志。当然也有可能不出现这些标签而使用“RSS 订阅”之类的文字表示,不管形式如何,都表明了这个频道或网页提供的信息是可以 RSS 订阅的。

用户点击 RSS 图标或文字后,会进入一个 RSS 文件页面,RSS 文件页面显示的是一段规范的 XML 数据。有些不了解 RSS 的用户看到满屏 XML 原代码就打退堂(这也是 RSS 被认为不够人性化而备受诟病的原因),其实对用户订阅来说,真正有用的是地址栏里那个以 rss、xml 或者 rdf 作为后缀的 URL,只要将这个 URL 地址拷贝,再到 RSS 阅读器中去订阅操作就可以了。

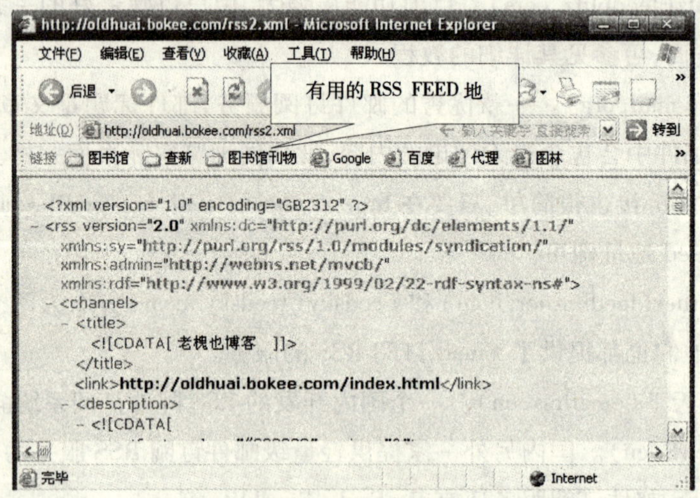

图 3-4 “老槐也博客”中的 RSS 文件页①

① 注:这是 IE6 的截图,在一些高版本浏览器中,页面上出现的已经不是代码,而是简明易读的文章摘要,并且提供直接订阅到浏览器的链接。

(2)水到渠成玩订阅

①示例：在抓虾中订阅

订阅过程是非常简单的,以用抓虾阅读器订阅“老槐也博客”的过程为例。首先用在抓虾网(www.zhuaxia.com)上注册,获得有效的账号,然后登录抓虾网,点击左上角“添加频道”标签,出现“添加频道”的页面,把刚才找到的 Feed 地址拷贝粘贴过来。

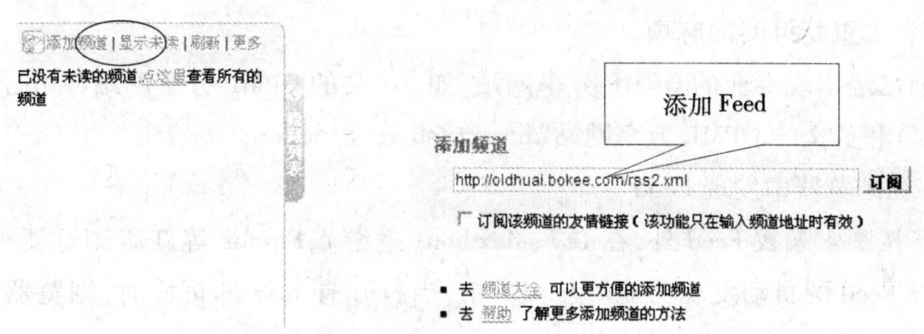

图 3-5　博客订阅步骤

然后点击“订阅”,出现“订阅到”的用于选择该 Feed 的归属目录。可以点击“新建目录”即时创建一个新目录,也可以不建目录,直接订阅到根目录下。

如果选择“新建目录”,则在弹出框中输入目录名,如“图林”。确定后,在左侧频道栏上出现“图林”目录,下列一个新的频道“老槐也博客”。后面的(100 +)表示该频道有超过 100 条信息还未阅读。也可以随时点击“取消订阅”,用来删除该 feed。

点击“老槐也博客”的频道,显示出此频道最新的博客文章摘要信息。如果点击“只看标题”,则只显示文章标题。

②多种订阅方式,让信息更合口味

为满足个性化的需要,有些网站提供多种 RSS 订阅方式,如百度提供三种 RSS 订阅方式：分类新闻订阅：分类焦点新闻、分类最新新闻;关键词订阅：可以选择是全文还是标题包含某个关键词;地区新闻订阅：按省份订阅新闻。

③OPML 订阅

如果页面出现的是 OPML 图标 OPML ,则表示可以一次性订阅一个网站的所有类目,或一个类目下的所有 RSS 频道。

OPML (Outline Processor Markup Language)也是一种 XML 规范的文件格式,是建立在 XML 基础上的“大纲处理标记语言”,主要用于描述一份资料的结构,这份资料可以是各种数据、计划、网页目录以及各种文档目录。相当于目录结构,用于管理资料或描述数据结构。

在 RSS 中，它的主要用途是用来交换 RSS Feed，可以将其看作一个包含很多 RSS Feed 的目录，用于 RSS Feed 的批量导入或导出，一般的 RSS 阅读器都支持 OPML 文件。

如果一个用户想和他人共享订阅信息，只需要交换一个 OPML 文件即可。或者用户在更换 RSS 阅读器时，也可以从原来的阅读器导出 OPML 文件，再导入新的阅读器，从而省去重新订阅的麻烦。

目前已经出现专业的 OPML 分享网站，如：中文的 OPML 分享网站（http://www.opml.cn/）和英文的 OPML 分享网站（http://share.opml.org/）。

（3）在浏览器中发现 Feed

除了按图索骥找 Feed 外，在 IE7、Maxthon（遨游）、Firefox 等新版浏览器中，都提供了 RSS Feed 的自动发现功能。在 IE7 中，当打开有 RSS 的页面时，浏览器标签栏右侧的图标会自动点亮。点击图标，出现 RSS 页面。

图 3-6 IE 中的 RSS 图标

在 Maxthon 经典版 1.6.1.50 中，同样的 RSS 图标出现在底部的状态栏，当探测到 RSS Feed 时，系统会从右下角自动弹出一个小提示窗口，提示添加 RSS 到阅读器，同时图标点亮。而在最新的 Maxthon 2 和 Firefox2 以上版本的浏览器中，如果系统探测到页面上的 RSS Feed，这个图标则会自动出现在地址栏的网址后。

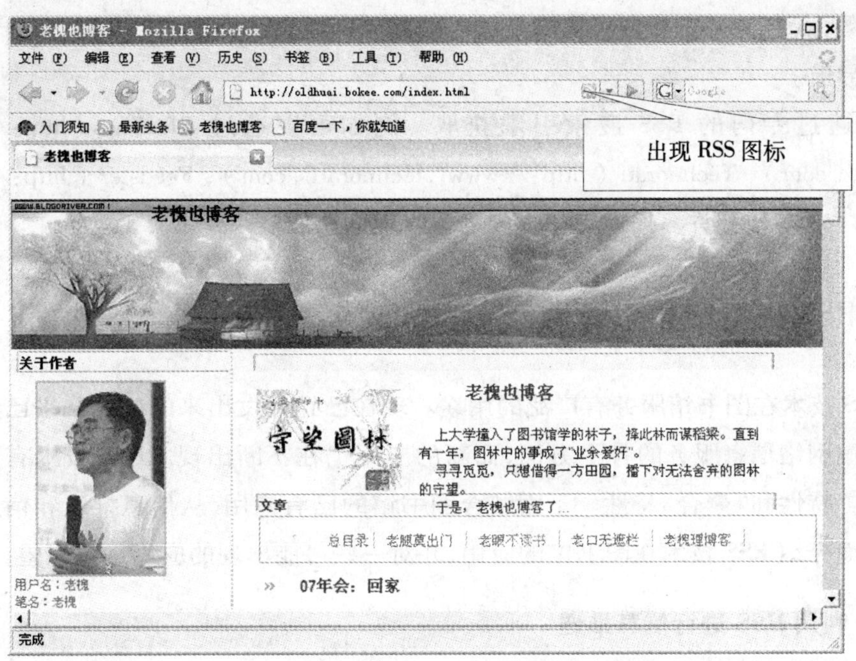

图 3–7　Firefox2 中的 RSS 图标

目前，浏览器的自动发现功能并不 100% 可靠，如新浪博客的 RSS Feed 比较特殊，就不能自动发现后进行订阅。

（4）更方便地获取 RSS Feed

其实，还有多种方法可以方便获取 RSS Feed。

1）从 RSS 聚合网站获取，如 RssAll. cn（http://rssall. cn），包括从社会新闻、文化体育、文学艺术、生活娱乐到博客论坛等各类 RSS 网站导航，并设置了名站板块和 RSS 精选板块等。其他的如 getRSS（http://getrss. org/index. php）和 RSSchina（http://www. rsschina. com. cn/index. html）等。

2）从 RSS 阅读器预设的频道获取。大部分阅读器都会预设一些频道，如周博通内置了新浪网、新华网、天极网、计世网等 12 大类数百个 RSS 新闻源。在抓虾和鲜果这样的在线阅读器中，还提供一个“新手试用频道”，里面有一些热门的 RSS 网址，如：对牛乱弹琴（研究互联网的知名博客）、柴静 · 观察（社会评论）、新华网图片新闻等。

3）从在线 RSS 阅读网站提供的热门频道获取。目前大部分的在线 RSS 阅读网站也提供内容聚合和导航服务，如抓虾网站的频道大全，除了提供分类的 RSS 站点导航外，还提供热门博客和上升最快的博客订阅，每个博客条目后有该博客在抓虾中的订阅人数,点击"+"图标即可实现订阅。又如周博通在线阅读器以TAG聚合方式提供频道导航。

4)通过专门的RSS搜索引擎获取。例如可以通过Bloglines(http://www.bloglines.com)、Technorati(http://www.technorati.com)、Feedster(http://www.feedster.com/)以及许多搜索引擎专门的博客搜索获取。

3.4 RSS应用于图书馆:为有源头活水来

RSS技术在图书馆服务有广泛的用途。现在已经开发出来的应用几乎已经覆盖了图书馆网络信息服务的各个方面,而新的应用仍在不断出现。RSS技术有两大特性:"推"特性和"聚合"特性。下面结合图书馆的已有应用,从信息推送和信息聚合两个方面介绍RSS技术在图书馆的应用,并对一些可能出现的应用进行展望。

3.4.1 利用RSS进行信息推送

图书馆可以把通知、公告、数据库试用、免费培训等信息均可以作为一个动态信息频道推送给用户,图书馆也可以根据用户群的需要,即时组织专题信息(如专题书目、专题报道、某一事件的背景和各种文献信息等)生成RSS Feed,并将其发布到图书馆主页上,通过RSS推送到用户群中。

(1)新闻/公告信息推送

RSS特别适合推送更新频率不定、用户有个性需求的信息。图书馆网站目前一般设有"最新消息"或"新闻公告"等栏目,用于发布图书馆的新通知、新服务、新会议、数据库试用、培训、学术讲座等信息。这些信息的时效性都很强,通常情况下,只有当用户访问图书馆网站时才能够获取这些信息,因此可能会错过。

由于RSS技术具有及时更新、主动推送的特性,这类信息如果制作成RSS信息频道,用户只要安装有RSS阅读器,就会第一时间得到通知,从而极大地提高图书馆信息服务的及时性。

目前提供RSS订阅的图书馆网站基本上都有最新公告的信息频道,如:上海大学图书馆(http://202.120.121.193/rss/rssnews.xml)、清华大学图书馆(http://www.lib.tsinghua.edu.cn/service/RSS.html)、厦门大学图书馆(http://210.34.4.20/cn/detail.asp?pid=4&sid=602)、南京财经大学图书馆(http://lib.njue.edu.cn/news/rss.php)等。

国外的，如麻省理工学院图书馆的“最新消息”（http://news-libraries.mit.edu/blog/rss-feeds/），推送内容比较丰富，分为：Events、Grants & gifts、Podcasts、Subject/Topic areas 等几大类。在 Events 类下又分为：Author readings、Book sales、Classes、Exhibits 等细类。用户可以自由点选自己感兴趣的类目后的 RSS 链点进行定制。也可以选择 ALL News 后的 RSS 链点进行全部新闻的定制。

（2）新书通报

前文已经介绍过上海大学图书馆的新书通报服务。在新书通报的 Feed 制作中，不同的图书馆可以根据不同的学科特点，采用不同的分类方式。一般可以按照《中国图书馆分类法》的22个大类进行分类。如果资源更新量较大，还可以按照馆藏类型、馆藏方位等提供列表。

上海大学图书馆将某些大类进行了细分，如将O大类（数理科学和化学）拆分成数学、物理和化学三个类别，将T大类（工业技术）按照二级类目细分成16个类别，共提供39个类别的新书信息定制。

而清华大学图书馆却将中文新书与西文新书分开，对西文新书提供一个统一的链接，并对中文新书类目进行了合并，共分为：社会科学、法律、经济、艺术、自然科学、医学、工程技术、综合共8个大类。

分类订阅的方式，对于更加专注于某个专题的用户来说可能过于宽泛，还不能完全满足个性化的需要。而关键词定制，是搜索引擎与 RSS 技术结合下的更精细的信息定制方式，能够实现针对某一主题关键词搜索结果的动态更新与推送。

上海大学图书馆提供了基于关键词定制方式的新书通报，目前提供书名关键词、作者关键词、出版信息关键词，并可选择馆址信息关键词（在三个校区中任选其一，也可选择全部）。如果用户既选择了分类，又输入了这些关键词，再点击“定制新书 RSS 地址”，则将进行组配定制，同时满足分类条件和关键词检索结果的信息，会形成一个 RSS Feed 的链接。用户只需订阅这一个 Feed，就可以得到更精确、更具个性化的信息。此外，上海大学图书馆还提供了最新上架随书光盘的 RSS 订阅。

还有一种新书通报的定制方式是直接与 OPAC 系统集成在一起的，当在 OPAC 系统中执行一次检索后，系统会给出针对这一检索式的 RSS 订阅链接，订阅后，当有符合这一检索式的新书入藏，该新书信息会即时通过 RSS 渠道推送到用户桌面。如美国的 Ann Arbor District Library（AADL，http://ww.aadl.org/）在 OPAC 系统中就提供了这一功能。

当然，在信息载体日益丰富的今天，图书馆利用 RSS 进行馆藏新资源的推送并不仅仅限于新书通报,如香港科技大学图书馆(http://library. ust. hk/feeds. html)推出的 RSS 定制服务就同时提供新书通报(纸质图书)、新数据库通报、新电子书通报、新电子期刊通报、新多媒体读物通报、新网络免费资源通报等,使读者可以全面获取图书馆的各种新增资源。

(3)用户信息推送

用户信息主要包括:逾期图书信息、预约图书到书信息。这是用户最关注的一类信息。如果能通过 RSS 技术将这一类信息及时地推送到用户的桌面,无疑在图书馆服务的满意度方面会有一个极大的提升。

上海大学图书馆同时提供了逾期图书信息和预约图书信息的定制,只需输入 8 位的学工号,就可以方便地进行定制,及时获取自己的图书超期情况和预约图书到书情况。

厦门大学图书馆目前只提供预约取书通知的定制,需要将 Feed 链接尾部的 cardid 值换成自己的借阅证号。

(4)最新期刊目次服务

期刊的更新频率快,时效性强,利用 RSS 订阅,让用户掌握最新的期刊出版信息,尽快了解新刊的到馆情况和及时取得当期期刊目次,是图书馆推进信息服务的极好尝试。

对于纸质期刊,如果没有期刊目次数据库的支持,一般只能做到对新刊到馆情况的揭示,如上海大学图书馆的最新划到期刊的 RSS 订阅。而对于电子期刊,则可以利用数据库平台自身提供的 RSS 定制功能。目前很多电子期刊平台都提供了 RSS 定制功能,或者按刊名,或者按关键词,甚至可以按检索式进行定制。

(5)专题信息推送

图书馆也可以根据用户群的需要,即时组织专题信息(如专题书目、专题报道和各种专题文献信息等)。

其中按学科收集的专题信息对于科学研究是最有价值的。武汉理工大学图书馆在其学科门户(材料复合新技术信息门户、交通运输工程信息门户、信息技术作息门户)中,分别提供了三个学科的新技术专题、动态及相关信息的 RSS 推送服务。

而厦门大学图书馆的信息参考服务,则按照师生关心的问题提供 20 余个热点专题信息的频道定制,如八闽大地、百科辞典、台海时讯、厦门大学等,供师生选择订阅。

除上述已有应用之外,图书馆也还可以将某些质量比较高但利用率却较低的资源制作成 RSS 列表,推荐给相关专业用户,以引起他们的重视,提高馆藏利用率。

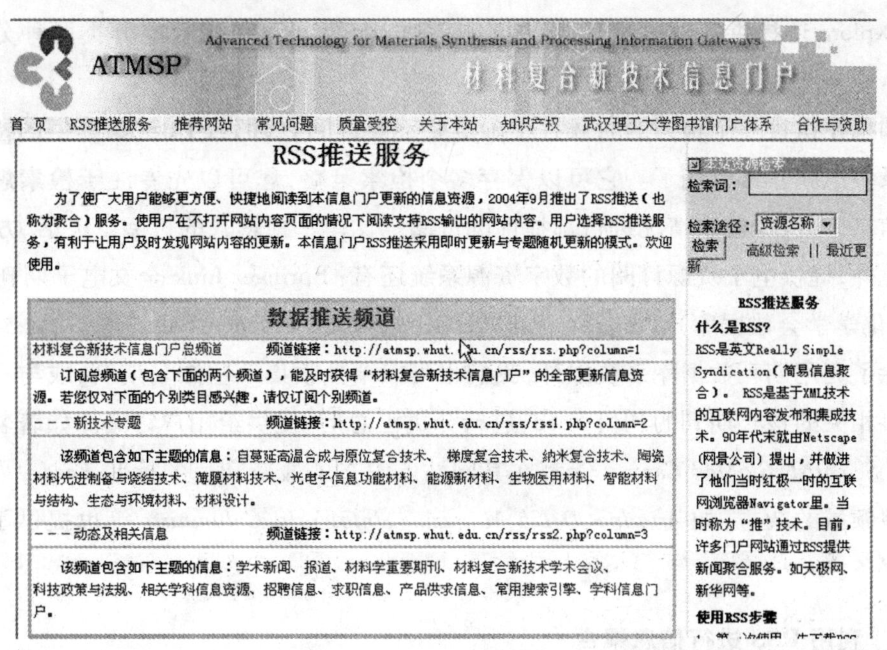

图3-8 武汉理工大学图书馆的学科门户RSS推送

如中国知网提供了丰富的期刊导航功能，有最常用的期刊首字母导航，还有：专辑导航（即按大致的学科分类进行导航）、数据库刊源导航（如被SCI、EI、CA、SA等索引收录的期刊）、核心期刊导航等，当然也可以用刊名或ISSN号、CN号进行检索。在导航或检索的结果中选择您想订阅的期刊，一种期刊会形成一个RSS Feed。同时，中国知网也提供了关键词定制。

EI Village2提供了检索式订阅，当用户执行了一次检索后，系统就会自动生成一个基于该检索式的RSS Feed。如果用户进行了订阅，一旦EI Village2中的数据库更新时，如果有与此检索策略相匹配的文献记录，系统会自动将这些记录的题名和链接推送到用户的RSS阅读器中，点击链接即可进入EI数据库查看详细记录。当然前提是在授权IP的范围内，推送的数量每次最多为400条记录。①

以"Web2.0"为检索式的一个定制例子。EI Village2系统先执行了一次检索，在所有字段中查询含有"Web2.0"的文章。在检索结果后给出了RSS订阅图标，点击图标即可进行订阅。

IEEE Xplore的信息推送称为"Alert服务"，用户可以通过电子邮件或RSS两种方式得到及时的提醒服务。订阅刊目信息是按照期刊定制，一种期刊对应一个Feed。

① 何青芳. El Village2检索系统中RSS推送服务及其操作方法. 图书馆学研究，2006(2)

IEEE Xplore 还提供各种标准信息的订阅，有按行业分类和按版本分类两种分类方式。

如果在执行一个检索的时候并不确定要不要订阅它，那么 EBSCO 提供的检索历史记录快讯就非常有用了。它可以保存多个检索策略，您可以先专注于检索您最需要的信息，再根据检索情况进行选择性的订阅。比单一检索式的订阅更灵活、方便。

此外，提供电子资源订阅的数字资源系统还有：Springer Link 全文电子期刊、ACS（美国化学学会数据库）、Proquest、PubMed、IOP、Nature、Science、Safari 等。

除了利用期刊数据库系统以外，我们也可以单独收集一些知名期刊，或与本校重点学科相关的核心期刊的刊目 Feed，进行分类汇总后，提供给用户订阅。如著名期刊 *nature*、*Scientist*、*BioMed Central* 等都在其网站上发布了最新刊目的标题 *Feeds*，一些图书情报领域的杂志，如 *Ariadne*、*D-Lib Magazine*、*InfoWorld Columnists* 等也提供了 RSS 订阅服务。

3.4.2 利用 RSS 进行信息聚合

（1）学科信息聚合

图书馆是信息资源集散地，它在信息与知识的收集和整理上极具优势。RSS 的出现，使信息资源得以更便捷地被收集与利用。专业学术网站、学术研究型博客、学术性网摘站点（如 CiteULike）、开放存取期刊等利用 RSS 发布最新的信息资源，滋生了大量的 RSS Feed 数据，这些数据已成为一种重要的网络学术资源。图书馆通过合理的分类组织与浏览体系，对这些学科信息资源进行搜集、整理和揭示，有效地过滤与积累这些多源信息，以 RSS Feed 的方式在图书馆的信息门户提供专题信息服务，帮助科研人员从海量信息中自动、快速获取较为全面的网络动态信息，从而有效地跟踪相关学科的最新发展动态。[①] 尤其是一些专业博客网站和网摘站点，学术性较强，内容一般聚焦在某个主题领域，所收集的信息一般是经过人的"智能"筛选的。从这个角度来讲，RSS 在其中充当了知识和信息的"过滤器"，而且可以进行知识积累，是一种"隐性知识"通过网络实现"显性知识"的技术手段。

中国科学院国家科学图书馆开发了一个基于 RSS 的科技新闻聚合服务系统（http://scinews.clas.ac.cn/），为情报研究人员提供定点、实时地跟踪相关 Web 网站最新信息的服务，这是目前国内在学科信息聚合和推送方面做得最成功的案例。西

① 高明. 基于 RSS 技术挖掘图书馆信息服务. 兰台世界，2007(4)

雅图公共图书馆（http://www.spl.lib.wa.us/）建立的 RSS Feeds 帮助用户从图书馆目录中追踪他们关注的作者或学科的动态。美国马里兰州 Bethesda 市的国家健康协会的国家癌症研究所图书馆，研制了一个叫做 LION（Library Online）的数据库，收集了大量的癌症研究相关领域的互联网上的 RSS Feed，并实现了和本馆自动化系统的连接和集成，在局域网上向用户提供这些 RSS Feeds，允许用户检索、浏览、显示和保存。①

此外，中国科学院国家科学数字图书馆图书情报学科信息门户网站②提供的 RSS Feed 聚合了有关图书情报学科的各类新闻、研究进展等信息。上海大学图书馆（http://202.120.122.230:8080/default.asp?cate = 1）、厦门大学图书馆（http://wiki.xmulib.org/rss/）、电子科技大学图书馆（http://202.115.24.10/rss/）利用开源软件实现了专业博客网志的聚合，目前只提供图书情报学科相关网志的聚合，可以推广到其他学科。

（2）资源共建共享

目前，同一系统图书馆、总分馆模式的图书馆或地区图书馆联盟之间资源的共建共享是图书馆建设的重要内容。鉴于 RSS 技术应用简便，格式交换明晰，标准通用等特点，可以考虑将其应用于建设图书馆之间的内容联合。比如在分布式数据采集的过程中，需要进行元数据的收割，RSS 的聚合特性就可以发挥一技之长，从而快速建立图书馆间文献信息和电子资料目录的联合服务。

以中国高等教育文献保障系统（CALIS）的“重点学科导航库”为例，各个成员馆利用手工收集某个主题的因特网资源，多个成员馆联合建设。如果能够采用 RSS 技术和标准，则容易在数据的层次上达到真正的联合建设。各个成员馆以 RSS Feed 方式提供自己的专题资源，在 CALIS 项目中心建立一个新闻聚合器，定期获取各个成员馆最新整理的资源（以 RSS Feed 方式提供），将它们统一加入到 CALIS 项目中心的数据库中。这样用户既可以在成员单位上访问这些资源，也可以在 CALLS 项目中心上访问。重点学科导航库的联合建设就将建立在数据的级别上而不是目前的依靠几个超链接而形成的松散的联合体。③

在总分馆模式中，同样能够通过 RSS 实现图书馆资源的聚合。如果总分馆的图

① Zeki Celikbas. What is RSS and how can it serve libraries?. http://eprints.rclis.org/archive/00002531/01/RSS_and_libraries_EN3.pdf

② http://www.tsg.cn/SPT--RSS.php

③ 陈定权. RSS/ ATOM：提高图书馆服务水平的新技术. 图书馆学研究，2005(3)

书馆都提供RSS订阅服务,各自都设定了若干RSS Feeds,那么只需要RSS聚合器去获取总馆和分馆的RSS订阅文档,就可以形成总分馆图书馆的书目资源联合发布平台。无论是总馆,还是分馆,作为每一个独立的图书馆,分别扮演着内容提供者和内容聚合者的双重角色。RSS搭建了信息迅速传播的一个技术平台,使得每个馆都成为潜在的信息提供者。作为RSS Feeder,通常需要内容生产者编写一个生成器,依据自己的站点特色搭建一个标准XML格式RSS文件,RSS文件一经发布,它所包含的信息就能直接被其他图书馆站点调用,并以自己的风格发布,通过这样的书目聚合,用户可以在总分馆图书馆中的任意馆的网站上看到所有馆的书目信息。[①]

3.4.3 RSS在图书馆的其他应用

(1)采访工作

随着RSS技术的兴盛，文献选择与采访渠道又注入新鲜活力，采访人员可对相应的出版、书商网站进行RSS频道订阅（如亚马逊就定期向用户终端的阅读器发送已打包的“RSS频道”)，在第一时间获得出版社的最新书目。相应的，图书馆界可以充分利用RSS信息推送技术，将本馆需要的图书制成RSS Feed发布，出版商和书商通过聚合器获取图书馆所需资源，一旦出版商和书商有相应的书籍时，就可以及时将书籍信息发送给我们，大大缩短了采集的时间，提高了工作效率。图书馆采访人员与出版商、书商的这种RSS互动，不仅给对方提供了方便，而且大大提高了采访信息的普及率、针对性和时效性，提供了一种更为方便、高效的互联网信息的发布和共享途径，用更少的时间分享更多的新书信息。

此外,在图书采访工作中,还需要不断地收集用户需求和意见。在传统图书馆中,收集信息的面不可能太广,只能限于一部分用户,且信息反馈的周期较长,耗费人力大。如果采用了RSS信息推送技术,可以定期地将各种征订书目信息制作成RSS Feed,挂在购书推荐页面,使更广泛的用户能够及时地获取到这一信息,从而根据自己的需求将荐购图书信息快速地反馈给图书馆,为采购工作提供参考依据。[②]

(2)参考咨询工作

RSS服务的最大特点和最大优越性就是能够为用户提供自助式的参考咨询服务,这种自助式特征是由其强大的聚合功能和推荐功能表现出来的。

---

① 易晓阳. RSS：含义、本征与应用. 图书馆学研究，2006(8)

② 易晓阳. RSS：含义、本征与应用. 图书馆学研究，2006(8)

除了前面提及的学科导航系统,图书馆还可以利用RSS技术设置专门的参考咨询RSS频道,为用户提供互协作环境下的FAQ(即通常问及的问题)或深层次的专题信息咨询;还可以将RSS技术和数据库服务结合起来,根据用户选择的主题和检索表达式进行定题推送服务;根据用户选择的分类、关键词、期刊名称、行业领域、时间等进行新闻和最新资料的推送。而这些服务又可以整合到学科门户系统的建设中。

(3)手机图书馆服务

手机阅读因其及时性和便捷性,已越来越受到公众的青睐。目前,深圳图书馆、[①]上海图书馆、[②]浙江大学图书馆[③]等一些国内图书馆已经关注到这一新型服务领域,相继推出了手机图书馆服务平台。利用手机短信进行信息推送,并可执行一些书目检索、续借、挂失、讲座预订等操作。由于手机RSS阅读软件已经日益成熟,图书馆结合RSS技术,开展新的手机图书馆服务,将是未来的一个发展方向。

(4)营造博客空间

RSS目前最成功、最广泛的应用是在博客中。RSS是描述博客主题和更新信息的最基本方法,它推动了博客的发展与繁荣。图书馆可以建设自己的博客中心,为用户与馆员营造一个创造新知识的信息空间。在信息空间里,用户与用户、用户与馆员、馆员与馆员均可以自由交流,既可形成主题社区,也可形成交流平台,使得需要不断学习的知识工作者,可以在很短的时间内接触最鲜活的思想,浏览全球范围最好的新闻、文章、评论与报告,准确把握最新的热点、观点、动态和趋势,萃取链接全球最有价值、最相关、最有意思的信息与资源。

3.4.4 国外图书馆RSS应用总览

美国爱荷华州州立大学图书馆科学技术部Gerry McKiernan创办了一个名为"丰富站点服务"(Rich Site Services)的网站,[④]以分类的形式收集排列了提供RSS、XML、Atom等网络Feeds的图书馆的相关链接。

目前,该网站共收集各类站点90个,分为12类,各类分布见下表。虽然该站点收集的不一定全面,但是RSS在国外图书馆应用情况可以窥得一斑。

---

① http://www.szlib.gov.cn/readerserv/message.html

② http://www.library.sh.cn/jiang/index.asp

③ http://libweb.zju.edu.cn/newportal/index.jsp

④ http://www.public.iastate.edu/~CYBERSTACKS/RSS.htm

表3-2 Rich Site Services网站RSS在图书馆应用情况的分布

应用领域	公告通知	新书通报	参考咨询	网络资源导航	期刊目次	编目	用户教育	馆藏发展	评论	数据库	专题新闻
RSS Feeds数量	28	16	6	16	2	1	2	3	5	5	4

3.5 RSS开发：技术也轻松[①]

信息技术的发展历来都引领着图书馆信息服务变革的方向，戈曼的“图书馆新五定律”也宣扬：“掌握各种知识传播方式”，“明智地采用科学技术提高服务质量”。既然RSS的流行已是大势所趋，图书馆引进这一技术也势在必行。从图书馆应用RSS已有的一些成功的案例和效果看，尽管需要图书馆技术人员进行一些研发，但它并不是一项复杂的技术，下面针对RSS在图书馆的实际应用方法、途径和技巧做一些引导式的介绍，以帮助图书馆员应用RSS技术对图书馆现有的信息服务模式做一些力所能及的优化和改造。

3.5.1 知己知彼——了解RSS元素定义

所谓“知己知彼，百战不殆”，要想为图书馆网站创建RSS，首先必须对RSS进行深入的了解。RSS是基于XML的一种形式，并且所有的RSS文件都要遵守万维网联盟(W3C)站点发布的XML 1.0规范。目前有RSS1.0、RSS2.0和ATOM三种流行的RSS格式。

(1)RSS 1.0和RSS 2.0各是什么样子

RSS 1.0和2.0格式所包含的核心信息相同，但其结构不尽相同。[②]

RSS 1.0文件示例

```
<rdf:RDF
  xmlns:rdf = "http://www.w3.org/1999/02/22-rdf-syntax-ns#"
  xmlns = "http://purl.org/rss/1.0/"
  xmlns:dc = "http://purl.org/dc/elements/1.1/"  >
  <channel rdf:about = "http://skonnard.com/blog/rss.xml" >
```

① 注：本节建议对研发图书馆RSS应用有兴趣的人阅读。

② Aaron Skonnard著；NorthTibet译. 关于Blog和RSS的全面介绍. http://www.vckbase.com/document/viewdoc/?id=1109

```
    <title>The XML Files</title>
    <link>http://skonnard.com/blog</link>
    <description>by Aaron Skonnard</description>
    <image rdf:resource="http://skonnard.com/blog/images/image.gif" />
    <items>
      <rdf:Seq>
        <rdf:li resource=" http://skonnard.com/blog/entry1" />
        <rdf:li resource=" http://skonnard.com/blog/entry2" />
      </rdf:Seq>
    </items>
  </channel>
  <image rdf:about=" http://skonnard.com/blog/images/image.gif">
    <title>skonnard.com</title>
    <link>http://skonnard.com/blog</link>
    <url>http://skonnard.com/blog/images/image.gif</url>
  </image>
  <item rdf:about="http://skonnard.com/blog/entry1" >
    <title>1st blog entry</title>
    <link>http://skonnard.com/blog/entry1</link>
    <description>This is my first blog entry.</description>
    <dc:date>2004-01-13T17:16:44.9803903-07:00</dc:date>
  </item>
  <item rdf:about="http://skonnard.com/blog/entry1" >
    <title>2nd Blog Entry</title>
    <link>http://skonnard.com/blog/entry1</link>
    <description>This is my second blog entry.</description>
    <dc:date>2004-01-13T17:16:45.9803903-07: 00</dc: date>
  </item>
</rdf:RDF>
```

RSS 2.0 文件示例

```
<rss version = "2.0" >
  <channel >
    <title > The XML Files </title >
    <link > http://Skonnard.com/blog </link >
    <description > by Aaron Skonnard </description >
    <image >
      <url > http://skonnard.com/blog/images/image.gif </url >
      <title > skonnard.com </title >
      <link > http://skonnard.com/blog/ </link >
    </image >
    <item >
      <title > 1st blog entry </title >
      <link > http://skonnard.com/blog/entry1 </link >
      <description > This is my first blog entry. </description >
      <pubDate > Wed, 14 Jan 2004 17:16:44 GMT </pubDate >
    </item >
    <item >
      <title > 2nd blog entry </title >
      <link > http://skonnard.com/blog/entry1 </link >
      <description > This is my second blog entry </description >
      <pubDate > Wed, 14 Jan 2004 17:16:45 GMT </pubDate >
    </item >
  </channel >
</rss >
```

注意到顶行右边开始的根元素的差异，RSS 1.0 的根元素是 rdf，而 RSS 2.0 的根元素是 RSS。RSS 还包含一个强制版本属性用以表示所用的 RSS 的准确格式（可能的值包括：0.91，0.94 等）。另一个主要差别是 RSS 1.0 文档有名字空间限定，RSS 2.0 的文档就没有。不管怎样，包含在两个文档中的信息本质上是一样的。

两个版本都包含 channel 元素，而 channel 元素又包含三个必须的元素：title、link 和 description，其代码如下：

```
<channel>
  <title><!--channel 的标题--></title>
  <description><!--简要描述--></description>
  <link><!--channel 的 URL--></link>
  <!--可选/可扩展元素-->
</channel>
```

除了这些必须的元素外，RSS 1.0 还定义了三个附加元素：image、items 和 textinput，其中，image 和 textinput 是可选的。RSS 2.0 提供了 16 个附加元素，除了 image、items 和 textinput 之后，还有 language、copyright、managingEditor、pubDate 和 category 等。RSS 1.0 允许通过定义在单独的 XML 名字空间中的可扩展元素来创建这种类型的元数据。

这两种格式在结构上的主要区别必须要看其 item、image 和 textinput 节点的表示形式。RSS 1.0 中，channel 元素包含对 item、image 和 textinput 节点的引用，这些节点存在于 channel 节点本身之外。这样在 channel 和所引用的节点之间建立了一种 RDF 关联。如“RSS1.0 文件示例”所示，channel 元素与一个 image 元素以及两个 item 元素关联。RSS 2.0 中，item 元素只是在 channel 元素中连续排放（如“RSS2.0 文件示例”所示）。item 元素包含实际的新闻项信息。item 的结构在两个版本中是相同的。item 元素通常包含 title、link 和 description 元素，如下代码所示：

```
<item>
  <title><!--项标题--></title>
  <link><!--项 URL--></link>
  <description><!--简要描述--></description>
  <!--可选的/可扩展的元素-->
</item>
```

在 RSS 1.0 中，title 和 link 是必须的，description 是可选的。而在 RSS 2.0 中，title 或 description 必须提供其中的一个；其他均可选。这些只是定义在 RSS 1.0 中的 item 元素。RSS 2.0 提供几个其他可选元素，其中有 author、category、comments、enclosure、guid、pubDate 和 source。RSS 1.0 获取这样的元数据是通过定义在单独的 XML 名字空间中称为 RSS 模块的可扩展元素来实现的。例如，在“RSS1.0 文件示例”中，item 的日期是用 Dublic Core 模块的 <dc:date> 元素表示的。

目前常用的 RSS 版本是 2.0，一个 RSS2.0 规范的 Feed 文档结构如下所示。①

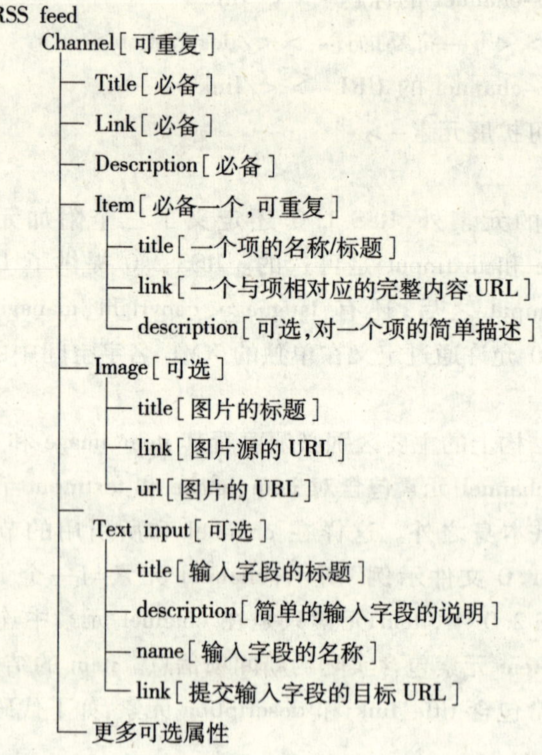

（2）Google 的 Atom

Google 收购了 Blogger.com 后提出了 Atom 项目，用于建立"连锁、存档和编辑情节式站点的规范"。Atom 是基于 XML 的记述相关信息（即熟知的 Feed）的列表的文档格式。Feed 由一定数量的 item（即 entry，条目）组成，每个条目都有一组可扩展的附属元数据（metadata）。如每个条目都有一个标题（title），Atom1.0 规范的文档一般是这样开始的：

<?xml version = "1.0" encoding = "utf-8"? >

<feed xmlns = "http://www.w3.org/2005/Atom" >

表示本规范所描述的 XML 数据格式的 XML 命名空间（namespace）［W3C.REC-xml-names-19990114］URL 是：http://www.w3.org/2005/Atom。

鉴于目前国内外有很多 RSS 数据源，但 Atom 数据源较少，而且对开发者来说，

① 黄继征．RSS 技术在图书馆信息推送服务中的应用．大学图书情报学刊．2006（5）。有关 RSS1.0 和 RSS2.0 规范的完整信息请参考：RSS1.0 规范（http://web.resource.org/rss/1.0/）和 RSS2.0 规范（http://www.rssboard.org/rss-specification）。

RSS 相对简单，Atom 稍显复杂，有兴趣的读者可以参考以下资料：

http://help.blogger.com/bin/answer.py?answer=697&topic=36（Blogger.com 关于 Atom 的解释）；

http://www.atomenabled.org/（Atom 的官方站点）；

http://tech.ddvip.com/2006-08/11551040847219.html（Atom0.3，XML 编程思想：使用 Atom 格式连锁新闻及其他内容）；

http://hi.baidu.com/tarmee/blog/item/7397a522be4e51f2d6cae26c.html（ATOM1.0 规范）；

http://www.ibm.com/developerworks/cn/xml/x-atom10.html（Atom 1.0 Syndication Format 概述）。

（3）微软的 SSE

RSS 2.0 可以让一个网络用户订阅另外一个博客或新闻网站的条目，其中包括时间信息、概要和原文链接。这种信息发布技术是单向的，即有一个发布方负责更新信息，接收方只能被动地获取信息。这在某些应用上存在局限性。比如个人网络地址簿，用户可能希望在获取 RSS 的同时进行修改，还可能跨越计算机、PDA 等不同的信息终端，但 RSS 并不支持。

2005 年底，微软发布新的 RSS 标准：SSE（Simple Sharing Extensions，简单共享扩展），这是一个旨在提高 RSS（OPML）互动性的全新 RSS 标准。使 RSS 由单向扩展为双向，即接收方不再只是信息的阅用户，还能管理和组织 Feed（包括添加、删除、更新、聚合等）并再次发布（当然需要相应的系统支持），这样就让信息变成多方向的流转。这为 OPML 和未来 Read List 提供一种新方式。①

SSE 的问世必将大大丰富 RSS 的应用，让网络中的信息"活"起来。微软的这一举措可能会是 RSS 发展史上的一个重大革新。

这种标准的功能实现方法大多基于 Lotus Notes 的架构，目前是 0.91 版。

SSE 标准的草稿以及 FAQ 目前已经放在 MSDN 网站上。微软允许公众在遵守创意公用授权条款（CC BY-SA）的前提下使用这一标准。

SSE 文档以 sx 的词头来表明其 XML 命名空间，形式如下：

<rss version=2.0

① 微软的 RSS：SSE 标准.［2005/12/20］http://tigerkinchen.spaces.live.com/blog/cns!3a2d5acf9e5ec59d!188.entry

xmlns:sx = "http://www.microsoft.com/schemas/rss/sse" >

更详细的 SSE 规范见微软官方技术网站:

http://msdn2.microsoft.com/zh-cn/xml/bb190613.aspx。

3.5.2 及锋而试——实战图书馆①

(1)RSS Feed 的生成方式

①手工生成符合 RSS 标准的 XML 文件,通过 RSS Server 发布。该方式效率低,适用于内容不经常更新,包含 item 较少的 RSS Feed。

②RSS Editor,通过在 RSS editor 表单中输入相应的 item 信息,自动生成标准的 XML 文件。有许多基于 Web 的或可免费下载的 RSS 编辑器可供使用(如:RSSCreator,FeedSpring,FeedWrite)。

③从 HTML 文件生成 Feed,通过分析 HTML 标签批量生成 XML 文件。有多种工具可供使用(如:基于 Web 的 FeedFire、MyRSS,免费下载的 RSS DreamFeeder、RSSWizard)。

④基于数据库生成静态 XML 文件,当数据库中新增记录时,通过触发器技术自动生成静态的 XML 文件。该方式既保证了用户在数据更新的第一时间得到数据,也避免了因客户端频繁地与数据库交互而影响应用系统的性能。

⑤基于数据库动态提取数据,根据用户的请求动态生成 XML 文件,适用于个性化定制推送服务。比如基于关键词的个性化订阅,或者基于用户身份认证的 RSS Feed。由于客户端定期向 RSS 服务端发请求,系统开销要大于前 4 种。

(2)图书馆自建资源 RSS 服务

包括消息类(如图书馆的最新消息、公告和通知等)和资源类(如学位论文和电子教参系统 RSS 服务)。

如果数据量较小,可以采用手工生成 Feed 的方式实现,或者借助于 Feed 生成工具。如果数据量较大,则需通过动态网站技术(如 ASP、JSP、PHP 等),将需要推送和共享的信息资源摘要(或索引)从数据库中提取出来,动态生成若干 RSS Feed。

如果是公用的 RSS 信息,建议采用基于数据库生成静态 XML 文件的开发方法,以减少应用系统负担;如果是带有个人验证信息的个性化 RSS 信息,可采用基于数据库动态提取数据、根据用户的请求动态生成 XML 文件的开发方法。

---

① 本节多处参考了:赵阳. 图书馆 RSS 应用探索. 图书馆建设,2007(1)

(3)基于OPAC的RSS服务

基于OPAC提供RSS推送服务是一个发展趋势，国外知名OPAC厂商(如INNOPAC，SIRSI，ALEPH等)均已声称在未来的系统升级版本中，支持RSS功能。图书馆如需在现阶段提供RSS服务，需要做一定程度的开发工作。

对于新书通报RSS服务，有两种实现方式：(1)通过Z39.50服务器动态读取OPAC中的数据，按类输出标准的XML文件；(2)通过OPAC提供的数据输出接口，定期抓取符合条件的数据，编写程序自动进行数据格式转化，生成RSS Feed。

以下是上海大学图书馆新书通报RSS信息定制的主程序文件，实现查询数据库，查找定制新书的功能。[①] 采用php编写，其中：feedcreator.class.php是读写RSS FEED的php类文件，newbook.xsl是显示XML的样式文件。代码如下：

```
<?
include("feedcreator.class.php");//包含RSS类文件
 $rss = new UniversalFeedCreator();
 $rss->cssStyleSheet = "newbook.xsl";//指定XML的样式文件
 $rss->useCached();
 $rss->title = "上海大学图书馆--新书通报";
 $rss->description = "上海大学图书馆--新书通报";
 $rss->link = "http://www.lib.shu.edu.cn";
//根据查询参数从数据库取新书信息

//操作数据库步骤，省略......

while(...)//如果有新书记录，每一条新书记录作为RSS FEED的一个条目ITEM
{
 $item = new FeedItem(); //建立一个新条目
       $item->title = ""; //条目的标题为新书书名
       $item->link = "";//条目的URL链接到图书馆IPAC系统中对应该数目的
详细信息
       $item->description = "<![CDATA[]]>"; //新书的描述信息，可以取
```

① 示例代码由上海大学图书馆提供。

```
馆藏信息
        $item -> category = "数据库信息";
        $item -> date = "";// < pubDate > 元素可以取新书的上架时间或完成典
藏时间
        $item -> source = "信息参考 RSS 频道";
        $item -> author = ; //可以取新书的作者
        $item -> comments = "";//可以取新书的出版信息
        $rss -> addItem( $item);
}
 $rss -> saveFeed("RSS2.0", "feed.xml");
 ? >
```

对于用户信息 RSS 服务，是基于用户身份提供的个性化 RSS 服务，可实现超期催还、超期罚款、预约书到馆通告、个人借阅信息列表等 RSS 推送，方便用户了解自己的借阅状态，最佳的方式是在 OPAC 系统中集成 RSS 功能，用户登录后显示其 RSS 订阅信息，但这需要了解 OPAC 系统底层结构，开发难度较大，没有系统开发商的协助很难完成。

目前可行的方式是通过第三方接口实现从 OPAC 中提取个人借阅状况。简单的情况只需输入一个用户卡号，通过卡号连接到 OPAC 系统中获取相关信息。复杂的情况需要同时提供卡号和密码，连接到 OPAC 用户库进行用户身份认证，通过认证才得到用户的借阅信息，形成个人的 RSS Feed。

ELF(libraryelf.com)是一个使用第三方服务进行借书到期提醒的例子。它为用户提供注册入口，必备的注册信息包括：卡号、PIN(来自 OPAC 用户库)和 Email/Username/Password(存入自建的个性化 RSS 用户库)，在后台通过页面分析技术或 OPAC API 接口，连接到 OPAC 用户库进行用户身份认证，得到用户的借阅信息，根据获得的信息构建个人的 RSS Feed，将 RSS Feed URL 通过 Email 返回给用户，用户也可通过登记的 Username 和 Password 查询自己的 RSS Feed URL。

(4)电子期刊 RSS 服务

前面已经提及，一些数据库出版商提供电子期刊 RSS 服务，有基于期刊目次的订阅和基于检索式的订阅两种方式。图书馆最简单的揭示方式是列出提供 RSS 服务的数据库和相应的 Feed 页，国内图书馆目前大多如此。

当然，如果本馆馆藏中提供 RSS 服务的期刊较少，可以提供具体的期刊列表和相应的RSS Feed URL(如Wisconsi—Madison大学)；如果馆藏中提供RSS服务的期刊较多，可与现有的电子期刊导航系统集成，方便用户按照期刊名查询和订阅RSS服务(如Saskatchewan大学)。由于许多商业数据库基于IP认证，麻省理工学院(MIT)为方便校园用户在校外订阅RSS服务，建立了图书馆RSS代理服务器，用户在订阅时只需要按要求改造RSS Feed URL即可。

(5)免费学术资源RSS服务和聚合

目前，网络上许多免费学术站点也支持RSS Feed输出。对这些资源进行整理、筛选和归类，推荐给用户使用是非常有价值的。例如：Dlib、Ariadne等图书馆界知名的网络期刊支持RSS服务，CiteULike(一个著名的学术性网摘站点)提供学术论文、专著的RSS Feed输出，有许多专业性、学术性较强的开放存取期刊也支持RSS。这项工作类似于网络资源整理和推荐，只不过对象是RSS Feed，学科馆员凭借自己对专业信息资源的了解和学科背景，是开展这项工作的最佳人选。

利用开源的RSS聚合软件(RSS Aggregator)进行信息聚合系统的建设是一个十分简便的方法。只需要做简单的系统配置，并人工选择互联网上有价值的RSS Feed，添加到聚合系统，就可以通过软件自动实现RSS Feed的定时收集。对收集的RSS信息进行统一的整合、组织、揭示和管理，用户就可以进行集中的浏览、检索和RSS信息订阅。

常用的开源聚合软件有：

1)SXNA

Sipo XML News Aggregator(SXNA)是一个国产的、基于ASP的、以用户被动更新模式更新的RSS/XML新闻聚合器。具有与RSSReader等桌面RSS阅读器一样的基本功能。可以方便地在线获取、阅读和管理XML格式的信息，并进行网络发布。上海大学图书馆新闻聚合系统、电子科技大学图书馆图情学科博客聚合系统采用了该软件。

版本：SXNA1.7　作者：Sipo

官方地址：http://www.sxna.cn

官方论坛：http://www.sxna.cn/forum

详情：http://www.dc9.cn/post/SXNA1-7.html

下载：http://www.DC9.CN/UPLOAD/sxna17.rar

演示：http://rss.hxblog.net　http://www.coosuo.com/sxna

2)Gregarius

Gregarius 是一个基于 Web 的 RSS/RDF/ATOM 聚合程序，是国外的一个著名开源 RSS 聚合程序，有简体中文语言包。厦门大学图书馆图情学科博客聚合系统采用了这一软件。

官方地址：http://gregarius.net

官方论坛：http://forums.gregarius.net

原版下载：http://sourceforge.net/project/showfiles.php?group_id=98845

版本：Gregarius v0.5.5　　服务器配置：php+mySQL

演示：http://www.rss21.com　http://www.qiantu.org/news

3.5.3　借水行舟——RSS 应用技巧篇

(1)不编程制作 RSS 种子

如果不想编程，又想为自己的网站制作 RSS 种子，有没有这样的简易方法呢？回答是：有！有一些网站专门提供网页生成 RSS 种子的服务，甚至可以为一些不提供 RSS 种子的网站生成 RSS 种子，以方便自己的订阅。①

1)Page2rss(http://page2rss.com/)

无需注册，只要输入需要生成 RSS 种子的网址，按下“toRSS”按钮就可以了，适合于跟踪整个网页各部分的更新。经它生成的 RSS 种子是合成的，形如“http://page2rss.com/page/rss?url=网址”的模样(注意不要 http://)，比如大学图书馆学报沙龙(小名学网)的网址是：http://www.scal.edu.cn:8080/luntan/first.jsp，用 Page2rss 为其制作的 RSS 种子就是：http://page2rss.com/page/?url=www.scal.edu.cn:8080/luntan/first.jsp。

2)Ponyfish (http://www.ponyfish.com/)

输入需要生成 RSS 种子的网址，然后按“Go”，它会列出网页中的链接，请选择一些需要生成的条目作为示例后，生成完毕。

在只需要对网页的某个部分生成 RSS 种子的情况下，可以选择 Ponyfish。

3)RSS 快车(http://www.rss-express.com)②

这是一个国产的 RSS 种子生成服务网站。其优点有：制作步骤简单，生成速度

① 生成 RSS 种子的网站——学网的 RSS 种子.[2007-03-07] http://catwizard.blogbus.com/logs/2007/03/4712661.html

② 用 RSS 快车为网站制作 RSS 种子.[2007-06-30] http://catwizard.blogbus.com/logs/6230813.html

较快；支持有端口的网址；可用一个 RSS 集成多个网站的内容；可用一个有意义且好记的名称替换所生成 RSS 种子的缺省文件名。

4）其他 RSS 种子生成网站

如：Custom RSS Feeds（http://search.businessweek.com/rssGenerator.jsp），RSSxl（http://www.wotzwot.com/rssxl.php），myrsscreator（http://www.myrsscreator.com/），Feed for free（http://feed43.com/）等。

（2）RSS 种子校验

如果制作出 RSS 种子后，不知道是不是可用，还可以通过一些专门的 Feed 校验网站进行种子的校验。著名的种子校验网站有：

1）Feed Validator（http://www.feedvalidator.org/）：使用简便，只需输入 Feed 地址，点击“Validate”按钮，校验程序就会提示可能存在的问题。支持 RSS2.0。

2）RSS 1.0 Validator（http://www.ldodds.com/rss_validator/1.0/validator.html）- RSS1.0 文档的校验。

3）其他校验工具还有 Redland RSS 1.0 Validator & Viewer（http://librdf.org/rss/）等。

（3）Feed 合烧

RSS 订阅已经成为很多人获取和阅读信息的方式，但是面对越来越多的 Feeds，有时也会感到不知所措，这时也许需要一些 Feeds 整合和筛选的工具，那么就可以选择 Feed 合烧服务网站，将自己喜欢的 Feed 合烧，即将多个 Feed 烧制成一个 Feed，以方便订阅和阅读。如只需订阅这一个 Feed，所有相关的 RSS 内容会混合在一起呈现。RSS 合烧实际上是一种“混搭”（Mashup）服务，将在第 9 章重点阐述。

目前常用的合烧服务网站如下所示，①其中的一些网站具备了 Feeds 筛选和过滤的功能，能够使用户更加高效地获取自己需要的信息。

（1）Yahoo Pipes（http://pipes.yahoo.com/）——关注 Mashup 的在线编辑器，允许用户通过一定的技巧将多个 Feed 合烧成一个；

（2）xFruits——关注 RSS 的众多应用，其中有一项功能用来聚合 RSS/OPML，除此以外，还提供 RSS to Web、RSS to Mobile、Post to RSS、RSS to PDF、RSS to Mail、RSS to OPML、OPML to Mobile、Mail to RSS 以及 RSS to Voice 等功能；

---

① RSS Feed 的应用以及周边.［2007-07-08］http://blog.sina.com.cn/s/blog_48aa52f101000ciz.html

(3) aFeeda——提供优质的 RSS Feed 合烧服务；

(4) Feedshake——合烧 Feed 数没有上限，并且还提供了 Feed 过滤功能；

(5) Tumblr ——严格地讲，Tumblr 并不算是一款真正意义上的 Feed 合烧工具，而是一家优秀的博客托管商，但由于其高效的 RSS 抓取速度以及能够准确地识别绝大多数格式的 Feed 等特性，让不少人觉得使用 Tumblr 合烧 Feed 是他们不二的选择；

(6) Feedblendr—— 一款轻量级的 RSS 合烧工具，简单到甚至不需要注册即可马上聚合烧制您的 RSS；

(7) FeedRinse——可实现对 RSS 内容关键字过滤的合烧工具；

(8) Aobo——国内著名团队 oBlog 开发的 RSS 合烧工具；

(9) Feeddigest——可以对上百个 RSS 进行合烧，并以 HTML、JavaScript、WML/WAP、OPML 等格式导出。

3.6 RSS 冥想：用户的一天

我心里一直在暗暗地设想，一个读者的 RSS 一天应该是这样的：

某天早上起来，习惯性地打开电脑，上网

浏览器默认地弹出了熟悉的“抓虾”

分类的 RSS 目录像列队待检的士兵，折叠着无数精彩的频道

打开一个频道就像打开了一道信息的闸门，你只需一目十行，饱饮一股股信息的琼浆

哪里的信息最多？当然是那个最大的目录——“图书馆”

想起手上的几本书已经借了很久，赶快点开“逾期图书提醒”频道，果然有两本已经超期

一会儿就去还书，再借两本什么书呢？

去“新书通报”频道吧，看看图书馆又有什么新书了

上次预约的书不知到了没，“预约到书通知”说：到了

该还的还，该借的借，分分钟搞定，时间还早

想知道图书馆今天有没有好听的讲座，“新闻公告”里一定有，可惜手边没电脑

别急，不是还有手机吗？RSS 可是无处不在

下午要为论文找点儿资料，还是在“抓虾”中

那个“电子期刊”目录可收藏了不少好东东

想紧跟学术前沿，当然离不开最新期刊目次订阅

中文的找CNKI的RSS定制，按刊定制很方便，关键词定制更精准

英文的就用EI Village2，位列三大检索，RSS服务定然名不虚传

IEEE的“Alert服务”也不错，EBSCO的检索式定制更灵活

Springer、ACS、Proquest、PubMed、lOP、Nature、Science、Safari……看来RSS代表潮流

只看期刊还不够，全面了解学科发展动态，还要请科技新闻聚合系统帮忙

图书馆的学科信息推送也值得一看

再宽泛点，不是还有GOOGLE和百度的关键词新闻定制吗

查询信息时遇到一个问题，到“参考咨询FAQ”频道求助了一下

未果，再看“参考咨询博客”，发现有人问了同样的问题

在“豆瓣最受欢迎的评论”上看到一本新书，可惜图书馆没有

在“图书馆征订书目”频道上查了一下，果然有，赶紧向图书馆推荐

相信图书馆的“求购书目”信息很快就会被书商看到

等不及了，还是自己去“亚马逊”买一本吧

晚上是休闲娱乐的时间，浏览了几个订阅的博客

快速翻看新浪新闻、新华网图片新闻和优酷每日视频推荐

跟踪了一下那几个热门论坛的新帖子，看看社会上又有什么大事或好玩的事发生

偶尔关注一下eBay的拍卖信息，看能不能淘到什么便宜的东东

如果心血来潮，还可以看一看天气预报，了解一下明天的天气

在网络中随意地游走，时不时与那个橘红色的时尚标签不期而遇

它总是从浏览器的地址栏后突然冒出来，诱惑着我的神经

啊……RSS的目录已经太庞大

不过，都被收进一个阅读器中，

它们是由我做主的——我的信息

推荐阅读

1. Rss Tutorial. http://www.w3schools.com/rss/default.asp

2. W3C. Extensible Markup Language (XML). http://www.w3.org/XML/

3. Sauers, Michael P. Blogging and RSS : a librarian's guide. Information Today, 2006

4. Introduction to RSS. http://www.webreference.com/authoring/languages/xml/rss/intro/

5. The rss Weblog. http://rss.weblogsinc.com/

6. 什么是RSS? RSS 及其发展历程. http://www.wm23.com/resource/R01/Internet_1005.htm

7. 王建涛. RSS在图书馆信息服务中的应用研究. 现代图书情报技术,2005(7)

8. 马国栋,朱濂. RSS技术在数字图书馆建设中的应用. 图书馆学研究,2006(3)

9. 陈玮,苏玉娜. RSS信息聚合技术. 电脑知识与技术(学术交流),2007(1)

10. 周建芳. RSS技术在图书馆网络信息服务中的应用研究. 四川大学硕士学位论文,2006

11. 王波. RSS在图书馆中的应用探析. 图书馆学研究,2007(5)

12. RSS掀起手机阅读的革命. 中国新通信,2006(6)

访谈专栏:图书馆员2.0之路

访谈对象:云影　　工作部门:参考咨询　　年龄:30-40岁

1. 除了IM,您是从什么时候开始使用第一个Web2.0工具的?这个工具是什么?

答:2006年12月,BLOG

2. 您现在使用的Web2.0工具有哪些?使用频率如何?您还打算尝试哪些工具?

答:有自己的blog、每周更新;使用RSS订阅,即时更新,每天阅读;阅读器用过:抓虾、周博通、IE7、MAXTHON、FIREFOX、哪吒、鲜果;使用RSS聚合软件:开源软件SXNA,每天维护;使用SNS:NING社区,不常使用;使用"饭否",迷你博客,每天用;使用过WIKI,厦大图书馆图情百科、LIB2.0图书写作WIKI,偶尔用;使用网摘:365KEY,经常用;使用Picasa、Youtube处理照片,经常用;使用IM(即时通讯):QQ、

GMAIL、SKYPE，每天用；曾经用过DIGG，现在不用了。还想尝试：Twitter、Flickr、Second life。

3. 您觉得这些Web2.0工具给您的工作、学习、生活各带来了哪些新的变化？

答：接触2.0，几乎是与我进入图林博客圈同时发生的。可以说，不入图林，我不会懂得2.0。而进入图林的最大收获，还不是2.0的技术带给我的冲击。而是在图林中感受到的一种热爱，对图书馆这一行业的热爱。这种热爱来自于对保存、传承人类文明遗产这一历史使命的敬意和自豪，也来自于对开放、共享、平等服务等现代图书馆精神的宣扬和传递，而这正和Web2.0精神的主旨相契合。身处其中，你很难不被这种热爱所感染。对于长久以来处于行业迷茫中的我们，这种热爱是多么及时和必要的精神支柱。在这种热情的推动下，我自觉地加入到传扬2.0的行列中，传扬2.0的技术，更传扬2.0的理念。

与博客同行在某种程度上改变了我的生活方式，从来没有哪一个时候我能结识这么多的同行，并和一些大师级人物近距离接触。在图林博客圈这个生机勃勃的群体中，可以学习到最前沿的专业知识，获得最及时的各种信息和资料，可以真实地写意自己的点滴心情，享受交流的愉悦和友情的温暖。RSS这种崭新的网络阅读方式对开阔眼界，扩大知识面助益匪浅，同时也可以欣赏到自己喜欢的文学艺术方面的内容，使生活更加丰富多彩。通过IM工具可以随时向同行请教，解决工作中遇到的问题，感受实时分享的乐趣。使用网摘可以随时收藏有价值的网页，提高信息获取的效率。而PICASA、饭否等是装点生活的小工具，使生活更添趣味。

总之，2.0为我的生活打开了一扇窗，窗外是无数新鲜的事物和新鲜的人，而新鲜总是能给生命带来激情和活力。2.0让我重新热爱思考，重新喜欢写作，重新认识自己所处的行业。在相互的学习和分享中提高，在交流和交往中收获快乐，在不断的尝试和体验中感受世界新的脉动。

虽然博友们大多素未谋面，但是感觉虚拟世界中的朋友并不虚，而是一个个实实在在、个性鲜明的存在，他们随时在你的身边。因为是同行，相信以后在现实生活中见面的机会一定不会少。网络世界本是现实世界的延伸，二者是可以统一的。只要合理处理好上网的时间，2.0的生活丝毫不会影响你在现实世界中的人际关系，相反，我觉得应该向更多的人，包括亲友和同事推广Web2.0的技术和应用，我为图书馆建立的博客和博客聚合服务使本馆的更多同事感受到了Web2.0技术的魅力。世界在变化，技术在前进，不以任何人的意志为转移。不跟上就会被淘汰，早一步跟上就能早一步抢占先机。

当然,面对新事物的诱惑我们应该有一定的自制力,就像网络虽好,使人成瘾就不好。我不能否认自己有轻微的博客成瘾症,而且RSS阅读的便利也会造成一定的信息过载。因为一切2.0的活动都要依赖网络来进行,所以上网时间的增多似乎也不可避免,这无疑对身体健康不利。需要不断地调适,适当地控制。时刻提醒自己:网络并不是生活的全部,应当安排时间做其他的事,比如读书、运动,以及与家人在一起。

4. 您心目中的图书馆员2.0应该是什么样的?最重要的特征是什么?

答:图书馆员2.0应该是:一切为用户着想,掌握必要的服务技能,有进取心,快乐。

最重要的特征:将"以用户为中心"的理念贯穿到工作、学习中。

5. 您认为自己可以称作图书馆员2.0吗?

答:算半个吧,还应在服务意识方面再提高一层。在为用户考虑方面还不是很彻底,基于一些现实的条件或困难,还做不到"一切"为用户着想。

6. 请您帮助分析下面的事例:"有两个图书馆员A和B,A有自己的博客和博客圈,经常发表专业见解和同行交流,并且使用各种2.0工具,用于专业学习,但不直接为读者服务。B建立了学科馆员博客,为读者推荐学科资源,介绍图书馆服务等,和读者进行互动。B也使用了一些2.0工具,主要应用在图书馆的资源与服务中。"请问,A和B,哪个更像理想的图书馆员2.0模样?还是"A+B"才更理想?或者您还有其他观点?能说一下理由吗?

答:B更像。因为2.0强调以用户为中心的服务理念,而不是以馆员为中心,一切技能的提高都应该被应用于图书馆的读者服务。

7. 如果让您选3位图书馆员2.0之星,您会选哪几位?请说明您的理由。

答:图林丫枝:专业,敬业,快乐;图林小钟:爱钻研技术,而技术可以给读者带来切切实实的好处;SOGG:饭团的代表,饭团是最2的团体。

8. 您是否认同"所有的图书馆员都该努力蜕变成图书馆员2.0"?

答:同意。图书馆员应该与时俱进。

9. 您认为在"用户—图书馆—馆员"这三者中,图书馆员2.0究竟该扮演怎样的角色?

答:图书馆员2.0应该是图书馆和用户之间的润滑剂,使用户更无障碍、更密切地融入图书馆这个信息环境,不仅获取,而且贡献、参与,成为整个信息服务环境必不可少的一部分。

10. 如果请您给您的图书馆员2.0生活加标签,您会用哪些词句?

答:快乐着读者的快乐;苟日新,日日新,又日新。

第4章 博客服务：信息交互的亲善大使

金武刚 陈晓亮 俞传正 詹华清 陈 亮

网站是图书馆常驻纳税人心中的亲善大使。纳税人可能没见过你的实体建筑、物理馆藏或者任何一个图书馆员，但他们首先可以访问你的网站。

——Karen G. Schneider

博客(blog)又称网志(网络日志)、部落格，由英文Blog、Weblog翻译而来，指个人或群体在网络上按时间顺序(一般为时间顺序倒排)发表并且定期或不定期更新的网站形式。不同的博客软件或博客平台支持的功能有所不同，但通常都包括各种版本的RSS/ATOM发布、分类、留言、评论(Comment)、回溯引用(TrackBack)、站内搜索等功能，其中对各类RSS/ATOM的支持使博客具有可订阅、更新通知、任意聚合等许多重要特性，是博客之所以成为博客的重要技术基础，有些博客还支持标签(Tag)、多种语言脚本以及群组聚合功能。

4.1 博客是个好东西

博客是一种十分简易的"傻瓜式"的网络信息发布工具，网民都可以像免费电子邮件的注册、写作和发送一样，完成博客网页的创建、发布和更新。一个博客，有时为了区分也称为博客网站(或网页)，通常是由简短且经常更新的"帖子"(帖子，译自"Post"，指张贴的文章，也有人称"博文")构成，这些张贴的文章一般都是按照时间倒序排列，新发表的文章在前面，过去的文章依次排列在后。撰写博客或开博客的人就叫做"博主"(译自"Blogger")或"博客写作者"(译自"Blog Writer")。博客既可抒发博主个人情感，是个人日记的变体，也可以是一群人基于某个特定主题或共同利益领域的集体创作，成为集体知识管理沟通的桥梁。

4.1.1 博客不是木子美，也不是老徐

2003年6月19日，木子美在"博客中国"网上开辟了一个小空间，发表私人日记。在日记中，木子美记述了与不同男性之间的隐私经历，由此引起网络世界和现实

世界极大关注和激烈争论,2003 年 10 月中旬以后,博客的访问量每日增长 6000 次以上,成为当时中国点击率最高的私人网页之一。

“老徐”博客,是由电影演员徐静蕾于 2005 年 10 月 25 日在新浪开设的。博客内容记载的是她的生活小事,反映了她的喜怒哀乐,从不自曝情感隐私。如 2007 年 7 月 4 日的名为“忙忙忙”帖子,只写下一个“……”,点击次数也达到了七万多次,评论数也有六百多条。到 2007 年 7 月 12 日,“老徐”博客访问总数突破 1 亿次,被称为“世界第一博”。

木子美以性感内容,夺取网民的眼球,客观上让“博客”这个新兴的概念,开始走向大众;徐静蕾以冲天人气,聚集起大批“粉丝”的跟随。客观上,这些“明星”们的博客行为,使“博客”这种新型的信息传播方式家喻户晓了。但是,这也容易让人误以为所谓“博客”,全是个人化、娱乐化的东西。其实,“博客”只是一种简单易行的信息发布与交互的工具,既可被个人所用,也可被某群体或组织机构所用,可以用作信息发布、交流互动、个性展示等等。

博客不是木子美,因为在此之前,博客早已兴起。准确地说,博客的历史与万维网(WWW,或 Web)的历史一样“悠久”。万维网的发明人蒂姆·贝纳斯—李(Tim Berners-Lee)开设的第一个网站 http://info. cern. ch 实际上就具有博客的雏形。虽然,最早的博客已经难以考证,一般认为,在网络上发表博客的构想始于 1998 年,但到了 2000 年才真正开始流行。2002 年博客的概念被引入中国并得到快速发展。据中国互联网络信息中心的调查,截至 2006 年 8 月底,中国的博客作者(blogger)达到 1748.5 万人,其中活跃博客作者 769.4 万;博客空间量达到 3374.7 万个。在中国网民中,超过 60% 的人浏览过博客,博客读者达到 7556.5 万人,其中,经常阅读博客的活跃读者 5470.9 万人。① “博客”已经成为 Web 上最大的热点应用之一。

博客不是老徐,因为博客远不止一个娱乐工具,它已经在企业、政府、社会生活等方方面面得到了较好的应用。如在企业应用方面,博客可用于内容管理系统、公司新闻更新、客户支持、产品开发和上市、新闻发布、以教育为基础的营销、社区聚焦、产品演示、内部协作工具、项目记录等。② 作为世界上最强势的美国政府,在当今博客风行的情况下,美国国务院不甘落伍,于 2007 年 9 月 26 日正式推出讨论美国外交政策的

---

① 中国互联网络信息中心中国互联网协会政策与资源工作委员会博客研究组. 中国博客调查报告 2006. http://www. cnnic. net. cn/uploadfiles/pdf/2006/9/28/182836. pdf

② Hendry Lee. Business blog applications. [2005 - 12 - 6]. http://www. speroforum. com/site/article. asp? id = 2240

博客，目的就是为了避开外交辞令和套话，以坦诚的方式与公众交流有关美国对外政策的话题。据 Technorati 统计，截止 2006 年 10 月底，全球博客数量已达到 5700 万，其中 55% 是活跃的，每日新增博客数约 10 万个。[①]

4.1.2　博客："零进入壁垒"的 Web2.0 工具

Web 2.0 构造了一个非常低门槛的信息交互空间，资金、技术甚至内容不再是障碍，博客更是其中的典型。虽然以前的个人网站、网络论坛、门户网站等与博客都有共通之处，但或多或少存在一些"进入壁垒"，从来没有一种"技术"像博客那样简单易行，为缺乏"资源"的人及时交流信息，聚集起各种热门话题，为信息交互打开方便之门。

近几年来，博客风生水起，蓬勃发展，与博客的"零进入壁垒"是密切相关的，任何有写作能力的都可以尝试一下成为博主。方兴东、王俊秀将之归结为"四零条件"：[②]

零技术：过去，即使最开放的个人网站，其实技术门槛也是比较高，只有少数精通技术或者有条件实现技术的人才能拥有一个个人网站。比如域名知识、FTP 知识、网页制作和编程知识等。但是，博客不需要这些专业知识，只要一个网民会发邮件，就可以没有任何技术障碍地马上拥有自己的博客网站。可以像发邮件一样简单地实现静态网页的呈现。

零成本：免费、简单、易用的博客软件工具，促成了大量可以免费申请空间的博客服务网站。许多低成本的博客托管服务网站在全世界遍地开花，使得任何一个人都可以像申请免费邮件，免费申请自己的博客网站。不需要注册域名的成本，不需要租用服务器空间的成本，不需要许多软件工具的成本。

零编辑：博客是没有经过编辑的个人声音。编辑作为中介，是传统媒体集中控制模式的重要方面，是内容发表的一个重要"屏障"和"壁垒"。而在博客领域，作者就是编辑，即时写作、即时发布、自我检查形成了与传统写作截然不同的"体验"，真正实现了作者"零磨损"的开放式写作。

零形式：博客实现了返璞归真，它提供了自动、简单、明了的形式，使得作者只需简单选择形式的模板，而无须为形式耗费时间和精力。博客的零形式使内容获得了更大的解放。

---

① Dave Sifry. State of the Blogosphere, October, 2006. http://technorati.com/weblog/2006/11/161.html

② 方兴东，王俊秀. 博客——e 时代的盗火者. 中国方正出版社，2003：65

如此之低的进入门槛，却能极大满足人们信息发布的需要。博客这种全新的信息组织与交互方式，逐渐成为人们信息交流的新宠。当然，如果需要更高级一点的服务和条件，或者自己架构独立的博客网站，仍然需要一定的成本和技术。

4.2 博客：让图书馆信息流动起来

2007年4月24日，作为世界上最大的图书馆——美国国会图书馆，悄然试水博客，由图书馆联络部主管 Matt Raymond 亲自操刀主持的“国会图书馆博客”（http://www.loc.gov/blog）正式开张了。作为美国政府、学术界和一般读者的参考咨询中心、国际交换和国际互借中心以及各国政府出版物和联合国资料收藏中心的国会图书馆开设博客，并且在其官方网站主页上做了链接，此举对美国图书馆界，甚至国际图书馆界的信息服务方式产生一定的影响。从其博客内容来看，国会图书馆开设博客，希望由此网上揭示馆藏，通报信息，加强与公众的联系，树立良好的公共形象，让图书馆信息充分地流动起来。

那么，如何正确认识图书馆开设博客的种种好处和优势呢？就让我们从图书馆的信息发布方式的转型说起吧。

4.2.1 印刷本时代的“信息快递”（Newsletter）

在图书馆与用户联系的众多方式中，最为常见的，就是定期或不定期地向用户编辑发行类似“信息快递”（Newsletter）那样的图书馆信息动态类刊物。早期的“信息快递”一般是由图书馆员撰稿、编辑，处理完毕就可以打印出来，再批量印刷，放在馆内咨询台等处，供用户自由取阅。服务到位一些的图书馆，还专门派送到院系办公室，再转交给有关师生。

然而，图书馆编辑发行“信息快递”类刊物，一直以来面临着来自人员、经费、用户等各方面的重重“壁垒”：编辑发行不简单，如果图书馆没有良好的文化氛围、有效的组织协调与激励政策，长期高质量地编辑和发行“信息快递”刊物可能难以为继；信息取舍不容易，印刷本的“信息快递”受到版面限制，面临信息取舍问题；用户可能不领情，国外的一项大学图书馆用户行为的调查研究表明，①当今的教师用户群体，不喜欢阅读印刷品形态的“信息快递”刊物，或者类似的冗长的图书馆文献，对学生用户群的

① Glynn, T., C. Wu (2003). New roles and opportunities for academic library liaisons: a survey and recommendations. Reference Services Review, 31 (2): 122—128

调查,也有类似情况;信息报道不及时,编辑出版周期过长。

4.2.2　Web1.0 时代的信息发布

随着互联网的日益普及,图书馆主动对刊物的发行和编辑进行变革:

一是图书馆把"信息快递"刊物所载内容,在印刷发行的同时,在图书馆网站上开辟专门栏目,以 HTML 或 PDF 的格式,张贴出来供用户使用。在条件具备的情况下,有的图书馆干脆取消了印刷品形态发布方式。

但发行方式的变革,也无法从根本上解决刊物先天存在的信息滞延性。而且,把"信息快递"的内容张贴到图书馆网站上,还需要掌握一定的 FTP 技术和网页设计编辑技能,还要有网站并得到管理者的授权,这也存在一定的障碍。

二是图书馆在网站主页上开设"图书馆新闻"或"公告栏"等栏目,动态地发布各类信息。这种形式没有版面限制,发布也比较及时,在相当程度上取代了"信息快递"刊物的作用。

不过,对用户来讲,还是存在诸多的不方便。用户无法及时知道图书馆是否发布了新信息。用户只有登录到图书馆网站指定的网页,才能获取相应的信息。不少图书馆的"图书馆新闻"或"公告栏"信息,一般只是按时间顺序排列的,发布后几乎没有按主题归类。因此当用户查找有关信息时,相当麻烦,容易迷失在信息的海洋中,容易让用户放弃。当然这种信息发布同样需要一定的技术基础和管理授权。

三是通过电子邮件来向用户推送信息。现在的电子邮件功能越来越强大,如 gmail,MSN,QQ 等既可收发邮件又是即时通讯工具,既可以快速传递各类信息又可快速交互。

图书馆越来越多地利用电子邮件,把"信息快递"刊物上信息作为附件发送给用户;无法刊在"信息快递"上的时间性要求比较强的信息,通过电子邮件很快就发布了出去。用户可以及时得到最新信息,很好地解决了信息发布对时间的要求。电子邮件成了图书馆与用户沟通的重要途径。

但是,利用电子邮件发布信息,也存在着一些先天性的弱点。

第一,针对性不强,个性化不足。图书馆无法有效区分用户对哪些信息感兴趣,对哪些信息不感兴趣,难以满足用户个性化的需求,使邮件沦为垃圾邮件。

第二,信息保存与查找麻烦。很多用户对电子邮件里的信息即看即删,即使存储了也很少会按主题或关键词进行分类,检索比较麻烦。

第三,邮件地址收集与更新困难。对于大中型图书馆,收集用户的电子邮件地址，建立电子邮件列表，保证邮件列表及时得到更新，是一件非常麻烦的工作。

4.2.3 博客：Web2.0时代的信息发布

那么，有没有一种好方法来解决图书馆信息的及时发布呢？能不能根据用户信息需求特点，满足其个性化需要呢？无论是图书馆员发布信息，还是用户利用信息，都不存在什么太大的技术障碍呢？可不可以实现图书馆与用户之间的真正互动以及用户与用户之间的互动呢？

美国宾厄姆顿大学（Binghamton University）图书馆对信息发布的做法，能够很好地解决了上述问题，给我们带来了很好的启示。

宾厄姆顿大学图书馆，一方面由图书馆公共关系委员会编辑发行“信息快递”，重点报道与图书馆本身事务相关的一些信息，如“2005—2006年度该馆馆际互借排名第一”，“Sticca教授向本馆又捐赠一套珍贵的意大利文献”，“新聘图书馆员介绍”等。但出版周期较长，一年两期，并在图书馆网站上发布。①

用户除了在图书馆网站主页上浏览相关信息外，自2005年1月20日起，可以在图书馆网站上名为“图书馆新闻栏目”（Library News & Features，后改为Library News & Exhibit）中，及时获知图书馆即时发布的信息。诸如图书馆系统升级，某一新数据库服务开通，某分馆开闭馆时间调整等与用户利用图书馆密切相关的信息。② 该网页采用博客工具，用户可以通过RSS订阅，及时得到图书馆发布的各项信息。

如果是理工科的师生，还可以订阅名为“科学图书馆博客”的专门网页。③ 该网页提供的是科学学术信息及相关事项。涵盖了生物学、化学、计算机科学、工程学、地质和环境研究、数学、机械工程、物理天文学、心理学等各学科，包括新书通报、新订期刊、开放存取、数据库试用、新闻公告、本校研究者出版物、科学新闻等相关主题的各类信息。

如果是商学院的师生，可以订阅名为“宾大图书馆商情博客”（BU Libraries Business Blog）的专门网页。④ 该网页提供大量的与商业管理密切相关的商业数据和相关信息。包括学科信息（Course Information）、月度商情数据（Data Source of the Month）、数据库试用（Database Trials）、当月数据库推荐（Database of the Month）、综合

① http://library.lib.binghamton.edu/librarylinks/
② http://library.lib.binghamton.edu/mt/librarynews/
③ http://library.lib.binghamton.edu/mt/science/
④ http://library.lib.binghamton.edu/mt/business/

新闻(General News)、新书通报(New Books),本校研究者出版物(Publications by BU Researchers)等。

如果是政务管理等相关专业的师生,可以订阅名为"政治和政策资源博客"(Politics and Policy Resources Blog)的专门网页。① 可以及时了解到国际国内政治和政策方面的各类信息和出处。

宾厄姆顿大学的这些可订阅的网页,采用的就是博客技术。图书馆通过博客,可以随时随地发布各类信息,及时通知用户,满足用户需求。而且宾大把这些信息分门别类,使用了几个主题各异的博客分别发布信息。用户可以根据自己的信息需求,有选择地订阅相应的博客,将来也可退订或补订,从而大大满足了用户的个性化需求。在图书馆所发布的每条信息之后,任何用户都可以轻松发表对此信息内容的评论或看法,可以与图书馆员自由交流,也可以与对同类信息感兴趣的用户进行交流,形成了互动社区。

其实,类似于宾厄姆顿大学图书馆,开设博客升级信息服务的国外图书馆也不少,有的还远早于宾大。现在尝试此类服务的国内图书馆也越来越多。

4.3　图书馆博客:蓬勃发展,潜力无限

图书馆2.0最富于成功的实践首推图书馆博客的普及与推广。图书馆博客,准确地讲,是指图书馆开设的博客,一般代表着图书馆的"官方"立场。而图书馆"官方"博客的发展离不开"民间"的图书馆员个人博客的推动,甚至可以说正是由于图书馆员个人博客力量的推动才诞生了真正的图书馆2.0,催生了真正的图书馆博客。譬如美国的Michael Stephens和Michael Casey,中国的老槐和Keven,他们不仅是博客写作者,更是图书馆2.0的鼓动者,引导者。他们通过各种方式举办图书馆2.0的研讨班和工作会,通过学术会议和网络不断地宣传图书馆2.0的理念,使图书馆2.0的概念真正进入图书馆界,步入普通图书馆员的视野,吸引了越来越多的普通图书馆员开设博客,参与到图书馆领域问题的探讨与争论中来,直接或间接推动了图书馆博客的建设和发展。

图书馆博客,作为一个公共组织开设的博客,通常有两种形式。一种是图书馆作为博客提供商,免费为用户提供博客服务,以此来吸引用户构建网上社区。由于此种

① http://library.lib.binghamton.edu/mt/govinfo/

服务提供需要大量技术、设备、人才等"资源"作后盾,而且服务水平及性能与商业化的ISP商相比,毫无优势可言,目前国内外有一些这样的图书馆博客服务,但比较少见,未形成主流。另一种就是图书馆作为博客写作者,开设博客,占领信息发布的制高点,发布各类信息,及时传递给用户,接收来自用户的各种反馈,信息的交互性大大增强了。图书馆博客成为图书馆网站的有益补充,有的甚至直接变身为图书馆的网站主页。这是目前国内外图书馆博客发展的主流趋势。

博客的应用,给图书馆带来了新的活力。博客的评论、新闻定制、引用通告、社会化网络、标签、链接等功能,既让用户很随心地使用这项"零进入壁垒"技术,又可以参与到各项图书馆活动中来,提出建议和批评,接受远距离的咨询服务,评论与图书馆相关的事务。当然,用户也可以直接通过博客RSS订阅等方式动态获取图书馆新闻和服务信息、新书通告、评论等。博客或许是图书馆从Web1.0的环境下过渡到Web2.0的新状态中的最为迅捷最为有效的方式。

大约从2003年开始,国外有比较多的图书馆开始建立起官方博客,尝试开展各类信息服务。从国内外数百家图书馆博客的服务实践来看,图书馆博客的交互性,无所不能,几乎渗透到了图书馆业务的各个领域,成为图书馆与用户沟通的新媒体,从而使得图书馆信息,真正地流动了起来。

下面从10个方面介绍一下国外图书馆博客应用的具体领域和一些方法技巧,对推动国内图书馆博客的建设和发展或有所启示。

4.3.1 新闻快递

图书馆在收集、组织大量信息资源以供用户利用时,需要及时将这些信息传递给用户。图书馆就可以利用博客的易张贴、即时性等特性,来快速发布图书馆新闻信息(Library News),及时告知用户有关图书馆服务和信息资源变化的有关情况,而且博客这一非正式的交流方式,发布与讨论相关的新闻信息,也更容易被年轻的用户所接受。

Tennessee Wesleyan 学院的 Merner Pfeiffer 图书馆建立了名为"BookWise"的博客,[①]在其"概况"中写道:

"Bookwise 开始进行了(通常)每周电子邮件通讯,面向学院所有的师生员工。我们已经决定加入'博客圈',所以我们看起来会有点酷。没错,我们也打算以后用更

① http://twcbookwise.wordpress.com/

好玩的东西，以更多非正式的方式讨论图书、学校、校园新闻等，当然包括所有发生在你的图书馆里的事情。

快把我们添加到您的朋友列表、博客列表、RSS 种子或其他什么之中去吧。祝您阅读快乐！"①

在其博客中，分别建立了"面向学生的信息"和"面向教职工的信息"两个目录，能够让学生和教职工的不同用户，快速地各取所需信息，互不干扰。

Parsons 公共图书馆是利用免费的 Blogger 平台，建立起新闻快递类博客，②用来发布诸如下周活动安排预告等信息。Madison 公共图书馆的 What's New，是该馆利用 WordPress 工具建立的新闻快递类博客。③ 主要提供新闻、资源更新等信息，如预告当地作家到馆小说创作座谈和签名售书活动。Blegen 图书馆是一所位于希腊雅典的学院图书馆，该学院向北美约 168 所大学的研究生和学者提供学习希腊文化的基地，该图书馆博客④除了提供在编图书清单，上架情况等信息外，有时也选择转载新闻媒体对该学院的有关报道的内容。

一般来讲，由于新闻信息的内涵比较丰富，包括图书馆开馆时间调整，热门书到馆通报，数据库开通或试用，读者培训，专家讲座，图书馆展览，甚至包括外界报道等内容，从而容易形成汇聚众多信息的综合性的图书馆博客。

Curtin 技术大学的图书馆建立了名为"blog@ your library"的综合性新闻快递类博客。⑤ 主题包括图书评论（主要是参考工具书推荐），EndNote 系统使用，读者教育，图书馆公告新闻，图书馆服务，新订或试用资源，专家论坛等诸多信息。其中专家论坛还提供录音下载服务。再如，Auburn 大学图书馆所提供的名为"What's new at the Auburn University Libraries"的新闻快递类博客，⑥能让用户及时获知图书馆最新的服务、资源和公告等三大类信息，具体包括开馆时间调整，参考工具书推荐、新书通报、图书馆展览、网络资源、数据库等等。

4.3.2 阅读指导

图书馆开展阅读指导的最为常见和有效方式，就是组织读书小组或者开展书评

① http://twcbookwise.wordpress.com/about/
② http://parsonslibrary.blogspot.com/
③ http://www.madisonpubliclibrary.org/new/
④ http://blegen.blogspot.com/
⑤ http://apps.library.curtin.edu.au/blogs/public/index.php
⑥ http://www.lib.auburn.edu/whatsnew/

活动等。这些活动的开展,传统上往往采用个别交谈、读者集会或者专家讲座的形式进行,常常需要读者们在某个约定时间,一起前来图书馆面对面地交流,才有可能取得期望的效果。现在虽然有不少图书馆在其网站上也开设专门栏目,用以介绍和推荐图书,但往往其内容简单,有的甚至只贴了一个封面,而且也缺乏互动,只起到了信息发布的作用。

图书馆博客可以借助网络的交互特性,实现读者虽不同时在场,却能分享与交流各自读书心得的功能,极大地方便了阅读指导活动的开展。国外有大量的图书馆博客专门提供图书评论和推荐的内容,而各图书馆开展具体应用时,又各有特色和技巧,颇具启发性。

Colorado 学院的 Tutt 图书馆建立了名为“Bookends”的图书阅读推荐博客,①所有图书的评论或推荐的帖子,都是由该图书馆工作人员撰写的,这似乎也是大多数图书馆博客所采用的方式。在每个图书推荐的帖子的尾部,都标有该书的编目分类,并且还提供 Open WorldCat 的链接,以方便用户查找到最靠近用户的收藏有该书的图书馆。

哈佛县图书馆创建的“BlogaBook”②博客,本来是专门为其读书小组成员进行图书讨论而开辟的空间,为没有时间与会的成员提供读书意见发布的场所,后来事实上演变成为不管是不是其小组成员,都可以利用博客的特点发表评论,成为图书讨论中的“虚拟成员”。于是读者小组成员的讨论空间,演变成为图书爱好者的共享空间。

Clymer 图书馆 除了有“Reader's Advisory”博客,③重点推荐和介绍图书之外,还特意建立了“Book Blog”博客,④比较有意思的是,“Book Blog”博客不是直接提供对图书的评论或推荐意见,而是根据该书内容精心设计出 5 个左右的问题,向用户提问,以此来引导用户阅读与讨论,在潜移默化中起到引导的作用。

Ashland 大学图书馆的教学资源中心建立的名为“IRC Book Review Blog”的阅读推荐博客,⑤其博客的图书推荐与评论的帖子,是由图书馆员、教师和教育专业学生共同来撰写的。如果直接点击帖子的标题,则指向该中心的 OPAC 系统。由于该中心收有儿童文学、参考工具书、12 岁以下小孩的学生/教师教科书和活动手册,还包括视

---

① http://library.coloradocollege.edu/bookends/

② http://www.hcplonline.info/weblog/readers/blogabook.html

③ http://clymerra.blogspot.com/

④ http://clymerbookblog.blogspot.com/

⑤ http://ircbookreviews.blogspot.com/

听图书、操作箱和软件等辅助资料，故在帖子的最后，还有该书的适读人群的推荐和相关互联网址的链接。另外，读者也可以通过发送邮件的方式，指定图书让他们进行推荐或评论。图书推荐阅读已经成为该中心发展的政策标准了。

哈佛大学的肯尼迪政府学院图书馆建立的“Kennedy School Library Blog”博客，设有图书评论的专门栏目。[①] 但其图书评论的内容，则主要来自于《基督教科学箴言报》和《纽约时报》等外部著名报刊的图书评论。如果馆内收藏有此书，则提供相应的 OPAC 流通借阅信息的链接。

皮德蒙特中部社区学院图书馆建立了“BookMarks：Beyond the Page”专门的图书评论博客，[②]是图书馆为图书爱好者们提供好书交流推荐的空间。该博客还为读者提供了“Book Review Submission Form”的链接，用于读者提交自己评论或推荐意见的专门网页。由图书馆工作人员审核后张贴到博客上。也就是说，该博客的阅读推荐是借助于读者的力量，来自于读者的贡献。

4.3.3　新书通报

新书通报是为了把图书馆中的最新书讯传递给用户。新书通讯不同于阅读指导，常常以分类目录的形式，以最简约的方式提供最新的到馆书目信息。很多新闻快递类的博客，往往就已经包含了新书通报的内容。独立地用作新书通报的博客并不是很多，但也还是有一些的。

如 Ashland 大学图书馆教学资源中心专门建立了“Ashland University Library IRC Blog”博客，[③]用于把每天最新上架的新书书目信息通报给用户。该做法主要优点是借助于博客的可以随时更新的便利，属于比较典型的新书通报类型的博客。

Winnacunnet 中学的 Hawley 图书馆媒体中心建立的“bibliotalk”博客[④]是一个读书俱乐部博客。在其博客上，经常会张贴一些图书馆最新图书信息。通常是一个书名，再加三两句该书内容的简单描述。如果点击书名下的链接，则会转到该图书馆 OPAC 系统，了解到该书的馆藏流通情况，从而便于读者借阅。

4.3.4　参考咨询

参考咨询是图书馆员对读者在利用文献和寻求知识、情报方面提供帮助的活动。

---

① http://www.ksg.harvard.edu/library/blog/

② http://cpccbookmarks.blogspot.com/

③ http://auircbookblog.blogspot.com/

④ http://bibliotalk.blogspot.com/

在图书馆博客中,用于参考咨询范畴也有不少。根据参考咨询所涉及的内容和范围的不同,有用于馆藏揭示的,也有用于网络导航的;有用于读者教育的,也有用于在线咨询的。各个图书馆在具体开设参考咨询类博客时,也各有特色。

Birmingham 公共图书馆开设的“Digital Collections”博客①是用来揭示馆藏的,即专门用于即时报道当前馆藏数字化的进展,其数字化的内容主要是与当地相关的地方报纸、图片、小册子等 1930 年以前、没有版权问题的文献信息资源。通过该博客,人们可以随时了解到图书馆数字化项目的进展以及相关资源评价,从而吸引感兴趣的读者到馆阅读或网上获取。

Alkek 图书馆建立的“Alkek Library's Reference Blog”博客,②也主要是用于报导新的资源、数据库和其他有用信息的,从而与读者进行沟通和发布信息。

Auraria 图书馆提供的“Research behind the News”博客,③也是专门用于馆藏揭示,但是它的写作方法特殊:它是通过每天摘录一则科学报道的新闻,然后推荐与这则新闻相关的馆藏研究资料,以此来吸引读者使用图书馆。

S. C. Williams 图书馆建立的“eSource: Delivering the next generation of information to your virtual doorstep”博客,④其目的就在于查找信息。为读者供最新的图书馆资源和服务,并随时通报图书馆数据库的更新、新特点、使用和系统关闭时间。该博客关注信息共享世界里的新闻和感兴趣的技术,它不仅尽心努力为图书馆网站作资源作导航,也为网络上的新技术和资源利用作导航。

由 Nashua 公共图书馆的参考咨询馆员们维护的“From the Reference Desk: Library Blog”博客,⑤主要用于报道图书馆数据库中感兴趣的报刊文章,通报最新或已存在的图书馆服务,推荐感兴趣的网站,新书通报等。读者如果想参与讨论的话,可以跟帖,共享在帖子里提及的书或文章的看法,也可以咨询所提及的图书馆服务,或者提供相关资源的链接。当然这些评论要接受管理员的审查,不合适的将被删除。

Memphis 公共图书馆与信息中心的“MPLIC Reference Highway: Useful Sites & Stuff”博客,⑥是由参考咨询工作人员共同创建与维护的,主要用于网络资源导航。每

---

① http://bpldigital. blogspot. com/

② http://refhelpblog. blogspot. com/

③ http://aurariaresearchnews. blogspot. com

④ http://stevenslibrary. blogspot. com/

⑤ http://blogs. nashualibrary. org/reference/

⑥ http://mplic. wordpress. com

个网络站点，都写成一个帖子，对该站点作简单描述和建议，以方便读者使用。

Waterloo公共图书馆建立的"Waterloo Public Library Reference"博客，①是用于参考咨询讨论和公告的博客。在博客中嵌入meebo这一实时通讯工具，可以提供在线问答和离线信息发送。该博客自称是受ILA2006年会Michael Stephens关于图书馆博客的主题发言影响而建立起来的。

KSL Reference Weblog是凯西西部预备大学建立的参考咨询博客，②也嵌入meebo工具提供在线咨询。该博客用于通知所订电子资源和数据库的变化及改进，通报参考咨询新服务，提醒网上可获取的高质量免费资源。及时更新在线资源，以便支持师生员工的研究、教学和学习工作。涉及艺术科学、社会科学、科学工程和商业管理等领域。KSL的参考咨询部员工也时刻关注与本校科研相关的各类新闻。

Barnard学院图书馆的"barnardrefdesk"博客③则专门张贴关于参考咨询台事务安排。Alkek图书馆还建立了"Alkek Library Information Literacy Blog"博客，④是Alkek图书馆专门用于读者教育的。"Newton's Quick Job Search Blog"博客，⑤是在Metrowest图书馆系统和Massachusetts图书馆委员会的支持下，由牛顿免费图书馆建立的帮助人们找工作的博客。提供各类招聘工作的网站，也包括一些应聘技巧、法律事务咨询等。

4.3.5　业务交流

图书馆博客不仅用于图书馆与读者之间的信息交互，也可以用于馆员与馆员之间的业务切磋与交流，从而提高服务水平和业务能力。

"Bibliographic Services"博客⑥是McMaster大学Mills，Thode和Innis三所图书馆的编目业务交流的空间，用于工作人员的相互提问和共享信息。大家的讨论内容会添加到图书馆的编目中，从而支持学习、研究和教学的需要，当然也可以从中了解当前的工作进展。

"Reference at Newman Library"博客⑦是Baruch学院Newman图书馆的参考咨询

① http://wpl-reference.blogspot.com/
② http://blog.case.edu/orgs/ksl/reference/
③ http://barnardrefdesk.blogspot.com/
④ http://txstateinfolit.blogspot.com/
⑤ http://jobsearchchatter.wordpress.com/
⑥ http://bibservatmac.wordpress.com/
⑦ http://referencenewman.blogspot.com/

人员内部交流的场所。该博客主要用于记录和总结各类参考咨询业务相关的内容和活动,还建有一个Wiki版的内部参考手册。

"acpl reference librarians"博客①是Allen州立公共图书馆用于内部工作人员开展半正式交流的平台。主要用于讨论如何提高为用户服务的工作和方法,欢迎所有工作人员随时加入或关注大家正在讨论的、研究的或发现的内容。并对即将开展的工作安排,如会议、备忘、讨论等,应有尽有。

"Library Musings"博客②是Kankakee公共图书馆工作人员用于发布自己看法或观点的平台,大家可共享思想。"Ask Sassy Systems..."博客③由路易斯安那州立大学健康科学中心医学图书馆所建,专门用于解答各类电脑/系统使用问题的交互空间。

"Children's Department Paperless Notebook"博客④是Pennsylvania图书馆少儿部所建,用于内部交流。他们把博客看作工作人员的无纸记事本,注册之后,大家可以上面张贴需要交流的信息。图书馆与用户交互的则另设有"PaLA Youth Services Blog"博客。⑤

"yac attack"博客,⑥是Thunder Bay公共图书馆少儿咨询委员会成员建立的空间,主要用于休会期间保持联系,可以讨论任何想讨论的内容。

4.3.6 馆务公开

馆务公开是现代图书馆管理的基本要求,图书馆博客的公开性,能有效地满足馆务公开的需求。

"St. Charles Public Library Board"博客⑦是St Charles公共图书馆董事会成员的网上交流空间。每次会议的具体安排,如时间、地点,开会的主要内容,以及具体的议程等,都会在博客上公布。而且,每次会议之后,工作人员都会把会议备忘录上载至博客。备忘录都比较翔实,谁出席了,谁缺席了,谁发言了,观点或要点如何,都一目了然,董事会的下一步的运作计划也是一清二楚的。这些信息既可以及时传递给董事会的每个成员,又可以自觉接受大家的监督,实现了图书馆运作信息的高度透明。

---

① http://acplref.wordpress.com/
② http://kpllibrarymusings.blogspot.com/
③ http://sassysystems.blogspot.com/
④ http://bpchildrens.blogspot.com/
⑤ http://www.stcharleslibrary.org/blog/board/
⑥ http://palayouthservices.blogspot.com/
⑦ http://yac-attack.blogspot.com/

4.3.7 专项事务

博客与通常的网络论坛等不一样的地方,就是可以类聚起某一主题或专题的内容,形成一个较完整的体系。博客的这一特性,也受到了图书馆界的热捧。特别是举办有关学术会议时,有些图书馆协会或图书馆就专门建立一个博客,用来会前宣传、会中报道、会后总结,从而让会议的效果最大化。比如 2006 美国专业图书馆协会会议、公共图书馆协会会议、肯塔基图书馆协会会议、学校图书馆协会会议、信息构建峰会、计算机在图书馆的应用会议都以博客作为会议的宣传与报道工具。在国外图书馆会议博客的影响下,2006 年上海 Lib2.0 会议、中国图书馆学会青年论坛、2007 年 Lib2.0 会议等,也采用了博客形式进行会议报道,结果受到更多图书馆员以及其他行业者的关注和喜爱。

Colorado College Library 的"Library Program Committee Blog"博客,①是该图书馆项目委员会建立起来的,用于新馆建设的专项事务报道博客。内容包括其他图书馆馆舍建设的信息、图书馆规划文档,和其他有助于规划新馆建设的各种资料。

4.3.8 可读可听

博客有很强的包容性和伸缩性,用户可以利用博客提供的工具,上传图片、音频甚至视频等。很多博客写作者在文字中间或穿插一些图片、音频甚至视频等,成了多媒体博客,更是深受人们的欢迎。人们常把专门提供音频的博客称为播客(Podcast),专门提供视频的被称为"Video Blogging"。

在图书馆博客中,上传一些图片、音频或视频是司空见惯的,特别是在阅读指导、新书通报类博客中张贴图片最为常见。或许由于制作成本和知识产权等问题的限制,专门直接提供 Video Blogging 的图书馆博客还是比较少见的,但有一些专门提供音频,可以收听的图书馆博客。

Lewis & Clark 法学院的 Paul L. Boley 法律图书馆建立的博客直接称为播客:"Lewis & Clark Law School Podcasts"。② 该播客中的帖子中对音频的内容作简单的背景介绍,然后在帖子的最后都建有音频链接,点击一下,就可以收听到播客的声音。该播客主要收集了该学院最新的各类讲座、会议及相关事务的发言录音。

① http://library.coloradocollege.edu/program/

② http://lawlib.lclark.edu/podcast/

Bloomfield College Library 建立的"BCL Academic Audio Blog"博客,[①]本身并不提供上传的各类音频文件,而是主要用来介绍和指引一些被认为比较"学术"性的音频文件所在的网络资源,在帖子中对该网络资源作适当的介绍和点评。这些网络资源包括演讲、朗诵、文学和讨论等等。该博客实际上起到了参考咨询的作用。

4.3.9 迷你博客

近一段时间流行起来的 Twitter 博客,因其发文的长度有严格限制,短小精悍,被称为迷你博客。Twitter 功能强大,可以多人互动,又能与 IM 工具、手机互联互通,及时快速传递,深受人们的喜爱。

有的图书馆就利用 Twitter 迷你博客交互性特别强的特点,向读者即时传播图书馆各类信息。如 Casa Grande 图书馆建立起来的迷你博客"twitter cglibrary",[②]借助 Twitter 的强大功能,可以随时随地向读者传递各类信息。读者也可以通过 IM 工具或手机捆绑该网站,或者作为一个模块嵌入到自己的博客或网页中,从而及时获得该图书馆的相应信息,非常便捷。

由于 Twitter 对每条信息有字数限制,要求短小精悍,因此该图书馆的信息发布常用一句话来说明一下,再用一个链接指向具体内容,让对内容感兴趣读者通过链接找到相应信息。如果链接的地址过长,则借助 tinyurl(http://tinyurl.com/)工具对 URL 进行简化。

4.3.10 全能博客

图书馆博客,只是借助博客技术而实现的各项服务功能。事实上,只要努力,图书馆各个层面的信息服务在博客中都能加以实现。如果把以上各项服务功能综合起来的博客,那么就可以称之为综合性博客,或者全能博客了。

Darien 图书馆在听取了 Jenny Levine 和 Michael Stephens 关于 Web2.0 讨论后,决定通过新技术的使用让图书馆变得更加友好亲切。[③] 他们先后建立了多个专门博客,[④]用于不同事务的处理。如:"Darien Library Directors Blog"记述了馆长的所见所思所评,是图书馆内交外联的网上平台;"A New Darien Library"记载的是建设中的新

① http://bclacademicaudio.blogspot.com/
② http://twitter.com/cglibrary/
③ http://www.darienlibrary.org/directorsblog/archives/2006/07/
④ http://www.darienlibrary.org/blogs.php/

馆大事记；“Movies & Music Blog”用于馆藏电影和音乐资料的揭示；“Books Blog”用于图书推荐阅读的，每次按某个主题或专题推出若干本图书；“Events Blog”则是图书馆的新闻快递；“Information & Technology Blog”关注信息与技术的使用；“Childrens Blog”面向儿童的；“Teens Blog”面向少年的；“Front Desk Blog”用于前台工作交流的；“Feature Blog”是专题博客，用度深度报道某些事务，如季度安排等；“Darien Library Podcasts”则是播客服务了。以不同的博客满足不同的交流需要，几乎包括了图书馆所有服务。

如果说把诸多事务放在不同的博客之中，称为全能博客还有所勉强的话，那么，Ann Arbor 区图书馆干脆以博客技术来架构图书馆网站，①利用博客技术门槛低、互动性好以及日志式的特点，使图书馆各部门之间，图书馆与读者之间，读者与读者之间，能够通过博客方便地实现信息交互，则可称之为真正的全能博客了。

Ann Arbor 区图书馆的网站 2005 年改用以博客技术架构的新版后，图书馆的读者数，特别是网站的访问量发生了巨大变化，由每年 550 万次增加到 1870 多万次，由此可见全能博客的魅力所在。

表4－1　Ann Arbor District Library 新版网站运行前后比较

年度	当地居民数	读者证注册数	读者证新发行数	读者证拥有比例	到馆人数	网站访问数
2004—2005	155 611	72 455	10 553	46%	1 293 233；增 8%	5 496 353：增 24%
2005—2006	155 611	86 587	13 189	56%	1 409 529；增 8%	18 743 043；增 242%

注：数据来源：AADL 的 2005，2006 年度报告②

以上所举的 10 个方面的图书馆博客应用的例子，只是国外众多图书馆中常见的一些实践。目前，国内也有不少图书馆开始试水博客，开展相应的图书馆信息服务。如杭州电子科技大学图书馆的博客，③及时报道各类图书馆新闻信息；郑州轻工业学院民族职业学院图书馆的博客，④注意揭示馆藏；宁波市海曙区图书馆的博客，⑤推出“每月新书推荐 TOP10”，还搞了不少读书活动，并在博客上加以报道；同济大学图书

① http://www.aadl.org/

② 2005 年度数据见：http://www.aadl.org/files/Annual%20Report%202004－2005.pdf；2006 年度数据见：http://www.aadl.org/files/Annual_Report_2005_2006.pdf

③ http://210.32.33.200/blog/default.asp

④ http://blog.sina.com.cn/ln6364/

⑤ http://blog.sina.com.cn/hsqtsg/

馆建立的“图书馆青年论坛”博客,①用于青年馆员间的学术与业务交流;上海交通大学图书馆在“饭否”上建立起迷你博客,②开始尝试信息发布;东北师范大学图书馆建立了参考咨询博客“沟通与分享”;③厦门大学图书馆建立的“图书馆吱声”,④是一个综合性的图书馆博客,分为“业务工作”、“博客问题”、“学术研究”、“校园社区”、“馆里措施”等多个目录,既面向读者的传递图书馆的新闻信息,又面向馆员提供业务交流的平台,还密切关注校园新闻,及时报道该校教师的最新成就等信息。

4.4 图书馆博客DIY:各有所长,各取所需

博客可以帮助图书馆非常方便地主导信息的发布,实现信息交互,让图书馆的信息流动起来,让图书馆服务更加人性化,让图书馆更加贴近年青一代的用户,吸引他们使用图书馆。那么如何建立一个图书馆博客呢?

4.4.1 博客平台的选择

从简单到复杂,现在有多种博客平台的架构可供选择。在跃跃欲试开设图书馆博客之前,还是先思考几个问题吧:

(1)图书馆有哪些资源可以投入?人员、技术、时间、经费等情况如何?

(2)想对博客平台的控制程度有多大?对博客的外观和功能有什么期望?

(3)图书馆服务的未来发展会对博客平台有什么要求?博客平台的选择能否实现图书馆服务未来发展的要求?

图书馆可以根据自己的实际情况,进行适当的平台选择。从目前所架设的图书馆界博客来看,主要可归结为三种情形:

一是利用现成的博客服务商(Blog Service Provider,BSP)提供的服务,租一个博客空间,而且通常也是免费的。这些博客的使用入门很简单,几乎没有技术要求,也不需要考虑服务器等诸多因素,是真正的“零进入壁垒”,想博客就可以立即注册一个博起来了。国内使用的较多的BSP商有:新浪博客(blog. sina. com. cn)、MSN Spaces(spaces. msn. com)、搜狐博客(blog. sohu. com)、百度空间(hi. baidu. com)、网易博客

① http://libus. blogbus. com/

② http://fanfou. com/sjtulibrary/

③ http://blog. library. nenu. edu. cn/

④ http://news. xmulib. org/

(blog. 163. com)、博客网(www. bokee. com)、BlogBus(www. blogbus. com)、和讯博客(blog. hexun. com)等。

二是利用现成的自由或商业软件，搭建一个自主性较强博客平台。如果图书馆拥有一定的技术实力，也有一定的博客经验积累，不妨选择自由或商业软件如Wordpress、LifeType或Movable Type等，搭建自主的、充满个性色彩的、没有商业广告骚扰的博客空间，也可以为图书馆服务的扩展留有余地。

三是可以自主开发或外包给网站开发商，架构一个随心所欲的、功能强大博客平台。类似Ann Arbor区图书馆那样，图书馆的整个网站都是以博客技术的方式搭建起来的全新的架构，深受读者的喜爱。

一般来讲，图书馆，特别是中小型图书馆，尝试使用博客服务，第一种方案是“零进入壁垒”，是首选方案。随着博客的经验积累和技术可行，就可以尝试升级成第二种方案。如果图书馆实力足够强大，也不妨选择第三种方案架构功能强大的博客网站，当然服务和管理水平也要得到相应的提高。在这里，主要介绍第一、二种方案的博客平台架构。

4.4.2　利用BSP商建立图书馆博客

图书馆博客，只不过是采用博客技术来为图书馆服务而已，因此从技术上来讲，与一般的博客创建没有什么两样。在各大BSP商的主页上，一般都有博客创建方法的在线指南，而且大同小异。这里以在Blogbus(www. blogbus. com)上申请博客为例，加以简单介绍。[①]

首先登录http://www. blogbus. com，可以看到绚丽多彩的首页。

然后，在首页单击“注册”图标进入注册页面。

① http://bangzhuzhongxin. blogbus. com/logs/5587331. html

BlogBus
管理中心 | VIP | 模板 | Tag | 频道 | 群组 | 博链 | 排行 | 论坛 | 帮助
用户名
密 码
保存密码 找回密码
登录 注册
那些童年的记忆
立即创建一个Blog
频道
群组
物以类聚 人以群分
更多推荐频道
频道

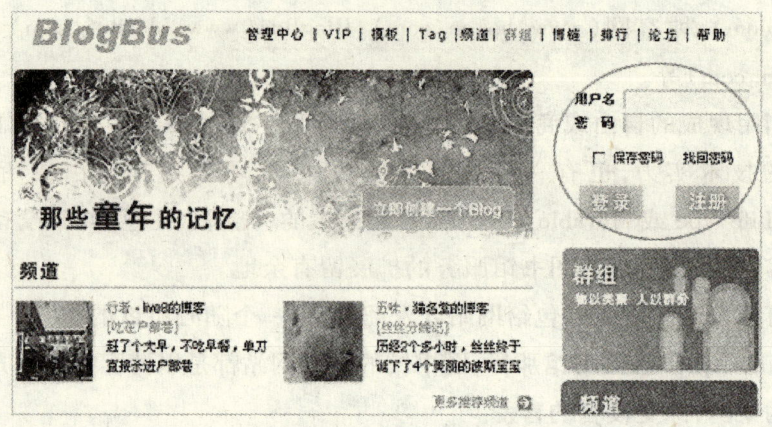

图4-1 Blogbus的首页

BlogBus
管理中心 | VIP | 模板 | Tag | 频道 | 群组 | 博贴 | 排行 | 论坛 | 帮助
新用户注册
基本信息
用户名：
用户登陆、发表日志时显示的名字，长度在2至16位的任意字符
密 码：
用户登陆密码，长度在6至16位
确认密码：
E-mail：
* 为了您的密码安全，请正确填写您的邮箱
Blog设定
Blog名字：
您的Blog的名字，长度不超过254个字母或127个汉字
子域名：
.blogbus.com
访问您的Blog默认网址，申请成功不可修改。
子域名可由英文字母、数字和连接符(-)组成，长度不能超过50，不能以连接符(-)开头或结尾，不能出现连续的连接符(-)
Blog简介：
（可选）
我同意 BlogBus.Com的Blog服务条款
确定

图4-2 Blogbus的注册

基本信息：在页面中按照提示输入用户名、密码、E-mail等资料。用户名和密码是管理博客的口令，E-mail用于找回密码。

Blog设定：在Blog设定里为自己的第一个博客取一个吸引人并切合主题的名字，选择一个合适好记的子域名（博客主页上显示为http://申请名.blogbus.com）。

在Blog简介里为博客写一段生动扼要的描述。这些描述在生成页面时候会自动加入到页面的特定位置，突出博客的介绍。而且将来别人搜索感兴趣的博客时，这

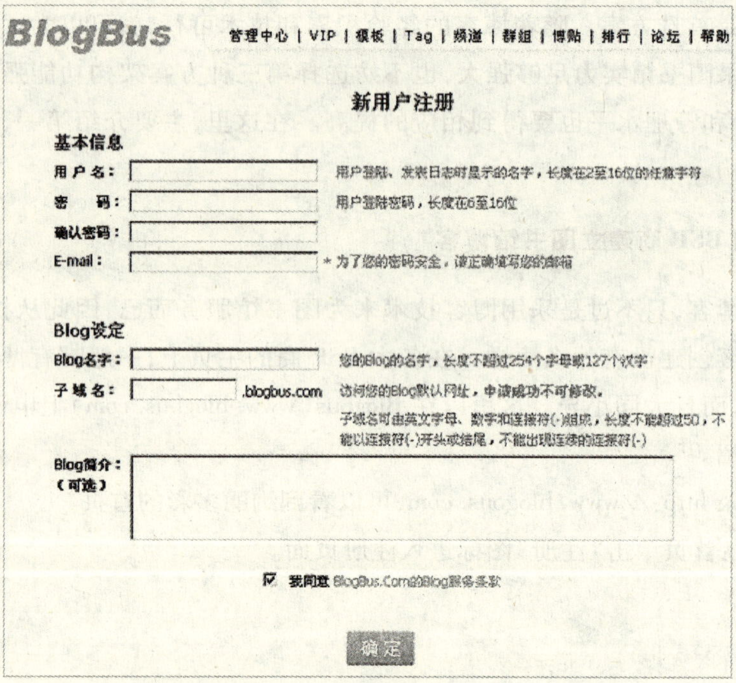

些简介也是非常有用的。

以上完成后点击提交，博客的注册就基本完成啦。

如果现在要在博客上发布信息，就输入 http://申请名. blogbus. com，或回到 Blogbus 的首页，在右上角输入用户名和密码，点击“登录”图标，就进入博客的管理界面。

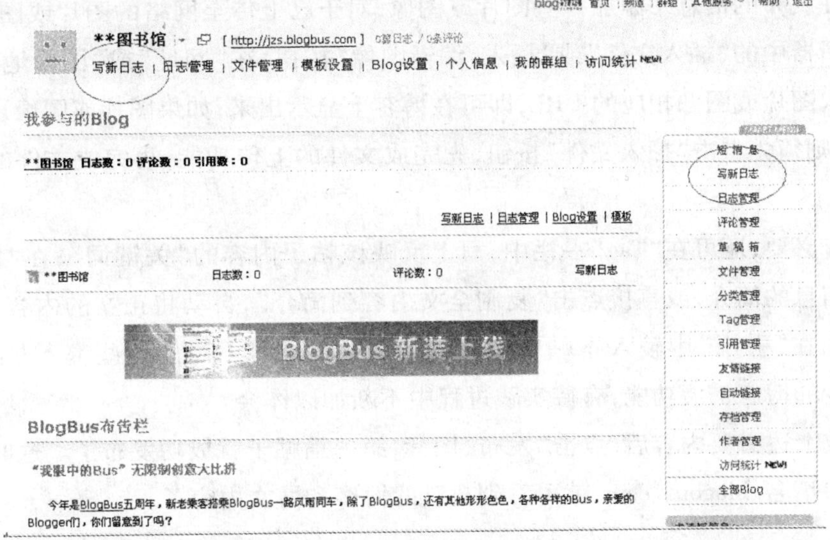

图 4－3　Blogbus 的管理页面

点击“写新日志”标签，就进入博客写作的编辑器界面。

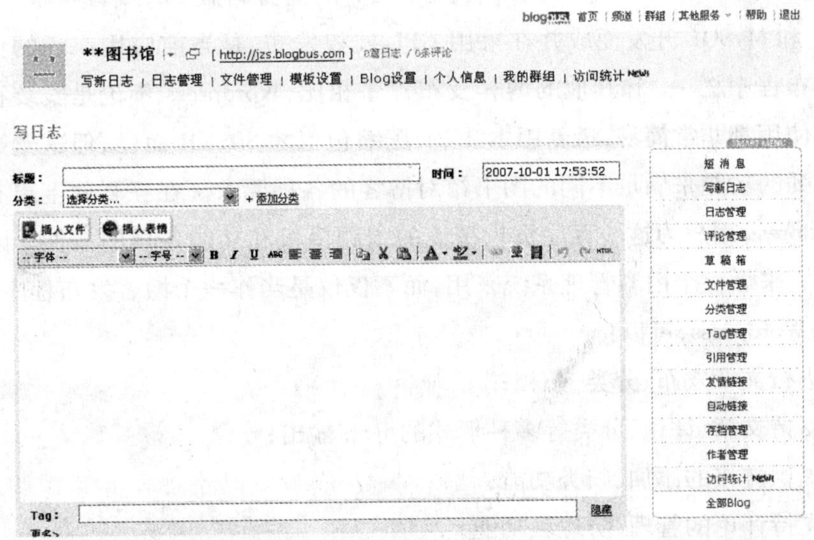

图 4－4　Blogbus 的写作页面

现在就可以在“标题”右边的框内写上所发布信息的名字，“时间”默认打开编辑器的时间。可以点击一下"添加分类"的标签,写上一个标签名,实际就是博客的目录名。

在正文框里写上所要发布信息的文字内容。如果想要博文变得活泼一些,可以通过点击"插入表情"的图标,添加一些默认的动态小图标,以增加阅读的趣味性。如果想要在发布的信息中添加一些图片或图像,对于已上传至网络的图片或图像,则可点击编辑器中的"插入文件"或"插入/编辑图像"按钮,在"网址"或"图像地址"栏目中上输入图片或图像相应的URL,即可在博客上显示出来;如果图片或图像还未上传至网络,则须先点击"插入文件"按钮,先完成文件的上传功能,再完成文件的插入功能。

若有必要,还可在"Tag"一栏中,写上反映该帖子内容的"关键词";在"简介"中写上该信息的简介,或直接点击"复制全文内容到简介",自动将正文的内容填入"简介"之中;在"引用"中输入本贴所引用到的博文的网址。当然这些都不是必选的。还有不少的博客扩展功能,有待实践过程中不断加以体会。

完成上述必要内容后,点击"发布"图标,第一篇帖子就成功发布了。这时再打开http://申请名.blogbus.com,就可看到自己的博客和博文内容了。

4.4.3 用Wordpress搭建图书馆博客平台①

WordPress(http://wordpress.org,简称WP)的前身叫做B2,或者叫做Cafelog,它采用PHP和MySQL开发而成并在采用GPL授权发布,是当前应用广泛的免费自由的博客发布程序之一。和其他的博客发布程序相比,Wordpress不论是安装程序包还是安装和使用都非常简易,最新版本2.21压缩包也才802KB而已,但这丝毫不影响它拥有强劲的功能来满足不同的图书馆对博客的各种要求。在互联网上更有许许多多的Wordpress用户为这一程序贡献精美的主题模板和功能各异的插件。因此也有不少人拿它来做一个内容管理系统来用,而不仅仅是当作一个博客发布程序。

通过Wordpress,可以:

(1)进行文章发布、分类、归档;

(2)支持文章、评论、分类等多种形式的RSS输出;

(3)提供链接的添加、归类功能;

(4)支持评论的管理,防垃圾功能;

① 注:本节建议对自行搭建图书馆博客平台问题有兴趣的人阅读。

(5)支持对风格(CSS)和程序本身(PHP)的直接编辑、修改；

(6)在Blog系统外方便的添加所需页面；

(7)通过对各种参数进行设置,使您的Blog更具个性化；

(8)生成静态、固定格式的URL(需要mod_rewrite支持)；

(9)通过选择不同主题,方便地改变页面的显示效果；

(10)通过添加插件,可提供多种特殊的功能；

(11)支持Trackback和pingback；

(12)支持针对某些其他blog软件、平台的导入功能；

(13)支持多用户(多用户多Blog需要WP的多用户版：WPMU)。

安装Wordpress,非常简单,在其官方文档中有段非常著名的“5分钟安装”步骤,只要将WordPress的运行环境及相应的工具准备妥当,可能不到5分钟,就可以轻松自如地完成安装过程并开始使用它发布博客了。WordPress的运行环境很简单：

(1)支持PHP脚本程序运行(版本4.2以上)的Web服务器(推荐Apache)；

(2)存储数据的数据库系统MySQL(版本4.0以上)；

(3)如果想要生成静态URL链接,还需要Web服务器支持URL重写,如包含Mod_Rewrite模块的Apache。

在如今的互联网上,满足以上三个条件尤其是前两者的虚拟主机可谓比比皆是,这也是Wordpress能够流行的重要原因之一。

以下我们以WP官方文档中的“5分钟安装”为基础介绍一下怎么安装Wordpress：

(1)如果还没有WordPress软件包,那么先下载并解压缩。

(2)在服务器上为WordPress建立一个数据库,并准备好一个具有访问和修改权限的MySQL用户。

(3)将wp-config-sample. php改名为wp-config. php

(4)用某一种文字编辑器(比如windows中的“记事本”)打开wp-config. php,填入您的数据库信息。

(5)// * * MySQL settings * * //

```
define('DB_NAME','wordpress'); // 存放 blog 数据的数据库名称
define('DB_USER','username'); // 您的 MySQL 账号
define('DB_PASSWORD','passwordd); // 密码
define('DB_HOST','localhost'); // 一般不用更改,除非您的数据库服务器和 Web 服务器不在同一台机器上
define('DB_CHARSET','utf8'); // 一般可以不用更改
define('DB_COLLATE',"); //一般也不用更改
//** 安装过程如果出现页面乱码,那可能需要查官方文档 修改根据数据库字符集修改上面最后两行的参数。
```

(6)通过 FTP 客户端(如 FileZilla)将 WordPress 文件上传至网站服务器上:

• 如果直接使用顶级域名(例如 http://example.com/)访问博客,将解压后的 WordPress 目录中的所有内容(不包含最外层的 WordPress 文件夹)上传至服务器的顶级目录。

• 如果您想使用域名的子目录(例如 http://example.com/blog/)来访问博客,那么将目录 wordpress 改名为您所想要的子域名,比如 Blog,再上传到服务器顶级目录下。

(7)在浏览器中访问 wp-admin/install.php 运行 WordPress 脚本。

• 如果您将 WordPress 安装在顶级目录中,您需要访问 http://example.com/wp-admin/install.php。

• 如果您将 WordPress 安装在子目录中,比如 blog,您应该访问 http://example.com/blog/wp-admin/install.php。

之后,按照页面上的指示一步步进行就好,建议获得默认的账号 Admin 后最好立即登录,将随机生成的密码更改成方便自己记忆的密码。即便不用查阅使用指南,也能很轻松的学会怎么使用 WordPress。更具体的可以参考 http://codex.wordpress.org。

如果没有可用的虚拟主机或服务器空间来运行 Wordpress,但又被它的美妙功能所吸引,那还用另外一种选择:在使用 WordPress 为基础平台的免费 BSP 上建立博客。没错,这些 BSP 大多就是利用上文提到的 WPMU 这一多用户多 Blog 的 Wordpress 变种建立的。国外的 BSP 如 Wordpress.com,blogsome.com;国内的 BSP 如 my.donews.com,yo2.cn。

4.4.4　常用的其他博客工具①

(1) Movable Type

MovableType 是较早流行的博客发布程序，最早由一对夫妻创建。早期的独立博客大多使用它发布，但在版本 3.0 后，由于它修改了授权协议，使得免费的个人版受到诸多限制（比如单用户、单 Blog），而允许建立多用户、多 blog 的企业版或机构版则要收取较高费用。这让许多原来的 MT 爱好者转向其他博客发布程序，比如 WordPress。但这并不妨碍它继续流行，毕竟它对于个人用户仍是免费使用。而就在 2007 年 7 月，MT 所属公司 Six Apart 发布消息说，MT4.0 将回归开源社区，重新采用 GPL 发布授权。这一消息再度引起 MT 爱好者的轰动。

安装 MT 除了需要服务器空间和 Web 服务器外，还要求 Web 服务器支持版本号不低于 5.004_05 的 Perl 脚本以及如 MySQL 这样的数据库系统。与用 PHP 语言运行的 Wordpress 相比，运行 Perl 对系统的权限要求更高，尤其在国内提供虚拟主机的网络服务商中，提供支持 Perl 的 CGI 虚拟主机空间比支持 PHP 的虚拟主机少得多。这也使得在中文世界，MT 会显得阳春白雪一些。当然，这也不妨碍我们尝试用这一程序来建立自己的 blog 发布平台，尤其是要建立多用户多 Blog 的发布平台，这是一个绝佳的选择，厦门大学图书馆的 blog 群（http://blog.xmulib.org）便是用 MT 建立的。伴随着 MT 新版本的发布，MT 本身的安装和使用更加简易，具体可以参考官方网站 www.MovableType.org 的文档。

前文我们提到 Wordpress 是动态发布，而 MovableType 是静态发布的。实际上，博客界也大抵是据此来划分两个阵营：动态发布和静态发布，并以此来比较、选择，而不是通过它们的开发环境（如 MT 采用 perl，WP 采用 PHP）来划分。

动态发布的意思就是用户看到的每一个页面内容都是通过程序（比如 PHP 脚本）实时从数据库中提取相应的内容组织而成的，这实际上就是：脚本运行→数据提取→页面生成→提供给用户。当服务器配置很强、网站访问量不大时，这个过程可以轻松快速完成，它的优势是用户每次获得的信息都是从数据库里头提取“新鲜”产生的。但若网站非常受欢迎，偏偏还遇上服务器设备比较过时，那么用户每次访问页面都将是面临痛苦的等待。

至于静态发布则是每次博客写作者将新的内容提交后，数据在存储到数据库的

① 注：本节建议对自行搭建图书馆博客平台问题有兴趣的人阅读。

同时会生成实际的静态的 HTML 页面，访客通过网络访问网站时直接获取这些 HTML 页面，而无需等待脚本运行和从数据库提取数据。相比较动态发布，它对服务器产生的负荷最小，对访客的响应速度也最快。但是，除非管理员在每次提交或更新信息后立即重建以生成所有 HTML 页面，否则访客看到的永远是没有更新过的 HTML 页面上的内容，而不是管理员存储到数据库里头的更新后的信息。

(2)LifeType

LifeType（http://www.lifetype.net）也是一个优秀的博客发布平台，图书馆界著名的淡江大学图书馆电子报（http://blog.lib.tku.edu.tw/5）就是用 LifeType 建立的。

LifeType 的运行环境与 Wordpress 差不多，都需要 PHP 和 MySQL 或者加上 Mod_rewrite 支持。但与 Wordpress 不同的是，它支持多用户建立多个博客，而 WordPress 初始是一个多用户单 Blog 系统，只有使用它的变种 WPMU 才能支持多用户建立多个博客。

除上述三种软件外，还有其他非常多的软件可以选择。它们或者是可以免费使用的自由软件，如同样可以当作 CMS 用的 Drupal（http://drupal.org）和以简洁、高效为名的 Textpattern（http://Textpattern.com）；或者是需要付费取得授权的版权软件，如 Radio UserLand（http://radio.userland.com/）这样的博客发布程序。使用者可以在维基百科（http://en.wikipedia.org/wiki/Blog_software）上查到更多更详细的内容。

4.4.5 博客的基本功能

不论是利用 BSP 提供的空间搭建博客，还是用自由或商业软件自主建立博客，博客都具有一些相似的普遍性的功能。

(1)RSS：新闻站点聚合

RSS 是一种技术规范的简称，第3章对它已经作了较为充分的论述。博客的 RSS 功能允许互联网站点制作人员，为内容整合客户端提供选择性的、汇总过的 Web 内容。

(2)Trackback：引用通告

TrackBack 最早是 Movable 上的功能，后来成为博客的标准配置，它是一种将全世界无数个博客连接起来的功能。通过引用通告，每篇博客上就他人发表的某篇文章做评论和延伸，并通知对方引用了他文章中的内容。只要对方的博客也支持引用通告，在发布自己的文章时，将同时向对方博客发出一个“TrackBack Ping”，向刊载被评论文章的服务器发送博客的地址、标题和部分正文。这样当他人浏览那篇文章时，就能够看到部分评论和正文，感兴趣的话他们还可以通过链接阅读评论的详细内容。同样，别人也可以使用引用通告功能对博客中的某篇文章加以评论，在文章中留下相应的引申链接。

(3) Permalink：永久链接

永久链接是博客中每篇文章的地址。这个永久链接便于其他博客写作者长期引用。不管后台是动态程序，首页如何改变，但每篇博客的链接都是永久固定的，一般来说，html 等静态链接是最好的，它有利于搜索引擎的搜录。

(4) Comments：评论

博客每篇文章中的回复功能，用户可以借此对博客进行评论，这是读者同博客写作者相互交流的最直接渠道。一般来说，一些评论需要注册以及密码认证，但多数是可以公开评论的。对于博客服务商来说，评论一般都设置了过滤词。

(5) Archive：归档

博客的索引功能，通常都是按月份进行博客文件的归档(也有按分类归档的)，便于在一个页面就查找到归档日期内的所有博客文章，通常都生成静态页面，这也是利于搜索引擎搜录的一个重要手段。

(6) Calendar：日历

每个博客都可以看到的最基本的元素，这也是博客最基本的特征，根据日期可以检索到当日发表的博客。对于没有写作的日期一般都用稍暗的颜色显示，方便查找。

(7) Style：个人定制风格

虽然博客最大限度地减少了发布者对于网页技术的需求门槛，但是博客鲜明的个人化特征要求发布者可以自定义自己的博客风格，因此博客具有自定义 CSS 或者 SKIN 的功能也是必不可少的。

(8) CC：创作共用约定

创作共用约定是博客发布者尊重原创者所默认遵从的规则。创作共用(Creative Commons)允许拷贝、分发、呈现和表演当前作品，制作派生作品，但是必须遵守一下规则：署名，必须明确标明作者的名字；非商业用途，不可将当前作品用于商业目的；保持一致：如果您基于当前作品更改、变换或构造新作品，应当按照与当前协议完全相同的协议分发最终作品；对于任何二次使用或分发，必须让其他人明确当前作品的授权条款，在得到作者的明确允许下，这里的某些条款可以放弃。

(9) Catalog：分类

博客写作者按照自己的兴趣设置的文章分类。在发表日志时需要选择文章的类目,这样同类文章将按照一个类别组织在一起,利于查找与检索。另外,分类也是发现个人兴趣点与关注点的渠道。分类需要依据文章的内容而定。

(10)Search:搜索

搜索功能也是博客中必不可少的。文章积累到一定程度后,很难发现过去的记录。搜索功能可以按照要求检索出日志的记录。一般博客上都有两个搜索,一个是博客站内搜索,一个是站外搜索。

(11)Statistic:统计

博客的基本统计数据,例如访问次数、在线人数、博客发表篇数、引用篇数、评论篇数、留言数、注册用户数等。

(12)Links:链接

博客的友情链接。链接虽然有较大的自主性,每个博客写作者都可以随意链接,但根据同类相聚原理,一般具有相同旨趣和共同关注的博客写作者之间才相互信任相互链接。这些链接往往就是一个社会网络。

(13)Favorites:收藏

收藏一些有用的文章或链接。

(14)Roll:交换链接

用于显示其他博客的链接,自己的博客也会同时显示在其他博客 roll 列表里,动态循环显示。

(15)Visual Editor:可视化编辑器

早期都是使用文本,对于 HTML 标签制作起来就比较麻烦,现在博客程序已经普遍采用可视化的文章编辑器,方便博客写作者更加有效地组织文章结构和显示效果。

(16)Tag:标签

标签是对博客文章的"分类"或者"主题揭示",一篇文章作者可以按照自己的理解任意添加"标签",相当于传统的"关键词"或"关键字"。它的目的在于便于检索和形成"社会化网络",最终达到知识共享与思想分享。

(17)Social Networks:社会化网络

同类或感兴趣的博客形成一个"好友圈",共同交流。

(18)Export:导出

用户数据的导出,例如文章、评论、引用等。

(19)Management:管理

管理功能,设置博客的基本参数,设置和管理以上所有要素,数据库管理,后台各项内容的导出等。

4.5　结语：什么图书馆不可以博客

从前面的论述中可以看到，博客是图书馆 2.0 技术中在图书馆应用最为普及的技术，无论是图书馆博客的品种还是数量，都远远领先于其他图书馆 2.0 技术。图书馆博客给图书馆人和他们的读者所带来的快乐与便利，正在有效地改善着图书馆服务的效率与形象。总而言之，博客是个好东西。

但并不是所有的图书馆都需要建立博客，有些图书馆甚至应该像躲避瘟疫一样远离博客，如果你的图书馆涉及下述十大理由之一，你的图书馆千万不要博客。

(1)不需要关心用户都是些什么人，不需要了解用户的问题和需求，也不用重视他们的反馈和意见；

(2)没有宣传和推广图书馆服务的需要；也没有开展网络信息服务的需要；

(3)没有引人入胜的故事来讲述图书馆的信息资源和服务如何解决了用户的难题；

(4)没有热情洋溢、知识丰富并且懂得维护图书馆与用户关系的图书馆员来充当图书馆博客的写手；

(5)一切“以我们为准”，一味相信指导和控制的作用，不愿意参与公众的对话，不愿失去事实上早已不存在的信息控制和垄断权，让用户遗憾地离开并讨厌图书馆；

(6)对于处理图书馆业务的一贯做法完全满意，虽然这种做法很可能会把图书馆引向穷途末路，坚决抵制新技术，即使写博客就跟收发邮件一样容易；

(7)不懂得对用户进行信息素养的培育，对于吸引在线用户或者为在线信息搜集者提供信息，都不感兴趣；

(8)不知道年青一代使用博客和其他 Web2.0 工具，就像打电话一样自然而频繁；

(9)当关于图书馆的坏消息铺天盖地的时候，并没有想到对公关或危机通过某平台进行相应的控制，相反的埋首于沙子，采取置若罔闻的鸵鸟策略；

(10)不能通过在公众论坛中彰显图书馆的价值和目标，来促使图书馆变得诚实、透明而且可信任。

显然，上述内容都是当今各类图书馆所迫切希望做到的，你的图书馆应不应该建立博客网站呢？相信看了本章，你已经有了答案。

推荐阅读

1 Sauers , Michael P. Blogging and RSS : a librarian's guide. Information Today, 2006

2 STEP ONE: INTRODUCTION TO BLOGGING. http://www.blogbasics.com/blog-tutorial-1-1.php

3 Blog Tutorial. http://www.siteground.com/tutorials/blog/index.htm

4 俞传正. 基于博客的个人知识管理平台研究. 天津师范大学优秀硕士论文,2006

5 休伊特, H. 著; 杨竹山,潘浩译. 博客: 信息革命最前沿的定位. 中国铁道出版社,2006

6 黄勇,骆坚,尉红艳. 上网无忧: 新手实战博客、RSS、播客、IPTV. 人民邮电出版社,2007

7 王锡瑜,王丁. Blog 的特点及其图书馆应用. 国家图书馆学刊,2007(2)

8 贾丽晶. "博客"给图书馆工作带来的新理念. 科技情报开发与经济,2007(8)

9 王健. Blog 在图书馆知识管理中的应用. 农业图书情报学刊,2007(5)

10 周建平等. 图书馆利用博客(Blog)深化人性化服务的探讨. 医学信息,2007(5)

访谈专栏: 图书馆员 2.0 之路

访谈对象: 万二 **工作部门: 其他**

年龄: 30—40 岁 **博客地址: http://dqdx.blogbus.com/index.html**

1. 除了 IM,您是从什么时候开始使用第一个 Web2.0 工具的? 这个工具是什么?

答: 大约在 2004 年? 博客,作为课程教学辅助。由于懒得打理,效果不怎么样。

2. 您现在使用的 Web2.0 工具有哪些? 使用频率如何? 您还打算尝试哪些工具?

答: Blog, RSS, Second Life, wiki, 等. 没尝试的有空愿去尝试。不过一直有点被动。

3. 您觉得这些 Web2.0 工具给您的工作、学习、生活各带来了哪些新的变化?

答: 结识了更多的同行, 知道了很多不知道的故事。最重要是俺"脸皮厚"了。

4. 您心目中的图书馆员 2.0 应该是什么样的? 最重要的特征是什么?

答: 有很好为用户服务的理念,即认同"用户永远是正确的",并乐于用 2.0 工具提升服务。最重要的是拥有核心理念．其次再是技术应用。

5. 您认为自己可以称作图书馆员 2.0 吗？

答：不是。

6. 请您帮助分析下面的事例：“有两个图书馆员 A 和 B，A 有自己的博客和博客圈，经常发表专业见解和同行交流，并且使用各种 2.0 工具，用于专业学习，但不直接为读者服务。B 建立了学科馆员博客，为读者推荐学科资源，介绍图书馆服务等，和读者进行互动。B 也使用了一些 2.0 工具，主要应用在图书馆的资源与服务中。”请问，A 和 B，哪个更像理想的图书馆员 2.0 模样？还是“A + B”才更理想？或者您还有其他观点？能说一下理由吗？

答：都是。2.0 不求全才。无论是直接的还是间接的，都是 2.0 行为。

7. 如果让您选 3 位图书馆员 2.0 之星，您会选哪几位？

答：小钟、Sogg、倪代川。

8. 您是否认同“所有的图书馆员都该努力蜕变成图书馆员 2.0”？

答：这是必须的。没有为用户服务的理念，呆在图书馆做啥？

9. 您认为在“用户—图书馆—馆员”这三者中，图书馆员 2.0 究竟该扮演怎样的角色？

答：与用户融为一体，处处以用户角度来思考自己的工作，鄙视这种把用户与馆员对立起来的思想。

10. 如果请您给您的图书馆员 2.0 生活加标签，您会用哪些词句？

答：好玩。给沉闷的图书馆员生活增添些乐趣，让大家知道图书馆员的精神世界原来也是这么精彩！

访谈专栏：图书馆员 2.0 之路

访谈对象：E 一黍　　工作部门：采编部、读者服务部　　年龄：30—40 岁

1. 除了 IM，您是从什么时候开始使用第一个 Web2.0 工具的？这个工具是什么？

答：2006 年起使用 Blog，RSS，Tagging，IG。

2. 您现在使用的 Web2.0 工具有哪些？使用频率如何？您还打算尝试哪些工具？

答：在新浪和百度有自己常用的 blog、每周更新；使用抓虾\IG\google reader 进行 RSS 订阅，即时更新，每天阅读。在 yahoo 收藏夹\央库\360doc 等使用 tag。

3. 您觉得这些 Web2.0 工具给您的工作、学习、生活各带来了哪些新的变化？

答：就工作而言，新的技术为最快地获取信息提供了方便。博客写作与 RSS 阅读上面的时间比较多,tag只在收藏网址或网页时使用。不仅我自己在用这些,同时家人也在使用,大家在使用中都感觉非常方便,非常好。

4. 您心目中的图书馆员2.0应该是什么样的?最重要的特征是什么?

答:能够熟练使用2.0元素,为读者提供最好的服务。

5. 您认为自己可以称作图书馆员2.0吗?

答:正在向这个方向去努力,在一些技术性比较强的地方,还需要再学习。

6. 请您帮助分析下面的事例:"有两个图书馆员A和B,A有自己的博客和博客圈,经常发表专业见解和同行交流,并且使用各种2.0工具,用于专业学习,但不直接为读者服务。B建立了学科馆员博客,为读者推荐学科资源,介绍图书馆服务等,和读者进行互动。B也使用了一些2.0工具,主要应用在图书馆的资源与服务中。"请问,A和B,哪个更像理想的图书馆员2.0模样?还是"A+B"才更理想?或者您还有其他观点?能说一下理由吗?

答:B更像理想的图书馆员2.0模样,因为在为读者做服务。

7. 如果让您选3位图书馆员2.0之星,您会选哪几位?请说明您的理由。

答:工作单位周围不多,网上的朋友嘛,当然是lib2.0工作室的这些朋友够2了,嘿嘿。

8. 您是否认同"所有的图书馆员都该努力蜕变成图书馆员2.0"

答:能够做到最好,不能也无所谓。服务并不是只有2.0。

9. 您认为在"用户—图书馆—馆员"这三者中,图书馆员2.0究竟该扮演怎样的角色?

答:用户与图书馆员之间,应该有多个交流与沟通的渠道,用户与图书馆员在某些方面应该成为朋友,图书馆只是一个服务的平台。

10. 如果请您给您的图书馆员2.0生活加标签,您会用哪些词句?

答:因为爱,所以2,嘻嘻。

第5章 Wiki入侵：知识的共创与共享

陈晓亮 胡小菁

让彼此不同意的事情最后大家都能同意，就是一种很有生产力的做事方式，也可以让这个世界，变得更彼此包容。

——Jimmy Donal Wales

如果用河流来形容，Wiki不是传统的知识管理系统那样的确定水源、指定方向、河道笔直的南水北调工程，而是由条条涓涓细流汇聚而成的一条大河。谁也无法知道这条大河会有多少支流，也没有哪一条支流可以独自决定大河的流量或者流向。汇聚到一起的支流们，在奔腾咆哮的同时，还在不断地相互较劲，大河由此弯弯曲曲，拐来扭去，但最终流向的永远是知识共享的汪洋。

5.1 Wiki：从知识共创到知识共享

5.1.1 什么是Wiki

Wiki是指一种多人在网上协同创作的知识共享模式，这种知识共享模式最早是“Wiki之父”——沃德·坎宁安（Ward Cunningham）在1999年为“软件设计模式”社群建立多人协作网站WikiWikiWeb[①]时提出来的。它的名称源于坎宁安在檀香山国际机场大巴招牌上学到的第一个夏威夷语“WikiWiki”，也是夏威夷语中“快点快点”的意思。

图5-1 大巴招牌WIKIWIKI

如今，随着著名网络百科全书——维基百科（http://www.wikipedia.org）的兴起和传播，这种协同创作的知识共享模式

① http://c2.com/cgi/wiki

已经风靡全球,Wiki一词也成为实现这一知识共享模式的工具和网站的统称。

简言之,Wiki就是一个简单有效的知识分享系统,可实现维基功能的网站称为Wiki网站。这样的网站允许用户通过浏览器轻松的生成、修改HTML超文本页面,能记录用户的每次修改结果,可以帮助用户比较同一页面不同修改版本的差异,还提供了还原撤销修改的功能。

最重要的是,它允许任何用户——不论是注册用户还是偶然的访客——建立、删除、修改所有内容,因为Wiki可以跟踪保存所有修改过程,并还原到适当的版本。因此,Wiki很方便供多人平等的共同写作。Wiki网站的写作者也很容易聚集成一个彼此共享知识的社区。由此,Wiki就可以理解成是在网络上供多人协同创作的系统,坎宁安的WikiWikiWeb就是这样一个专注于"软件设计模式"领域的Wiki网站。

对于图书馆来说,大量的Wiki网站提供了丰富便捷的在线百科全书,可直接作为参考工具书辅助参考馆员向读者提供服务,同时Wiki也是一种网站建设和内容管理的软件工具,技术门槛低,方便快捷,人人可参与,特别适合用来进行协作式的知识库建设和共享。

5.1.2 Wiki的特点

(1)开放、协作的Wiki

作为从软件开发社区发展而来的Wiki,它所持的"开放性"原则令其他内容管理系统为之侧目。一般而言,Wiki欢迎所有用户的广泛参与。不仅所有页面都可以被所有用户访问,甚至绝大部分内容都可以让包括匿名、未注册用户在内的所有用户反复去修改、添加、删除。因此,所有人都有机会编辑、充实同一主题,将个人的隐性知识显性化、组织化,协同写作成为可能。也因为这样的"开放性",决定了Wiki网站很少会有传统内容管理系统中复杂的用户等级结构。除了少数保障网站运行的系统管理员,绝大部分成员都是平等的"协作员",他们不再只是知识的消费者,同时也都有机会成为知识的生产者。Wiki将组织内的成员结构扁平化,既尊重个人对组织的知识奉献,也表达出知识面前公平均等的思想。

(2)"健壮"的Wiki

在一个组织中,因为文化环境、教育、职业、年龄等因素的差异,在拥有不同知识结构的成员之间可能会出现观念和认识不一致所造成的冲突现象。Wiki要在保证开放性原则的同时保证内容的质量,必须要解决组织成员之间可能存在的知识冲突,从而使得汇聚起来的个人知识转化为真正的群体智慧,得到众人的认可。这就需要

Wiki 平台在开放、协作之外又足够“健壮”。

开放的 Wiki 网站允许任何人在同一项内容上添加个人知识，允许他们修改前人的谬误，就是因为相信“人性本善”，认为“更多的眼睛发现更多的错误”。反复的添加和修改，可能会增加新的错误，但也意味着最新的内容获得了更多人的认可，反映更大层面的知识内容，会充实、完善知识内容。在这样的知识组织中，没有绝对的权威，对于知识价值的判断与判定，他们已经被草根性的群体智慧所代替。这是解决知识冲突的软途径。

同时，为了帮助“更多的眼睛发现更多的错误”，提高协作效率，保证信息安全，在 Wiki 中还普遍使用版本控制系统。这是解决知识冲突的硬保障。Wiki 记录用户的每一步操作结果。当用户修改页面时，每保存一次，系统都将保留之前的版本，在必要时还可以选择撤销最近的修改回退到指定的版本去。因此，如果用户编辑错误，或者页面被恶意破坏，其他用户可以轻易撤销这个错误行为。同时，为了帮助用户明确前后修订版本的不同，Wiki 还允许将用户指定的两次版本分左右栏对比。这点对于 Wiki 网站来说非常关键。如前所述，Wiki 是开放的编辑方式，人人都有可能是知识创造者，但这就无法避免遇到秩序的破坏者，不管是有意还是无意。通过修订历史和回退功能，基本保障 Wiki 网站的内容安全。

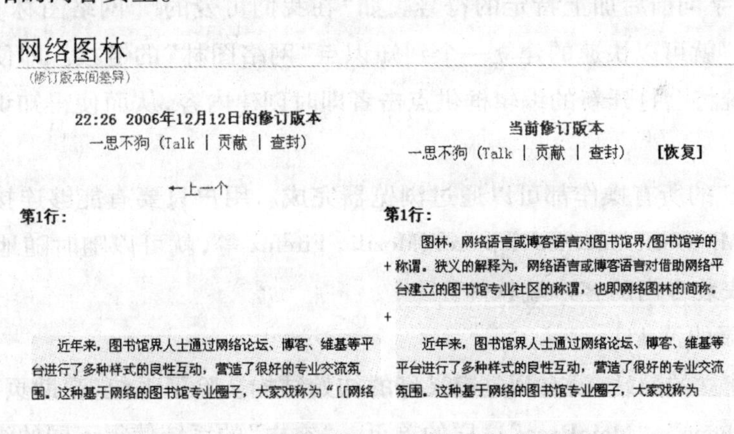

图 5－2　网络图林 Wiki 修订版本间的差异

(3) 易用的 Wiki

与传统的页面生成方式相比，Wiki 系统的用户可以不再去记忆复杂的 HTML 标记语言，只需要记住几个简单的 Wiki 格式化标记——“Wiki 字”。人们认为 HTML 标记虽然在页面结构表现上形式丰富，但却不方便直接阅读，而简单的 Wiki 标记既可以让人们在纯文本状态下轻松阅读。比如在 Html 中用 <ul> </ul> 的多级嵌套来表示多层次的项目列表，但在 Wiki 中却可以用“ * ”来轻松实现层级效果，也不影响原始文字的阅读效果。

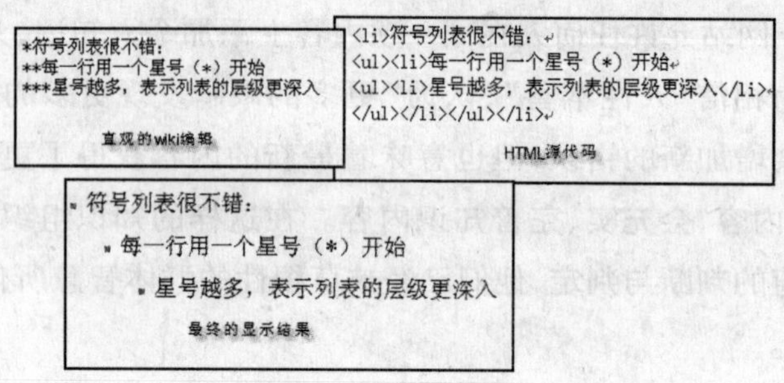

图5-3　Wiki字与HTML源代码的简单比较

随着技术的进步,更多的Wiki支持“所见即所得”的编辑界面,用户甚至连简单的Wiki格式化语言都不用记忆,便可轻松对文本美化排版。编辑成本的降低,也压低了文本网络发布的门槛,吸引更多非电脑高手的用户参与页面编辑,奉献个人知识。

在一个知识组织中,知识点之间是非线性的、多维的立体网状关系,知识链接就是建立和反映这种关系的途径,使原本相互独立的知识联系到一起,形成从点到线,从线到面的知识结构。在Wiki这样的超文本系统中,可以轻易地建立知识链接,只需要在相应的字词前后加上特定的符号。如“在我们可爱的[[网络图林]]中……”一句的“[[]]”就可以快速的建立一个到知识点“网络图林”的链接。即便链接目标并不存在,系统将会打开新的编辑框供点击者即时创建内容,从而使得知识组织不断增长。

另外,Wiki的所有操作都可以通过浏览器完成。用户只要有能够连接上互联网的浏览器,如MicroSoft Internet Explorer、Mozilla Firefox等,就可以随时随地访问Wiki网站,而不必安装专门的客户端软件。

(4)可扩展的Wiki

用Wiki建立的网站,没有预先定义好的初始结构。除了系统、帮助页面外,大多只有被称为“Home”、“MainPage”这样的首页。“空白”的系统使得不同的组织可以根据不同的需求建立自己的网站结构,不必忍受其他内容管理系统强加的预定义结构。同时,这种结构也不是一成不变,而是随着用户也就是协作员的深入参与,系统内多个内容重复的页面可以被汇聚于其中的某个,相应的链接结构也随之改变,从而整个知识结构将自我完善,呈螺旋式演进、发展。

另外,不仅Wiki网站的结构可以不断变化演进,支撑Wiki网站的Wiki引擎也是在不断发展中。目前流行的Wiki引擎大多数开放源代码,由优秀的开发者社区在支持它们的发展。Wiki 开发者们也是以 Wiki 的知识共享模式来开发 Wiki 引擎，并为之设计各种扩展插件，以更好地支持各种类型知识的呈现、管理。

5.1.3 Wiki 与知识管理

知识管理是维系一个组织的核心竞争力所在，现在很多图书馆管理者都认识到这一点，并注重挖掘组织内部的知识资源，尤其是分散在成员个人脑中的隐性知识。作为新型的知识共享模式，Wiki 和传统的知识管理模式相比，最大的特点就在于它在开放和协同中体现的自组织性。

相对于传统的知识管理系统，Wiki 具有更大的优越性。传统的知识管理系统大多是昂贵的商业化程序，部署成本高，不易维护和扩展，用户的学习成本较高，大多需要专门的使用培训。而 Wiki 是廉价的、可扩展和易维护的，用户使用成本不高，可以轻松创建、修改知识；通过版本控制极大降低了编辑风险；Wiki 的自组织性也使得知识的集中、汇聚和知识结构的建立、扩展更符合实际。

与内容管理软件的工作流结构相比，Wiki 固有的协作性质能实现快速的信息整合。与 P2P 和 Blog 能够发掘出人际间的非正式知识交流一样，扁平化的用户管理让 Wiki 可以充分调动众多个体的力量。个体成员们可以是精英或者普通大众，但不会是把握话语权的权威。在 Wiki 中他们可以更自如地将自己的隐性知识揭示出来，可以互动双向交流，与众人分享，而不再只是被动地接收从权威者手中流出的单向的信息。

在 Wiki 中，协作者自己的创造越多，参与的积极性就越高，同时自己学到的知识和技能也就越多，进而促进知识组织的良性循环。因为 Wiki 的低成本、高效性，不仅中小型的组织们喜欢使用，一些大型组织如 Google、Intel、摩托罗拉等，也用之于知识库管理。摩托罗拉的一位副总裁曾说过，“Blog 和 Wiki 这样的知识管理工具帮助我们节省了大笔的 IT 支出，从四年前的 14 亿美元减少到 2006 年的 9.8 亿。”①

5.1.4 Wiki 的不足

Wiki 在分享知识时，简单易用。当人们需要就一主题范围建立知识库时，更显优势，尤其是有多人协作的时候。但不可否认，为了保证简单易用、开放，Wiki 先天性存在着一些令人不放心的地方：

---

① Motorola Uses Blogs and Wikis for KM. http://www.knowledgebusiness.com/knowledgebusiness/Templates/ReadKnowledgeLibrary.aspx?siteId=1&menuItemId=91&contentHeaderId=5065

(1)虽然开放的Wiki系统使得多人协同创作成为可能,但同时也带来了一些隐患。可以相信,绝大多数用户的编辑都是出于善意,但难以排除带有私利的甚至是恶意的修改和删除页面的行为。

(2)内容结构松散,除非Wiki网站一开始时就有良好的内容框架或主题方向。当Wiki网站的主题不明确时,过于宽松的编辑方式将会使知识点更加涣散,难以凝聚。

(3)标记语言不统一。虽然Wiki的标记语言比HTML简单,但不同的Wiki引擎(系统)目前还是在使用不同的标记语言,容易让用户困扰、迷惑。

(4)权限设置过于简单。Wiki试图将用户的等级扁平化,以更突出用户的平等编辑权,可能除了系统管理员,其他所有人都是一样的普通用户。对于半公开或者内部使用的Wiki,会带来一些麻烦。

5.2 Wiki应用实例

首先要指出的是,Wiki≠维基。① 维基,是对"Wikipedia"的中文译名"维基百科"的简称。最早是由当时的Wikipedia用户ghyll(也就是现在的Mountain)提出并获得早期中文Wikipedia用户的认可:

"维"字意思为系物的大绳,也可作网的解释,可以引申为因特网,"基"是指事物的根本,或是建筑物的底座。"维基百科"合起来可引申为互联网中装载人类基础知识的百科全书,是一种采用Wiki协作系统技术的在线百科。

必须承认Wiki的兴起得益于Wikipedia的普及,否则它不会那么早从计算机技术领域中跳出来。由于Wikipedia在扩大与社会大众的接触的同时也伴随着宣传Wiki这种群体协作方式,人们也因此经常将二者联系起来。随着"维基百科"一词在中文世界的流传,不少误将"维基"直接认作是"Wiki"的汉译。其实不然,在维基媒体基金会从商标问题上回过神后,已经将此"维基"二字注册商标(目前仅限在台湾地区)。因此"维基"过去不应该是,将来也不再是泛指的Wiki,而只是专用在所有由维基媒体基金会营运、使用Wiki引擎发展的中文站点上。

Wiki的中文译名有"围纪"、"快纪"、"维客"、"共笔"等,但至今仍未统一。

① 维基百科编者. 维基. [2007-11-12]. http://zh.wikipedia.org/w/index.php?title=%E7%B6%AD%E5%9F%BA&oldid=5484569

5.2.1　维基百科

(1)自由的百科全书

维基百科(Wikipedia,http://www.wikipedia.org)是一个基于Wiki技术的多语言的百科全书协作计划。由吉米·威尔士和拉里·桑格在2001年1月15日创建,现在由维基媒体基金会维持,它的目标及宗旨是为地球上的每一个人提供自由的百科全书。

截至2007年9月,维基百科中条目数第一的英文维基百科已有199万个条目;而所有253种语言的版本共突破840万个条目;其中条目数前15名的维基百科共占总条目数的74%。大部分页面都可以由任何用户使用浏览器进行阅览及修改。英文维基百科的普及也促成了其他计划,例如维基新闻、维基教科书等计划的产生。这些计划都由Mediawiki (http://www.mediawiki.org)提供的Wiki引擎支持。

维基百科没有所谓的主编和编者,两位维基百科的创始人更多是将自己定位为防止计划停止的普通成员。只有当涉及非常敏感议题可能会危及维基百科全书生存时,吉米·威尔士才会站出来。如2007年5月的HD－DVD密钥被破解的事件。

图5－4　维基百科的Logo

所有维基百科计划成员都自称为维基百科人(Wikipedist),他们认为以“人”(－ist)字结尾,是有作为团队或社群一员的含义,更易于与传统的所谓“编者”区分开来。

维基百科中的所有文本,以及大多数的图像和其他内容,都是在GNU自由文档许可证下发布的,以确保内容的自由度及开放度。所有人在其中所写的文章都将遵循copyleft协议,所有内容都可以自由的分发和复制。①

中文版维基百科于2002年10月24日正式成立,截至2007年11月12日07:14,

① Wikipedia. 关于. [2007－11－12]. http://zh.wikipedia.org/w/index.php?title=Wikipedia:%E5%85%B3%E4%BA%8E&oldid=5346426

中文维基百科已拥有152 728个条目。① 此外还设有其他独立运作的中国地方语言或汉语版本,包括闽南语维基百科、粤语维基百科、文言文维基百科、吴语维基百科、闽东语维基百科及客家语维基百科。现在,已经注册有账号的中文维基百科人超过20万,这还不包括许多匿名编辑者。但根据2007年9月30日中文维基百科的统计数据,编辑次数多于1次的用户共有19823人,占总注册用户数5.4%;其中多于1000次的用户共有507人,这些用户所编辑的次数占总编辑次数75.3%。②

表5-1 维基媒体基金会的其他 Wiki 计划

• 元维基:协调各维基计划	http://meta. wikimedia. org
• 维基词典:多语言字典和词典*	http://zh. wiktionary. org/wiki/
• 维基孵育场:测试新的维基媒	http://incubator. wikimedia. org/wiki/
• 维基教科书:教科书和手册 *	http://zh. wikibooks. org/wiki/
• 维基语录:名人名言的集锦 *	http://zh. wikiquote. org/wiki/
• 维基文库:自由的源文档库 *	http://zh. wikisource. org/wiki/
• 维基物种:自由的物种资料库	http://species. wikimedia. org/wiki/
• 维基共享资源:共享的多媒体资料库	http://commons. wikimedia. org/wiki/
• 维基新闻:自由的新闻资源 *	http://zh. wikinews. org/wiki/

注:标*号者为中文语言版

(2)与传统百科全书的PK

维基百科本身所具有的开放、协作、易用等特点,也正是与传统的百科全书的区别所在。在维基百科发布的任何部分或者说全部都是使用GNU自由文档许可证。维基百科将自己定位为一个包含人类所有知识领域的百科全书,而不是一本词典、网络论坛或其他任何商业性质的网站。维基百科计划本身也是一个Wiki,是第一个使用Wiki系统进行百科全书编撰工作的协作计划,允许普通用户的广泛参与。还有一点,那就是维基百科是一部内容开放的百科全书,内容开放的信息允许任何第三方不受限制地复制、修改。

简单说来,也就是维基百科在内容的制造和使用方式上和传统百科全书有很大不同。

1)内容制造

作为影响最大的Wiki实践计划,维基百科鼓励志愿者都来参与编撰百科全书,

---

① 维基百科编者. 维基百科. [2007-11-12]. http://zh. wikipedia. org/w/index. php?title=%E7%BB%B4%E5%9F%BA%E7%99%BE%E7%A7%91&oldid=5554192

② 维基百科编者. Wikipedia:统计. [2007-11-12]. http://zh. wikipedia. org/w/index. php?title=Wikipedia:%E7%BB%9F%E8%AE%A1&oldid=5559554

而不依赖于少数聘请的专业学者。这些志愿者可能是某行业的专家,也可能是一个玩家,甚至可能是一个小孩。只要能联入互联网,都可能成为维基百科的编辑者。而在组织分工上,维基百科不像百科全书那样有严格的组织结构,而是在达成基本共识和守则的基础上的松散群体。维基百科的编辑者(也称为"维基百科人")们也不会事先确定要书写的内容范畴,而全凭各自的兴趣。因此,即使是很生僻的知识内容,也可能在维基百科上找到相应的内容(当然,这时它可能还不是一个完整的条目)。随着维基百科影响的扩大,参与人员日益增加,内容自然也将得到更多的补充完善,也能对现时正在发生的事件作出最及时的反映。而传统百科全书则要等待下一版本的编纂才能增加或修订条目。

2)知识使用

维基百科的目的是做一个自由、免费、内容开放的网上百科全书,采取了一种相对比较激进的方式来传播知识。而传统百科全书都需要付费购买印刷本或电子使用授权。传统百科全书大多篇幅繁多,购买它对很多人来讲是一笔相对高昂的费用开支。

其实,传统百科全书和维基百科代表了两种彼此对立的知识生产方式。前者对编辑者的资历要求较高,只有权威的专家学者才能编辑,可算是精英派;而维基百科则是敞开大门,不论是专家学者还是普通大众都可以参与知识奉献,是 Web2.0 时代"草根精神"的典型代表。

当然,维基百科和传统百科仍有相同之处。比如对于内容的品质同样重视,正如维基百科创始人吉米·威尔士所言:"一个引用良好、正确来源写成词条的作者,会受到社区尊重;反之一个写作随便的人会被看不起。我们的核心社区对知识的定义其实也相当保守:一个组织严谨、条理清晰、容易理解、立场中立的,我们才会认为是好的文章。"

(3)维基百科的可信度

维基百科的目标是创作一部可靠与自由的百科全书——实际是有史以来在广度及深度上均为最大的百科全书。虽然这是一个松散的、随进随出的群体,但无规矩不成方圆,一定的方针和守则是维基百科得以顺利开展的保障。维基百科的方针是取得共识来制定,这些共识可以透过对复杂难题的公开辩论,也可从既有惯例简单发展而出。由于维基百科本身也是在发展中,这些方针也在持续演进。

维基百科人将“广为接受、每个人应当遵循的方针”列为“正式方针”，①目前已经有28项，涵盖：行为规范、内容控制、删除指导、确保方针的执行、保证版权和合法性五个方面。将人们应当对之有所理解但不必须遵循的建议方针列为“维基百科指引”，将没有像共识一样广为接受但在社群中仍有相当程度的支持的方针观点视为“半正式方针”。

维基百科是大众共同编辑的产物，它的页面内容总是在动态变化中，这是它与传统百科全书最大的区别，但同时也是质疑维基百科全书内容的质量和权威性的来由。前大英百科全书主编麦克·亨利在2004年公开嘲讽维基百科犹如公共厕所，它看上去很脏，所以用的时候多加小心；或者它看上去挺干净，令人产生错误的安全感，实际上人们不知道谁在前面用了这里的设施。

维基百科的创始人威尔士对此也不以为然，承认维基百科的内容质量良莠不一，但是威尔士强调麦克·亨利忽视了维基背后一个强大的社群，他们是内容的监督者，是一支不倦的清洁队。他说：“维基百科里真正的创造意义在于，在知识交流的混乱中产生了有序的规则，凝聚了巨大的社群，一起来定义知识，监督过程。”在对维基百科贡献最大的1000人中排名第4名的布瑞安·德克森被称为维基世界的清洁工，他说：“我不喜欢维基百科的东西凌乱不堪。我每天都干好多‘家务活’，忙着整理和格式化那些文章。”他为维基百科上花的时间有70%是清理他人的工作。② 正是志愿者们对维基百科的忠诚，使得维基百科具有强大的自我修复能力。据美国麻省理工学院和IBM公司专门研究维基百科全书的人员的统计表示，维基对条目大量被删除的自动恢复平均时间为2.8分钟，条目被大量删除是恶意破坏的常见手段之一。而对条目被大量删除并且伴有明显的亵渎语句的行为，维基对其的修复时间平均仅为1.7分钟。

香港大学媒体技术中心主任Andrew Lih教授的研究发现，在2003年1月到2004年3月的14个月时间里，先后有72家媒体（包括互联网和电视媒体）引用了维基百科的内容；科罗拉多的一个法院在2003年7月引用维基百科关于“亵渎”的文章解除了一项动议。Lih教授的科研小组把著名的Dorling Kindersley e. encyclopedia大百科

① 维基百科编者. Wikipedia:方针列表. [2007-11-12]. http://zh.wikipedia.org/w/index.php?title=Wikipedia:%E6%96%B9%E9%92%88%E5%88%97%E8%A1%A8&oldid=5470570

② 维基百科:人人都能改写的网络“百科全书”. 广州日报,2007-11-12

作为比较对象，[①]通过比较涉及天文、地理、自然、人体等等领域的333篇文章，发现如下结论：第一，有15%的维基百科的内容质量比Dorling Kindersley e. encyclopedia大百科要好；第二，维基百科的内容在经过媒体引用后，有更多的人访问并修改完善这些内容，这些文章的质量大幅提高，有30%的内容质量比Dorling Kindersley e. encyclopedia大百科要好。

5.2.2 Wiki在图书馆的典型应用

Wiki作为一种多人共笔的信息知识生产、发布、交流、共享的工具和平台，与图书馆天然关系密切。因此，近年来，国内外图书馆界纷纷开始借已有的Wiki引擎开发工具，建立图书馆Wiki网站，在图书馆的服务、图书馆业务与管理以及图书馆学专业诸方面，富有创造性的应用Wiki，取得有丰硕的成果。

(1)图书馆服务

面向用户的图书馆服务是Wiki应用最广泛的领域，在图书馆网站建设、图书馆的社区服务、参考咨询、图书馆目录等方面，都有Wiki的用武之地。

1)图书馆网站

图书馆网站可以用Blog方式建立，也可以尝试用Wiki方式来做。从现在流行的Wiki引擎来看，Wiki作为一种内容管理系统，完全可以用于网站建设。

由于Wiki编辑方便，除了在架设网站之初需要专门的技术人员支持外，更新维护网站的成本非常低廉。同时，基于Web的网站维护方式，不需要在客户端安装软件，在任何一台电脑上都可以随时编辑内容，特别适合图书馆各部门共同参与网站的维护，保证网站内容的及时更新。

南卡罗莱纳大学Aiken Gregg-Graniteville图书馆网站[②]表面上看与一般图书馆网站没有区别，但却是一个由Wiki方式来架构图书馆信息服务的成功例子。该网站提供了文章查找、图书查找、研究指南、馆际互借、图书馆信息等一般图书馆网站所包含的各项服务内容，图书馆各部门都可以参与网站的维护，保证网站内容的及时更新。

2)参考咨询

参考咨询是图书馆Wiki应用的主要领域。

---

① 因为该大百科是平面印刷物，而且和Google一起开通了一个门户网站，把平面印刷的内容搬到网上，并在文章之间有链接可以跳转。

② USC Aiken Gregg-Graniteville Library. [2007-12-25]. http://library.usca.edu/index.php/Main/HomePage

在信息过载的时代，图书馆员由于精力和专业能力的限制，很难长期维持一个覆盖范围广、高质量的主题指南。Wiki 让更多专业知识精深的用户和图书馆员一起建设特定主题的知识库，从而既保证了资源的覆盖面、高质量、新颖度，也促进了用户和图书馆员的沟通，提高了图书馆的地位。

如 Ohio 大学图书馆的 Biz Wiki 就是一个 Wiki 版的主题指南，①始建于2005 年7月。它覆盖了所有馆藏资源（包括纸本和电子资源）中的商业参考书、数据库、网站和其他研究资料，可以帮助商业研究者找到最有用的信息资源。在 Biz Wiki 主页还混搭了即时聊天的 meebo，可以提供实时的虚拟参考咨询（见图 5－5）。该主页右下侧输入框为用于虚拟参考咨询的 meebo。该主页馆还建有关于电影、戏剧与文学数据库的主题指南 Lit Wiki。②

图 5－5　Ohio 大学图书馆的 Biz Wiki

除了主题指南，参考咨询服务的许多方面都可见到 Wiki 的身影。Butler WikiRef 是 Butler 大学图书馆的参考 Wiki，③始建于2006 年3 月。由图书馆员、学校的教职员工与学生共同参与，对图书馆订购或提供访问的各类资源（包括数据库、书籍、网站等）提供评论、使用建议。英国 Huddersfield 大学的 Electronic Resources Wiki，④始建

① Biz Wiki contributors. Biz Wiki. [2007－11－12]. http://www.library.ohiou.edu/subjects/bizwiki/index.php?title=Main_Page&oldid=4358

② Lit Wiki. [2007－12－25]. http://www.library.ohiou.edu/subjects/litwiki/index.php/Main_Page

③ ButlerWikiRef. [2007－12－25]. http://www.seedwiki.com/wiki/butler_wikiref/

④ University of Huddersfield. LibraryWiki. [2007－12－25]. http://library.hud.ac.uk/wiki/

于 2006 年 3 月，主要内容是以 Wiki 方式建立的电子资源目录，包括字顺与分类两种排列方式，目的是帮助用户使用 MetaLib 提供的电子资源。其他在参考咨询领域的类似应用，还有图书馆使用手册 Wiki，常见问题 Wiki 等。

如今，基于 Wiki 的专题资源，已经是图书馆员提供信息咨询服务的重要参考工具，更多的类似资源和介绍，可以参考本书第 8 章参考咨询中的相关内容。

3）社区 Wiki

人们可以在 Blog 上为自己写日记，写下自己每天干什么了，去了哪里，但是一个城市是否也可以有“日记”呢？美国加州的 Davis 城市就是借助 Wiki 来记录城市历史。DavisWiki[①] 从 2004 年 6 月建立至今，关于这座城市的人、事件、学校、街道及其他或大或小的事物都可以在其中找到。它一度是世界上最大（文章、图片、编辑次数）的社区 Wiki（如今已被德国的 Karlsruhe 城市 Wiki 超过），也是最受市民欢迎的社区 Wiki 网站。

甚至我国去该处留学的新生，都会被推荐到 DavisWiki 去寻求衣食住行的便利信息，比如公寓出租信息等等。在美国内布拉斯加州的奥马哈市的 Omaha Wiki[②] 和 Wikipedia 上，[③]我们还可以找到更多城市的社区 Wiki 网站。OmahaWiki 还列出前 25 大社区 Wiki，[④]根据文章数目、编辑次数等每月更新一次。令人遗憾的是，在这些社区 Wiki 的背后，很难看到图书馆的身影。作为社区文化信息中心的公共图书馆不是更有理由做这样的事情么？

美国 Stevens 县图书馆就维护着一个社区在线指南 SCRLD Wiki，[⑤]建于 2007 年 4 月。网站力图成为 Stevens 县的百科全书，内容包括当地的活动、事件、人物、地点、服务、历史、文化等。

学校图书馆除了可以建立生活类社区 Wiki 外，还可以建立教学信息 Wiki 社区。加拿大的 Calgary 大学 Wiki 就是一个提供教学方面内容管理与资源共享的平台，[⑥]建于 2004 年 12 月。包括学校的院系、服务支持部门及俱乐部等。

4）Wiki 化 OPAC

---

① DavisWiki. http://daviswiki.org/Front_Page

② Omaha Wiki. http://www.omahawiki.org/

③ City wiki. http://en.wikipedia.org/wiki/City_Wiki

④ Omaha Wiki. Omaha Wiki Benchmarks: http://www.omahawiki.org/Omaha_Wiki:Omaha_Wiki_Benchmarks

⑤ SCRLD Wiki. http://www.scrldwiki.org/index.php/Main_Page

⑥ University of Calgary wiki. ［2007－12－25］. http://wiki.ucalgary.ca/page/Main_Page

近年来，OPAC（联机公共查询目录）与亚马逊、Librarythings 等网络书目相比，似乎呈现一派老相。读者不大关心编目员耗费心血所标引的信息，因为没有图书目次、摘要、书评，简单的搜索结果并不能帮助他们挑选真正接近个人阅读需求的图书。图书馆集成管理体制系统也只能得知图书的借出频率，并不能获知图书的真正利用效果。

鉴于此，OCLC 在 2005 年 5 月开始了被称为 WikiD 的 Worldcat Wiki 项目，要用 Wiki 完善网上的联合目录。Wiki 功能于当年 10 月启用，主要体现在三方面：添加注释、添加图书目次、添加书评。或许初看起来，有点不太像我们所熟悉的 Wiki 网站，但它确实有包含着“群策群力”的特征在其中，任何人都可以在简单注册后，参与到联合目录的建设中。详细情况可以参考本书第 10 章 OPAC 中的相关内容。

（2）图书馆业务与管理

图书馆业务与管理，也是 Wiki 可以一展身手的场所。面向馆员的 Wiki 网站，内容可以包括图书馆的内部通知、规章制度、业务标准规范、统计数据、常见问题等知识库，是馆员学习交流的重要平台。

厦门大学图书馆编目部早在 2004 年即建立了 Wiki + Blog 的网站，Wiki 部分包括编目部概况、职责和成员，编目规则、常见问题解答以及工作人员的工作量统计。可以实现编目规则等的动态维护，也可以随时更新增加新的内容。

厦门大学图书馆在 2006 年 5 月开始建立馆内知识库——“喂鸡”，①就是一个使用MediaWiki建立的 Wiki 网站，内容包括部门规章制度、业务标准规范、日常通知告示等。

与传统的“告示”式图书馆内联网（intranet）不同的，Wiki 型内联网不是图书馆领导层单向发送信息，而是群体协作的写作方式，每个图书馆员都可以参与讨论和创作，都可以将自己的业务知识分享到知识库中。同时 Wiki 引擎所提供的版本控制功能也保证了知识库资源的良性发展。如今“喂鸡”已经成为图书馆馆员业务学习交流的重要场所。②

（3）图书馆专业领域

除了由图书馆建立的面向本馆用户与馆员的 Wiki 网站外，在图书馆专业领域还有一批面向整个行业的 Wiki 网站。此类 Wiki 网站一般由图书馆专业人员共同维

① 厦门大学图书馆喂鸡．http://wiki.xmulib.org/wiki

② Fandog．从维基开始，走向 2.0．［2007－11－12］．http://fandog.xmu.edu.cn/archives/289

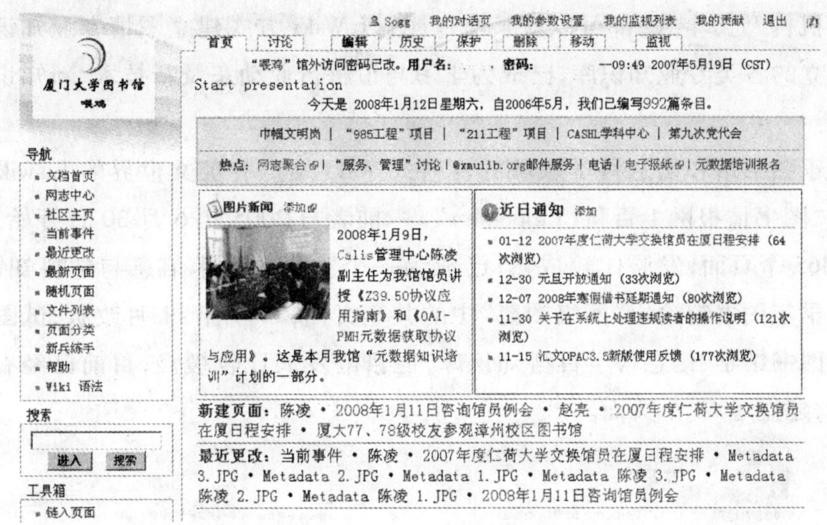

图5-6　厦门大学图书馆维基(喂鸡)

护，共同参与，搜罗的专业信息新颖且内容丰富，是图书馆员进行业务研究、专业学习与交流的重要场所。

①专业机构与组织

美国图书馆协会在2006年11月建立了Wiki网站ALA Wikis，①提供与ALA相关的各种信息，如ALA下属各专业协会及其博客等。

新西兰Aotearoa图情协会的信息技术专业小组的LIANZA IT-SIG Wiki（http://wiki.lianza.org.nz/）；

一些图情教育机构，如伊利诺伊大学Urbana-Champaign分校（UIUC）的图情学院。

②专业会议Wiki

从2004年11月Richard Akerman为Internet Librarian 2004会议建立Wiki开始，很多专业会议都开始用Wiki建立正式或非正式的会议网站，提供各种会前、会中与会后的消息与评论等，成为与会者与关注者了解会议内容的重要信息源。

厦门大学维护的DL-China网站，②在2006年改为Wiki版，成为集成历届数字图书馆高级研讨班信息的Wiki网站。

③专业知识库

① ALA wikis.［2007-12-25］. http://wikis.ala.org/readwriteconnect/index.php/ALA_wikis

② DL-China.org.［2007-12-25］. http://www.dl-china.org/

各种机构乃至个人,都可以就某个专题,以 Wiki 方式建立图情专业知识库。目前已经建立的各类专业知识库,已成为学习与了解行业动态及新技术、新知识的重要信息源。

专注于图书馆和信息科学领域的百科式 Wiki 站点有英文世界的 Liswiki① 和中文世界的“图书情报网上百科(Libpedia)”。② 前者自 2005 年 6 月 30 日开始运作,至今已有 1365 个页面,发展比较成熟,已成为一个重要的学术信息与学科知识网站。后者源于早年图书馆论坛“网络图苑”中的共笔文档,2006 年 11 月改版,试图做成中文世界的图书馆学、信息科学百科知识库,但目前发展比较缓慢,目前已经有 258 个注册用户,建立起 64 个页面。

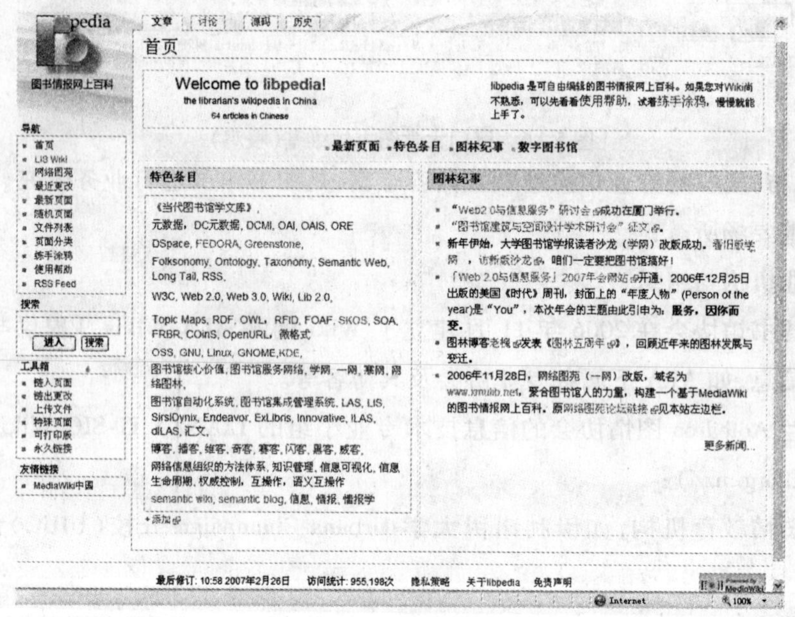

图 5-7 图书情报网上百科

除了综合性的专业知识库,近年还涌现出一批专题 Wiki 网站。Libray Success③ 是其中最著名的,始建于 2005 年 7 月,由在美国图情界有 Wiki 女王之称的 Meredith Farkas 建立,收集了图书馆在信息技术应用中的众多成功案例和典型应用,其中也包

① LisWiki contributors. LisWiki. [2007-12-25]. http://liswiki.org/w/index.php?title=Main_Page&oldid=15527

② 图书情报网上百科编者. 统计数据. [2007-11-12]. http://www.xmulib.net/wiki/Special:Statistics

③ Library Success. [2007-12-25]. http://www.libsuccess.org/

括 Wiki 应用的不少案例。其他专题 Wiki 也是五花八门，如 Library Technology Training Wiki，专门提供使用 PBwiki 建立 Wiki 网站的各类文档、资源和指南；EZProxy Self-Support Wiki，为使用校园网外访问的代理软件 EZProxy 提供技术支持的非官方网站；Information Commons Wiki，加拿大图书馆协会信息共享空间兴趣小组建立的汇集相关内容的网站；等等。

与图书馆相关的各类 Wiki 应用，列举如下。①

表 5－2　国外图书馆 Wiki 应用情况一览

名　称	提供的内容
Library Success：A Best Practices Wiki	以 Wiki 的形式收集图书馆在信息技术应用中的成功案例、典型应用等。
University of Calgary Wiki	为 University of Calgary 社区提供教学方面的内容管理与资源共享平台。
Library and Information Science Wiki	图书馆与信息科学方面的 Wiki 百科。项目开始于 2005 年 6 月 30 日，至 2007 年 4 月 15 日止，共有 1337 个条目。
ALA Chicago 2005 Main Page	2005 ALA 年度会议的非官方 Wiki，发布会议相关信息。
the SCRLD Wiki Project	由 Stevens County Rural Library District 维护，旨在通过 Wiki 提供 Stevens County 地区的在线指南。至 2007 年 4 月 15 日止，有 233 个条目。
Library Instruction Wiki	此 Wiki 由 Oregon Library 创建，旨在帮助图书馆员之间相互学习，主要内容为各式指南。
Butler University Libraries' Reference Wiki（seedwiki）	图书馆员、教职工及学生对 Butler 大学图书馆提供的各类资源（数据库、书籍、网站等）的评论，包括使用建议等。
The University of Connecticut Libraries' Staff Wiki	用于该图书馆工作人员之间共享文档。
Biz Wiki at Ohio University	Ohio 大学图书馆为商业研究者服务的 Wiki 网站，发布与商业有关的参考书、数据库、Web 网站等方面的指导信息，大部分是其馆藏。混搭即时聊天的 meebo。
MLA Memphis 2006 Wiki（PmWiki）	音乐图书馆协会 2006 年年会信息共享小组委员会（Information Sharing Subcommittee）的非正式会议网站（另有正式的会议网站），提供各类会议信息。
USC Aiken Gregg-Graniteville Library web site（PmWiki）	Wiki 站点就是该图书馆网站，提供图书馆方方面面的信息，如馆际互借、参考服务等信息。

① 明蓝．Wiki 在国外图书馆的应用．［2007－11－12］．http://blogger.org.cn/blog/more.asp?name=libris&id=24153

（续表）

名　称	提供的内容
Library Technology Training Wiki（Pbwiki）	提供使用 PBwiki 建立网站的各类文档、资源和指南等，还包括如何使用 SurveyMonkey 进行在线调查。
Environmental Scan（PBwiki）	对影响图书馆事业发展的问题和趋势进行环境扫描。
Electronic Resources Wiki at the University of Huddersfield	帮助用户使用 MetaLib 提供的电子资源。

5.3 大禹治水，疏导有方[①]

林泰宏先生在再次考虑淡江大学图书馆“主题资源”项目时，对于是否抛弃原有的管理系统而采用 Wiki 平台时，发出如下疑问：“如果不允许读者来新增、修改内容，那有什么理由要将现有系统切换到 Wiki 平台？”进而提出了 5 个问题：[②]

①是否有现行的系统/服务，改采 Wiki 的原因为何？

②是否开放让读者贡献内容？

③如果开放给读者贡献内容的权限，图书馆是否足以信赖读者？

④是否有人力/时间去监视读者所贡献的内容？

⑤是否有计划或会持续的推广 Wiki？

类似的，在 WikiWkiWeb 上，也建议在使用 Wiki 之前要明确：[③]

①预期会有多少用户在使用它？

②打算在什么操作系统上运行它？

③你需要的是同时运行多个 Wiki？

④这个 Wiki 是一个正式项目还是只是为了玩？

⑤你需要它具备什么特型或者不需要什么？

⑥对于你想组织的主题，是否已经有某个相关的 Wiki 了？

简单地说，就是在运作一个 Wiki 网站之前，必须明白，这个 Wiki 站点是出于何种目的而建立？Wiki 本就是为开放内容的共建共享而设立，它与其他内容管理系统

---

① 本节建议对开发图书馆 Wiki 应用平台有兴趣的人阅读。

② Ted. Why Wiki. [2007－11－12]. http://libraryviews.blogsome.com/2006/11/03/430/

③ WikiWikiWeb contributors. Choosinga wiki. [2007－11－12]. http://c2.com/cgi/wiki?ChoosingaWiki

或知识库组织系统相比，最大的优势就在于所有用户都可以或多或少地参与建设。如果在既定的传播范围限制了绝大多数人的知识贡献积极性，这将是对 Wiki 的最大浪费。正如大禹治水那般，用疏而不是用堵。

Wiki 的资源来之不易，是所有用户的点滴智慧积攒起来的结晶，自当慎重对待。因此从建站之初，就要慎重选择 Wiki 引擎（支撑平台），并做仔细规划以静心运营。

5.3.1　谁是我的主神？——Wiki 引擎的选择

（1）最棒的 Wiki 引擎是哪一个？

Wiki 诞生至今已经十余年，但早期主要是在计算机科学领域内小范围使用。直到维基百科的兴起，才带动了 Wiki 网站的繁荣，Wiki 这种群体协作的模式也随之流传开来。至今，支持这种协作方式的网站已经数不胜数，为之提供技术支撑的 Wiki 引擎更是百花齐放。

根据世界上第一个 Wiki 网站 WikiWikiWeb 的罗列，目前共有 284 种采用不同编程语言支持各类操作系统的 Wiki 引擎存在于世。① 那么，哪个 Wiki 引擎才是最棒的呢？这恐怕是每一个想要创建 Wiki 网站的人都想问的。但这也正如问来自世界各地各行各业的人“谁是这世界上最伟大的人”一样，答案肯定千种百样，因为他们心中的衡量标准不尽相同。

Wiki 创始人 Ward Cunningham 提出了选择“十大 Wiki 引擎的三条标准”：②一是最切合某类使用目的，比如建立一个大型的公共 Wiki，或者一个小型的个人用途 Wiki 等；二是根据个人的喜好和见识判断是否拥有与众不同的特点（基于推荐人的个人爱好和广闻博识）；三是从使用该 Wiki 引擎的 Wiki 网站数目及被下载的次数判断是否受欢迎。

大家根据这三条标准，采用 Wiki 这种群体协作在 WikiWikiWeb 上列出了得到众人认可的十大 Wiki 引擎：

①MoinMoin：A PythonLanguage wiki engine，features flexibility and modular design；

②MediaWiki：Used by the WikiPedia project，which is one of the most popular wikis（PHP and MySql）；

---

① WikiWikiWeb contributors. Wiki Engines. [2007 - 11 - 12]. http://c2.com/cgi/wiki?WikiEngines

② WikiWikiWeb contributors. Top Ten Wiki Engines. [2007 - 11 - 12]. http://c2.com/cgi/wiki?TopTenWikiEngines

③PhpWiki: A very popular PhpLanguage Wiki based on UseModWiki, with many features added;

④TeleparkWiki: the first interactive Wiki with an AJAX - powered hierarchical menu system and visual WYSIWYG editor;

⑤ OddMuseWiki: Really popular descendant of UseModWiki (" one big Perl script");

⑥UseModWiki: A PerlLanguage wiki, based on Ward's original WikiWiki;

⑦TWiki (TwikiClone): A powerful, skinnable, extensive PerlLanguage wiki, aimed at large corporate Intranets;

⑧TikiWiki : A has - everything content management system with a powerful Wiki (PHP);

⑨PmWiki: A popular PhpLanguage Wiki, easy installation, simple design, nice feature list;

⑩WakkaWiki: Which WakkaWiki fork is the best? Also see WikiEngineHallOfFame(PHP/MySQL)。

虽然各人努力遵循上述标准,并且在页面上添加自己的评论文字以说明某个 Wiki 引擎入选与否的理由,但毕竟这样的列表仍然显得有些主观。如果没有直观的数据来证明,就此作出的排名可能会让人感到底气不足。

(2)最受欢迎的 Wiki 引擎比较

如果把 Ward 的三个标准做更深入的细化,通过引擎核心特性、使用目的和普及程度三大方面的数据进行分析,或许可以找出"最受欢迎的 Wiki 引擎"。

MediaWiki
26000000 (2006.1.1)
TWiki (TwikiClone)
16300000 (2006.1.1)
TikiWiki
6100000 (2006.1.1)
PukiWiki
3500000 (2006.1.1)
PhpWiki
2060000 (2006.1.1)
XWiki (XwikiWiki)
2000000 (2006.1.1)
MoinMoin
1380000 (2006.1.1)
DotNetNuke
1310000 (2006.1.1)
current version?)
PmWiki
1200000 (2006.1.1)
JspWiki
1180000 (2006.1.1)

Google搜索结果
(依据WikiWikiWeb)

图 5-8 Google 搜索结果中的 Wiki 引擎排名

通过各种 Wiki 引擎的使用频率和下载次数,可以说明它们的受欢迎程度。借助搜索引擎的检索结果,可以简略判断

Wiki 引擎的受欢迎程度。人们将 Wiki 引擎的名称作为检索词，在 Google 中检索，按照检索结果的数目排序，列出最受欢迎的 Wiki 引擎。虽然这并不是一个很精确的衡量尺度，但至少从某种程度上反映了网络世界里头能够被搜索巨头 Google 索引到的网页中哪些 Wiki 引擎是被最多的网页提及的。

另外，还可以从网站 WikiMatrix[①] 获得另外两种排行榜。WikiMatrix 允许用户查看登录在案的 92 个 Wiki 引擎的相关信息，并任意选择多个互相比较，以帮助人们筛选出适合自己的 Wiki 引擎。在这里，我们可以看到按被查看频率和被比较频率排序的列表。

Most Views	
6858	DokuWiki
3991	MediaWiki
3408	TWiki
2314	PhpWiki
1933	TikiWiki
1699	PmWiki
1522	DekiWiki
1367	bitweaver
1365	MoinMoin
1135	XWiki

WikiMatrix 中被查看频率前十
依据：WikiMatrix. org

Most Comparisons	
29779	MediaWiki
23100	PhpWiki
23097	TWiki
22500	PmWiki
20602	TikiWiki
19935	DokuWiki
14886	MoinMoin
14277	JSPWiki
13144	WackoWiki
13067	XWiki

WikiMatrix 中被比较频率前十
依据：WikiMatrix. org

图 5－9 WikiMatrix 中的 Wiki 引擎排名

如果，将 WikiWikiWeb 的 TopTen、Goolge 搜索结果、WikiMatrix 的查看频率、比较频率放在一起比较，我们会发现一个有趣现象：很多的 Wiki 引擎都共同处于这些不同的排行榜之中。

表 5－3 Wiki 引擎的不同排名比较

排名	WikiWikiWeb TopTen	Google 搜索结果	WikiMatrix 被查看频率	WikiMatrix 被比较频率
1	MoinMoin	MediaWiki	DokuWiki	MediaWiki
2	MediaWiki	TWiki（TwikiClone）	MediaWiki	PhpWiki
3	PhpWiki	TikiWiki	TWiki	TWiki

① http://www. wikimatrix. org/

（续表）

排名	WikiWikiWeb TopTen	Google 搜索结果	WikiMatrix 被查看频率	WikiMatrix 被比较频率
4	TeleparkWiki	PukiWiki1	PhpWiki	PmWiki
5	OddMuseWiki	PhpWiki	TikiWiki	TikiWiki
6	UseModWiki	XWiki（XwikiWiki）	PmWiki	DokuWiki
7	TWiki	MoinMoin	DekiWiki	MoinMoin
8	TikiWiki	DotNetNuke	Bitweaver	JSPWiki
9	PmWiki	PmWiki	MoinMoin	WackoWiki
10	WakkaWiki	JspWiki	XWiki	XWiki

可见，这些排行榜虽然有所出入，但差别并不大。如果之前还曾对开放的、多人匿名编辑而产生的 TopTen 有所疑虑的话，那么现在 Google 和 WikiMatrix 的排行榜，就可以提高对它们的信任了。相应的，Google 和 WikiMatrix 也印证了 Wiki 编辑模式下产生的内容比较受欢迎，表明质量可靠。

Wiki 引擎使用的用户越多，受关注的程度越高，相应的也激励其开发、维护团队趋向稳定，也便于以此 Wiki 引擎来建立 Wiki 网站的维护。

但受欢迎的，就一定是用户所想要的么？不一定。俗话说，只选最合适的，不要最好的。最流行的 Wiki 引擎，不一定适合所有的用户。因此，不能完全根据流行程度来选择 Wiki 引擎，用户还需要先对个体的 Wiki 引擎功能特性有所了解才行。

（3）Wiki 引擎的开发、运行环境

软件系统的运行环境和原来的开发环境关系非常密切，不同的程序语言开发的软件在不同的系统环境下运行效率也不一样。近 300 种 Wiki 引擎分别用近 40 中程序语言开发，也采取不同的数据存储方式。

根据统计，程序语言最多的是 Php、Perl、Java、Python，四者合占近 7 成；从参与数据存储方式统计的 36 种 Wiki 引擎来看，采用自由免费的存储方式也占了绝大多数。① 这与 Wiki 先天的开放性有关。

表 5-4 Wiki 引擎开发程序语言比例情况

程序语言	数量	百分比
Php	78	27.46%
Perl	44	15.49%
Java	38	13.38%

① WikiWikiWeb contributors. Wiki Choicetree. [2007-11-12]. http://c2.com/cgi/wiki?WikiChoicetree

（续表）

程序语言	数量	百分比
Python	30	10.56%
Ruby	12	4.23%
C#	9	3.17%
Smalltalk	9	3.17%
Asp	8	2.82%
SchemeLanguage	5	1.76%
C	4	1.41%
C++	4	1.41%
Vb	4	1.41%

表 5-5 Wiki 引擎数据存储方式比例情况

数据存储方式	数量	比例
MySQL	15	41.67%
文本	14	38.89%
PostgreSQL	4	11.11%
Access & ODBC	3	8.33%

由于 Wiki 网站的目的主要就是为了促进知识共创分享，其开放内容的理念也与开放源码的理念非常接近，因此大多 Wiki 引擎都使用开源的程序开发语言和数据库管理系统，也是可以接受的。同样，使用者们也因此只要付出很少的经济投入，即可搭建高效率的 Wiki 平台。

（4）Wiki 引擎的基本功能

虽然 Wiki 引擎多种多样，但通常都具有如下一些共通之处。

①版本控制。这是一个 Wiki 引擎最重要的功能，也是 Wiki 引擎发挥作用的前提。因为 Wiki 是向用户开放编辑的，难免会遇到好奇者不小心修改，甚至会出现恶意修改的现象。通过版本控制，可以轻松的比较不同作者的编辑差异，或者将被破坏的页面恢复原样。

②权限控制。这包括两个方面，用户管理和垃圾文字屏蔽。虽然 Wiki 网站是一个开放的协同写作平台，事实上大多 Wiki 网站也允许匿名用户编辑文字，但是基本的用户管理仍是 Wiki 网站健康发展的有效保障。垃圾文字屏蔽指的是与某个 Wiki 站点主题无关、给其他用户带来阅读烦恼的信息。在 Wiki 中，大部分的内容都由一般用户以民主的形式讨论、修改。而审核员拥有比普通用户更大的权力，比如删除文章或封锁用户。非常敏感的议题，则由系统管理员来把关。

③简单易用。一是软件安装简单,二是使用简单。现在的 Wiki 引擎大多支持简单的 Wiki 语法,只要付出些许时间学习,不必理会繁复的 HTML 代码就可以轻松地发布、编辑信息,这是 Wiki 受欢迎的另外一个原因。当 Wiki 刚兴起时,Wiki 语法和 HTML 语法相比,优势明显。但渐渐地,人们更加期待直接可用的所见即所得编辑器。①

④允许讨论交流。多人协同协作不同个人写作,当遇到观点差异时,就需要通过讨论来交流解决冲突问题。

⑤RSS 服务。RSS 服务已经是 Web2.0 时代各类软件的标准配置了。通过 RSS,方便用户及时了解、跟踪 Wiki 网站的最新变化。

⑥允许查看最近修改。Wiki 运行的重要原则是"更多的眼睛可以看见更多的错误",也就是说,破坏和错误不是不会发生,而是问题很快被纠正了。所有的眼睛都注视着"最近更改"页面,他们坚持不懈地修改和补充彼此的文章。当不应该的修改和删除发生后,用户还可以恢复到以前的版本。

⑦可扩展。Wiki 网站不仅需要有开放的内容允许公众编辑,也更需要有开放的接口供程序员扩展 Wiki 引擎的功能。只有通过开放的接口扩展系统功能,才能满足不同人群的差异性需求。一个成熟的健壮的 Wiki 引擎尤是如此。

⑧搜索。Wiki 这样的知识分享空间,完善的搜索功能有助于知识的分享流通。

以上是一般 Wiki 引擎的共同点,也是应该具备的基本功能。此外,它们还有各自的特殊功能特性。若要了解更多的细节,除了到它们的官方网站去查看外,还可以登录 WikiMatrix 网站一站式获取。

5.3.2 选择合适的 Wiki 引擎

WikiMatrix 可谓是"关于 Wiki 的 Wiki",其口号是:"Compare them all",它本是 Andreas Gohr 创建的一个流行 Wiki 引擎比较页面,如今已经发展为一个可以自由比较多达 92 个流行 Wiki 引擎的强大系统。通过 WikiMatrix 提供的"选择、比较、交流、增强"四项服务,用户可以找到合适的 Wiki 引擎。②

①选择。WikiMatrix 提供了一个 Wiki 选择向导,只需按照其提示来回答一些问题,

① 维基(Wiki)集体协作网站的使用者与使用行为之研究.[2007-11-12]. http://www.my3q.com/view/viewSummary.phtml?questid=173209

② Jiang. WikiMatrix.[2007-11-12]. http://jiangzhanyong.com/2007/03/wikimatrix-227.html

或者按照所需要的功能进行搜索，可以轻松找到所需要的Wiki。

②比较。可以在Wiki列表里选择一些Wiki，然后点击比较按钮，WikiMatrix就会将这些Wiki逐项进行对比，可以查看它们的每个细节区别。

③交流。通过WikiMatrix网站的论坛，可以与其他的Wiki用户进行交流、探讨。

④增强。可以在这里分享Wiki知识，也可以添加新的Wiki系统。

(1)典型的Wiki引擎：Mediawiki

说到Wiki引擎，就不得不提MediaWiki(http://www.mediawiki.org)。它是一款以GPL授权发行的自由软件，采用PHP和MySQL开发而成。最初是由Magnus Manske为Wikipeida开发设计的，随后应用到维基媒体基金会所发起的所有Wiki计划中。

随着维基百科的流行，MediaWiki也被很多Wiki网站所采用，拥有大量的用户群体。受维基百科和其他Wiki用户的推动，MediaWiki的更新非常频繁，几乎每个季度都有新的稳定版本发布。

①MediaWiki的系统要求

- 一份MediaWiki程序包
- Web服务器：Apache或者IIS
- PHP脚本解析器，版本5.0以上（推荐版本号：5.1.x）
- 数据库管理程序
  - ◆MySQL 4.0以上版本
  - ◆或者PostgreSQL 8.1以上版本(同时需要plpgsql和tsearch2)
  - ◆为方便管理数据库，可以选择安装phpMyAdmin（MySQL）或者phpPgAdmin（Postgres）（可选）
- 若要网站支持缩略图和数学公式，还可以选择安装相应的程序

②Mediawiki的安装

MediaWiki的安装非常简单，主要的步骤可以通过浏览器网页完成。但在此前，需要做一点准备工作：

- 网站的URL，假设是http://www.mywikispace.com/wiki。
- 将MediaWiki程序包解压并上传(或放置)到网站空间。
  - ◆假设物理路径是：/var/www/html/wiki。
  - ◆在MediaWiki文件夹中有个(/var/www/html/wiki/)Config目录，安装过程中安装脚本将要在其中写入文件，因此需要修改Config的读写权限。在

Unix/Linux 环境中,可以通过 chmod 命令完成;而在 FTP 客户端,则可以通过客户端软件附带的功能完成,如在 FileZilla 可以右键点击“Config”目录选择“属性”项目来改

- 创建数据库
  - ◆如果晓得数据库管理系统的根用户账号,或者我们的账号拥有创建数据库的权限,可以直接跳过这步。
  - ◆如果想利用现有的数据库,也就是说和其他的程序比如论坛或 Blog 分享一个已存在的数据库,那么也可以直接到下步。
  - ◆如果尚无为新的 Wiki 站点准备好数据库,那么请使用拥有的权限去建立一个空白的数据库,并记下数据库名称、数据库用户、访问密码备用。
- 运行安装脚本
  - ◆在浏览器地址栏输入 http://www.mywikispace.com/wiki/。程序将自动检测到当前没有安装 MediaWiki,并询问是否安装。选择“安装”。
  - ◆根据页面提示的栏位填写上述提及的信息,并点击“安装”以最终运行安装脚本。
  - ◆安装完成后,将在 config 目录下生成一个 LocalSettings.php 文件,将它移到 MediaWiki的安装目录下(如 /var/www/html/wiki)。为安全起见,设定该文件为 Web 服务器用户只读权限,并删除 config 目录。
- 到这里,MediaWiki 的安装算是基本完成。但为了提供更丰富、强大的功能,还可以为它增添其他扩展程序。

(2)Wikia 的 Wiki 服务

值得特别推荐的是,作为最受欢迎的 Wiki 引擎之一,Wikia(http://www.wikia.com)除了可以自由下载,安装在自有服务器的同时,还为著名的 Wiki 平台服务提供商 Wikia 提供了技术支撑。

作为自由文化运动的一部分,创建于2004年的 Wikia 同样采用 GNU 文档授权协议发布内容。至今,在 Wikia 已经建立了超过 3000 的 Wiki 社区,覆盖语言达 70 多种。极大地方便了开放文化及 Wiki 文化爱好者。对 mediawiki Wiki 引擎感兴趣的不妨到这里去尝试注册一个独立的 Wiki。

5.4 路在前方,曲折有致

现在,如果图书馆已经选定 Wiki 引擎,并搭建完毕了,是不是可以马上就将之推

送到用户面前了呢？

林泰宏先生认为“不管是 Blog 或 Wiki，这些强调与读者互动或者由读者贡献内容的服务，仍需要去推广才会有所谓的社群的产生。”①林信成等人在《Wiki 协作系统应用于数字典藏之内容加值与知识汇集》②一文中，更是把系统、内容、社群视为 Wiki 的金三角，认为：Wiki 金三角 = 系统 · 平台技术 + 内容 · 知识组织 + 社群 · 管理策略。

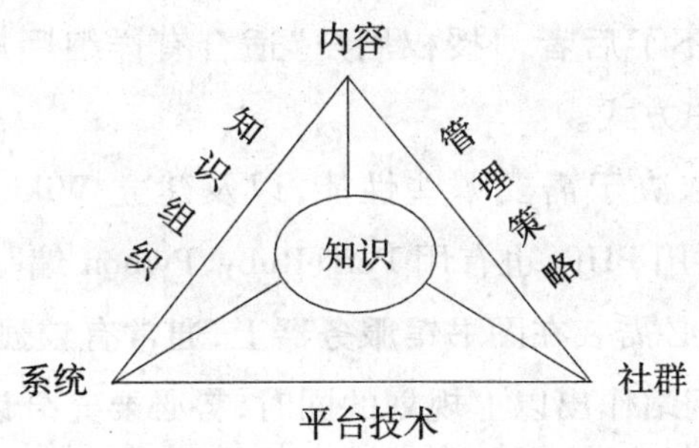

图 5-10　Wiki 金三角模型

联想 CKO 张后启先生认为，一个知识库和一个垃圾库之间只有一步之遥。这一步往往就取决于知识库内容的管理和维护。因此，对于搭建好的 Wiki 网站还应该考虑 Wiki 的使用对象、内容重点、控制程度做相应的规划。Meredith Farkas 在“So You Want to Build a Wiki?”③一文中对此提出了以下几点意见，值得参考：④

①Wiki 必须有特定目的，不能只向用户提供一个白板。最好先建立若干结构，方便人们撰写。

②Wiki 在公开前最好增加些内容，给人们作些具体示范，便于人们自在地增加内容。

③明确增加 Wiki 内容的指导方针，以免人们要求你增加内容，而不是他们自己做。如果是公开 Wiki，应该有免责声明，明确图书馆没有创建 Wiki 上的所有内容，图书馆不对 Wiki 用户的观点负责。还应声明版权，许可管理内容，增加内容受版权限

---

① Library Views. http://libraryviews.blogsome.com/

② 林信成等. Wiki 协作系统应用于数字典藏之内容加值与知识汇集. 教育资料与图书馆学，2006，3(43)：285—307

③ Meredith Farkas. So You Want to Build a Wiki. [2007 - 11 - 12]. http://webjunction.org/do/DisplayContent?id = 11262

④ 采用编目精灵的翻译(http://catwizard.bokee.com/5408698.html)，为避免歧义，将原译文中“维基”一词还原成“Wiki”。

制。

④垃圾问题。如果形成好的社区,会加强行为规范,管理者也会很轻松。一些Wiki软件允许安装垃圾过滤。

⑤垃圾与故意破坏行为很容易修复。许多Wiki程序保存每页的所有先前版本,用户也不必过于紧张,怕毁坏页面。

⑥决定是否限制Wiki访问。“完全开放”易出现发垃圾文章及故意破坏者,“开放注册”减少前者但免不了后者,“授权用户”适合有详细用户清单的情况。对社区Wiki,难于采用授权用户方式。

⑦选择Wiki软件取决于需要哪些性能,以及建立Wiki者的技术水平(tech - savvy)。许多Wiki软件用PHP,也有用Perl、Ruby、Python编写等。免费Web版性能有限,其他也是免费的,必需装在图书馆服务器上,通常有较强的定制能力。

在对图书馆Wiki网站作出以上规划的同时,势必要充分认识到,在Web2.0时代背景下,图书馆员不再是图书馆信息服务中的权威信息唯一指引者。有更多的图书馆用户,将深入地参与到信息资源的建设中来,成为图书馆的真正的主人。

Wiki是人类现实社会关系的缩影,只有认可共同的行为规范,坚持善意、理性和公平公开,才能保证知识共创并积极成长,图书馆的Wiki资源建设概莫能外。如何动员广大用户分享有价值的信息,共同参与Wiki资源建设,通过知识共创实现知识共享,是摆在图书馆和图书馆员面前的另一个重要的问题。路在前方,曲折有致。

推荐阅读

1 Leuf, Bo. , Cunningham, Ward. The Wiki way: quick collaboration on the Web. Addison-Wesley,2001

2 Farkas Meredith. So You Want to Build A Wiki?. http://www.webjunction.org/do/DisplayContent?id = 11262

3 Farkas Meredit. Using Wikis to Create Online Communities. http://www.webjunction.org/do/DisplayContent?id = 11264

4 Farkas Meredit. Wiki. http://techessence.info/socialsoftware/wiki

5 Bill Venners. Wiki发明人Ward Cunningham访谈. 程序员,2004(2)

6 李学俊,李龙澍,徐怡. 基于Web2.0的Wiki系统的研究与应用. 计算机技术与发展,2007(7)

7　黄晨. Lib2.0的观念与变革——以维基(Wiki)和标签(Tag)为例. 图书馆杂志,2007(8)

8　施素雯,王斌. Wiki与Wikipedia评述. 东南传播,2006(2)

9　胡科,王荣良. 基于Web2.0的Wiki技术应用研究. 中国电化教育,2006(9)

10　谭支军,吴郑红,徐子清. 今天,你WIKI了吗? 中小学信息技术教育,2005(6)

访谈专栏：图书馆员2.0之路

姓名：Sogg　　　工作部门：阅览部　　　年龄：20－30岁

1. 除了IM,您是从什么时候开始使用第一个Web2.0工具的? 这个工具是什么?

答：2002年12月开始写Blog(博客)。2003年6月利用Movable Type独立建站。2004年2月通过自建服务器开始为同事提供blog服务。

2. 您现在使用的Web2.0工具有哪些? 使用频率如何? 您还打算尝试哪些工具?

答：正在使用的有很多,使用频率也不算低:

1）包括个人、团队的blog;每天必读、不读会痒的RSS;用来收藏、分享书签的del.icio.us;

2）Wiki：在遇到Wikipedia时,发现Wiki模式在图书馆很有用处,当时想到的初步应用就是内部的文档管理、交流或者是对图书馆的FAQ整理,后来在部门Wiki实践基础上,为本馆建立一个内部知识库"喂鸡";

3）微博客(Twitter/饭否)：新兴的2.0服务,记录、分享个人的思想闪光点,每日更新,但有陷入信息沼泽的担忧。

无法说我还打算尝试什么工具,只能说当出现能满足我更细致需要的工具时,我可能会去选择。

3. 您觉得这些Web2.0工具给您的工作、学习、生活各带来了哪些新的变化?

答：最初写blog就是为了记录自己的工作、学习。从现在的结果来看,收获很大。虽然自己的认识很浅薄,但点滴记录下来,也算是一种积累;开拓眼界,2.0使非技术人员分享知识更为便利、轻松,也就提供了更多的学习机会,结识许多良师益友。

从以前在编目部的经历来看,"编目精灵"的出现给我很大影响,她集中介绍提供的与编目有关的各种资源,让我们不再局限于枯燥的MARC字段编辑中。而她提供的信息,是很难能在那些比较正式的期刊、图书这样的学术传播载体中获得的。从她那里,我发现原来编目员的世界也可以如此丰富。众多图林大家、普通馆员也借blog来发布自己对专业、学术的认识和理解,通过阅读可以感受到他们对工作、专业的热情,从而也激发带动自己的工作兴趣、热情。

4. 您心目中的图书馆员2.0应该是什么样的?最重要的特征是什么?

答:对内(馆内同事)、对外(读者用户),他都堪称114号码百事通。他不一定是某专业的专家,但他能借助熟练掌握的信息技能利用或传统或时尚的工具轻松的提供解决问题的方案。

5. 您认为自己可以称作图书馆员2.0吗?

答:还说不上,我要努力把这几年的学习成果投入到读者服务实践去,以便检验和提高。

6. 请您帮助分析下面的事例:"有两个图书馆员A和B,A有自己的博客和博客圈,经常发表专业见解和同行交流,并且使用各种2.0工具,用于专业学习,但不直接为读者服务。B建立了学科馆员博客,为读者推荐学科资源,介绍图书馆服务等,和读者进行互动。B也使用了一些2.0工具,主要应用在图书馆的资源与服务中。"请问,A和B,哪个更像理想的图书馆员2.0模样?还是"A+B"才更理想?或者您还有其他观点?能说一下理由吗?

答:倾向于B,首先我们讨论的是图书馆员,其次才可能同时是研究学者,为读者服务才是图书馆员。如果B能+A,那可以说明B他作为图书馆员,已经不仅是能够为读者服务,更能帮助他的同事、同行提高为读者服务的能力,这是最理想的。

7. 如果让您选3位图书馆员2.0之星,您会选哪几位?请说明您的理由。

答:暨大晓钟、编目精灵、图林丫枝。

8. 您是否认同"所有的图书馆员都该努力蜕变成图书馆员2.0"?

答:同意,虽然很难。或有人误以为2.0是技术人员的事,但这只是会用2.0技术工具的图书馆员,而不是我们要倡导的是具备2.0理念的图书馆员。

9. 您认为在"用户—图书馆—馆员"这三者中,图书馆员2.0究竟该扮演怎样的角色?

答:前头说过,他会是号码百事通,因此我认为他将扮演类似于"元搜索引擎"的角色。

10. 如果请您给您的图书馆员2.0生活加标签,您会用哪些词句?

答:娱乐精神: 轻松一点,不要让工作太严肃;
乐观一点,不要让工作太灰暗;
牺牲一点,工作时也可以自嘲。

第6章　Tag引路：随心所欲的信息组织

钟远薪

在信息社会里，没有控制和没有组织的信息不再是一种资源，它反倒成为信息工作者的敌人。

——John Naisbitt

David Weinberger在他的新书"*Everything Is Miscellaneous*"中写道：

"源自于常识，我们倾向于按照物理的位置来组织资料，倾向于按照亚里士多德的方式去思考：物体是一个分类中的一员，并且和其他同类有着共同的特性。于是，我们将这些分类组织成树的形态：一只知更鸟是一只鸟，而鸟是一种动物。我们期待一棵树某个分支的叶子跟其他分支上的叶子有着相同的特性，并且我们期待每一片叶子，都仅属于其中一个分支。

但这不是数字时代的知识组织方式。当我通过del.icio.us把一个网页标记为一个书签时，我加上越多的标签，对我而言就越便利。这是因为加上越多的标签，我就越容易找到它，同时也因为加上越多标签，就帮助更多的人找到它。因此，我们应当把一片叶子尽可能地挂上更多的分支，打造一棵用超文本方式将叶子堆起来的数字之树。

在这个数字时代，我们能否把物体视为一个个随心所欲的标签，而这个物体会根据我们的筛选而得以发现？我们能否放弃传统的井井有条的组织方式，不再因循守旧地提供信息服务？如果知识是一种任意形状的叶子堆而不是一棵树，那么我们的知识形态将如何改变？"①

6.1　困境：传统信息组织与个性化信息需求

信息组织是指为方便人们检索、获取信息，而依据一定的规范，将零散、无序的信

① Weinberger, D. *Everything Is Miscellaneous: The Power of the New Digital Disorder*. New York: Times Books, 2007

息予以系统化、有序化的过程。[①]

对于传统的图书馆信息组织来说,分类法和主题法是信息组织的两类最主要方法。分类法是根据信息的学科体系特征,使用分类语言对其进行分类标引的方法。应用分类法组织信息,所有的信息从一个点开始,形成树状的分类,从而构成了一个完整的、相互联系起来的逻辑体系。体系分类法和组配分类法是分类法的两种主要类型。主题法是根据信息的主题特征,使用主题语言对其进行主题标引的方法。主题法直接面向对象、事实和概念,是信息内涵的揭示,具有直观、便于检索等特点。主题法主要包括标题词法、关键词法及叙词法。

分类法和主题法都是在对信息进行主题分析的基础上,对信息的主题概念进行揭示和表达的方法。它们采用了共同的认识论方法——分类,表达的对象都是信息的主题概念,都在自然语言的基础上精选一套表达主题概念的语词,加以规范,对语词之间关系予以显示,并确立相应的语法规则,从而实现了信息的组织。[②] 它们是客观的、严谨的信息组织方法,力求揭示信息对象的本质。

然而,在Web2.0时代,“不仅是全民上网,而且是全民织网”。[③] 信息提供者和信息使用者之间的界限逐渐淡化,用户在网络信息的生成、共享和传播方面占有越来越重要的位置,任何人都可以是信息的发布者、传播者和接收者。个性独立起因和社会化起因是Web2.0变革的动力。[④] 用户个性化表达和社会化交往需求的深化,在社会性软件等技术发展的辅助下,使得广大用户的集体智慧和力量逐步主导了互联网。这种以用户个性化信息需求为主导的信息组织模式渐趋明朗,并迅速带来了Web应用层次的革命。

“对自己有用”是个性化时代信息需求的唯一标准,人们本能地以实用态度挑选信息。比如,只寻找与本人相关的信息,或只找寻与某一课题相关的信息。对本人有用的排在第一位,其余的均作为垃圾信息处理。个性化信息是指在具体时刻对具体用户有意义的信息。个性化信息需求指的是用户对个性化信息的各种信息行为,包括了个性化信息的检索、定制、推送、发布和传播等功能。个性化信息需求的极端表现:对于信息世界而言,用户是其中的一员;对于用户而言,他就是整个信息世界。

① 曹树金,罗春荣编著. 信息组织的分类法与主题法. 北京:北京图书馆出版社,2000

② 曹树金,罗春荣编著. 信息组织的分类法与主题法. 北京:北京图书馆出版社,2000

③ 转引自:范并思,胡小菁. 图书馆2.0:构建新的图书馆服务. 大学图书馆学报,2006(1):2—6

④ Inter-Asia. 中国Web2.0发展现状与趋势调查报告. www.internetdigital.org/report/web20_report_intro.pdf

因此，尊重用户，根据用户的具体信息需求，或根据用户的行为、兴趣、爱好和习惯而进行的具有针对性的信息组织，就显得尤为重要。

传统的信息组织方法，是以事物为中心的，力图穷举各类信息对象，构建出无限深度的信息检索系统，从而满足用户的检索需求。在信息匮乏的时代，人们很容易分析信息对象的各类属性，并将其归入某个恰当的位置。但在 Web2.0 时代，当用户创造的个性化信息充斥着世界，并造成巨大混乱时，传统信息组织方法便遭遇了困境。这种困境体现在传统信息组织方式无法将发散性的互联网信息对应到一个类号上，无法辨识用户，无法根据用户的信息行为特征挖掘出恰当的信息。更进一步而言，传统信息组织方式下，用户是受信息组织控制的，只能依据先行的规则来进行信息活动；而在个性化信息需求下，用户是控制信息组织的，用户定义自己的信息特征，并依据自己的规则来进行信息活动。传统的信息组织方法遭遇了发展的瓶颈。

6.2　突破：标签的流行

6.2.1　标签的出现与流行

1998 年，美国人 Joshua Schachter 在做一个网站时，手头有大量的链接要保存。随着保存的内容越来越多，为了更快地找到某个链接，他开始在链接后面加上一个单词做备忘，这就是后来的标签——Tags。2002 年，Joshua 建立了一个域名为 muxway.org 的 web 数据库，来存放他的标签。2003 年，Joshua 重写了这个系统，这就是 del.icio.us。[①]

del.icio.us，国内一般称之为美味书签网站，注册用户可以在上面保存自己喜欢的网站，可以为每个网站增加描述性的标签，并提供了标签的搜索和云图功能。标签云图是 del.icio.us 对信息组织的一个重要贡献，其功能是将一个用户或一群用户的所有标签集中显示，这批标签除了按字顺排列外，还根据它们被标引的数量，以不同的大小与颜色区别。一般而言，越是被标引次数多的标签，字体就越大，颜色也越醒目。见图 6-1。这样的设计丰富了标签的表现形式，为用户了解"热点"提供了新的线索。因此，标签云图的形式现已为大多数标签提供者所选用。此外，del.icio.us 最吸引人的地方在于用户的标签可以共享，通过相同的标签，del.icio.us 就聚合了拥有

① Loose Wire. The Tag Report IV: A Chat With Joshua. http://loosewire.typepad.com/blog/2005/01/the_tag_report__3.html

共同兴趣的人。标签是 Joshua 的天才创举，是 del. icio. us 的最主要特征，Joshua 因为标签“有用”所以设计了它，也正因为“有用”这一点，造就了 del. icio. us 的巨大成功。

图 6－1　del. icio. us 的标签云图①

del. icio. us 的成功让标签迅速成为 Web 热点，并被认为是弥补了搜索引擎不足的一个重大进展。毫无疑问，有用是标签的第一要素，一个小小的东西，在用户处理个人信息时，发挥了巨大的作用。同时，标签简单好玩，则是第二要素。对用户而言，标签功能简单易用，让人一目了然，而且完全是自助的，用户可以按照个人喜好来使用，充满乐趣。而第三要素，标签的社会性，则最终引发了标签的流行，用户通过分享标签，可以让彼此快速地找到感兴趣的内容，例如某个具体的东西，又或者某种情绪。这种带有极强个性的标签行为，奇妙地展现出了巨大的社会性魅力，越来越多的服务吸收了标签，以满足用户的个性化需求。

调查显示，20.1% 中国互联网用户使用了标签服务，②28% 美国互联网用户使用了标签服务。③ 目前，标签已经成为 Web 上常见的应用之一，提供标签服务的网站越来越受欢迎。

6.2.2　标签与民俗分类法

标签，即“Tag”，指的是人们在互联网上随意用来定义相关信息的标记。在一个提供标签功能的网站上，用户可以在系统提供的标签输入栏中对其感兴趣的内容提交一个或多个词语，用来描述他对该内容的理解。系统会将用户提交的标签更新在页面上，并根据每个标签的使用频率使用颜色深浅、字体大小的方式直观地展现给用

① http://del. icio. us/tag

② 范并思，胡小菁. 图书馆 2.0：构建新的图书馆服务. 大学图书馆学报，2006(1)：2—6

③ Pewinternet. PIP_Tagging. http://www. pewinternet. org/pdfs/PIP_Tagging. pdf

户。用户通过标签，可以方便地管理自己的各种内容，并且可以通过标签，展示自己的兴趣，并找到志趣相投的朋友。

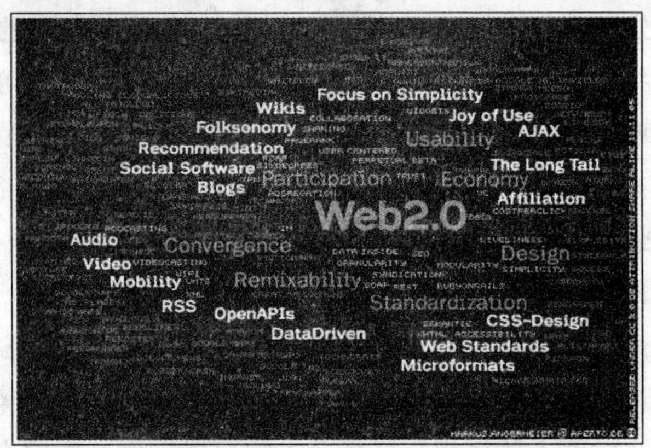

图6－2　著名的Web2.0标签云图①

标签类似于主题词法中的关键词，但比关键词自由得多。标签可以信手拈来，而不必按照词表；标签可以只是信息的一小片内容，而不必代表信息的核心内涵；标签可以是用户的主观感受，而不必是信息的客观反应；标签甚至可以使用传统意义上无意义的词，只要它对创造它的用户有意义。标签可以表达用户的所关注的信息的实质，更可以表达用户的个人观点、思想甚至是情绪。标签首先是私人的，然后才是大众的；关键词首先是大众的，然后才是私人的。因此，标签可以更好地汇聚和传播用户的个性化信息，从而满足用户的个性化需求，极大地点燃用户创造和分享内容的热情。

2004年，美国互联网专家Thomas Vander Wal在一个关于信息架构的邮件列表中提出了“Folksonomy”一词，用来定义del. icio. us使用标签来进行信息组织的模式。②“Folksonomy”由“folk”和“taxonomy”组合而成，指的是一种由非专业信息人员民俗创造的分类法，国内称为民俗分类法。民俗分类法和传统结构严谨的、体系庞大的信息组织方法不同，它强调的是一种“社会性的”“用户共同创造的”“自由的”分类法。学术界对民俗分类法尚无确切定义，但它至少包含了以下特性：由互联网普通用户共同创造；无严密的等级分类体系，词与词之间是平级的或相关关系；具有强大的知识

① http://kosmar.de/wp-content/web20map.png

② Adam Mathes. Folksonomies-Cooperative Classification and Communication Through Shared Metadata. http://www.adammathes.com/academic/computer-mediated-communication/folksonomies.html

聚合及共享功能;非常容易使用。①

民俗分类法因标签的出现而产生,因标签的流行而成为学科的热点。学者刘炜认为:标签是民俗分类法的表现形式,在民俗分类法中是微资源的指代物。②民俗分类法通过标签来发挥作用。任何人为信息对象所添加的标签,都可以看成是一种整体的概括,因而体现出一种分类法的精神;同样,任何人为信息对象所添加的标签,也都可以看成一种局部的关照,因而体现出一种主题法的精神。③ 民俗分类法降低了信息组织的门槛,打破了传统媒体的局限,使得网络信息越来越大众化、人性化。在信息管理方面,民俗分类法是很好的工具,用户使用标签方便的管理个人的信息;在信息搜集方面,民俗分类法是很好的导航,用户根据标签的聚合,很容易地加入到某个主题;在信息检索方面,民俗分类法是搜索引擎通往前方的一座桥梁,标签的个性,让搜索引擎可以进一步关注人的思想。民俗分类法可以看作互联网向语义网前进的一小步,而这一小步,已经显示了网民的力量是多么的巨大。

6.2.3 有用的标签和有用的网站

标签不是一种独立的 Web2.0 工具,它一般依附于其他网站,为人们提供一种新的信息组织方式。下面这些网站运用标签的成功方法,能给我们利用标签优化图书馆服务提供借鉴。

(1) Flickr

Flickr 是目前全球最大在线图片管理和分享网站,它的目标是希望能够协助人们让与其照片相关的人可以看到这些照片,希望通过组织照片的新方式,让用户得到更好的体验。Flickr 的前身是 Ludicorp 在 2002 年至 2004 年间开发的一套基于 Web 的角色扮演游戏系统,但最终只发布了一个 Beta 版。后来,Ludicorp 将这套系统稍加移植,就有了 Flickr。2005 年 3 月,Flickr 被 Yahoo 收购,随后,Yahoo 停止原有的相册服务,全面支持 Flickr,Flickr 一跃而起,成为互联网上最大的图片服务网站。根据 Alexa 的统计,Flickr 的流量目前已经超过收购时 10 倍。

和 del.icio.us 一样,Flickr 也使用标签作为用户管理图片的工具。用户在 Flickr 中,可以通过网页、软件或者 Email 等方式上传图片,并可以随时用标签为图片做标

① 梁桂英,李记旭. Folksonomy 初探. 图书馆杂志,2006(4):46—49

② 刘炜. Folksonomy、Taxonomy 与 Ontology. http://my.donews.com/keven/2006/02/23/folksonomy%E5%92%8Contology/

③ 刘炜. 关于 RSS 应用的断想. http://meta.bokee.com/1424536.html

识，从而更好地对照片进行使用。上传的图片可以加入分享，这样大家都可以利用这些图片，一起交流，一起为这些图片添加标签。用户甚至分享拍摄照片的地址，并查看该地址附近拍摄的照片。这些贴心的功能极大地丰富了Flickr的应用，从而赢得了良好的口碑。

Flickr和del.icio.us之间的区别在于del.icio.us的标签主要是用来管理第三方的网页和内容，从个人的角度去理解信息对象；而Flickr主要是用来管理自己的图像，大部分标签都是用户标识自己的信息，从个人的角度去展现个人。从使用上看起来，del.icio.us虽然是一个很小的应用，却更受人喜爱一些。

（2）豆瓣

豆瓣网是一个鼓励用户参与的图书、音像及其他信息产品的分享网站，建立于2005年。豆瓣的发起者发现，对多数人做选择，最有效的帮助来自于朋友的随意的一两句推荐，不但传递了他们自己真实的感受，也包含了对你口味的判断和随之而行的筛选。豆瓣就是一个帮助希望帮助用户找到志同道合者，然后通过他们的推荐找到喜爱的东西的网站。目前，豆瓣网已经拥有100万的注册用户和数百万的潜水用户，[①]日均浏览量约为975 000，人均页面浏览量约为8.0，Alexa排名约为2000。[②]

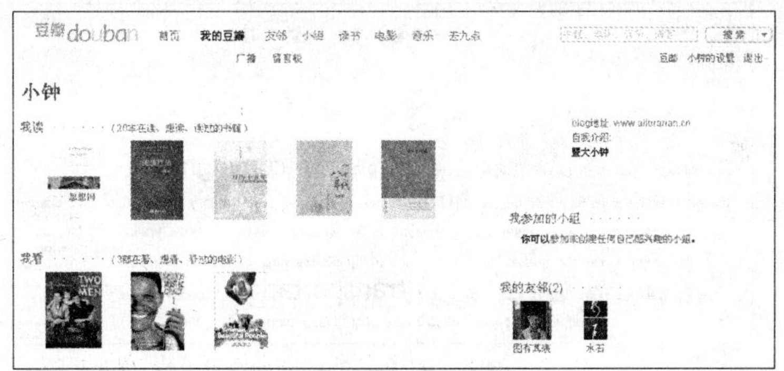

图6-3 豆瓣网站首页[③]

豆瓣网是国内将标签功能应用得较为出色的一个网站。豆瓣由用户的标签来决定分类，使用频率高的标签分类就排在前面，不准确的标签自然地被淘汰，并且，豆瓣会基于标签的算法，来判断用户的喜好，从而让“豆瓣猜你会喜欢”的结果更符合用户的意愿。这种模式反映了豆瓣的民主性，具有了高度的信息自组织特征。其次，尤为

① 豆瓣blog. 100万个朋友在一起的豆瓣. http://blog.douban.com/douban/2007/11/13/96/

② Alexa. Douban Traffic. http://www.alexa.com/data/details/traffic_details/douban.com

③ http://www.douban.com

重要的一点，豆瓣基于标签实现了一种软分类，没有传统信息分类的死板，也没有标签的无限发散。这得益于豆瓣在传统信息分类和标签之间找到了一个平衡点——书目数据库——它的标签都是围绕着书目信息展开的。这种结合，是豆瓣在标签应用上最重要的一种进步，而无疑也取得了良好的效果。

除了标签功能之外，豆瓣页面简洁、安静、易用，提供了好友、小组、同城、豆瓣秀等功能，并始终关注用户需求，不断推出新的服务。2006 年，豆瓣引入 200 万美元的风险投资，逐步朝电子商务模式转变。目前，豆瓣的主要盈利模式为电子商务利润分成——这其实也是一种广告收入，潜在的盈利模式包括用户数据销售、上游产业广告和视听点击利润分成等。

(3) PennTags

PennTags 宾州大学图书馆开发的标签插件，是图书馆界较早实现的标签服务之一。2005 年，由 Laurie Allen、Michael Winkler 等图书馆员开发的 PennTags 投入使用，向宾州大学23 000多名学生和13 200多名教职工提供标签服务。通过 PennTags，用户可以迅速定位和分享他们收藏的各类资源，这些资源包括了图书馆的馆藏书目、电子期刊全文、电子图书和视音频资料，也包括了各类互联网的在线资源。

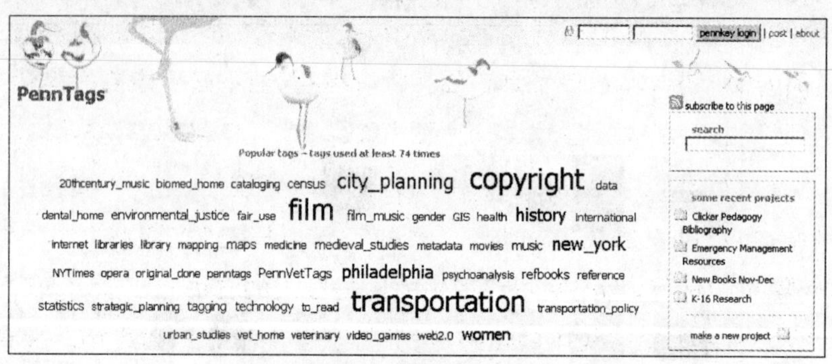

图 6-4　PennTags 网站首页①

对于图书馆书目数据和视音频资源，PennTags 通过 Web 方式实现标签功能。用户在相关资源页面上，会看到"Add to PennTags"的链接，点击之后会出现标签输入框，输入标签，点击添加按钮就可实现标签的提交；对于具有固定 URL 的数据库资源和互联网资源，PennTags 通过一个功能性书签供用户收藏，当用户想要标注信息对象时就可以点击该书签，该书签会把用户带到一个新的页面，那里提供了输入表单，从而实现标签功能；此外，对于使用 FiroFox 浏览器的用户，PennTags 还提供了一个浏览

① http://tags.library.upenn.edu/

器插件下载，用户安装后，直接点击工具条上的按钮就可实现页面的收藏和标注；对于没有固定 URL 但有开放检索页面的资源而言，例如 MEDLINE，PennTags 采用了在检索页面嵌入“PennText menu”的方式来实现标签服务。遗憾的是，对于 LexisNexis 这类没有固定 URL 和开放检索页面的资源而言，PennTags 目前还不能提供一个很好的解决方案。

所有用户的标签，都可以通过标签云图、标签列表或标签检索等方式进行浏览，从而定位相关资源。PennTags 虽然不算强大，功能也有待完善，但它的最重要意义在于宾州大学图书馆很早就关注用户需求，并付诸行动，把标签服务引入到图书馆服务中，作出了非常棒的应用。

6.3 思考：信息的碎片

6.3.1 标签的特征

(1)随意性

随意性是标签的最基本特征。标签是人的一种随心所欲的行为，只要能方便自己找到它，用户就可以随意地用任何词来标记一件事物，想写什么，就写什么。这是一种相当自我的标记形式，不必受原有分类的束缚，甚至不必受原有内容的束缚。

例如，对于本书而言，用户可以标记“图书馆 2.0”、“Web2.0”，当然可以标记“图书”、“资料”，还可以标记“keven”、“小钟”，甚至可以标记“好看”、“实在”。又如，对于 Google 网站，用户可以标记“google”、“谷歌”，可以标记“查资料”、“G 点”又或者是“g”。这种随意的标签，首先给用户带来的便是极大的自由。

标签的随意性将标签的使用门槛降低，促使了标签的流行和成功。这是因为，对于用户而言，标签从一个现存的认知过程入手而没有增加额外的认知成本。① 在认知层面，人们已经对信息对象做出了个人主观的，概念性的观察，但要依据传统的信息分类对其进行组织时，用户就必须对其进行分析并依据共识来进行分类，而这是一个复杂的决策过程，用户必须增加认知成本；而通过标签的形式，人们实际上已经忽略了这一决策过程，仅仅从第一反应出发，越过了“分析瘫痪”的障碍。因此，标签的随意性，实质上是信息组织更进一步人性化的体现。

---

① rashmi. sinha. A cognitive analysis of tagging. http://www. rashmisinha. com/archives/05_09/tagging-cognitive. html

当然,也存在着大量用户特意标注独特标签的行为,例如将一张西瓜的图片标记为“苹果”,将一辆汽车标记为“甲虫”。这种刻意性的标签过程,实质上也是标签随意性的一种表现。

标签的随意性也带来了标签的混乱和无序。随意性即代表了标签的无控性,部分用户提交的标签是没有任何意义的,甚至对于用户自己而言,经过一段时间,他可能已经不记得当初为何标记了这么一个标签。因此,随意性带来了模糊性。用户标记的过于个性化的标签,对于群体用户而言,是模糊的,会给其他用户带来极大的困惑,甚至为其他用户带来了“标签垃圾”。Googoz 说的好,自由的意义如果只是限定在个体上,那么标签的这种自由的优势将成为其致命的缺点。

(2)时效性

从标签的随意性,可以看出标签是人在具体时间的具体信息行为,标签实质上更多的是反映出人的一种活动和思维,而不是一种分类。因此,标签是有时效性的。标签的时效性即是指标签起作用的时间范围,在时间范围之内,标签才能真正反映出用户对信息对象的理解和态度。

例如,你把 2007 年夏天去青岛旅游的所有照片都标记为“青岛”,其中可能包括青岛的风光,也包括你在青岛的其他活动,它们共同构成了你的 2007 年夏天。仅从分类学意义上讲,一张草莓的照片,你完全看不出它跟青岛有什么联系。在阶段性的活动中,标签起到了串联相关内容的作用。许多年后,你仍然可以通过“青岛”这个标签,找到那张草莓的照片。[①] 又如,“上海”这个标签,不一定仅仅是指上海这个城市,它也可以是指 2007 年 11 月 22 日在上海召开的“上海地区第二届图书馆 2.0 研讨会”,及相关报道、博客信息和人物。

从时效性上讲,我这么认为,标签是用户记忆的片段,这就在标签中包含了用户对信息对象的一种特指。就信息组织而言,时效性可以使用户通过少量标签,很好地聚合某一个时间所关注的某一活动主题的大部分相关内容,这些内容可能会有不同的格式、分属不同的分类,也可能不仅仅包含事实数据而同时包含情感交流的信息。就信息检索而言,时效性也会使得用户在相关信息的检索上,检索结果与用户需求的匹配程度更高。

人的记忆会模糊,标签一方面可以帮助用户记忆。另一方面,对于未曾经历相关

---

① 对牛乱弹. 东拉西扯:tag 的时效性. http://www.donews.net/keso/archive/2005/05/23/393386.aspx

活动或者未曾了解相关信息的其他用户，那些具有强烈时效性特征的标签可能就显得毫无意义可言。通过标签组织起来的信息，可能有一部分对于其他用户而言，是毫不相干的干扰信息。

(3)平面性

标签的结构是平面的。标签的平面性是指标签之间处于一个平面上，没有层级关系。用户使用不同的标签从不同的角度来理解信息对象，并将其置于一种平级的结构上。

例如，与传统的“动物—鸟—鹦鹉”树状结构不同，用户在对鹦鹉的标签中，可能会用到“漂亮的鸟”、“会说话的鸟”、“宠物”。又如，对于《万历十五年》这本书而言，用户可以标记上“中国历史”、“明朝”两个标签，这两个标签处于同一层面上，而不表达“明朝”属于“中国历史”这一概念。

由于标签是平面的，不进一步表达分类的概念，因此标签的混乱是不可避免的，尤其在汉语的语境下，用户的用法和习惯等多方面无法协调。同时，平面的标签无疑是孤立的。脱离具体的信息对象和脱离用户体验去使用孤立的标签，很可能无法体现出标签所应反映出的真正含义。

但标签的平面性，却又可能带来了一种新的检索模式。当一个用户对《万历十五年》这本书输入“中国历史”和“明朝”这两个标签时，就揭示了中国历史和明朝是有关联的。这种关联性的揭示，目前计算机是无法独立完成的。从标签利用的角度来看，这就提供了一种新的信息检索的途径。当我们把经常一起出现的分类关联起来，就可以产生一种相关性的聚合，将这种聚合应用到用户的检索中去，就可能为用户提供更恰当的结果。

(4)分散性

标签的分散性是指有多个标签表达同一事物或同一内涵，作用于同一内容的标签呈现出分散的状态。标签的分散性，主要体现在单复数、同义词、缩写词、语种及语义认知的差别上。

例如，“电脑”和“计算机”指的是同一种事物，“高兴”和“开心”表达的是同一种情感，但用户的随意标签，则造成了同义词的分散；又如，“D. C.”是“Dublin Core”的缩写，“中国”是“中华人民共和国”的简称等，也会造成缩写词的分散；再如，不同的语言环境下，“小孩”、“kids”、“enfant”都表达小孩的意思，只是语种的分散；还有，语义认知的差异，也导致了标签的分散，比如“苹果”有可能表达的是水果，也有可能表达的是苹果公司。

标签的分散性在一定的程度上，丰富了信息对象的表达方式，对于一个信息对象，我们可以采用多个标签来标记它。因此，分散性就为用户提供了更多的选择，可以使不同的用户按照个人习惯，在第一反应时间进行信息组织行为，从而提高了用户的自由度和标签行为的宽容度。

但分散性会造成信息的混乱和分流，不利于标签的共享。同一个内涵出现不同的标签表达时，容易给用户造成困惑，对用户使用标签造成负担。分散的标签也会将表达同一内涵的信息分流，从而导致用户的漏检，造成标签共享的不完整。分散性普遍地存在信息组织行为中，但由于标签不像分类法那样强调受控，而是强调自由的标记过程，因此，分散性的问题在标签中尤为突出。

（5）趋同性

在群体的标签行为中，有一个显著的特征叫做趋同性。基于常识，对于同一个信息对象，人们对其的理解有着基本的、统一的认识，加上从众的心理和模仿的天性，使得人们往往会倾向于选择最为常用的、被使用次数最多的标签来标记它。标签的趋同性就是指在大量的群体标签的基础上，根据统计结果而呈现出的一种趋向统一的性质。

例如，Google 网站在 del. icio. us 中，被使用“search”标签了 6000 多次，被使用“Google”标签了 4500 多次；[①]《长尾理论》这本书，在豆瓣网上被使用“长尾理论”标签了 1000 多次，被使用“经济”标签了近 900 多次，[②]反映出了标签对信息对象本质的揭示。又如，Flickr 网站上，1 739 000多张图片使用了“me”标签，658 000多张图片使用了“cute”标签，[③]这种趋同也反映出了人们对自我及美好事物的喜爱和分享的心理。

趋同性从宏观层面上，使标签降低了由于随意性而产生的耗散效应，反映出了一个群体对同一事物的普遍认知程度，从而使得某一部分标签成为主流，在实质意义上揭示了事物的真正内涵。单个用户为某个信息对象贴上标签，该标签就体现了该用户对该信息对象的理解，当一个标签成为一定数量级别的用户的共同选择时，该标签就具有了社会意义，一大群人一起来标记的标签，实际上可能比一个权威机构给出的参考有着更高的价值。

---

① del. icio. us. Google common tags. http://del. icio. us/url/ff90821feeb2b02a33a6f9fc 8e5f3fcd?settagview = list

② 豆瓣. 长尾理论. http://www. douban. com/subject/1919072/

③ Flickr. tags. http://www. flickr. com/photos/tags/

趋同性在一定的程度上，揭示了标签所聚会的用户群体的兴趣爱好和生活态度，这在传统信息组织方法中是无法体现的，而如何利用好标签的这一点特性，仍需探讨。

趋同性实质上也揭示了标签群体的知识结构。当标签群体的知识结构较为肤浅时，所一致选择的标签并不一定能恰当的反映出事物的本质，而只能反映出表面的认识，当标签群体的知识结构较为专业时，所一致选择的标签可能会更有实际意义。因此，如何在大众性和专业性之间平衡，将直接影响标签的性能。

(6)社会性

在随意性的那一节，我们举了个极端的例子，将一张西瓜的图片标记为“苹果”，这种标签，别人看不懂，基本上无法沟通，甚至时间长了自己也会迷糊，但当你有一天发现还有一个人和你一样把“西瓜”称为“苹果”时，你肯定对那个人充满好奇，并去了解他，这时“苹果”这个标签就社会化了。标签的社会性是指通过标签的分享，和他人产生更多的联系，从而促使用户之间的进行交流的特征。

例如，你对一本书添加上“图书馆”这个标签，就能通过这个标签，发现其他用户标记为“图书馆”的更多的书，并且，你还可以知道，哪些用户和你一样使用了相同的标签，从而产生了一种志趣相投的人之间的联系。又如，你经常关注 java 技术，那么你可能会经常使用到“java”这个标签，通过这个标签，你就获取更多的关于 java 技术的信息，并且可以融入一个java技术圈子中。

社会性是标签的最重要特性。物以类聚，人以群分，每个人为信息对象添加的标签，体现了人们看待同一事物的不同视角，一个标签下面，往往聚合了具有同一视角的用户，这时，用户之间就可以分享和借鉴别人的经验。标签背后不再仅仅是冷冰冰的机器，而是有血有肉的人，这些人及其关注的信息对象，都通过一个个标签连接起来，形成一种新型的社会网络。

社会性提升了标签的意义，使标签不仅仅作为一个词语的存在，而成为一种人的活动的指代。大量的用户通过标签，自发地参与到信息组织活动中，客观上揭示了信息的关联和性质，并反映出了信息的流行性，有助于认知权威的发现，从而为数据挖掘和电子商务提供了一种新的途径。

6.3.2 关于标签的本质思考

通过标签的特征分析，我们可以发现，标签是一种更接近自然语言的，更为原生态的，更人性化的信息组织方式。

标签之所以出现，源自于人的天性。标记行为体现了人对事物的学习理解、信息交换的过程。如同我们读书，当我们阅读到感兴趣的内容时，我们打上某个记号，以便于自己日后发现。Joshua 设计标签的初衷，只是为了加一个单词以备忘。标签体现出的是用户的思维而不是机器的思维，它是用户对于信息对象的理解的片段，它更便于记忆、存档、搜索和发现。它反映的是与信息对象相关的、存在于用户记忆中的一种影像。标签是这种影像的外显，是到达影像的一种途径。

标签之所以不同于关键字，如前所述，标签可以只是信息的一小片内容，而不必代表信息的核心内涵；标签可以是用户的主观感受，而不必是信息的客观反应。Xuer 在其博客上，对标签和关键字的区别，有一段形象的描述：标签是以主观之，关键字是以客观之；标签是我的，关键字是别人的；标签用“心”，关键字用“聪明”；标签是乐，关键字是音；标签是曲，关键字是词；标签是诗歌，关键字是文字；标签是情绪的，关键字是理智的；标签是自由的，关键字是必然的；标签是可爱的，关键字是可信的……①

标签之所以呈现社会化的重要特征，源自于常识。对于个体而言，每一个用户都可能使用自己独特的标签，但用户的标记过程，不会超出人的经验和常识的界限，大多数人选用的标签都属于常识的范畴。而这些标签既然是一种常识，那么在群体中出现一种共性则是理所当然的事情。② 可以说，标签的个性化实际上更多是一种微观上的特殊性，在宏观层面上，标签就是众所周知的经验和常识。所以，标签呈现出社会化的特征，并因此聚合了用户，在不同的用户之间建立了联系。

标签之所以会流行，首先是因为标签提供了一种简单的参与方式，打破了精英化的垄断，充分发挥用户的主体意识和创造性，激发了用户的热情，富于易用性；其次是因为标签实现了对信息对象的有效检索，尤其是对于多媒体信息，标签可以非常恰当的揭示信息的内涵，并提供了一种聚合的途径，能够迅速地让用户查找到所需要的内容，富有实用性；另一方面是因为标签提供了即时的个人意识展现和社会反馈。每一个标签都体现出了用户的喜好，从而会引起了其他用户的共鸣，社会反馈会创造一种积极的循环，使得用户自觉地找到自己所属的社会群体，富有趣味性。

那么，标签的本质是什么？有学者认为，从语言学的角度来看，标签打破了传统上将语言能指与实际所指严格对应起来的、线状的、单一化的叙事结构。由于可以自由、多次定义文本的属性，标签能够精确定位到每一个信息，并可以通过标签的加减

① Xuer. 先说说 Tag 与关键字. http://xuerchen.com/2005/04/20/16

② Aether. Tag 的社会属性及 Catalog 的私人属性. http://woooh.com/post/tag_for_net.html

达成社会的共识。而从哲学角度看，标签的哲学基础是基于一种“反本质主义”的立场。① 维特根施坦认为事物根本没有共同的本质，只有“家族相似”。“家族相似”表明了对传统分类学的立场，要求瓦解普遍、瓦解大一统、瓦解唯一性等这些经典哲学孜孜以求的目标，代之以碎片式的结构，这些碎片之间的联系，仅仅存在于当人们需要它们的时候。② 家族相似的地方就是标签，碎片式的结构就是 David Weinberger 提到的“叶子堆”。标签是对传统分类法的一种扬弃，一个标签就展现了用户群体相似的某个信息活动片段，它的形成过程充分体现了用户的主动和自由。互联网因此而进化，人成为信息网络的一部分，生态网络初露端倪。

因此，我们可以得知，标签是信息对象存在于用户记忆中的一种影像，是信息的一小片内容，是用户对信息对象的主观的常识性反应而非主题表达，是信息对象在用户群体中的共同展现，它本质上是人的信息活动的片段。所以，我们可以说，标签是信息的碎片。

6.4 应用：图书馆如何实现标签服务③

6.4.1 升级我们的 LIS 来实现标签服务

(1)ENCORE

毫无疑问，在图书馆中实现标签服务，让用户参与书目建设和资源揭示，增强用户体验，具有重要的意义。

2007年6月19日，Innovative 正式宣布：已经有50家分布在澳洲、加拿大、香港、英国以及美国的学术、公共、法律与公司图书馆选择了 Encore。④ Encore 是一个将图书馆的内容、社群参与和简单搜索整合在一起的，能带给读者全新体验的探索服务平台。它运用了最新的网络技术，在图书馆独特的信息与图书馆的集成管理系统间取得平衡，可以整合的图书馆自动化系统包括 Aleph、Voyage 和 Millennium。目前，已经有超过70家图书馆已经部署了 Encore 来提升他们的服务。⑤

---

① 邓天颖. TAG：无序中有序的个性化分类传播. 河北大学学报(哲学社会科学版)，2006(2)：131—133

② Aether. Tags，无序，分类和家族相似. http://woooh.com/post/95.html

③ 本节建议对研发图书馆 Tag 应用有兴趣的人阅读。

④ Innovative. Fifty Libraries Select Encore. http://www.iii.com/news/pr_template.php?id=337

⑤ Innovative. Encore Launches at Twelve Public and Academic Libraries, Selected by Seventy. http://www.iii.com/news/pr_template.php?id=354

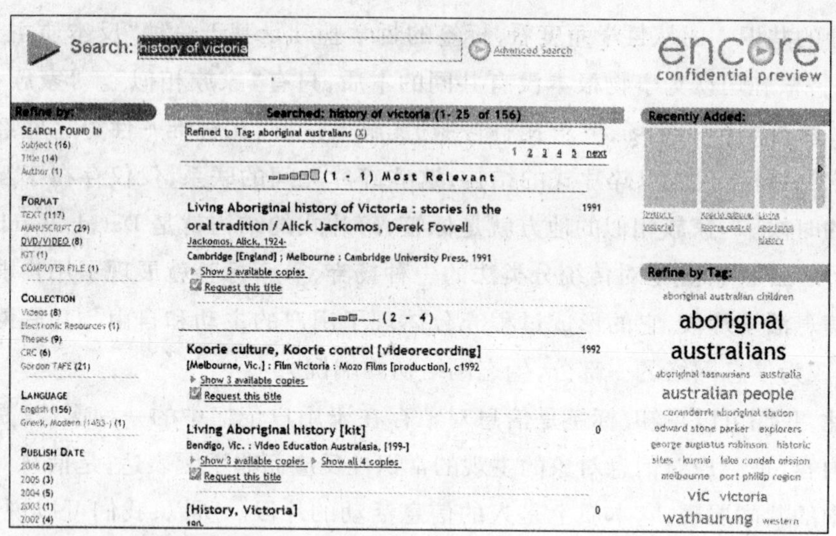

图 6-5 Encore 检索结果列表页面（来源：Innovative 公司）

正如 Innovative 公司宣称的一样，Encore 要使图书馆成为人们寻找所需信息的理想地。标准的 Web2.0 功能从期待中浮现，Encore 提供了标签、多面检索、“Did You Mean?”智能查询提示、评论与评分、热门图书、检索建议等全新功能。它通过更简单易用的工具，将图书馆丰富的内容与社群参与的理念相结合，有针对性的根据用户的参与和交流而产生各种各样的智能应答和直接连接，从新的途径去展现图书馆的资源和服务，为扩展图书馆的网络服务能力提高了新的机会。Encore 希望通过这些令人耳目一新的改变，使广大用户对图书馆的服务大大改观。

在 Encore 的检索结果列表中，标签云图显示在了非常醒目的位置，用户可以通过标签了解馆藏的受欢迎程度，并迅速定位相关资源。然而，目前 Encore 的标签数据来自于原有书目数据的主题词，还不支持用户提交标签。Innovative 公司的相关人员介绍，将在 Encore 的下一个版本中，加入该功能。

（2）等待的期望与失望

LIS 目前仍然是图书馆的核心，图书馆开展信息服务，图书借还是根本。针对馆藏书目和其他信息资源的标签服务，最方便的实现办法莫过于采用 LIS 系统升级方式。这样做的优点在于易于部署，可以实现标签服务与 OPAC 系统的无缝整合，可以通过原有书目数据对标签行为进行一定的规范，还可以支持标签服务向其他系统拓展。

2007 年 8 月，“图书馆 2.0 工作室”针对中国大陆图书馆所用系统的主要 LIS 厂商，展开了一项简单的 Web2.0 应用调查，调查对象包括 Millennium、ALEPH、ROME、汇文、金盘等LIS系统，涉及到的Web2.0应用包括RSS、标签、博客、Wiki、开放APIs等。

调查结果显示，部分LIS厂商，尤其是国外LIS厂商，对Web2.0的应用极为重视，大部分涉及的应用都已经实现，部分应用正在有计划地开发中。Millennium和ALEPH所在公司还专门针对新环境，开发了新产品Encore和Primo，以应对用户的需求和环境的挑战。国内的LIS厂商中，汇文公司走在了最前列，已经在新版本的系统中实现了RSS、输入前提示、检索建议、热门检索等功能，标签及个性化定制等服务也在积极探索中。

当然，调查结果也有令人不满意的地方。部分厂商仍然没有意识到信息环境已经发生了变化，没有意识到用户的需求已经改变，更没有意识到厂商自己也需要主动地改变。

不论如何，通过升级LIS的方式来实现标签服务，应该符合大部分图书馆的愿望。

6.4.2 利用第三方的标签服务

(1)Library Thing for Libraries

Library Thing是于2005年8月创建的一个个人书目网站，出发点是通过标签来进行书目分类和分享，为用户提供一个简单易用图书管理站点，让用户可以更好地管理自己所阅读的图书和个人藏书。由于Library Thing贴心的功能，并且和图书馆目录、网上书店集成，因此两年来发展迅猛，成为了世界上最大的、拥有超过300 000位成员的网上图书俱乐部。目前，Library Thing拥有超过20 000 000条书目记录，26 000 000个标签和600 000本用户贡献的图书封面。①

2007年4月，Library Thing基于其海量书目数据，正式推出Library Thing for Libraries，简称LTFL，专门为图书馆提供的Web2.0服务。LTFL采用在图书馆OPAC页面中嵌入HTML代码的形式，为图书馆提供了图书封面、标签、评论和评分、相关版本等令人兴奋的功能，从而聚合图书馆读者和Library Thing的用户，提供更好的书目信息服务。

---

① LibraryThing. Twenty Million Books / Three-hundred thousand members. http://www.librarything.com/blog/

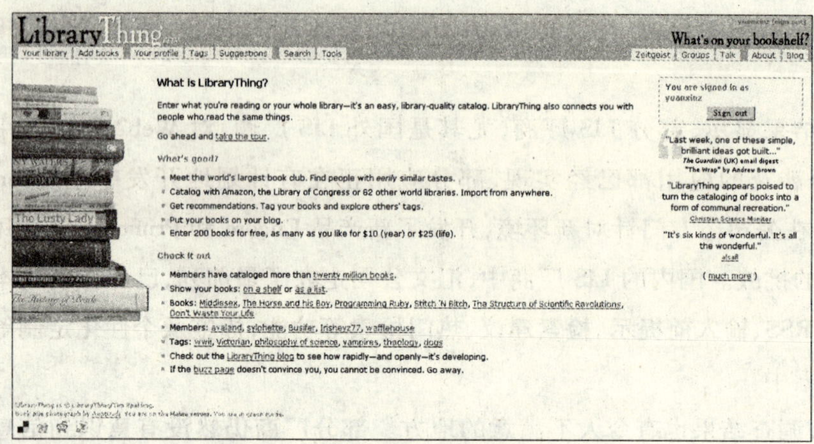

图 6-6　Library Thing 首页①

Danbury 公共图书馆是 LTFL 的首个用户,在他们的 OPAC 书目信息页面上,用户可以看到由 Library Thing20 多万用户为某本书所标注的标签。Danbury 公共图书馆的用户点击其中一个标签或者使用标签搜索功能之后,页面将会返回一个按照该标签权重排序的图书列表,这样,就为 Danbury 公共图书馆的用户提供了一种很好的图书揭示途径。

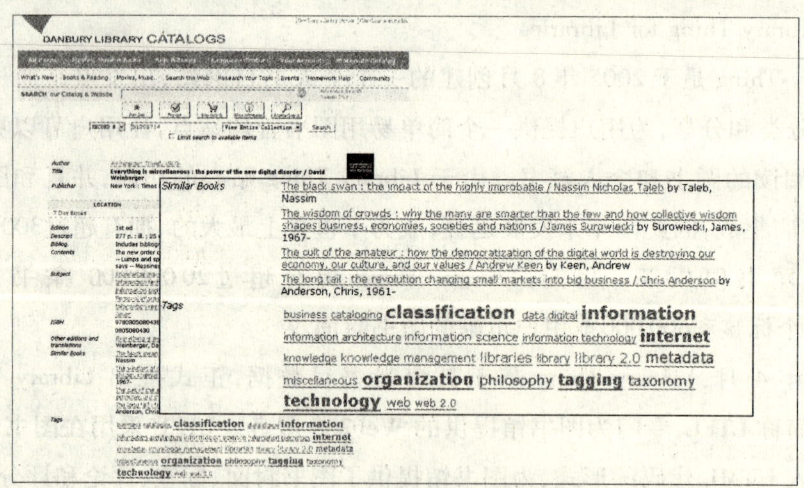

图 6-7　Danbury 图书馆 OPAC 书目信息页面②

不过,如果 Danbury 公共图书馆的用户要为某本书进行标签的话,他们要先到 Library Thing 网站上注册成为 Library Thing 的用户,然后在 Library Thing 里面对那本

① http://www.librarything.com/

② http://cat.danburylibrary.org/record=1298714

书做标签，这给用户带来了极大的不便。尽管如此，LTFL 提供的标签功能，由于其用户基数大，标签次数多，仍然大受欢迎。爱尔兰的 Waterford Institute of Technology 图书馆和美国俄勒冈州的 Deschutes 公共图书馆已相继成为加入 LTFL。① 丹麦国家图书馆局也开始与其合作，共建丹麦全国联合目录。②

根据 LTFL 首页的说明，③图书馆要加入 LTFL 很简单，仅需要几个步骤就可以实现这令人心动的功能。首先，和 Library Thing 联系，你可以通过 LTFL 首页的在线提交方式，向 Library Thing 提供你的图书馆信息和你的 Email，或者将相关信息通过 Email 发送到 tim@ librarything. com，让他们知道你希望加入 LTFL 并通过你的申请。接下来，当你收到 Library Thing 的回复之后，就可以将你所在图书馆的书目数据或者仅仅是 ISBN 号导出来，发给 Library Thing。这样，Library Thing 就能对你的馆藏记录做处理，以便在你的 OPAC 页面上，显示出与你馆藏相关的标签和评论信息。一段时间之后，Library Thing 会处理完你提交的数据，发给你一个应用指南。在这个指南里，包含了你的 ID 号、应用的脚本引用声明、HTML 标签及其他帮助信息。

> ID 号是用来标识你的图书馆的，将会在脚本引用里用到。
> 脚本引用是一段类似于以下的 JavaScript 代码：
> <script src="http://www.librarything.com/forlibraries/js/ danbury.js">
> <script src="http://www.librarything.com/forlibraries/widget.js?id=14-2788221432">
> HTML 标签则类似于以下代码：
> <div id="ltfl_tags"></div>
> 上述脚本引用声明，是告诉浏览器引入位于 librarything 网站的一段脚本文件，并执行它。这是一种典型的 AJAX 应用。它的作用是解析当前文档结构，并取得其中的 ISBN 号信息，然后将它发送到 LibraryThing 的处理程序，再接收 LibraryThing 返回的处理结果，也就是相关的标签、评论、相关版本和相似图书等信息，最后更改上述 HTML 标签的属性，将相关信息呈现给读者。

最后，你就可以编辑你的 OPAC 模板页面，按照帮助在恰当的位置加入脚本引用声明和相关 HTML 标签，就可以完成 LTFL 的本地部署，体验到 LTFL 带来的惊喜。

---

① LibraryThing. LibraryThing for Libraries：Waterford and Deschutes. http://www. librarything. com/thingology/2007/07/librarything-for-libraries-waterford. php

② Leif Andresen. Bibliotek 2. 0 og bibliotek. dk . http://www. bs. dk/publikationer/nfn/2007/2/html/chapter11. htm

③ LibraryThing. Tour. http://www. librarything. com/forlibraries/

(2)谁会是图书馆的图书馆

虽然可预见,图书馆加入LTFL,会给Library Thing带来更多的高素质的用户和更多的网络流量,从而促进Library Thing在商业上取得更大的成功,但Tim并不承诺永远免费。在Tim看来,LibraryThing所有的努力到了收获的时候了,他无法承受图书馆都只用免费的功能、无人使用付费功能。① LTFL的收费无可厚非,毕竟维护Library Thing的正常运行需要较高的成本,图书馆为所得到的服务付费也理所当然。但是,Library Thing绝大部分数据都是用户贡献的,这么做有违Web2.0的精神,阻挡了更多用户向他靠近的脚步。实质上,LTFL实行收费,不一定是明智的商业选择。

Library Thing已然成功,那么谁会是第二个吃这个螃蟹的人?WorldCat?Google?Amazon?豆瓣?Calis?还是超星?Library Thing实际上已经指出了一条路子——成为图书馆的图书馆,将会带来成功。Library Thing的海量数据表明,绝对不能忽视用户的贡献。在相关技术日益成熟的情况下,谁能够抢先一步把书目数据向图书馆开放,谁能够抢先一步利用用户贡献而成为基础数据的中心,谁就能赢得图书馆的信任,赢得用户。

就图书馆而言,学者刘炜曾经提出过一个著名的命题:让MARC安乐死。② 其实MARC的设计初衷之一便是规范书目数据格式以便于数据交换与共享,究竟是什么原因使得MARC在实际使用中困难重重?未来的信息环境更加像生态系统,图书馆是否可以把数据开放出去,考虑用户的参与,让用户来创建他们的“MARC”?更进一步而言,有没有图书馆可以放下历史的包袱,轻装上阵,充分应用新技术来武装自己,和用户一起为这个世界创造更多开放的数据和服务,以更积极的姿态来迎接来自于明天的考验?

谁会是图书馆的图书馆?令人期待。

6.4.3 部署具有标签功能的开源系统

(1)VuFind

VuFind是美国宾州Villanova大学图书馆于2007年2月开始开发的,以其大学图书馆命名的图书馆资源门户,目标是取代传统OPAC,使用户能检索与浏览所有图书馆资源,包括馆藏目录、数字资源、机构存储和图书馆其他的收藏。VuFind采用了完

---

① 编目精灵. 在OPAC中嵌入LibraryThing提供的相关链接. http://catwizard.blogbus.com/logs/5005054.html

② 刘炜. 让MARC安乐死. http://www.dlresearch.cn/keven/index.php/archives/359

全模块化的设计模式，使用了开源的 Solr 作为数据搜索引擎，提供了丰富的 Web2.0 功能。VuFind 在 GPL 框架下开源，用户可以免费使用并可以对其进行修改。2007 年 7 月，VuFind 正式推出第一个版本 0.5 Beta 版本，2007 年 8 月，推出目前最新的版本 0.6.1Beta。目前已有多家图书馆应用 VuFind 来提升自身的服务。

VuFind 为图书馆提供了一种全新的资源揭示方案，它应用分面检索形式来实现不同资源检索的显示，应用 AJAX 技术来实现检索结果的按需输出，提供了作者专著列表和相似资源的列表，提供了资源的固定 URL。在交互方面，用户可以为图书添加标签，发表评论，并可以随时引用相关资源，VuFind 还为用户提供了保存资源和整理清单的功能。

在 VuFind 的导航中，用户可以通过点击“Browse By Tag”下的标签进行图书的查找，在书目信息页面，用户一眼就可以看到该书的标签，点击相关的标签可以得到所有用户标记为该标签的资源列表。当用户登录网站后，需要为当前资源打上标签时，则可以点击右边的“Add”按钮，在弹出来的文本框中输入自己的标签，然后回车提交即可。

在业界，VuFind 被称为“下一代图书馆目录的基因”，①是一个极有潜质的开源项目，在图书馆界已经掀起了热潮，并带动了一批图书馆 Web2.0 项目的开源。可以说，Vufind 是一个最值得图书馆界关注的项目，那么图书馆将它作为新一代的资源揭示解决方案进行部署，无疑是最有力的支持。

VuFind 实施过程还是相对简单的，参考 VuFind 网站上详细的帮助信息和技术手册，图书馆可以很容易的完成 VuFind 的本地部署。②

如果需要更多的细节，可以关注 VuFind 的邮件列表。目前 VuFind 提供了 General 和 Tech 两个邮件列表的支持，感兴趣的读者可以加入他们：

VuFind General：https://lists.sourceforge.net/mailman/listinfo/vufind-general/

VuFind Tech：https://lists.sourceforge.net/mailman/listinfo/vufind-tech/

(2)开源系统的比较与选择

2007 年 1 月，John Blyberg 在他的博客中宣布 AADL 的 OPAC 全面升级，引入了对馆藏进行评级、标签、评论、回复评论等社会性功能，这些社会性功能对全体互联网用户开放。John Blyberg 将新版的 OPAC 称为 SOPAC，即 Social OPAC 的简称，并在博

---

① Bonaria Biancu. VuFind: the open source OPAC 2.0. http://bonariabiancu.wordpress.com/2007/07/20/vufind-the-open-source-opac-20/

② VuFind. Installation. http://www.vufind.org/docs/install.php

第一步:将 VuFind 从开源社区下 SourceForge 载到本地,下载地址为:
http://sourceforge.net/project/showfiles.php?group_id=199442&release_id=534030

第二步:搭建 VuFind 的支持环境。VuFind 可以安装在 Linux 和 Windows 操作系统中,必需的支持环境包括 Apache HTTP Server、PHP 编译环境、MySQL 数据库、JDK 、YAZ 和 GNU Aspell Library。

第三步:创建 VuFind 的系统用户和定义相关环境变量。

第四步:使用 "./install" 命令执行安装脚本,进行 mysql 数据库和相关程序库的安装,并编辑 "web/conf/" 目录下的配置文件 "config.ini" 的内容,以匹配当前的系统设置,这样就可以完成了 VuFind 的安装。

第五步:启动 VuFind 服务。启动 VuFind 服务的方式有两种,一是通过 "./vufind.sh start" 命令启动,一是在 /etc/init.d 目录下面创建一个指向启动脚本的符号链接,将 VuFind 设置为自动启动关闭的服务,以后台程序的方式运行。

第六步:至关重要的,将你的书目记录通过脚本导入到 VuFind,并编辑你的 HTML 模板,创建合适你图书馆风格的页面,并发布它们。详细的参考请访问以下地址:
http://www.vufind.org/docs/

客上提供了源代码的下载。[①] SOPAC 是针对 Innovative 公司的 Millennium 系统,采用 PHP 脚本编写的 OPAC,对于 Innovative 的用户来说,SOPAC 是个免费而且不错的选择。

有兴趣的读者可以访问 John Blyberg 的博客:http://www. blyberg. net/

源代码的下载可以在这里下载:http://www. blyberg. net/files/

此外,英国 Huddersfield 大学的基于 Horizon 系统的新 OPAC 同样引人注目,具有馆藏楼层位置示意图、图书评级和用户评论等功能。其开发者 Dave Pattern 宣称,如果有人对他的代码感兴趣,他非常乐意将代码共享。

有兴趣的读者可以访问 Dave Pattern 的博客:http://www. daveyp. com/blog/

除了 VuFind 和上述的两个开源 OPAC 系统,图书馆还有很多选择,一些并不直接针对图书馆的开源软件,移植到图书馆中来,也可能会成为不错的解决方案。而我们相信,将会有更多的适合图书馆使用的开源软件的出现,图书馆需要做的,就是细心地聆听用户的需求,然后主动地去改变。

图书馆在选择开源软件时,应该认真分析自己的需求,根据自己的能力和特点来选用。开源软件的好处在于,图书馆可以在 GPL 的框架下根据自己的需求进行程序

① John Blyberg. ADL. org Goes Social. http://www. blyberg. net/2007/01/21/aadlorg-goes-social/

源代码甚至是数据结构的修改。当然，这需要图书馆的相关馆员具有一定的技术基础。开源软件用得好与否，和相关馆员的技术水平有很大的关系。但是，国内图书馆在这方面的能力是参差不齐的，所以，交流和合作就显得特别重要。因此，开源系统受欢迎程度，就是一个非常重要的参考。虽然最受青睐的开源系统并不一定是最好的，但是，由于用户多，那么相关的讨论也就热烈，相关的文档和参考就会比较齐全，而来自同行的帮助也最大。

上述开源系统，都出自于图书馆的实践，都比较受欢迎。它们的出发点，都不仅仅是为读者提供标签服务，而是新一代的图书馆信息资源组织的解决方案。标签服务作为其中最重要的一个应用，在上述系统中都得以体现。不过，上述系统还没能摆脱传统应用"期待包办一切"的设计模式，没有彻底的符合 Web2.0 的发展潮流，向独立网络功能模块的方向发展。我们更期待能出现一些更独立的网络应用——例如专门提供标签服务的独立模块、例如专门提供图书封面的网络服务——这些应用应该是针对某一个需求而提出的某一种解决方案，这些应用应该是能够独立于图书馆系统之外的、通过 Widget 和独立 API 提供服务的网络基因。

6.4.4 定制与开发

(1)厦门大学图书馆基于汇文的标签系统的开发实践

2007 年 4 月，厦门大学图书馆馆员江湍在 Lib2.0 会议上，介绍了该馆基于汇文 OPAC 系统开发的标签服务，展示了领先的服务理念和高超的技术水平，令人由衷地佩服。[①] 相对于 PennTags，他们开发的标签系统在功能上旗鼓相当，易用性上更胜一筹；相对于 LTFL，该系统在系统整合上滴水不漏，用户体验有如行云流水；相对于 VuFind，该系统则显得小巧宜人，恰如其分。

这是一个与 LIS 相结合的标签系统，目的希望将 Web2.0 技术应用到图书馆的实践活动中，通过标签的方式使读者参与到数字图书馆的建设中来。该系统是结合汇文的 OPAC 系统进行开发的，主要实现馆藏书目的标签功能。

① 江湍. 基于汇文 LIS 的 Tag 尝试. http://you.xmulib.org/(03)422.ppt

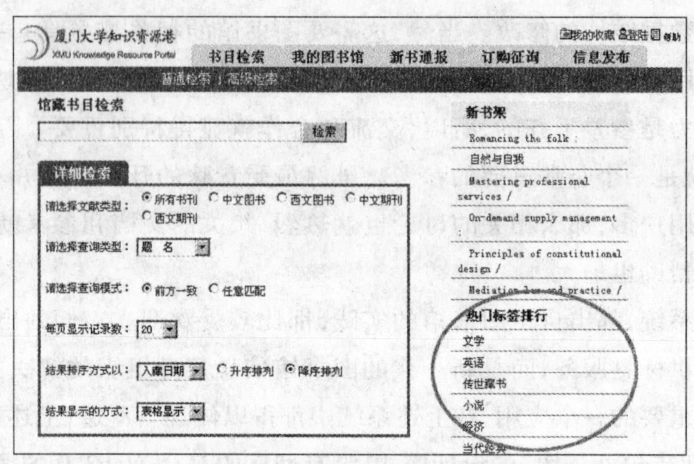

图6-8　厦门大学OPAC首页①

用户登陆厦门大学图书馆的OPAC系统后，在首页的右边就是醒目的热门标签排行，该列表由读者的收藏中最热门的十个标签组成；点击“更多”按钮后，页面会带我们进入所有标签列表页面，在新页面点击“Tag Clound”按钮，就会显示标签云图；通过点击标签，系统就会显示所有标记为该标签的书目列表。此外，如果用户希望快速地找到某个标签，则可以使用标签的检索功能。当读者需要将一本书加入收藏时，则可以在书目信息的右上角，输入标签信息，然后点击“保存”按钮，即可实现图书的标记和收藏。如果读者需要管理自己的标签和收藏的书目，则可以通过“我的收藏”链接，进入我的收藏页面，进行书目和标签的修改与增删。

该系统专门针对标签服务开发，因此设计简单，容易使用，并且具有一定的独立性，经过一段时间的公开测试，取得了不错的效果。虽然投入测试后，标签的增长速度比预期慢，一部分的标签没有任何实际意义，但这些应该都是开展标签服务前期的正常现象。相信经过厦门大学图书馆的宣传推广，以及相关文档的完善，这个标签系统将在读者互动和用户贡献方面，实现新的突破。

(2)定制与开发的若干技术问题

图书馆自行定制与开发标签服务系统，可以很好的结合自己图书馆的实际，充分了解需求，进行合理的设计和部署，并且可以在与LIS系统集成、与图书馆网站整合、实现单点登录等方面，做得更为彻底。但是，定制与开发要求图书馆必须具备一定的技术力量，有能力进行系统的规划、设计与开发，以及有能力实现系统持续更新。

在标签系统的开发中，讨论较多的主要是数据结构设计、标签云图的实现以及标

① http://library.xmu.edu.cn

签的相关后控手段等。标签作为Web应用，可以采用多种技术开发，在此不再赘述，仅对其数据结构设计及标签云图的实现做一些简单的介绍。

良好的数据结构设计，是一个优秀Web应用的基础之一。图书馆要实现对数十万甚至上百万的书目数据的标签功能，要面向广大读者提供个性化的标签服务，必须实现一个强壮的架构，而合理的数据结构设计则必不可少。Philipp Keller在他的博客中，针对标签系统中常见的三种数据结构设计方式分别做了探讨，①值得读者参考。

针对三种数据结构设计方式，Philipp Keller在不同的数据量下，对交叉检索、联合检索和数据插入等方面进行了专门的测试。② 测试结果显示，在海量数据的应用中，Toxi解决方案更胜一筹。不过，在实际应用中，一定的数据冗余对于系统性能而言是必要的，因此，可以在Toxi解决方案中，为bookmark表增加一个用于存储相关标签的冗余字段，这样会使系统能够更好地响应用户请求。此外，集合MySQLicious方案和Toxi方案的数据结构也有利于进一步优化性能。

标签云图能带给用户极强的视觉冲击力，并富于艺术美感。一般而言，将访问量高的、热门的标签的字体设得很大，颜色设得较醒目，而访问量小的、冷门的标签则字体较小，颜色较淡。大部分标签云图的效果，都是通过程序根据标签热门程度的不同，应用不同的CSS样式来实现。通过CSS样式表，我们可以将标准的ul列表处理成流布局，并定义出若干个不同级别的类，这些类具有不同的字体大小、颜色、边界等样式。

然后我们在标签的列表页面中，就可以根据标签的使用次数，将标签划分为若干个区间，再对标签的输出应用上述不同的类，即可实现标签云图的效果。

值得特别一提的是，标签云图应该是最近一段时间的标签的排列，而不是全部标签的排列，只有这样，标签云图才能更好地反映出用户关注的热点和流行的趋势。

定制和开发一个优秀的标签系统，涉及的技术问题还有很多。例如如何将原有书目记录里面的主题词和标签系统结合起来？例如如何在用户输入标签的时候给予相应的提示？例如如何根据用户的标签判断用户的喜好，向用户推荐相关图书？这些问题在网络上已经有了不少的讨论，值得继续深入研究和实践。

---

① Philipp Keller. Tags：Database schemas. http://www. pui. ch/phred/archives/2005/04/tags-database-schemas. html

② Philipp Keller. Tagsystems：performance tests. http://www. pui. ch/phred/archives/2005/06/tagsystems-performance-tests. html

MySQLicious 方案：

之所以称之为“MySQlicious”是因为这是从 del.icio.us 导过来的数据结构。这种结构仅由一个表构成，标签和书目信息放在一起。优点是只有一个表，能够进行直接的检索，可以很快地输出所有的标签信息，同时，全文检索速度会相对快一些。缺点是由于标签存储在一个字段中，标签的数量可能受限，另外，标签的检索过程中可能会出现散乱的情况。

delicious
id
url
description
extended
tags
date
hash

Scuttle 方案：

Scuttle 方案由两个表构成，scBookmarks 是标签表，并通过外键“bId”来连接书目表“scCategories”。这种结构比较常见，标签的数量没有限制，检索性能也很不错，尤其是标签表的冗余字段，可以使得按标签检索记录时，获得最好的性能。但这种设计的致命缺陷在于，不管该标签是否存在 scBookmarks 表中，每一个标签都会占据一行，当标签的数据量巨大的时候，冗余的字段就变成了沉重的负担。

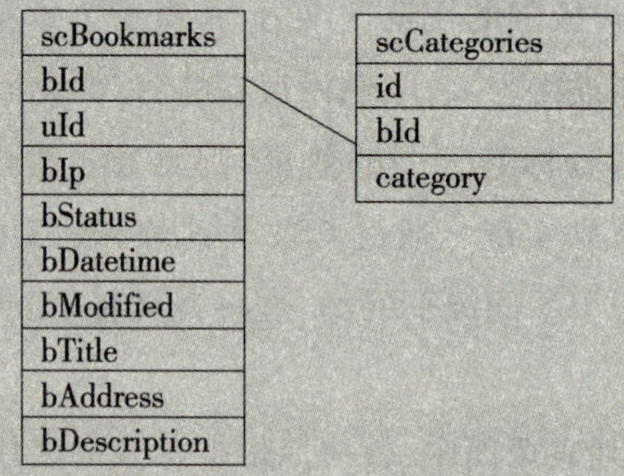

Toxi 方案：

Toxi 方案则由三个表构成，通过桥表“tagmap”连接书目信息表“bookmark”和标签信息表“tag”，书目和标签之间没有直接的连接，是一种多对多的关系。这是也是 WordPress 的解决方案。这种结构的优势在于，你可以为标签增加冗余字段而不用担心大数据量下的性能问题，缺陷在于，当书目信息发生变化时，有可能会形成“孤儿”标签。

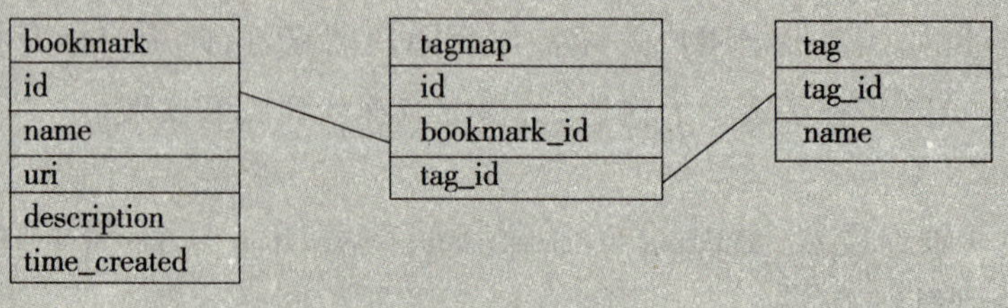

```
.tag1 {
    DISPLAY: inline; FONT-WEIGHT: 900; FONT-SIZE: 160%; COLOR: #011;
MARGIN-RIGHT: 6px;
}
.tag2 {
    DISPLAY: inline; FONT-WEIGHT: 500; FONT-SIZE: 130%; COLOR: #033;
MARGIN-RIGHT: 6px;
}
.tag3 {
    DISPLAY: inline; FONT-WEIGHT: 200; FONT-SIZE: 100%; COLOR: #066;
MARGIN-RIGHT: 6px;
}
```

6.5 展望：无序到有序的统一

6.5.1 标签的优势与缺陷

标签作为一种个性化需求驱动下的用户贡献，在信息组织中具有巨大的优势。首先，标签极大地降低了信息组织的门槛，颠覆了传统的高度组织化和模式化的信息组织方式，让用户从信息的消费者变成信息的组织者甚至是创造者，从而在解放了用户巨大的生产力，提供了一种更为有效的信息组织方式，并使得信息组织更加人性化。其次，标签客观上提供了一种群体用户人为的信息聚合，这种聚合可以有效地将各种不同格式的相关信息组织在一起，从而更全面地满足人们的信息需求，有效地消除了信息孤岛。再者，由于各个用户从不同的角度对某一信息对象进行标签，因此该信息对象就得到了充分的揭示。

不过，标签的缺陷不可忽视。标签的语义模糊，将导致标签服务效率的低下，过于个性化的标签，将导致内容聚合难度的增加。如果我们缺乏相关的控制手段，无序的标签，将极有可能使得互联网一片混乱，让人迷失。而且，就像电子邮件一样，标签作为人的一种行为，面临着滥用的危险。热门标签很可能成为发送垃圾信息的人的首选，这时，垃圾标签就会像一个毒瘤一样遍布网络，因此必须建立相应的机制来防止标签环境的恶化。此外，用户的参与热情，也是标签的一个问题。通过何种方式，让用户保持热情，持续贡献，值得深入探讨。

6.5.2 可见的未来

对于标签,学者刘炜在其博客中追问——最本质的问题还在于:“谁”希望用标签干“什么”?① Web 发展到今天,其实还是在解决同一个问题——如何帮助用户找到信息?

标签正迅猛发展,它的自由度可以为信息的组织带来较高的针对性和推动力,但缺乏控制的标签,将导致信息无序现象的发生。因此,借鉴传统的信息组织规范方法,对标签进行规范,以更好的组织信息,就是应对未来的课题。

有学者认为,标签要借鉴传统分类法中已经被验证的科学分类法,将标签归入为大类存放,并且允许用户再进行知识细分。使用标签作为内容的关联,分类作为对标签的归纳,从而丰富标签的层次结构,从而降低标签的平面结构所带来的检索难题,方便标签的管理与共享。②

有学者指出大多的用户太过随意的标注资源,造成了很多“马虎的”标签,所以,要对用户进行教育和引导,鼓励用户使用规范的标签,包括正确拼写,注意单复数,分词使用下划线、注意同义词等内容。该学者还提出,我们需要完善标签服务的制度,引入元数据,设定相关词表,为用户提供标准标签参考,此外还应开发智能系统,在用户的标签过程中给出建议。③

有学者提出标签本体(TagOntology)的概念,这是关于如何标识和规范地概念化用户的标记行为,以及在语义水平上本体的构建技术。人们正在努力研究在格式、数据模型以及 API 等各个层面上的基础架构,为从概念到实现的创新提供一个良好的基础,以应对“标签泛滥的限制、垃圾标签的过滤和歧义标签的规范”的挑战。④

① 刘炜. 关于 RSS 应用的断想. http://meta.bokee.com/1424536.html

② 马然,向林燕. 网络信息分类法的新亮点——Folksonomy. 中国索引,2006(2):32—34

③ Marieke Guy,Emma Tonkin. Folksonomies: Tidying up Tags. D-Lib Magazine,2006(1)

④ homas Gruber. Ontology of Folksonomy: A Mash-up of Apples and Oranges. Int'l Journal on Semantic Web & Information Systems,2007(3)

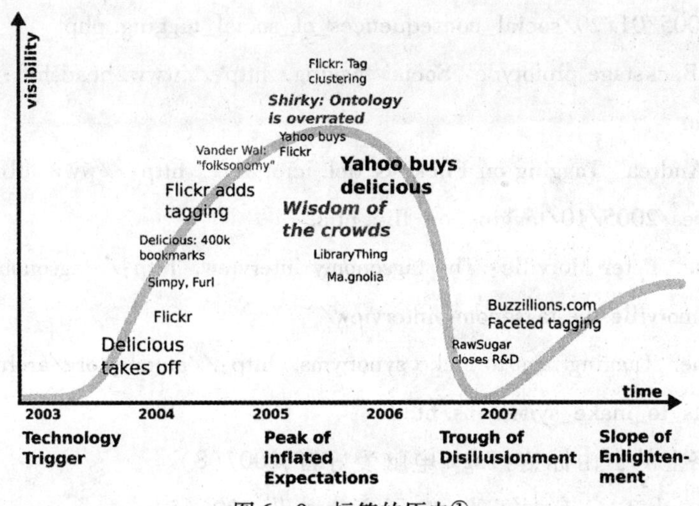

图 6-9　标签的历史①

在 Philipp Keller 的博客中，基于 Thomas Vander Wal 关于标签的历史的综述，贴出了一张标签的发展图。在图片中，我们可以看到，随着标签应用的推广及相关研究的深入，标签的聚类得以实现，可移植性和互操作性在实际项目中已经被考虑，相关的工具也进一步成熟，分面标签已经应用在了 Buzzillions. com 上。在扬起的那一头，将会是什么样的曲线，随着时间的推移，标签将会如何的发展？在可见的未来，我们将很快看到蓬勃发展的民俗分类法，借鉴一点点规范控制、相关反馈、自动处理以及人工智能，在万维网构成的巨大的信息空间发挥传统方法难以企及的巨大作用，答案或许不需要很久就能揭晓。

推荐阅读

1　Angeles, Michael. Dan Bromn on freetagging. http://urlgreyhot. com/personal/weblog/dan_brown_on_freetagging

2　Arrington, Michael. All the Cool Kids are Deep Tagging. http://www. techcrunch. com/2006/10/01/all-the-cool-kids-are-deep-tagging/

3　Bryant, Lee. Prototypes: BBC shared tags. http://backstage. bbc. co. uk/prototypes/archives/2005/05/bbc_shared_tags. html

4　Lawley, Liz. Social consequences of social tagging. http://many. corante. com/

① http://www. pui. ch/phred/archives/2007/05/tag-history-and-gartners-hype-cycles. html archives/2005/01/20/social_consequences_of_social_tagging. php

5 Lee. BBC Backstage prototype：Social tagging. http://www. headshift. com/archives/002498. cfm

6 Mercado, Andrea. Tagging on Flickr & del. icio. us. . http://www. librarytechtonics. info/archives/2005/10/tagging_on_flic. html

7 Smith, Gene. Peter Morville：The tagsonomy interview. http://tagsonomy. com/index. php/peter-morville-the-tagsonomy-interview/

8 Smith, Gene. Tagging tags to make synonyms. http://atomiq. org/archives/2005/10/tagging_tags_to_make_synonyms. html

9 二轮. 网络上的自由标签:Tag. 电脑爱好者,2007(8)

10 踏涉而行. 小 TAG 有大智慧. 电子商务世界,2006(5)

访谈专栏：图书馆员 2.0 之路

访谈对象：图林小钟　　工作部门：技术部　　年龄：20 –30 岁

1. 除了 IM,您是从什么时候开始使用第一个 Web2. 0 工具的？这个工具是什么？

答：2006 年 3 月,开始写博客,算是步入了 Web2. 0 世界,那时,Web2. 0 世界已经很精彩。

2. 您现在使用的 Web2. 0 工具有哪些？使用频率如何？您还打算尝试哪些工具？

答：很多都尝试了,没尝试的非常乐意去尝试。

3. 您觉得这些 Web2. 0 工具给您的工作、学习、生活各带来了哪些新的变化？

答：正面影响,原因,提供了一个被人关注、倾听的环境,并因此受到鼓励,投入更多的时间和精力,继续学习更多的专业知识。

Web2. 0 使草根得以发出声音,为用户提供了一个被人倾听和关注的环境。于我而言,Web2. 0 给我指出了一个我所喜欢的方向。

4. 您心目中的图书馆员 2. 0 应该是什么样的？最重要的特征是什么？

答：乐于沟通、善于沟通、享受沟通。

5. 您认为自己可以称作图书馆员 2. 0 吗？

答：是,因为老槐说了,不敢说不是,虽然知道不是,也只能一边打肿脸充胖子,一边更努力。

我非常乐意成为图书馆员2.0，在我看来，图书馆员2.0也是永远的beta版。

6. 请您帮助分析下面的事例："有两个图书馆员A和B，A有自己的博客和博客圈，经常发表专业见解和同行交流，并且使用各种2.0工具，用于专业学习，但不直接为读者服务。B建立了学科馆员博客，为读者推荐学科资源，介绍图书馆服务等，和读者进行互动。B也使用了一些2.0工具，主要应用在图书馆的资源与服务中。"请问，A和B，哪个更像理想的图书馆员2.0模样？还是"A+B"才更理想？或者您还有其他观点？能说一下理由吗？

答：A是2.0研究员，不是图书馆员，馆员必须服务于读者。但B做的事情，学科资源服务，太狭窄，偶不喜欢。A+B又是一种中庸模式，更不喜欢。

所以……B更像理想的图书馆员2.0模式，面向读者和沟通才是图书馆员的根本。

7. 如果让您选3位图书馆员2.0之星，您会选哪几位？请说明您的理由。

答：Sogg、图林丫枝、钱涂无量。理由：服务理念+服务能力。

8. 您是否认同"所有的图书馆员都该努力蜕变成图书馆员2.0"？

答：认同。蜕变根本上讲，是重视用户倾听用户并转向用户主导的服务理念的转变。

9. 您认为在"用户—图书馆—馆员"这三者中，图书馆员2.0究竟该扮演怎样的角色？

答：图书馆员2.0最好把自己当成一个用户，站在用户的角度，代表图书馆为用户服务。

10. 如果请您给您的图书馆员2.0生活加标签，您会用哪些词句？

答：激情、专业、奉献、享受。

第7章 SNS应用：虚拟照进现实

郑晓乐 寇爱哲

去读者所在的地方，而不是去你希望他们的所在。

——Karen G. Schneider (the Free Range Librarian)

自SNS成为Web2.0时代的新宠以来，对于SNS的商务应用讨论、研究工具讨论层出不穷。而SNS对图书馆的影响、对图书馆服务拓展的讨论与应用也层出不穷。SNS的商务价值使Web发展的重点从内容转向关系，同时又为社会科学的研究提供了工具和平台。对于图书馆来讲，无论是内容还是关系的建设，都为图书馆信息服务的拓展提供了前所未有的新机会。因此，有必要梳理一下目前图书馆的SNS应用，探索一下SNS究竟可以给图书馆带来什么，对图书馆的业务工作将产生哪些影响，以及如何消除SNS本身的一些负面效应，从而为图书馆利用SNS开展服务、如何开展服务开拓新的视野。

7.1 SNS：乱花渐欲迷人眼

7.1.1 什么是SNS

SNS是社会交往软件(Social Networking Software)、社会交往服务(Social Networking Service)、社会交往网站(Social Networking Sites)或者社会交往系统(Social Networking Systems)的缩写。其核心在于Social Networking——社会化网络，SNS的英文说法虽然有四种，但是我们通常所说的SNS是指提供SN服务的SNS网站。这类网站集成了社会交往系统和软件，让大家可以通过网站的平台实现社会交往的目的。

SNS的实现原理是以一个人为中心，通过一系列工具形成其个人的网络关系群。具体来说是指一个人通过一些人认识另一些人，由一个点发散组成一个社会网络。通过一个个人的小网页，展示个人风采，然后一个一个添加自己的朋友，建立自己的朋友圈。而你的每一个朋友又有自己的个人主页，又有他自己的社交圈子和朋友。所以当你点击任何一个你的朋友时，都可以看到你朋友的朋友，朋友的朋友的朋友。

举例来说，一个人在一个SNS网站上的朋友仅仅有19个，网页上会显示：你在本网站有 19 个朋友；可是主页上又显示：通过你的朋友，你和 365 个人有关联。还可以看到和另外人的共同朋友，上边有显示你和 XXX 有三个共同的朋友。如 keven 有一个属于他的社会网络，包括万二、老槐、游园等人，他们每一个人也有类似 keven 的属于自己的社会网络，甚至，有些人还会有共同的朋友，比如云影既属于游园的社会网络，也属于一问的社会网络。这些人通过创建自己的内容吸引自己网络关系中的朋友不停地来拜访，从而加深彼此之间的情谊，甚至因此而吸引了他们社会网络中的其他人的拜访，因此而认识了更多的朋友，扩大了自己的社会网络。SNS 的迷人处也就在此，在“各扫门前雪，休管他人瓦上霜”的时代，满足了个人心中对朋友的渴望。自然，亦有商业人士对各类关系进行细化，比如同学关系、同事关系、商务关系等，因此衍生出专门针对某一类关系的 SNS 服务，制造利润，那是后话了。

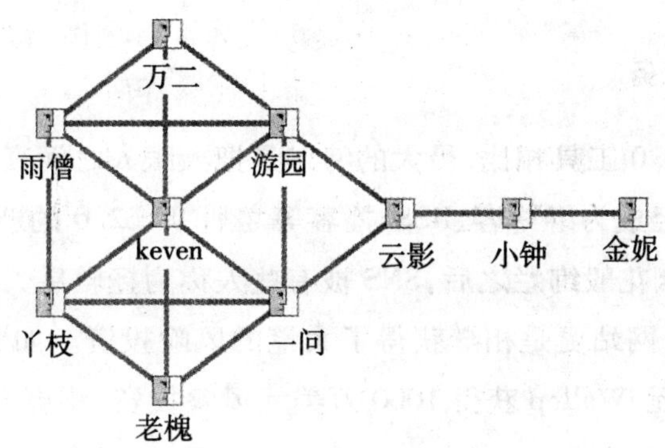

图 7-1　SNS 中的人际关系网络示例

目前的 SNS 主要是两种类型，一是纯粹的 SNS 网站，比如豆瓣、友播、土豆等；二是原来的门户网站、BBS 等传统网站或其他 Web2.0 网站加入 SNS 元素形成，如和讯、新浪等。

SNS 网站的用户可以自己组建圈子，吸纳具有相同爱好的人，围绕这个共同的话题，圈子成员生产并分享资源。比如中国著名的 SNS 网站豆瓣提供小组功能，其中“爱看电影”小组的成员达到 29798 人，“我们爱讲冷笑话”小组成员达到 25065 人；和讯网站提供朋友圈功能，“男生女生”圈成员达到 10177 人，“理财大圈”成员达到 5193 人，还细分为股票圈、历史圈、IT 圈等；博客网提供群组功能，“走进西藏”成员达到 16995 人，访问量达到 207023 人次，主题 3215 个，“关于毕业生的窝”成员达到 16046 人，访问量达到 171440 人次，主题 5900 个。

SNS 的理论基础可以上溯至 1967 年哈佛大学心理学教授斯坦利 · 米尔格兰姆

(Stanley Milgram)所提出的六度分割理论。米尔格兰姆(Stanley Milgram)设计了一个连锁信件实验。他将一套连锁信件随机发送给居住在内布拉斯加州奥马哈的160个人,信中放了一个波士顿股票经纪人的名字,信中要求每个收信人将这套信寄给自己认为是比较接近那个股票经纪人的朋友。朋友收信后照此办理。最终,大部分信在经过五、六个步骤后都抵达了该股票经纪人,六度空间的概念由此而来。六度分割理论是用来揭示社会关系的客观规律,并不是说任何人与人之间的联系都必须要通过六个层次才会产生联系,而是表达了这样一个重要概念:任何两位素不相识的人之间,通过一定的联系方式,总能够产生必然联系或关系。

显然,随着联系方式和联系能力的不同,实现个人期望的机遇将产生明显的区别。这个理论曾被运用到市场营销,现在被引入网络虚拟社区,建立起各种SNS网站。

7.1.2 SNS网站和服务

SNS跟其他Web2.0工具相比,最大的特点是把人跟人之间真实的关系在虚拟的网络中再现。SNS已经成为继博客、RSS、播客等之后Web2.0的新流行。2006年,在各种Web2.0工具如烟花般绚烂之后,SNS被有些人称为拯救星矢。很多网站都加入SNS元素,纯粹的SNS网站更是相继获得了大笔的风险投资。如LinkedIn融资1300万美元估值2.5亿美元、Wallop获得1000万美元风险投资,雅虎奇摩2100万美金收购台湾最大社交网站"无名小站",Mixi于2006年9月13日在日本上市,其市值达到15亿美金。而掀起SNS狂潮的可能要属2007年10月,微软以2.4亿美元购得Facebook的1.6%的股份,这意味着这家创建仅3年多的SNS网站的市值已飙升至150亿美元。

国内从2006年开始,大批SNS网站纷纷创立,千橡互动集团以200万美金收购校内网。按各家网站定位可以分为以下几种:①

①娱乐型:如:亿友友、碰碰网、网友天下、粉丝网、赛我网、我赛网、爱情公寓等;

②商务型:如:天际网、楚现会、联系家、若邻、四度、世界经理人、人联网、九帮网等;

③校园型:如:校内网、占座网、5Q网、亿聚网、底片网、Chinay等;

④综合型:如:博亿网、Fzone、U能网、联趣网、根本网、圈网等。

---

① 国内SNS网站的现状. http://www.linkist.com/fun/story.php?id=3852

(1)赛我网

赛我网(http://www.cyworld.com.cn/main/)源自韩国，与美国的Myspace、日本的Mixi并称全球三大交友网站，目前已实现盈利并进入中国。

赛我网的注册过程相对简单，比如申请邮箱的@系统已经填好，当注册码发到注册邮箱时，邮箱所在网页会自动打开等，在细节的地方考虑的非常周到。

赛我网提供博客、相册、音乐、部落和小窝服务。其中最特别的是以"我的小窝"为卖点，吸引网友。"我的小窝"提供网友一个装扮自己空间的功能，可以设计成自己的卧室、庭院等，很有诱惑力。不过装扮工具需要通过购买赛我网的虚拟货币"红豆"去它的网络商店兑换才能得到。这也是赛我网赢利的模式——虚拟货币兑换。

类似的还有腾讯公司开发的SNS社区——F-ZONE。腾讯公司以QQ即时通讯软件打前锋，现在已经跻身中国门户网站前三甲之列，它的SNS网站用户量不容小觑。

(2)若邻网

若邻网(http://www.wealink.com/)是中国最大的商务型SNS网络，目前已有注册用户1 296 000人。

若邻网提供人脉搜索、求职招募、在线通讯录、主题吧和个人公告等服务。若邻网还利用六度空间理论为标准，判断一个人与其他人的距离是几度之遥。

若邻网通过SNS网络，实现其用户寻找职位机会、合适员工、合作伙伴、潜在用户以及供应商等商务关系。若邻网的人际关系可以通过邀请同学、朋友，搜索若邻网友以及导入Outlook通讯录和MSN联系人形成，是一个真实与虚拟关系的混合体。

(3)校内网

校内网(http://xiaonei.com)是SNS形式的校园网。目前已开通2000所大学、3所高中及65家公司。

校内网是主打校友录路线的SNS网站。与传统的校友录不同的是，它是通过单个人的主页将他所有的校友关系集中起来。一个人从小到大会有不同的班级，不同的同学，传统的校友录这些关系都是分散在各个班级主页里的，但是通过SNS，这些关系都被集中在一个页面上了，而且不同班级的同学也可以互相认识，彼此都扩大了自己的关系网。

校内网提供日志、相册、留言板、涂鸦板、群组等服务。个人主页上也揭示好友分布情况和个人页面的被访问情况，便于时刻把握个人关系的发展情况。

7.1.3 SNS与图书馆

SNS以"六度空间"理论为基础,图书馆对SNS的应用也可以借助这一点拓宽图书馆的交流圈。毫无疑问,图书馆与用户的交流程度,对图书馆的信息服务会产生重要影响。通过SNS,图书馆可以和用户建立更深的关系,形成"黏性",培养起用户的忠诚度。

进入Web时代以来,用户流失一直困扰着图书馆。Google威胁论在图书馆领域也讨论的沸沸扬扬。一直依靠政府财政支持的图书馆,一旦用户流失和服务分流超过某个限度,将会引来图书馆的生存危机。如何解决这一困境,SNS形成的信息共享和用户黏性到是图书馆可以考虑的一个有效途径。

在传统的图书馆工作中,从资源采购开始直到每一种服务,都是按部就班,按照流水线的顺序进行。图书馆对用户的服务也相对被动,信息不畅通导致用户的抱怨时有发生。图书馆的资源采购也往往在求全和求准间徘徊不定,饱受非议。但是通过SNS后,图书馆或许可以通过自己的SNS页面,把用户、出版社、数据库商等关系户紧密地联系在自己的周围,形成黏性,并可以根据用户的需要设计自己的信息服务,并进而影响供应链端。

比如,对于采编工作来说,在传统服务模型中,采编工作和用户之间隔着各类服务,而由于传统服务的特点,不能有效传递信息,采编部往往是从出版市场来决定图书馆资源的购买,而不能根据用户的要求确定购买内容。尽管已有一些图书馆,如深圳图书馆通过自己的网站主页提供用户建议购买的服务内容,但沟通还略显僵硬,也还没有在全国范围内的图书馆中加以应用。但是在如豆瓣、友搜之类的SNS网站,提供了用户推荐图书、推荐音乐的功能,图书馆完全可以借助用户推荐和评价来判断资源的购买,还可以利用用户的评价和推荐完善图书馆的资源建设,更好地向更多的用户推荐资源,形成网络资源和传统资源的整合。

图书馆目前对SNS利用的常见途径,就是借助现有的具有一定影响力的SNS网站,如Facebook,Myspace等,跟用户进行互动,向用户介绍图书馆的服务和资源,开展合作等等。这方面,国外的图书馆比较积极。如在Myspace上有41家公共图书馆开设了自己的网站,其中YALSA的Myspace空间中有789个朋友;在Facebook上,有家图书馆提供参考咨询,建立自己的校友圈,在Second Life上,Info Island的盛况是同一时间有几十人在线。

从已经开展的服务来看,图书馆对SNS的应用主要集中在与用户的交流方面,包

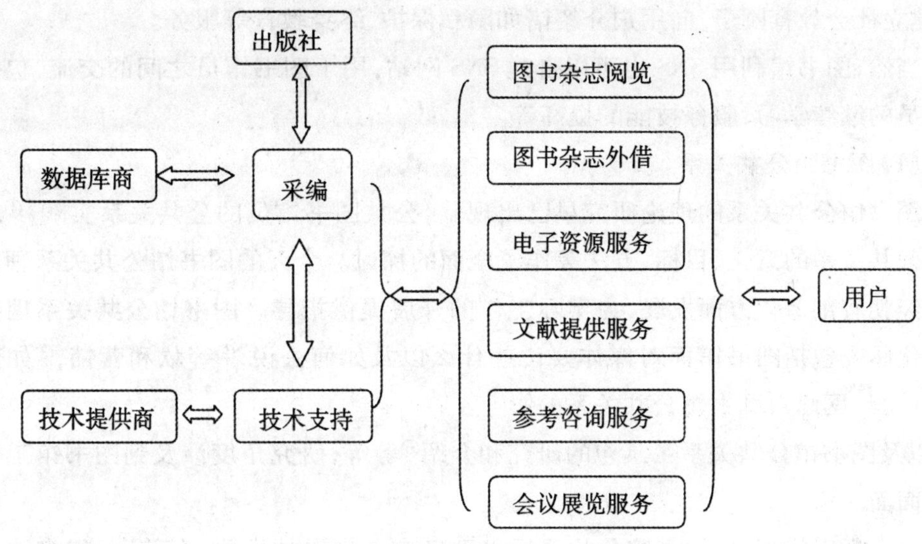

图 7-2　图书馆传统服务模型示意图

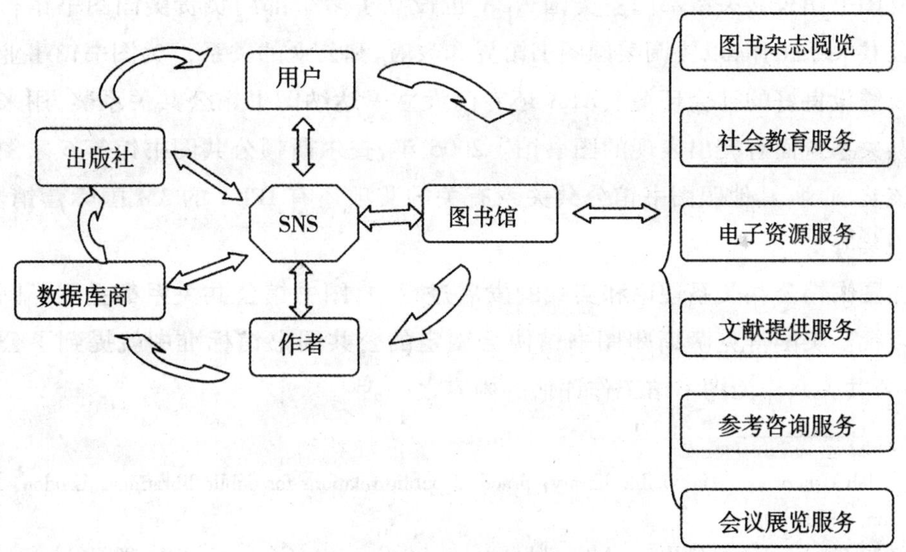

图 7-3　SNS 下的图书馆服务模型

括了解用户对图书馆的看法，向用户介绍图书馆的服务，为用户答疑解惑，处理用户抱怨，进行危机公关以及利用 SNS 平台提供图书馆的服务，比如参考咨询服务、电子资源服务等。图书馆 SNS 服务的出现成为传统图书馆服务的重要补充，图书馆在 SNS 网站上建立的页面或将成为另一种形式的图书馆主页。随着 SNS 应用的逐步推广，当出版商、数据库商等图书馆供应链条上越来越多的合作者参与到 SNS 的应用中来的时候，图书馆可以利用 SNS 实现更多的功能。比如建立采购 SNS 圈，实现联合采购;建立社会教育圈子,向用户介绍诸如隐私保护、终身教育等服务。

当然,图书馆利用SNS也可以自建SNS网站,用于图书馆员之间的交流,包括图书馆员的继续学习,服务技能的提高等。

(1)图书馆公共关系

图书馆公共关系的理论研究早已出现。《公共图书馆员的公共关系实践》[①]对图书馆公共关系的意义、目标、方法等作了全面的探讨。今天的图书馆公共关系理论研究已经朝着细节化方面发展,为实际工作的开展提供指导。图书馆公共关系理论的细节化研究包括图书馆面对媒体要说些什么以及如何去说,[②]筹款和营销,[③]如何统一宣传、[④] 网络对图书馆公共关系的影响[⑤]以及图书馆公共关系工具包的研究和介绍[⑥]等等,研究角度涉及到图书馆工作的方方面面。

在实际工作当中,图书馆公共关系也已经有了一定的发展,在美国,很多图书馆都设立图书馆公共关系部门。美国ALA也设立了多个部门负责美国图书馆行业协会的公共关系工作,以协调美国图书馆界和政府、和公众的关系,[⑦]为图书馆事业的顺利发展铺设良好的社会环境。ALA还专门设立了达纳图书馆公共关系奖,用来奖励在公共关系方面有突出表现的图书馆。2006年,查尔斯顿公共图书馆等6家图书馆获得该奖项。[⑧] 其他跟图书馆公共关系有关的奖项还有IFLA的3M国际营销奖、最佳表现奖等。

在图书馆公共关系理论和实践的发展过程中,图书馆公共关系都受到了图书馆界的重视。美国得克萨斯州图书馆协会制定的公共图书馆标准中就提到了公共关系,将公共关系作为图书馆工作评估的内容之一。[⑨]

---

① Bob Usherwood. The visible library: practical public relations for public librarians. London: Library Association, 1981

② Nielsen. Reporting CSR – what and how to say it?. Corporate Communications, 2007(1)

③ Osif. Branding, marketing, and fundraising. Library Administration and Management, 2006(1)

④ Miranda Y. P. Corporate – slogans of corporations operating in Greater China. Corporate Communications, 2007(1)

⑤ Chiu. The research of internet public relations on event activities: cases studies. Journal of Information, 2006(12)

⑥ Strand. The new PR Toolkit: why everyone needs it. Information Outlook, 2006(8)

⑦ 范并思. 图书馆公共关系的行业管理. 中国图书馆学报, 2006(5)

⑧ http://www.hwwilson.com/jcdawards/jcdwin2006.htm

⑨ http://www.tsl.state.tx.us/cgi-bin/ld/plstandards/plstandards.php

SNS下的图书馆公共关系，大多还是一种下意识的行为，效果也于无意识中产生。如澳大利亚国家图书馆利用Flickr开展了Picture Australia项目。该项目的本意是建立一个图片数据库，但恰恰是由于Flickr，Picture Australia也为更多的人所知。

SNS在图书馆公共关系中最主要的应用，目前还是与用户的交流方面。比如豆瓣中的"上图生活"，zcx1997似乎是上海图书馆的工作人员，在小组中回答了有关上海图书馆服务的疑问，并介绍了一些上海图书馆的相关资源。

其次，危机管理也是图书馆SNS公共关系的一大应用。在网络上，关于图书馆的怨言或不解遍布在角角落落，却又对每一个看到的人发生作用。常言说，满意的顾客是最好的广告。可是反过来，抱怨却能日夜腐蚀一个品牌的光辉。这也就是为什么企业非常重视危机公关的原因。对于图书馆来说也是一样的。比如说在大众点评网上，对上海图书馆有108条评论，其中对工作人员态度、存包制度等多有抱怨；对国家图书馆有26条评论，对借书不方便多有抱怨等。

对于图书馆来说，如果能通过SNS的凝聚力，让用户习惯把心中的疑问与不满倾诉在SNS网页上，一方面便于图书馆收集这些抱怨和疑问，另一方面也便于图书馆迅速地作出反应，集中解答和解释，改进图书馆服务，维护图书馆形象。

（2）社会教育

图书馆利用SNS开展社会教育主要可以应用在两个方面，一是隐私保护，二是终身学习。

首先是隐私保护。图书馆历来有保护用户隐私的传统，这是因为作为一个中立的机构，其职责在于客观公正的传播信息。在传统的服务模式中，图书馆避免的是因为自身的原因导致的用户隐私外泄，比如阅读倾向等，以保证图书馆的中立性。SNS时代，图书馆可以利用自己的圈子向用户宣传的是如何保护好自己的隐私。

SNS网站，因为是以个人为核心，以关系为纽带，可能需要网民透露真实的个人信息。随着交往的深入，透露的个人信息也会越来越多。目前SNS网站虽多，但也良莠不齐，隐私保护政策多不完善，难免会导致用户资料外泄，带来难以预计的后果。即便是原本拒绝搜索服务访问的Facebook也将在近期允许如Google、雅虎等搜索服务"爬行"或"索引"用户的资料，非注册用户也可通过Facebook主页面的搜索框中，键入朋友或熟人的名字寻找他们的公开资料，以便与他们取得联系。这一举措引起了 Facebook 用户的抗议,他们担心被政府和服务监控自己的行为。①

英国调查组织 YouGov 刚刚完成了一次 Web 调查,并统计出了网民讨厌的 10 大关键词,Social Networking,Blog,Wiki 等都榜上有名,②究其原因,也有个人资料泄露太多的关系吧。

所以,基于图书馆的基本立场,通过 SNS 向用户开展隐私保护的教育,是未来可以开展的服务之一。

其次是终身学习。工业社会对产业工人技能的要求促成了公共图书馆的形成和发展。这一历史背景决定了图书馆作为社会教育的场所而存在。随着网络的发展,教育事业也逐步利用网络开展远程教学,商业领域的语言学习也利用网络开展。这些应用都奠定了网络教育的用户基础。SNS 的在线教育功能已经被发掘,在 Bebo 这个 SNS 网站上已经建立了"Emo Is The New Rad"小组。③

图书馆虽然也有自己的网站主页,并提供一部分的图书馆资源,但由于数据库版权问题和图书馆本身的资源建设问题,用户往往很难直接通过图书馆的主页获得自己需要的资源。但是,一旦图书馆通过 SNS 开展参考咨询服务、电子资源服务、文献提供服务,就可以组成完善的图书馆终身学习网络,这是其他机构所无法比拟的。

目前,图书馆的 SNS 应用最普及的有豆瓣、Myspace、Second Life、Facebook 等,本章就着重对这几个 SNS 网站及图书馆在其上的应用作系统阐述。Facebook 内容因与参考咨询密切相关,请参见第 8 章的相关内容。

7.2 豆瓣:书中自有友与朋

7.2.1 什么是豆瓣

豆瓣不是菜,而是一家 Web2.0 网站(http://www.douban.com)。

在豆瓣上,用户可以自由发表有关书籍、电影、音乐的评论,可以搜索别人的推荐,所有的内容、分类、筛选、排序都由用户产生和决定,甚至在豆瓣主页出现的内容上也取决于用户的选择。

---

① Facebook 隐私保护政策再次松动 引发用户不满. http://it.hexun.com/2007-09-06/100560335.html

② 网友投票选出 Internet 上最讨人厌的 10 个关键词. http://www.cnbeta.com/articles/28710.htm

③ Natali Del Conte. Education 2.0: The Best Social Networks for Students. http://www.wired.com/software/webservices/news/2007/08/student_networks

尽管豆瓣上评论的书籍、电影或音乐并不一定是当下最流行的时尚元素，但这些游离在畅销排行榜之外的非主流却吸引着数量庞大的小众群体。到2006年11月，网站已有超过33万豆瓣成员（豆子）。目前，豆瓣有近50万注册用户和几百万定期访问的非注册用户（也叫潜水用户）。不同于供浏览的门户网站，豆瓣是一个鼓励用户参与的社会性工具。参与的越多，收获也就越多。

记录、分享：这是使用豆瓣的第一步。用豆瓣各页面里的搜索栏，去查找用户喜欢的书、电影或者音乐。比如一本书，找到以后点击封面或者书名，就能看介绍、评论、讨论，还有正在读这本书的其他的人。点击"在读"或者"读过"按钮，就可以收藏了这本书的相关信息；点击"我来评论"，就可以发表评论。通过最上面的我读、我看、我听，用户可以浏览自己添加的收藏。也可以在收藏时添加标签，用自己的方式组织用户的个性化收藏。

发现：用户有了一些收藏以后，在"我读"、"我看"、"我听"里能看到豆瓣根据用户的口味自动给出的相应的推荐。用户的收藏越多，豆瓣推荐会越准确。

会友、交流：在豆瓣上任何地方看到别的成员（用户），都可以点击名字或头像，去看他们的简单介绍、收藏、推荐和发表过的评论。如果觉得这个人有意思，或者口味相投，可以点击"把他/她加入我的友邻"。这样用户就有了一个小圈子。点击最上面"我的友邻"，可以随时进去。点击右上角的设置添加你自己的个人介绍或上传头像，还可以点击最上面的同城选择你常住的城市。想和别的用户就评论之外的话题进行交流，可以点击最上面的小组，加入或创建各种话题的小组。

豆瓣还提供我读（书刊），我看（电影），我听（音乐），九点（博客），我去（旅游），小组，同城，友邻等服务。

7.2.2 豆瓣图书馆小组

在豆瓣小组群体中也活跃着一批图书馆小组，用"图书馆"做检索，得到43个结果，加上"上图生活"，共有44个相关结果。人气最旺的"我爱图书馆"小组有1414人。建立时间多在2006年。但是大多数的小组人气不高，很多成员数都在10位以内。因此过一年后，豆瓣图书馆小组成两极分化态势，或生机勃勃，或死气沉沉。

表7-1 豆瓣里的人气图书馆小组

小组名称	人数	创建时间
我爱图书馆	1414	2005-12-10
单向街·图书馆	1038	2006-06-05

（续表）

小组名称	人数	创建时间
上图生活	402	2006-05-07
首都图书馆	335	2006-04-23
我去大连图书馆	125	2006-06-08
图书馆学讨论组	92	2006-03-12

“我爱图书馆”小组的页面包括五个部分：自我介绍、小组成员、小组讨论、小组收藏、小组成员喜爱去的其他小组链接。

在小组成员的身份中，除了组长和普通成员，还把管理员改名为图书馆员。

其中的精华部分自然是小组讨论区，表达着小组成员对图书馆的印象，对图书馆服务的理解。目前的讨论内容可分为几类，抱怨、求助、调查、晒经历、图书讨论等。比如“为什么图书管理员的脾气都那么臭”，跟帖猜测理由充满各种想象力。

意料之中，情理之外的是，在豆瓣图书馆小组中，小组成员爱去的其他小组中都会有书店的小组，文化活动的小组，比如“生活·读书·新知”、“买书如山倒 读书如抽丝”等小组，但在这些小组的小组成员爱去的其他小组中目前还很少有图书馆小组的身影。

另外，在豆瓣上，还可以看到豆友在图书馆的足迹和有关图书馆的书，包括小说和学术著作。

7.3 Myspace：独乐乐不如众乐乐

7.3.1 什么是 Myspace

Myspace（http://www.myspace.com），建于2003年，是目前最红的青少年社交网络服务社区。到2007年初，Myspace 的注册用户已经达到1.6亿。网站的首页上鲜明地标注着“a place for friends”，即朋友交往之所。用户通过电子邮件就可以注册为网站用户。成为 Myspace 的用户后，成员可以联系老朋友、结交新朋友；可以写博客、发站内信件、使用即时通信工具和朋友聊天；可以与朋友玩网络游戏，分享图书、照片、音乐、视频等东西；还可以邀请朋友参与活动、组建社群、在论坛中畅所欲言。美国海军陆战队甚至也曾用 Myspace 招募新兵，并获得超过1.5万“朋友”的认同。

实际上，Myspace 就是一个功能强大的交际平台，通过这个网络平台，可以实现现实中人际交往的大部分环节。也可以说，Myspace 是一个个人或组织的简单门户，用户可以通过这个门户实现与其他用户的交往和联系。

7.3.2　Myspace，图书馆的 space

用户在哪里，图书馆就在哪里。Myspace 的 1.6 亿注册用户有相当一部分是图书馆的潜在用户。美国《图书馆杂志》撰文称，“Myspace Becomes LibrarySpace”，就是说 Myspace 将变成图书馆场所。

从图书馆 Myspace 的实践来看，目前已经有很多大学图书馆与公共图书馆参与到 Myspace 的社交网络中去。巴那德大学图书馆、布鲁克林大学图书馆、佐治亚技术图书馆、休斯敦大学图书馆、肯塔基大学图书馆等纷纷在 Myspace 中建立了自己的站点。根据著名的图书馆维基“libsuccess”的不精确统计，目前已经有 41 个公共图书馆也成为 Myspace 的用户，如亚历山大、伯明翰、丹佛、麦迪逊等公共图书馆。

值得一提的是，很多图书馆利用 Myspace 的主要原因是吸引青少年用户，因为他们已经习惯网络世界中的生活与工作。聊天、游戏、交友、学习，Myspace 已经成为他们存在的另一种生活方式。美国图书馆协会下属组织“YALSA”，即“青年图书馆服务协会”，也在 Myspace 建立了自己的社区。她这样描述自己：“YALSA，49 岁，女性”。其页面上主要链接了 YALSA 的一些资料，如专门网站、博客、播客、Flickr 相册以及美味书签。到目前为止，YALSA 的 Myspace 空间中有 789 个朋友，其中有很多朋友发表了建议和评论。

美国图书馆协会也有自己的 Myspace 空间。空间里显示她是一位 101 岁的女性，有 937 个朋友。图书馆界利用 Myspace 空间主要原因是，参与到用户的活动中去，成为用户的一员。图书馆更可以通过 Myspace 提供的聊天、交友、视频、图片、群组等功能加强与用户的联系，增进交流并促进相互理解。①

Topeka and Shawnee County Pubic Library（http://www.Myspace.com/tscpl）联合图书的作者在其网站上挂上作者对该书的介绍视频，向用户推销自己的馆藏，吸引更多的人到图书馆来借书。Hennepin County Library（http://www.Myspace.com/hennepincountylibrary）的 Myspace 站点上提供 OPAC 检索功能，还提供帮助学生完成家庭作业的服务；Albany County Public Library（http://www.Myspace.com/acplwy）提供馆藏音乐、图书的检索功能，还有一个在线考试模拟系统。② 也许因为 mypace 的用户群多是青少年的缘故，位于 Myspace 上的图书馆也主要是为青少年服务的，在服务

① 国外图书馆 2.0 实践：MySpace 篇. http://youmeng.bokee.com/6146533.html

② Stephen . Some MySpace Library Initiatives. http://stephenslighthouse.sirsi.com/archives/2006/06/some_myspace_li.html

上也越发显得挖空心思了。

表 7-2 Myspace 里的大学图书馆化身①

图书馆	Myspace 化身	朋友数量
Ball State University Libraries	男,31 岁	524 位朋友
Barnard College Library Zine Collection	女,22 岁	388 位朋友
Brooklyn College Library	女,76 岁	3257 位朋友
Georgia Tech Library	女,20 岁	15 位朋友
New Jersey Institute of Technology: NJIT Library Research Helpdesk	女,29 岁	894 位朋友
Indiana University South Bend: Franklin D. Schurz Library	女,19 岁	231 位朋友
Morrisville College Libraries	男,56 岁	173 位朋友
Portland Community College Libraries	女,42 岁	368 位朋友
UIUC Undergraduate Library	女,37 岁	332 位朋友
University of Houston: UH Libraries	女,81 岁	25 位朋友
University of Kentucky Libraries	女,90 岁	32 位朋友
University of Texas at Austin: Perry-Castaneda Library(PCL)	女,31 岁	426 位朋友
University of Wisconsin-Madison: Wendt Library	男,33 岁	82 位朋友

(1) 美国图书馆协会

美国图书馆协会在 Myspace 上的地址是 http://wwwcn. Myspace. cn/atyourlibrary。她给自己的介绍是女,101 岁。目前已经有 2505 个好友。在 ALA 的 Myspace 个人页面上,详细介绍了 ALA 的情况,包括她的爱好,喜欢的音乐、电影、电视,并有 Youtube 链接、她加入的小圈子、她想结交的朋友,还附有美国图书馆杂志员工的 youtube 视频,甚至还有 ALA 在 flikr 上的链接。在她自己的博客里,经常会介绍图书馆的工作、活动等等。

(2)布鲁克林大学图书馆

Brooklyn College Library 在 Myspace 上的地址是 http://wwwcn. Myspace. cn/brooklyncollegelibrary,目前有 3257 个好友。在其个人主页上,介绍了这个学校图书馆的情况,在她的博客里,介绍了图书馆的即将推出或现有的书展、图书销售活动、音乐鉴赏会等,在博客里还会有音乐和图书的推荐,都有链接。这让那些网虫学生们也能及时了解到图书馆的活动,心动一刹那,图书馆便多了一个用户。

(3)丹佛图书馆

① News: MySpaceBecomes LibrarySpace. http://blog. lib. nctu. edu. tw/index. php? op = ViewArticle&articleId = 1293&blogId = 4

图 7－4　ALA 的 Myspace 网页的个人说明

图 7－5　布鲁克林大学图书馆的 Myspace 网页的个人说明

丹佛图书馆在 Myspace 上的地址是 http://wwwcn. Myspace. cn/denver_evolver，在她的简介里介绍自己为女，17 岁，是一个为青少年服务的公共图书馆，想结交丹佛地区的青少年以及少儿作品的作家。目前已有 424 个好友。在她的博客里介绍了 2007 夏季读书会等，还有一段关于 2007 夏季读书会的卡通 Youtube 视频。

Stephen Abram 认为该 Myspace 图书馆是他所见过的在 Myspace 上做得最好的图书馆之一。① 该图书馆还曾经发信给其他图书馆的图书馆员求助是否有用于 Myspace 类社会化软件的图书馆政策，以便给其作一借鉴。

(4)图书馆学习空间

两个 LIS 的研究生在 Myspace 上注册了一个“Library Myspace Study”，网址是 http://www. Myspace. com/libraryMyspacestudy。他们想借此研究公共图书馆究竟是怎样通过 Myspace 来与用户实现交流的。他们会邀请一些图书馆员成为他们的 Myspace 好友，然后回答一些问题，令他们了解图书馆运作中一些实际问题或一些新

① Stephen Abram. MySpace Library Sites. http://stephenslighthouse. sirsi. com/archives/2006/03/myspace_library. html

的图书馆发展应用技术等。目前,该空间已经有141个好友。

7.4 Second Life:忽如一夜春风来

7.4.1 什么是Second Life

Second Life(http://secondlife.com/),简称SL,是美国林登公司开发的网络3D游戏,是完全模拟现实的MMORPG游戏。Second Life是一个社交型的网络游戏,不同于魔兽等练级、杀怪物的网络游戏。在游戏中用户可以设计自己形象、购置房产、交友、看电影、听音乐、从事商业活动等。

游戏中的资源通过林登币来流通,林登币和美金可以根据一定的利率兑换。Second Life中已经传出百万富翁的传奇故事,吸引了大批淘金者进入Second Life世界。Hitwise对基于访问secondlife.com的用户分析数据显示:SL的高年龄层网民数增长迅速,表明游戏中年龄大、收入高的人群比例在增加,游戏的价值也随之在提升。这也是互联网游戏比较反常的一个现象。

有一位35岁的英格兰工人赋闲在家时创造了一个虚拟跳舞球,卖给SL用户使用。一对Second Life男女见面时,只要点一下跳舞球,就可以拥抱在一起跳上一曲。这个跳舞球很快流行起来,每天可以卖掉300个左右,这个工人每周收入1900美元。华裔钟安社在SL中依靠经营虚拟房地产,收入丰厚,成为虚拟世界中的"首富"。

Second Life的三维拟真和良好的互动性使其成为一个炙手可热的营销途径,在品牌塑造和加强在年轻网民中的影响力方面不可小觑。阿迪达斯、微软、英特尔等跨国公司纷纷入驻Second Life;思科在Second Life上建立了"虚拟总部";丰田甚至在Second Life出售其虚拟汽车;美国银行业巨人富国银行则在Second Life中建造了以自己品牌命名的小岛;IBM在Second Life上不仅拥有自己的办公大楼,楼内的各种会议场所更是每天都在帮助全球各地的IBM员工召开各种不同领域、规格大大小小的内部会议;深圳发展银行也已成为第一家进入Second Life的中国商业银行。

慈善事业也在Second Life上热火朝天地展开,美国癌症协会、白血病和淋巴腺癌协会纷纷在Second Life上建立分会。在Second Life募捐活动中,美国癌症协会筹集了38 000美元的善款,参与捐款的人数超过了1000人。

政治活动也在Second Life上展开,即将作为民主党提名人参加2008年总统竞选

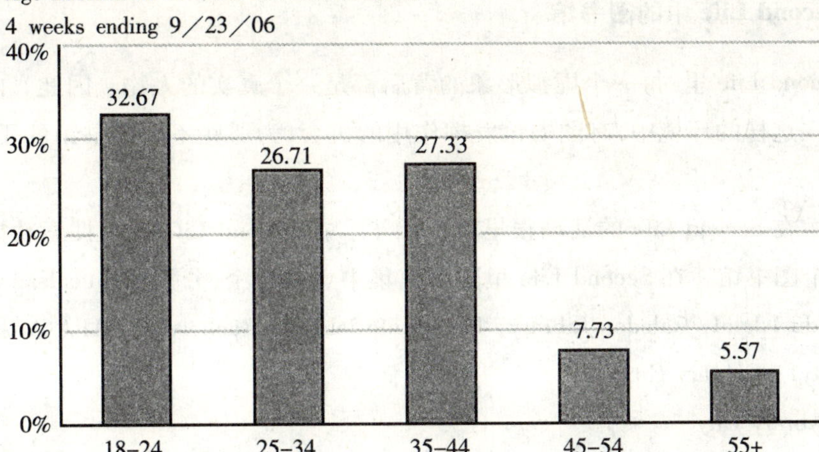

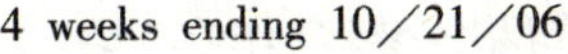

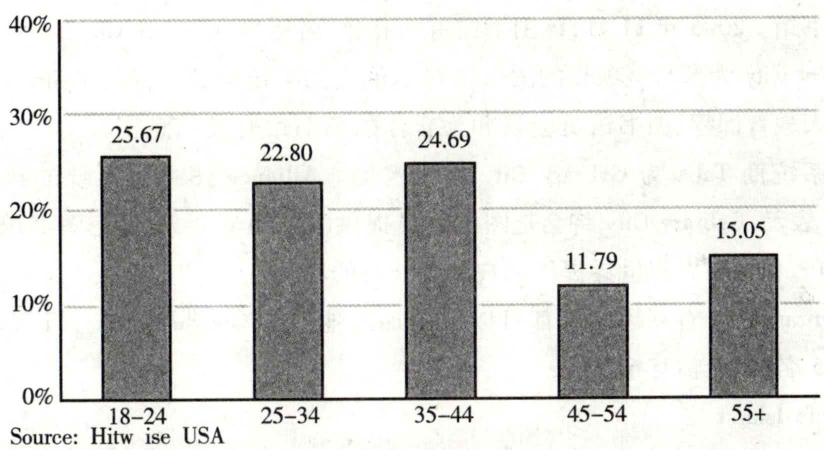

图 7-6　Hitwise 对访问 secondlife.com 的用户分析数据

的前弗吉尼亚州长 Mark Warner，就曾在 Second Life 召开了记者招待会。① 希拉里也在 Second Life 上拉选票。

甚至还有学校在里面开课，如哈佛法学院的伯克曼，以及南加州大学的安妮堡公共外交学院等。

至今 SL 已经拥有 100 多万的入住“居民”，约 40%“居民”在 60 天内登录至少 1 次，日交易金额已达到 45.5 万美金等值的虚拟货币。

---

① 网游 Second Life 的中国玩法. 中国计算机报 .［2007 - 4 - 9］. http://tech. sina. com. cn/i/2007 - 04 - 09/16421455965. shtml

7.4.2 Second Life 中的图书馆

在 Second Life 里，每一个虚拟形象的背后都是一个真实的人物。因此，许多图书馆员坚信在这样的环境中，有图书馆发挥作用的机会，为那些不去图书馆的用户提供服务。

图书馆在 Second Life 的活动很早就开始了。在 Second Life 通过搜索功能，可以找到 294 个图书馆。在 Second Life 里图书馆集中点有 9 个，分别为 Info Island1，Info Island2，Edu Island，Caledon Library，Healthinfo Island - Rachelville，ALA Arts Island，Cybrary City1，Cybrary City2。

(1) Cybrary City

2006 年 4 月，联盟图书馆系统(Alliance Library System，ALS)与联机图书馆活动(Online Programming for All Libraries，OPAL)宣布，他们将一起合作在"第二生命"中建一个图书馆。2006 年 11 月，该图书馆首次亮相，名称为"Cybrary City"。

Cybrary City 为参与该项目的图书馆显示他们的本地资源。同时 Cybrary City 也会提供成人教育课程、图书馆员会议和为合作的图书馆开发信息工具。英国著名图书馆集成系统商 Talis 为 Cybrary City 提供赞助。Alliance 图书馆系统的执行董事 Kitty Pope 表示，Cybrary City 将会是图书馆员提供服务和学会 21 世纪图书馆事业所需职业技巧，包括在虚拟世界提供用户服务技巧的场所。

对 Cybrary City 有兴趣的人都可以申请加入他们的 Google group。目前该 group 成员有 525 名，讨论帖有 6339 条。

(2) Info Island

2007 年 1 月 9 日，美国图书馆学会华盛顿办公室宣布在"Second Life"中的"虚拟办公室"向所有人开放。2007 年 1 月，著名图书馆自动化系统厂商 SirsiDynix 在 2007 美国图书馆协会仲冬会议上宣布将赞助联盟图书馆系统的"第二生命"计划——"信息岛"及"青少年信息岛"。

SirsiDynix 创新副总裁 Stephen Abram 在 2007 年 2 月 25 日发布的每月通讯中详细地解释了参与"第二生命"与图书馆建设的重要性。他列举了 26 个可以在"第二生命"游戏中图书馆的应用，包括：科学中心、艺廊、有声书、作者访问、出版者、神秘城堡、科幻小说集藏、信息素养与图书馆研究能力班、巨大的剧院、培训与教育场所、健康信息岛、游戏、与世界各地用户交谈、杂志、教育课程等等。

值得一提的是，Second Life 游戏中有一个青少年计划。这是独立的青少年世界，

图7-7　Second Life中的图书馆接待柜台

只接收13—17岁的人来此居住。目前已经有4万多人参与其中。青少年可以借助于这个安全的游戏学习、娱乐以及享受网上交流的乐趣。图书馆在这个社区中也可以发挥作用，如建立网上课堂、读书讨论、竞赛、舞蹈等。当然，探索Second Life中图书馆的应用绝不止这些，借助于这个网络游戏，图书馆可以为用户提供更多具有创意的服务。①

Second Life的居民们可以到虚拟图书馆，使用大量的信息资源、参加图书馆提供的各种主题课程和讲座。更令人叫绝的是，Second Life用户就像在现实生活中走进图书馆那样身临其境地享用馆内资源。②

在Second Life里，图书馆不仅为游戏里的居民提供服务，而且还开始了图书馆员在Second Life世界的聚会。美国Kansas州图书馆（KSL）最近邀集了一些主管在SL里开会，因为每个人都会以一个卡通化的人物造型（avatar）出现，可想而知的是，一开始大家一定会先试着认出谁是谁，这是相当有趣的体验。该会议进行的相当成功。除了这个有效的向图书馆同仁介绍SL的方法外，KSL也制作了一件印有他们图书馆名字的T恤，并免费提供给其他SL的使用者，别人穿上后等于免费帮KSL宣传。

除了吃螃蟹的几家图书馆机构外，不断有新的图书馆开始关注Second Life，并进入这个世界。ALA已向The Shifted Librarian的Jenny Levine发出邀请，请她于

① 游园惊梦．国外图书馆2.0实践：Second Life篇．http://youmeng.bokee.com/6146496.html

② Cybrary City亮相！http://my.donews.com/jackiege/category/second-life/

图7-8　Info Island 服务功能示意区

图7-9　KSL 在 Second Life 中的会议现场

Midwinter Meeting 过后来介绍 SL，探索图书馆可以在 SL 中提供什么样的服务。[①] 加拿大国家图书馆在 Cybrary City 里树了一块自己的牌子：快来！瑞典图书馆开始在

---

① 在 Second Life 里开会. http://libraryviews.blogsome.com/2007/01/09/468/

Second Life 里聚会，并寻找资金建设自己的建筑。他们小组的名称是"Biblioteksavatarer i Sverige"。

来自世界各地约200位图书馆员在Second Life里贡献自己的时间和资源，提供图书馆服务，包括虚拟馆藏、虚拟展览、参考咨询以及与作者的会面等。① Beth Gallaway是SL里200多位贡献时间、精力提供服务的图书馆员之一，她分享了在SL已提供的服务有：建虚拟馆藏、参考服务、展览、读书会、授课、作者访问等。Beth Gallaway每周两小时的服务内容包括了欢迎访客、做简短的介绍、并回答一些问题。其中有一半的问题是来自好奇的图书馆员、教育者及学生，但另一半的人似乎是SL上的居民，他们就如同在真实的世界一样，遇到了问题就到图书馆找答案。他们想要知道如何操作或设定SL，虽然他们可以直接询问开发SL的Linden Lab人员，但因某些原因，他们还是会到SL图书馆来访问。②

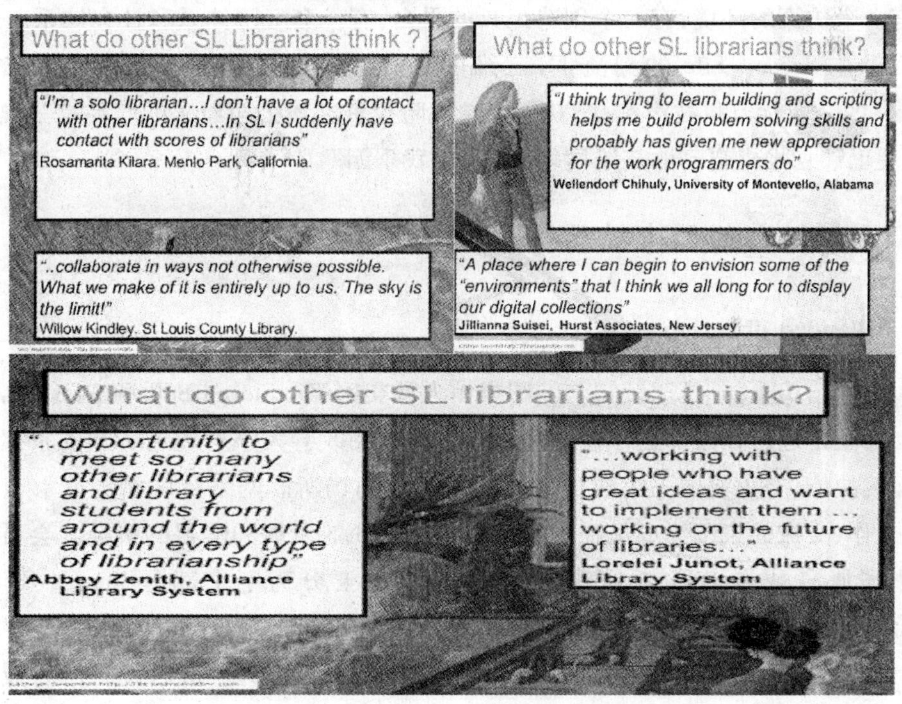

图7-10 Second Life中的图书馆员的感想

无论是从感情还是理论上，Second Life的图书馆服务都是一个值得考虑的事情。

---

① Second Life and Libraries: What's the point?. http://infoblog.infopeople.org/2007/02/second_life_and_libraries_what.php

② 再谈Second Life上的图书馆. http://libraryviews.blogsome.com/2007/03/23/496/

无妨注册一个账号,体验一把 Second Life 之旅。开始 Second Life 的旅程很简单,只需要到其网站上注册,下载一个客户端就可以了。但是如果要购地建立图书馆就需要升级为付费用户。

总的来看,现在的 Second Life library 应用还处于圈地运动时期。人气和知晓率都不够。但用户在哪里,图书馆就在哪里。图书馆在 Second Life 的用户中是能够发挥作用的,也是未来发展所需要的。

(3)海皮士(Hipihi)

海皮士(Hipihi)是和 Second Life 类似的中文网络 3D 游戏,不同的地方在于不能实现虚拟货币和人民币的兑换。如果说 Second Life 是西方的"创世纪",Hipihi 就是可以说是东方的"盘古开天地"了。

海皮士(Hipihi)于今年 2007 年 4 月份启动封闭测试,同 Second Life 一样,Hipihi 同样有一个仿真的环境,有一个创造工具的平台,有一套经济体系和社会体系。

似乎在 Second Life 的潮流下,三维网络社区逐渐要风靡起来。另一家类似"Hipihi"的企业优万科技声称,已获得两轮风险投资。该公司原来的产品是三维引擎软件,现也计划推出自己的三维网络社区"由我乐园"。

7.5 图书馆员的网上社区

7.5.1 Blended librarian①

Blended Librarian 是比较知名的图书馆人社交网络。Steven Bell 和 John Shank 创建的初衷就是通过社区的运作使成员之间互帮互助改善大家对理论实践的掌握和组织建设的技能,努力将图书馆建设成为学习交流的场所。网络社区希望能够营造出创新、合作、交流的氛围为成员在虚拟环境中得到职业发展和学习的机会。会员可以选择电子邮件或者 RSS 方式获取最新信息,主要分为七个部分 Images & Bios, Achives, Discussions, Calendar, Note Board, Polls, File Cabinet 和 Chat。

Blended Librarian 社区已经聚积了一定的人气和影响力。可以说图情专业人员的社区已经有个成熟的借鉴模式。

7.5.2 Ning

Ning 这个名称取自于中文"宁"的拼音,意谓"平和,安静"之意,不过 Ning 并不

① http://blendedlibrarian.org/events.html

是来自中国，而是美国的一家网站，他们的口号是"提供创建你自己的社交网络服务"。

Ning 的最大特点就是提供给用户的是一个相当自由的用来组建社交网络的平台。没有固定的网页布局，基本的三栏式框架内可以自由安排博客、论坛等各模块的位置；丰富的模版样式定制，从页眉到页脚几乎都可以在一个基本的模版上得到重新设计，改变颜色，上传背景图片等等；还提供了丰富的功能组件，音乐播放功能组件、幻灯片组件、视频播放组件以及大量的第三方 Widgets 可供选择，完全可以根据用户自身的需要来定制。而每个免费建立起来的社区都将使用 *. ning. com 的二级域名。除了这些免费用户就能享受的功能外，Ning 还提供了一些付费项目，例如绑定自己的域名，去除页面中的 Google 广告，添加自己的广告，增加社区网络的存储空间和流量等等。如果你是一家图书馆，Ning 也提供更为专业的社交网络的建立。

基于这些丰富的功能，Ning 让创建网络本身成了一种乐趣。

对于任何一个图书馆，只要在 Ning 注册，就可以在 Ning 上创建自己的社会网络。目前在 Ning 上面已经建有很多个图书馆社区，涉及主题包括图书馆 2. 0，青少年图书馆等等。ALA 也建立自己的 Ning 社区，Second Life librarian 也有一个社区。

library20. ning. com 是其中最大的社区，已经有几百人，包括许多国外图林博客，并且有很多资源（会议信息、演示、音视频等）可以共享，值得关注。①

Library Youth and Teen Services 2. 0 是一个针对青少年图书馆员的 Ning 社区，讨论 Web2. 0 和网络 3D 技术在图书馆中的应用。

对中国的图书馆来说，同样也可以建立类似的图书馆员交流社区。由 Keven 所建立的 Cnlib2. 0. ning. com，目前已有很多图书馆员加入了进来，也吸引了不少海外的图书馆人员，是一个讨论比较丰富和前沿的图书馆员社区。

其他的，如和讯等，既是 Web2. 0 网站，又兼具 SNS 元素。申请一个账号后，便可以建立一个社区，写博客，组建小圈子，开展学术讨论。

7.6　好风凭借力 送我上青云

7.6.1　SNS，一把双刃剑

SNS 一方面给予了人与人之间新的交流方式，另一方面，一些非法的不道德的交

① http://my. donews. com/keven/2007/03/04/ning% E4% B8% 8A% E7% 9A% 84% E5% 9B% BE% E4% B9% A6% E9% A6% 8620% E7% 9B% B8% E5% 85% B3% E7% A4% BE% E5% 8C% BA/

易也泛滥在SNS上，屡禁不止。美国议会甚至出台DOPA法令要求图书馆和学校禁止未成年人登录Myspace等交友网站，担心这类交友网站会影响青少年的健康成长。Myspace上有一少女因反战扬言刺杀美国总统，遭美国特工调查，Youtube上也有令人难堪的视频，Second Life里发生虚拟强奸案，比利时警察曾为此展开调查。最近Second Life又涉嫌性丑闻和非法赌博等。

SNS因其虚拟世界中关系的真实性，许多国家的政府部门认为在SNS的行为反映着网友在真实世界中的思想状态，应当引起足够的重视。这种来自政府部门的特别关注将会影响SNS的发展。SNS的利弊，各自都表现得非常明显。

7.6.2 图书馆，君子有所为

对图书馆而言，了解SNS的利弊，可以帮助图书馆在服务开展过程中趋利避祸。比如在美国，一方面，图书馆在Myspace上建立自己的页面，希望成为青少年网络生活中的朋友；另一方面，又不得不禁止未成年人在图书馆内登录Myspace。

避免SNS弊端过度扩大影响，同时发展图书馆自己的SNS，需要图书馆展示自己的能力与智慧。这虽然比不上战争期间图书馆送书上前线的壮举，但是在今天这样一个开放与保护矛盾愈演愈烈的信息时代，图书馆如何在网络社会中保持中立地位，是需要认真对等的一个问题。

图书馆利用SNS开展服务，首先要选择一个SNS网站或自己搭建一个SNS网站。从中国现有的情况来看，SNS网站较多，门户网站或博客网站具有SNS特点的也不在少数。如赛我网、F—zone、若邻网、校内网以及豆瓣等在国内都算是有影响的和个性鲜明的SNS网站，有自己的用户群。海皮士是类似第二生命的三维社区，也许是未来网络社区的发展方向。我国的图书馆可以根据自己的用户特点选择合适的网站。

自建SNS网站相对来说对图书馆技术、设备的要求都比较高，而且对于初涉2.0技术的图书馆来说，一开始未必就能取得好的效果。所以一般来说，利用现成的SNS网站即可。如果一定要尝试自己搭建SNS网站，也有DotNode、AroundMe等系统可以选择。①

① 哈啰波波.常用SNS开源系统比较 http://www.thedevlog.com/dev/log-16.html

表7-3 SNS开源软件比较

SNS网站	特 点
DotNode	功能和界面完全是Orkut的克隆版。最早的开源SNS系统。目前还处于开发的初期，功能和安全都还比较脆弱。DotNode更像是一个实验版本（因为Orkut本身就不算是一个成功的产品）。
AroundMe	定制性强。默认提供的功能就比较多，如果要达到自己的使用标准，需要进行一些二次开发。因为AroundMe已经递交到SF. Net，这看起来更像是程序员们使用的一个实验品，所以在功能上比较全，包括Blog、WIKI、论坛、圈子、频道等功能。
Elgg	更像一个博客程序，每个人拥有自己的blog地址，类似于donews. net的url方式。每个作者之间可以互加好友。与blog. donews不同的是，Elgg每个人都可以建立自己的社区主题板块，并且这个社区的形式跟Google Group类似。值得一提的是，Elgg的汉化是这四个程序中最好的。
PeopleAggregator	相比之下，PeopleAggregator更像是Myspace的翻版。从官方的示例站点来看，不论是色调布局，还是相关功能，都有Myspace的影子。PeopleAggregator在用户体验上做得比较好，几乎每一步要做什么、怎么操作，都能够一目了然。从对PeopleAggregator相关介绍来看，PeopleAggregator系统不论是从程序结构还是产品结构，都做得比较严谨。在国外的对SNS社区软件的消息中，PeopleAggregator也是备受关注的项目，TechCrunch上就有消息说看好PeopleAggregator倡导的“开放识别标准”。很多人认为“PeopleAggregator将是真正意义上的Web2.0门户”。

其次，就要利用SNS建立自己的关系网了。这是一个需要投注时间和精力的阶段。以豆瓣为例，先注册成为豆瓣用户，只用填写注册邮箱、豆瓣密码和豆瓣名就可以了。登录后，在“我读”、“我看”、“我听”里面可以添加图书、电影和音乐评论。可以选择图书馆的任一馆藏进行推荐。所有的内容在“我的豆瓣”中展现，形成一个个人主页。其他的用户会在这里选择是否会继续关注。

在豆瓣首页，有推荐的新书评论，对这些评论可以再评论，关系网就是在一来一往中形成。同时还可以了解豆瓣成员最关注的图书、电影和音乐，确定自己馆是否要购买。对自己感兴趣的豆友，可以把他的主页设为友邻。当有9个以上的收藏并且给出了评价之后，豆瓣每天会从所有成员中自动找出和用户收藏和评价最相似的几位。此外，还可以参加豆瓣小组，比如文中提到的与图书馆有关的小组，另外还可以根据自己的兴趣加入。要注意的是，这一阶段，绝非一朝一夕之功。建立SNS的图书馆，需要花心思去吸引网友，要经常更新自己主页的内容，还要经常去其他人的页面上留言，参与一些热门话题的讨论等。理论界讨论了很久的图书馆营销和公关，恐怕也可以在这里应用起来了。

再次，还要适时评估SNS效果。开展SNS服务一段时间后，图书馆最好能适时地进行评估，观察效果，及时调整发展策略。豆瓣专门设有“别人眼中的我的豆瓣”一项功能，可作为评估的参考依据。

无论如何，所有这一切都需要有实践来检验，期待在SNS网站上看到越来越多的中国图书馆，期待在三维社区中看到图书馆员的虚拟形象，期待SNS社区服务在图书馆公关和社会终身教育中大放异彩。

推荐阅读

1 Social Network Analysis, A Brief Introduction. http://www.orgnet.com/sna.html

2 Mark Hendrickson. Nine Ways to Build Your Own Social Network. http://www.techcrunch.com/2007/07/24/9-ways-to-build-your-own-social-network/

3 Peter Cashmore. Social Networking Awards – The Top Social Networks of 2006. http://mashable.com/?p=1536

4 Arnold, Thomas. The MySpace Invaders. http://www.usatoday.com/tech/hotsites/2006-07-31-myspace-invaders_x.htm

5 Chalfant, Drew. Facebook Postings, Photos Incriminate Dorm Party-goers. http://www.thenortherner.com/media/paper527/news/2005/11/02/News/Facebook.Postings.Photos.Incriminate.Dorm.PartyGoers-1042037.shtml

6 Hesseldahl, Arik. Spyware's Growing Arsenal; Purveyors of malware are increasingly harnessing the popularity of social networks and Web video to infect PCs. http://www.businessweek.com/technology/content/aug2006/tc20060816_466084.htm

7 Morgan, Lauren. Facebook can hurt employment chances. http://media.www.redandblack.com/media/storage/paper871/news/2005/12/06//News/Facebook.Can.Hurt.Employment.Chances-2569912.shtml

8 Reynolds, Patrick. The Oracle of Bacon at Virginia. http://oracleofbacon.org/

9 Williams, Pete. MySpace, Facebook attract online predators. http://www.msnbc.msn.com/id/11165576

10 什么是社会性网络？什么是六度分隔理论？. http://www.wm23.com/resource/R01/Internet_1014.htm

11　董瑞卿，师胜利，杨彦锡．基于SNS与个人知识管理系统构架黑龙江科技信息，2007(10)

12　张全标，李珺．基于SNS与个人知识管理系统构架．科技信息，2006(1)

访谈专栏：图书馆员2.0之路

访谈对象：六六　　工作部门：文献提供中心　　年龄：20—30岁

1．除了IM，您是从什么时候开始使用第一个Web2.0工具的？这个工具是什么？

答：2003年7月，Blog。

2．您现在使用的Web2.0工具有哪些？使用频率如何？您还打算尝试哪些工具？

答：陆陆续续地用吧。博客难得更新，RSS难得打开……2.0似乎只留下了过去注册的痕迹。

3．您觉得这些Web2.0工具给您的工作、学习、生活各带来了哪些新的变化？

答：没有工作前，从Web2.0中获得大量的信息，避免了无所事事，但是这个东西需要时间去玩，工作以后就没空了，一旦落下，就失去了再接上的心情。Web2.0是开放的，经常玩Web2.0可以让我的眼界开很多，现在不用了，自我感觉是很封闭的。很久不写blog了，表达上也要差很多。

4．您心目中的图书馆员2.0应该是什么样的？最重要的特征是什么？

答：最重要的特征是交流。不一定要靠网络，网络只是手段，2的本质是交流。我觉得不能给图书馆员2.0套上很多框框，这样又会不自觉地划分精英和大众的界线。我已经听到有人抱怨lib2.0是一个小团体活动了。

5．您认为自己可以称作图书馆员2.0吗？

答：我觉得不是，虽然曾经希望是，并也试过，但没有坚持下来。我曾经做过把图书馆的馆藏，自己看过的，写书评放到自己的博客上去，当时想能长期坚持，这样是对馆藏揭示的一种补充。但没有坚持。另一个是想把关于图书馆的新闻经过整理后放在blog上，供同行交流。这两件都没有坚持下来。我认为图书馆员是跟职务相关的，单纯的玩Web2.0并不能就称为图书馆员2.0了。用Web2.0的手段做图书馆的事情才可以称为图书馆员2.0。但除了Web2.0以外，通过其他的方式，起到用户和资源之间交流，用户和用户之间交流的中介就可以算图书馆员2.0，至少可以称为准图书馆员2.0。

6. 请您帮助分析下面的事例："有两个图书馆员A和B，A有自己的博客和博客圈，经常发表专业见解和同行交流，并且使用各种2.0工具，用于专业学习，但不直接为用户服务。B建立了学科馆员博客，为用户推荐学科资源，介绍图书馆服务等，和用户进行互动。B也使用了一些2.0工具，主要应用在图书馆的资源与服务中。"请问，A和B，哪个更像理想的图书馆员2.0模样？还是"A+B"才更理想？或者您还有其他观点？能说一下理由吗？

答：A是教授，B是馆员。不过A要看发表的是什么样的专业见解，如果是很理论性的，我觉得不行，但可以和工作结合的，并且比重比较大的，应该也可以。

7. 如果让您选3位图书馆员2.0之星，您会选哪几位？请说明您的理由。

答：keven、游园、编目精灵。

8. 您是否认同"所有的图书馆员都该努力蜕变成图书馆员2.0"？

答：这个关系到图书馆员2.0的内涵和外延。如何一定要和Web联系起来的话，那我就持反对意见。一个是不可能，所有的图书馆员因为个人的生活重心、知识层次，工作环境不可能全部和Web2.0联系起来的；第二个，我感觉这句话的重心是图书馆员自身要努力让自己蜕变为2.0。但我认为这跟职位设置有关。比如阅览室门口的验卡员，每天就守在电脑前面看用户的用户证是否有效。多么浪费生命，多么轻贱人的岗位，如果这个岗位永远是这么设置，那又何须2.0，但是如果这个岗位进行了改变，那么也许可以图书馆员2.0了。2.0是需要环境的。图书馆员是有人性的，永远不能仅仅寄希望于个人的努力。Library对很多人也许仅仅是个饭碗，这也无可厚非。

9. 您认为在"用户—图书馆—馆员"这三者中，图书馆员2.0究竟该扮演怎样的角色？

答：Libarian2.0是一个观察者和实施者，他发现用户需要的信息，结合图书馆的各种资源，通过接近用户的方式发布。比如现在很多人都要购买液晶电视，有部分人会通过网络寻找液晶屏或其他部件的资料，但对大部分人来说并不知道如何辨别液晶屏，也不知道如何寻找资料，只能靠品牌。于是就给夏普冒充台湾屏留下了空间，损害了用户的利益。而图书馆实际上是应该提供这类信息的。作为观察的图书馆员发现这类信息，利用图书馆的资源和条件发布这类信息，使用户可以获得并受益。Librarian在这一链条中是核心，没有具有猎狗一样敏锐嗅觉得图书馆员寻找用户需要的信息，图书馆的资源就是死的。图书馆永远就只能作为文化建设中的标签，但不能融入真正的社会生活。图书馆员的教育因而是重中之重。

10. 如果请您给您的图书馆员2.0生活加标签，您会用哪些词句？

答：开放、交流、主动、贴近生活、猎狗、理想、快、积累。

访谈专栏：图书馆员2.0之路

访谈对象：Philoco　　　工作部门：采编部　　　年龄：20—30岁

1. 除了IM，您是从什么时候开始使用第一个Web2.0工具的？这个工具是什么？

答：2004年，Blog，Wiki，Social bookmarking，几乎同时开始用。

2. 您现在使用的Web2.0工具有哪些？使用频率如何？您还打算尝试哪些工具？

答：现在有自己的blog、不定时更新；使用RSS订阅，即时更新，每天阅读。Wiki、SNS、Podcasting、Folksonomies、Tagging、Flickr、Delic.io.us都在用，非常频繁。

3. 您觉得这些Web2.0工具给您的工作、学习、生活各带来了哪些新的变化？

答：信息每分每秒第一时间传递到我的桌面，但是应接不暇，吸收不足，每天绝大多数时间对着电脑。信息过载严重，注意力不集中。

4. 您心目中的图书馆员2.0应该是什么样的？最重要的特征是什么？

答：使用户无障碍的获取信息，可定制。个性化选择，用户参与贡献建设，无障碍交流。

5. 您认为自己可以称作图书馆员2.0吗？

答：当然不可以，多数馆还没用做这项工作，如果不提供这种服务即使你能但也不是。

6. 请您帮助分析下面的事例："有两个图书馆员A和B，A有自己的博客和博客圈，经常发表专业见解和同行交流，并且使用各种2.0工具，用于专业学习，但不直接为用户服务。B建立了学科馆员博客，为用户推荐学科资源，介绍图书馆服务等，和用户进行互动。B也使用了一些2.0工具，主要应用在图书馆的资源与服务中。"请问，A和B，哪个更像理想的图书馆员2.0模样？还是"A+B"才更理想？或者您还有其他观点？能说一下理由吗？

答：B更像，当然A+B更理想。

7. 如果让您选3位图书馆员2.0之星，您会选哪几位？请说明您的理由。

答：图情圈虽然有这么多泡在2.0里的人，但用2.0来给用户提供服务的才算是图书馆员2.0，这应该比较少。我所知道的有花生壳做的上图2.0，还有sogg等厦大分子的各项成果。

8. 您是否认同“所有的图书馆员都该努力蜕变成图书馆员2.0”？

答：不同意。图书馆应该传统和新式服务并重，况且强迫一部分老馆员学习2.0也不现实。

9. 您认为在“用户—图书馆—馆员”这三者中，图书馆员2.0究竟该扮演怎样的角色？

答：这不一定预见的全面，要待图书馆员2.0真正推广应用开来才能体会透彻。我想最初主要是利用技术把图书馆员2.0平台建设起来，用户的参与甚至会令馆员减少大量的工作。用户被个性化和自由获取所刺激，定能激发出更多更明确的信息需求，提高图书馆的利用率。

10. 如果请您给您的图书馆员2.0生活加标签，您会用哪些词句？

答：只能说我自己是2.0，但却没有拿来服务用户。所以……

第8章　参考咨询2.0：随时随地，体贴入微

刘青华　马新蕾

> 未来图书馆的服务重心将从一般服务向咨询服务转移。今天，评价一个图书馆员是否称职，不是看他提供了多少次服务，而应该看他解决了多少问题。图书馆员应该努力改变自己的形象，成为名副其实的“知识导航员”、信息咨询专家，善于为用户解答各种各样的问题，才能真正得到社会的尊重。
>
> ——吴建中

参考咨询就是以指导用户利用图书馆、帮助用户解决他们的咨询问题等为工作开展的重点。“参考咨询”一词从诞生的那一刻起就与用户发生着直接、紧密的联系，并猛烈冲击着图书馆只保存人类文化遗产的陈旧观念，它更注重解答用户的问题，推广图书馆资源与服务，可以这么说，参考咨询服务发展的历程，很好地见证与参与了图书馆以资源为中心→以服务为中心→以用户为中心的转变过程。同时，参考咨询也受着另一条主线的影响，即技术主导，尤其进入网络时代，网络及通讯技术的快速发展极大地改变着参考馆员与用户的交流方式，也改变着参考馆员与用户的知识传播和获取理念。在Web2.0技术与应用日益广泛的今天，如何创新图书馆的参考咨询服务，更好地为用户提供更优质高效、更人性化的服务，是摆在图书馆员面前的重要话题。

8.1　参考咨询2.0：全景图之描绘

8.1.1　参考咨询面临的挑战

参考咨询服务（Reference Service），简称“参考咨询”或“咨询”，是由图书馆员或信息专家以专业方式，尽可能多地、快速地向用户提供他所需要的信息和帮助。[①] 参考咨询的本质在于参考馆员参与用户的交互，寻求对用户在利用图书馆过程中所产

① 初景利. 图书馆数字参考咨询的理论与实践研究. 中国科学院研究生院（文献情报中心）博士论文，2003

生问题的解决。当前,参考咨询服务环境发生了巨大的变化。

首先,因特网出现及快速推广使用,改变着用户与参考馆员的学习工作方式,也改变着普通大众获取信息的渠道与方式。即时通讯、网络聊天等免费网络工具的使用,影响着专用于图书馆的商业性数字参考咨询软件的使用。网络虚拟社区,如Facebook 及 Second Life 等的出现,强化了虚拟社区的作用。

其次,信息数量与形态的变化。伴随着网络技术与数字技术而不断出现与发展的是信息资源的种类与数量大幅增加。使得馆员与用户对信息的组织、信息的结构认识、信息的获取方式和信息的评估都不得不重新学习与思考。

第三,用户与馆员的改变。年轻的用户对于网络的接触与依恋影响着他们学习与生活,如何融入用户的环境之中,需要也值得认真对待。同时新学科、多学科、跨学科领域课程的开设和科学研究的需要,对馆员的知识要求更高,导致馆员咨询解答的压力加大。

与此同时,咨询服务环境的变化也直接影响着参考咨询服务工作的开展。如用户对网络搜索引擎的使用频率及认识态度、用户对资源查找的第一入口的选择,以及用户对作为物理实体的图书馆大楼的印象的改变及图书馆对他们吸引力降低等都影响着图书馆各项服务。

一些重要的调查与统计数据也佐证了上述问题,让我们更加清晰地了解现今的环境以及图书馆服务现状。

如据美国研究图书馆协会(ARL)2006 年统计(见图 8-1),ARL 图书馆参考咨询服务总量从 1996 年开始一直处于下降趋势,1996 年 ARL 图书馆参考咨询量为156 306次达到最高峰,到 2005 年降为66 300次,十年间共下跌 58%。2005 年与 1991年相比,参考咨询服务业务量是 ARL 图书馆服务中下降比例最大的一项,减少了48%。

此外,据 2005 年 OCLC 的"Perceptions of Libraries and Information Resources"①报告,如图 8-2,用户使用图书馆网站和在线参考咨询服务仅占 30% 和 6%,使用量远远低于使用电子邮件、即时通讯、搜索引擎、在线新闻及在线书店等。从图 8-3 可以看出用户从图书馆网站参考及馆员那里了解到电子资源信息的比例都较低,分别为15% 和 8%。这些图表与数据说明,网络的发展及用户学习习惯、利用网络及电子资源的习惯,已经置图书馆及参考咨询服务于不利境地。图书馆的信息资源集散地与

① http://www.oclc.org/reports/2005perceptions.htm

绝对信息中心的地位已经开始发生改变，图书馆坐等用户前来使用与咨询问题的美好场景也逐渐淡出。

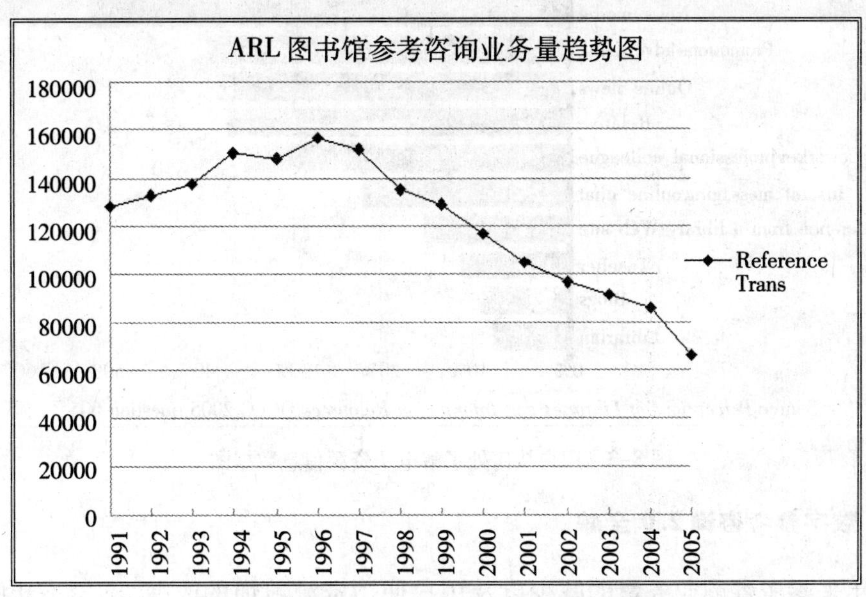

图 8-1　ARL 1991-2005 年参考咨询服务趋势图

注：由 http://www.arl.org/bm~doc/arlstat05.pdf 文件中所列参考咨询业务量数据制作而成。

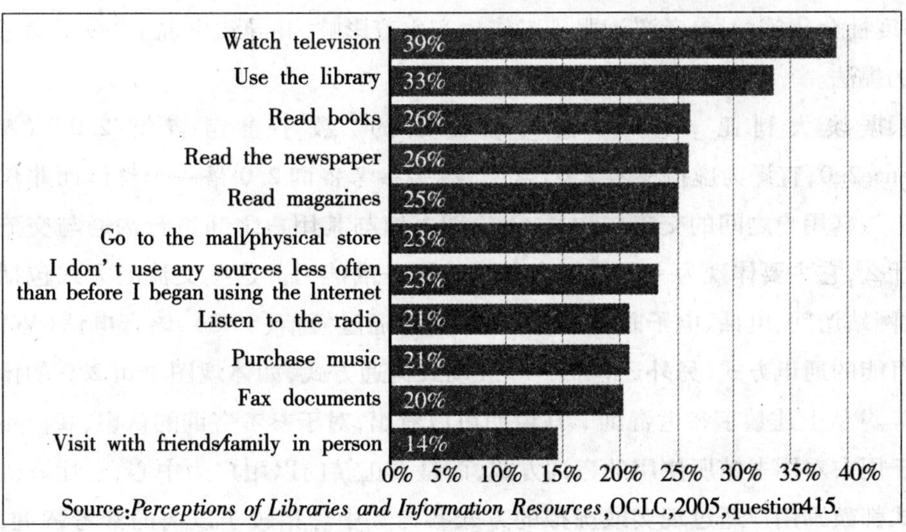

图 8-2　用户因为使用了互联网而减少了的其他活动比例图

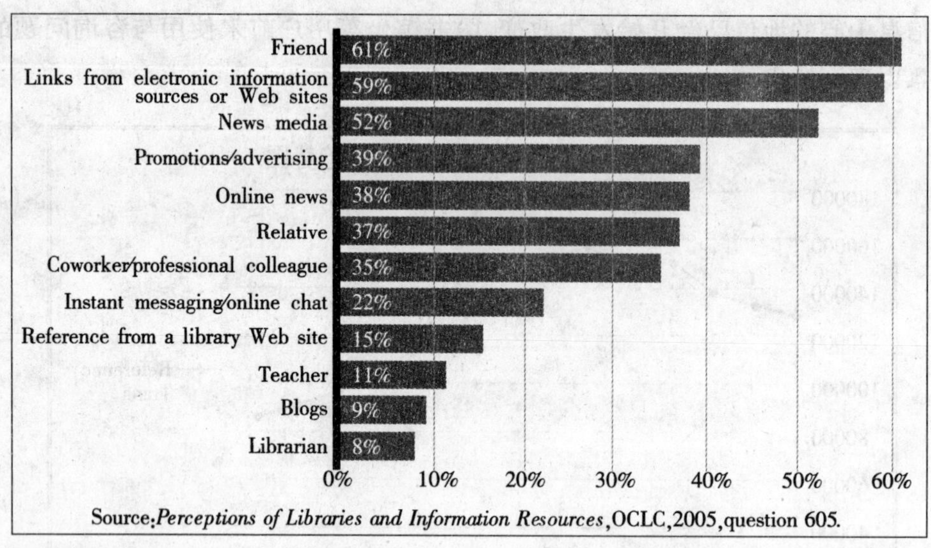

图 8-3 用户从何处了解电子资源信息数据图

8.1.2 数字参考咨询 2.0 全貌

近年来参考咨询业务量的减少以及用户使用资源习惯的改变,不得不让图书馆对资源建设与服务的开展进行思考,并做出切实的改进,这种改进不仅是技术与管理,同样也包括理念。图书馆 2.0 的某些特点,如以用户为中心、多种方式的用户体验、高度社会化等,对参考咨询服务工作也产生着影响,并导致出现了“数字参考咨询 2.0”的提法。

根据澳大利亚 Altarama 公司所提出的“数字参考咨询 2.0”(Virtual Reference2.0,直译为虚拟参考 2.0)含义,数字参考咨询 2.0 是一个整体而非仅仅是图书馆与其用户之间的交流与沟通,无论图书馆与其用户之间进行沟通与交流的方式是什么,它主要体现为一种管理参考咨询服务的能力。这些交流的方式包括亲自来人、网站访问、电话、电子邮件、实时在线甚至通过短信(SMS)、语音电话(VoIP)或其他可能的通讯方式,另外还包括一些互动式沟通方式,如体现图书馆 2.0 的博客和维客等。①从上述数字参考咨询 2.0 说明可以看出,对于参考咨询的认识,我们不应再局限于用户对图书馆所使用的咨询方式,而是真正转向以用户为中心,一切咨询服务的模式都鼓励用户通过现实或虚拟的方式参与其中。相较于以前的参考咨询,数字参考咨询 2.0 更多地重视咨询系统和咨询活动的社会性,重视其开放性与互动性、重

---

① http://www.altarama.com.au/virtref.htm

视交流与沟通、重视用户的体验、重视用户的参与、鼓励用户创建知识且分享用户的知识与智慧，与此同时图书馆提供支持用户个性化和多样化需求及开展服务的强大能力。在数字参考咨询2.0系统与理念里，我们不仅要在参考咨询中体现出“授之以鱼”（即解答用户的咨询问题），更要做到“授之以渔”（即传授用户寻找解决问题的知识与方法）；不仅要“授之以渔”，更要体现“寓鱼（渔）于乐”，让用户在咨询与学习中体会到愉悦与乐趣。

总之，数字参考咨询2.0是一个综合技术、资源、理念和服务的系统，其目的在于形成和培育一种环境，一种用户方便提出咨询问题并得到及时解答，可以并乐于参与、便于并乐于贡献知识与理念的环境。处于这种环境的数字参考咨询2.0应该是一个开放的系统，拥有开放的理念，使用户在与馆员或系统的互动中体验服务。这样的参考咨询系统真正将服务置于用户的生活、学习和科研环境之中，随着用户环境的改变而调整我们的服务方式，但我们永远不会改变的是为用户提供优质服务的宗旨。我们运用新的Web2.0技术在图书馆资源建设与服务之中，吸引与鼓励馆员和用户以各种形式进行交流与分享。图书馆员可以用讲故事的方式提供那些想要向用户表达的有关图书馆资源与服务的内容，而用户也可以用自己的订阅、浏览播放、标签、评论等方式进行参与和评估；图书馆真正“以用户为中心”，馆员不应坐等用户前来咨询，而该主动了解用户的需求，并调整咨询方式、加强学习和参考资源的建设，以更好地满足用户的需求。总之，当用户所处的环境发生变化之时，也应是图书馆咨询服务发生改变之日，当用户的需求发生改变，我们要正视这些改变并做出有益的尝试以寻求可以适应改变的技术与观念。

根据对国内外参考咨询发展的现状，尤其是Web2.0技术在参考咨询服务中的应用，勾勒出一张数字参考咨询2.0的全景图，通过它既可使图书馆了解参考咨询服务方式的整体发展现状，同时也试图展示Web 2.0技术在参考咨询方式、馆员与用户交流互动、开放性地创造和分享知识的应用情况，具体见数字参考咨询2.0全景图。

图中可见，数字参考咨询2.0除包括传统的咨询服务外，更多地注重数字参考咨询，它关注Web 2.0技术应用，因为这些Web 2.0技术不仅只用于咨询方式，它同时也应用于电子学习中心的建立之中——包括参考知识库的建立以及使服务融入用户的学习、工作和科研之中。

我们将数字参考咨询2.0勾画为相互关联的几大部分，即传统参考咨询、数字参考咨询以及电子学习中心，而商业性参考咨询之所以单独列出，因为它不仅面向图书馆用户，也面向全球用户，此类服务系统有AskMeNow、Askyahoo！、Ask Jeeves、百度知

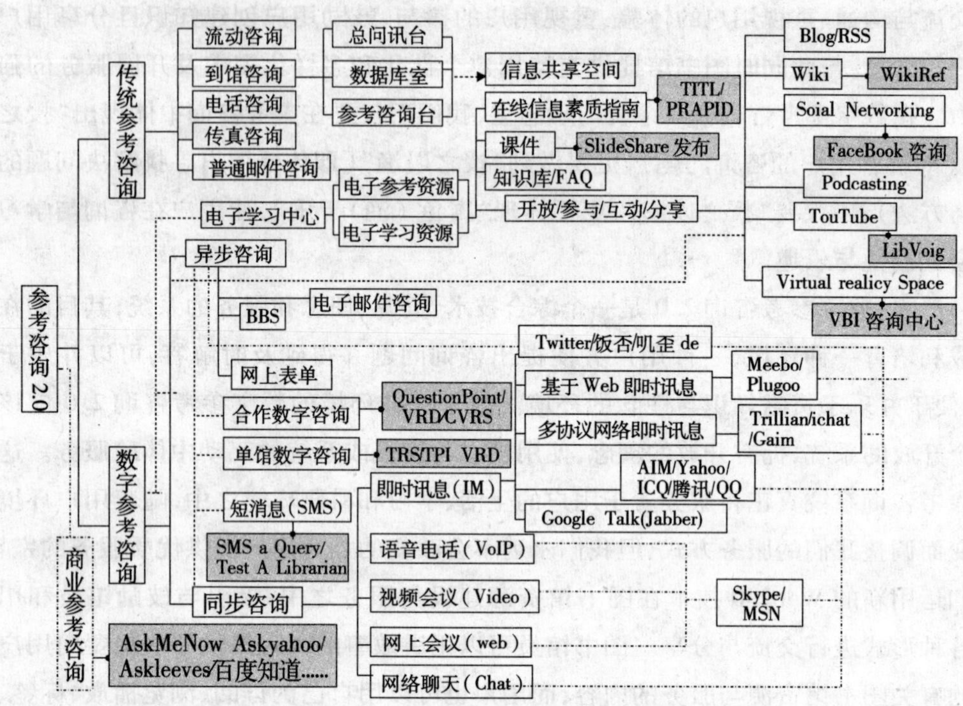

图 8-4 数字参考咨询 2.0 全景图

道等,这些咨询服务多是在对给出问题的第一次解答时会对非咨询者进行“屏蔽”,一旦答案公布,他人便可以浏览与评论,典型例子如 GoogleAnswers。

本章以下内容,我们便根据此全景图展开介绍与讨论各种参考咨询方式以及如何运用 Web2. 0 技术创建学习与参考资源、构建馆员与用户之间的参与和交流、共建与分享的开放性关系。

8.2 参考咨询:专门系统之应用

根据美国咨询与用户服务协会(Reference and User Services Association,简称 RUSA)定义,[①]数字参考咨询是一种网上/电子服务,通常是在线交谈方式;信息使用者通过电脑或其他网上技术同咨询人员进行交流,此种交流无需本人在场进行面对面交谈。数字化咨询通常使用的工具包括网上聊天、电视会议、声传系统、共同浏览、电子邮件和在线交谈。

根据咨询馆员与用户的交流是否实时同步,数字参考咨询划分为异步咨询和同

① http://www. ala. org/ala/rusa/rusaprotools/referenceguide/virtrefguidelines. htm

步咨询。同时，根据参考咨询系统是否专门用于图书馆，可分为专用于图书馆咨询服务的商业性咨询系统和应用网络工具的免费咨询系统。本节中在了解与认识图书馆传统的几种参考咨询服务方式之后，将主要讨论异步咨询的电子邮件、网上表单、公告板等服务方式，以及介绍专用于图书馆咨询服务的商业性咨询系统（它可划分为单馆数字参考咨询系统和合作参考咨询服务系统），同时也介绍短信息咨询服务（SMS Reference）的一些应用情况。

8.2.1　传统参考咨询方式

数字参考咨询2.0体系中的传统参考咨询的方式有以下几种：

（1）电话咨询，电话可以方便服务远距离用户，用户不必亲自到馆而提出咨询问题，工作人员记录问题并进行回答。

（2）传真咨询，即用户通过向图书馆传真咨询问题并得到解答的一种方式，但使用这种咨询方式的用户较少。

（3）普通邮件咨询，通过传统的邮寄方式提问与解答，这种咨询方式由于缺乏时效性，也渐渐被用户所抛弃。

（4）到馆咨询，它也是典型的面对面咨询方式。一般说来，参考咨询有三种常见的固定场所，即参考咨询台、数据库室、总问讯台。

（5）流动咨询，它是“流动参考馆员”主动走出图书馆走近用户并给予咨询帮助的一种方式。

随着时间的推移、技术的进步，参考咨询服务的形式一定会发生某些改变，传统参考咨询方式也许会消失，到那时，图书馆一定能提供出适应用户习惯的形式多样的参考咨询服务。但无论环境如何改变，参考咨询服务的宗旨不会改变，即它永远都为满足用户需求而存在。

8.2.2　简单异步咨询方式

异步咨询主要有三种方式，即：

（1）电子邮件咨询方式，以直接将链接指向与此相关的咨询馆员邮件地址，或在图书馆页面上提供问题表单填写并通过电子邮件方式转发咨询问题，参考馆员解答后也通过电子邮件返回答案的方式。

（2）网上表单方式，多用于网站中的调查问卷及咨询提问之中，要求用户咨询问题时，必须准确填写图书馆网页上已经制作完毕的表格然后提交。这种做法的好处是,能够让用户提出的问题具有准确性,并且信息面广,对问题的解决更有帮助。它通过表格方式接受数据,经过服务器处理,进入网站数据库中,馆员在一定时间内进入咨询库并加以解答。这种方式应用较为典型的有 Internet Public Library(IPL)网上咨询系统等。

(3)公告板(BBS)方式,图书馆网站提供 BBS 系统,用户可以自由地提出自己的问题并发布在网页上(如果隐私条款同意),馆员则定期浏览回答用户的问题,如无法回答或觉得有意义的咨询问题,也可将其发往讨论组(Group)中,寻求问题的解答。这方面形式多样,如有 Q&A (问题与解答)、BBS 论坛等。以上三种异步咨询形式,可以不依赖于任何专业数字参考咨询系统而开展咨询服务,使用这些咨询形式基本无任何成本要求。

另外还有一些咨询方式无法确切归入同步或异步咨询方式之中,因为它们大多在某一具体咨询服务中,只能用到同步或异步中的一种。如 Twitter、"饭否"、"叽歪de"除了可以与腾讯 QQ、MSN、Gtalk 等绑定在一起实现 IM 功能,同时在许多时候它也可以通过 Web 方式浏览发布的各种消息,便成了异步浏览。还有新兴的短消息咨询服务(SMS Reference),以及一些图书馆专用数字参考咨询系统,既包括了异步的电子邮件、BBS 等功能模块,也包括如实时网络聊天、视频实时咨询系统等,一并归入此节讨论。

8.2.3 单馆数字参考咨询系统

近年来,许多图书馆自己开发与购买专门的数字参考咨询服务系统,国内主要的商业性数字参考咨询系统有 TRS 数字参考咨询系统和 TPI 数字参考咨询系统,二者都相对独立、无法在使用同一系统的图书馆中共享咨询专家及知识库,而国外此类咨询系统包括有 Ask ERIC、Know It Now、Virtual Reference ToolKit(VRT)等。

(1)TRS 数字参考咨询系统

国内的商业性数字参考咨询服务系统有 TRS 公司推出的 TRS 数字参考咨询系统(TRS VRD),①用户咨询提交的方式包括:表单咨询、实时咨询(用户进入实时咨询室,同咨询员进行实时交流)、Email 咨询。而 TRS VRD 回复咨询的方式也有非实时回复与实时回复,非实时回复是指咨询台会把用户提交的所有非实时咨询(表单咨询、Email 咨询)综合在一个列表中,咨询员可以根据各自负责方向的不同来处理自己

① http://www.trs.com.cn/products/digilibr/TRSvrd/

的咨询。

TRS VRD 还提供了知识积累与整理功能，如表单咨询的咨询历史会自动记录积累，实时咨询室中咨询员可以编辑并保存咨询历史，除此之外咨询员还可以使用FAQ、专题知识库等多种方式积累知识。TRS VRD 也提供知识服务，即用户除了可以检索和浏览咨询历史和 FAQ 数据库之外，还可以使用咨询台提供的专题知识库来了解固定领域的专业知识。

TRS 的数字参考咨询系统包括 FAQ 咨询、MAIL 咨询、QQ 文字互动咨询、音视频实时咨询、BBS 等模块。

（2）TPI 数字参考咨询系统

同方知网 TPI 数字图书馆整体解决方案中的数字参考咨询系统是集文字、音频、视频于一体的智能化网络咨询管理系统。系统的目标是建立具有检索功能的 FAQ 参考咨询库，提供非实时问答咨询服务、实时文字互动咨询服务、实时音频/视频咨询服务、BBS 论坛服务。①

它主要提供以下几大主要系统：

①FAQ 咨询系统，将用户经常询问的一些较大众化、有代表性的咨询问题进行分类组织，编成列表，并提供用户查询。这样，用户无需请求参考馆员的帮助，只要查询该列表，找到表上所列的与自己所查问题类似的咨询问题，就可找到自己所需的答案。

②MAIL 咨询系统，用户通过登录参考咨询中心的网站，利用 Web 表单提出问题。系统会根据用户的问题，在目前已有的答案资源中找到相关的结果，显示给用户。如果用户对答案不满意，则继续提交问题。图书馆的问题解答员可以登录 Web 页面，对问题进行解答或转发，同时，给用户发送电子邮件，通知处理结果。

③QQ 文字互动咨询系统，用户可以与参考咨询中心进行点对点的文字交流，实时解决问题。参考咨询中心工作人员与用户进行实时交流时，还可以通过网页同步浏览功能，与用户的浏览器进行同步。这样，咨询中心工作人员与用户看到的是同一网页，由工作人员引导用户对网页进行浏览，找到所需要的信息。

④音频/视频实时咨询系统，该系统可以进一步提高图书馆参考咨询服务系统的服务质量。用户可以利用普通的 PC 机、标准的视频采集设备（如 USB 摄像头）、耳机和麦克风，实现与参考咨询馆员的零距离接触。它还提供电子白板功能，即提供功能

① http://www.hn-cnki.net/tpi/TPI%20seven%20son.htm#5

强大的协作绘图程序，支持多人同时操作白板，用户可以通过白板与参考咨询馆员进行交流。系统也提供一个交流记录器，可以把咨询全过程以文件形式记录下来，包括音频、视频、白板、聊天等信息。参考咨询中心可以通过实录回放功能对咨询记录进行回放。

⑤BBS 论坛系统，它在数字图书馆服务系统和用户之间搭建起沟通的桥梁，为用户交流、在线问答、技术支持等服务提供了快捷、方便、高效的平台。

8.2.4 合作数字参考咨询系统

合作式数字参考咨询系统可以满足图书馆协作体或同盟的共同需求，可通过多个图书馆及其相关机构的数字化网络，在任何地点、任何时间，为协作体或同盟图书馆的众多用户提供专业的参考咨询服务。

在国内外所有合作式数字参考咨询系统中，用户较多、功能较强、影响较大的有 OCLC 和美国国会图书馆联合开发的 QuestionPoint，后者是由专家库、知识库和资源组成，是全球合作式数字参考咨询服务系统，它通过世界各地图书馆的共同参与，实现数据资源和智力资源的共享，清华大学图书馆已经使用了 QuestionPoint 系统。另外还有如 EARL 的 Ask a Librarian、CALIS 的联合数字参考咨询系统（CVRS）、Virtual Reference Desk（VRD）、24/7 Reference、Virtual Reference Canada，此外还有美国俄亥俄州的公共图书馆合作参考咨询系统 KnowItNow 24×7 等。

CALIS 分布式联合数字参考咨询系统（CVRS），其主要功能为：本系统平台由中心系统和多个本地系统构成，因此既可用于单个机构的本地咨询，也可与中心系统合作用于机构间的联合咨询。包含一个中心咨询系统和若干个本地咨询系统。各级咨询台均具有非实时咨询和实时咨询两种服务方式。其中，非实时咨询方式提供表单咨询、知识库查询、问题征答等服务；实时咨询方式提供文字交谈、页面推送、同步浏览、桌面应用程序共享、白板交互及通过Voice Over IP技术的音视频传送等功能。

另外国内运行效果较好的如上海图书馆的网上联合知识导航站还同香港岭南大学图书馆、新加坡国家图书馆、澳门大学图书馆和澳门中央图书馆合作，以提供有关香港、新加坡和澳门的相关信息为主的导航服务为开端，先后聘请了来自国内其他地方图书馆以及美国大学和公共图书馆的资深参考馆员参与导航工作。从 2005 年下半年起，随着导航站新平台的推出，导航站合作图书馆的范围不断扩大，目前已同国内 4 家公共图书馆以及国外 7 家各类图书馆建立了专家合作关系。

图书馆引入数字参考咨询（尤其是在线实时虚拟咨询功能），但几年的实践证明数字参考咨询并没有给人们带来所期望的效果,不仅没有改变图书馆咨询服务萎缩的命运,而又使图书馆背上了一个沉重的经济负担。① 如美国研究图书馆协会对2001和2002年新上马的36家研究图书馆的实时型虚拟咨询项目进行普查的结果表明,使用频率最高的佛罗里达大学图书馆平均每天接收14个问题,最低的戴维斯图书馆和密执安州立大学图书馆平均每天只有1个问题,大部分为4—6个。Janes对美国实施虚拟咨询的162个项目在2003年11月3日、6日和9日三天内接收的问题数量进行统计,结果是单个解答的实时型虚拟咨询问题数量三天中每个图书馆平均解答16个,每天不到6个。加州大学洛杉矶分校(UCLA)自2001年春开始提供其AskALibrarian项目的实时虚拟咨询,到2003年秋季的2年半时间内共收到2583个问题,每个工作日平均约4个问题。

不仅如此,各种统计还显示基于Web的实时型虚拟咨询也是一种成本高昂的咨询服务,它的成本构成主要有软件的本身价格、软件硬件配置成本、咨询员的培训成本、项目运行的人力成本等。也由于用户数量少、成本高昂,一些图书馆已经停止了实时虚拟咨询项目,非常著名的例子有范德必尔特(Venderbilt)大学图书馆、麻省理工学院(MIT)图书馆和洛斯阿拉莫斯(Los Alamos)国家实验室等。

8.2.5　短消息咨询(SMS Reference)

国外如澳大利亚和美国的部分高校图书馆多是使用Altarama公司的“Reference by SMS”功能产品,其工作原理如下：用户通过手机或移动产品发送短消息至“SMS Reference”系统中,此过程中,短消息接收后进入咨询系统的Email信箱里,参考咨询员在Email中回答咨询,输入问题答案信息,此信息再经“SMS Reference”转换为短消息传回用户手机或其他移动产品中。在整个“SMS Reference”系统中,其关键技术在于——短消息转换为电子邮件方式接收,电子邮件信息再转换为短消息发送。当然,正因为其叫短消息服务,对每次发送与接收的文字信息字符数有一定的限制,但在咨询答案返回过程中,用户仍可以邮件方式接收信息,如URL和超过短消息规定的字符数。SMS参考咨询服务有几个典型的案例如Cuyahoga County Public Library的“Text Message Notification”、Southeastern Louisiana大学的Sims Memorial图书馆“Text A Librarian”服务项目、Curtin University of Technology图书馆的“SMS a Query”,以及我国深圳图书馆的短信服务。

① 臧国华. 实时型网上参考咨询的效用分析. 图书馆杂志, 2005(3)

除以上几种咨询方式之外,已有许多 Web 2.0 技术应用在咨询服务中,如采用维客技术的 WikiRef、运用虚拟现实技术的 VBI 咨询中心、社会性网络系统中的 Facebook 咨询、运用 TouTube 的图书馆服务咨询与宣传等,本文将它们放在电子学习中心里进行讨论,因为这些 Web 2.0 技术不仅可用于单纯的咨询解答,它们也更多地应用于咨询服务中的参与和学习知识库建设中,同时在增强用户的体验、体现图书馆 2.0 的社会性,即服务的开放性与互动性等方面有着重要的作用。

读者服务

>>短信服务

[服务对象]

凡持有"深圳图书馆读者证"者均可享受本服务。

[服务项目列表]

服务类型	服务项目	说明
定制类型的短信服务	图书馆服务公告	定制该项目后,您将及时收到我馆的开馆和服务时间变更、服务动态以及各类活动等信息。
	外借到期提醒	定制该项目后,您将收到所借图书、期刊、音像资料的到期提醒信息。
请求应答类型的短信服务	图书续借	通过发送短信,您可续借所借中、外文图书,并收到续借是否成功的反馈信息。
	查询外借状况	通过发送短信,您将收到本证所借图书、期刊、音像资料的名称及应还日期。
	查询馆藏书目	通过发送短信,您可查询我馆的馆藏状况(同名可反馈前三个)。
	读者证挂失	通过发送短信,您可挂失读者证。
	虚拟参考咨询	通过发送短信,您可以就馆藏服务与资源利用等方面遇到的问题咨询馆员,我们将通过短信回复您。
其他类型服务	预借到书通知	您在提交预借请求时可选择短信作为到书通知的方式。书找到并送达社区图书馆时将通过短信通知您。
	读者荐购通知	您在参与图书荐购时可选择短信作为回复方式。当您荐购的图书我馆已决定购买和已到馆时将通过短信通知您。
	咨询回复通知	您在使用我馆网上填单咨询时,可选择短信作为咨询结果的通知方式。

图 8-5　深圳图书馆的短信服务①

8.3　参考咨询:免费咨询之工具

同步咨询主要指借助网络与通讯信息技术手段实现参考咨询员与用户之间的实时文字、语音、视频等单一方式或多种方式相结合的咨询过程。同步咨询主要有即时通讯咨询、语音会议咨询、视频会议咨询、网上会议咨询、网络聊天和其他多种方式(如 Twitter、饭否、叽歪 de),这些同步咨询的功能相互交叉,其中以 IM Reference 应用最为广泛。

8.3.1　IM 发展现状

IM,即"Instant Messaging"的缩写,被称为即时讯息或即时通讯,它是以软件为执

① http://www.szlib.gov.cn/readerserv/message.html

行手段，依靠互联网平台和移动通讯平台，以多种信息格式（文字、图片、声音、视频等）沟通为目的，通过多平台、多终端的通讯技术来实现的同平台、跨平台的低成本高效率的综合性通讯工具。

IM近几年发展迅速，无论国内外，IM产品及用户数目都有极快的增长及较大的人口比率。据艾瑞市场咨询有限公司的统计报告，①预计到2010年全球将有超过16亿个即时通讯账号，全球即时通讯用户数量将达到6.5亿。根据调查结果显示，2006年中国即时通讯用户最喜欢的8种即时通讯软件分别是腾讯QQ/TM、MSN Messenger、淘宝旺旺、网易泡泡、Skype、新浪UC、雅虎通和GoogleTalk。同时，从2006年的调查数据来看，有86%的互联网用户在过去的一年中持续使用即时通讯产品来进行网上交流。即时通讯从最初单纯的文字通讯到现在多种传输功能的发展让即时通讯用户体验了即时通讯功能带来的便捷，而用户对各类功能需求的程度也极大地带动了即时通讯功能的产生和提高。除了应用最为普及的文字聊天功能，文件传输、视频功能、表情聊天、语音功能等都成为用户应用最为广泛的即时通讯功能。

随着IM在国内外的用户数不断上升，近年来即时讯息类软件再一次进入国内外图书馆的视野，成为数字参考咨询的研究和实践的一个新热点。IM技术应用及特点、即时讯息咨询与图书馆专门虚拟咨询软件系统的比较已经有专门的研究论文论述。IM重新受到图书馆青睐的原因为：目前的实时数字参考咨询服务效益较低、用户主导图书馆服务的趋势、IM功能的改进和提高、新的IM使用管理工具出现等。

表8-1　图书馆专门虚拟咨询软件系统和IM工具应用于参考咨询比较表②

总体功能	具体性能	图书馆专门虚拟咨询软件系统	IM工具
软件性能	文字交流	有	有
	多语种文字交流	有	有
	音频交流	少量产品有	大多有
	视频交流	少量产品有	大多有
	保留/查看交流记录	有	有
	立即发送Email交流抄本	有	有
	向手机等移动设备发送信息	基本无	大多有
	创建聊天室	少量产品有	大多有
	页面推送	大多有	基本无（只能通过推送URL来实现）

① http://iresearch.com.cn/html/instant_messenger/detail_views_id_41683.html

② 潘卫，郑巧英. IM——实时数字参考咨询方式的再选择. 现代图书情报技术. 2006(11)，12—15

（续表）

总体功能	具体性能	图书馆专门虚拟咨询软件系统	IM 工具
	同步浏览	大多有	个别有(Jybe)
	文件发送或交换	有	有
	提问排队	有	有
	转送其他咨询员解答提问	大多有	可变通实现(不同的咨询员只能以不同的账号登录实现,可能会给用户带来错觉)
	表单共享	大多有	无
	自动统计报告生成	有	基本无(但可查看交流日志)
	自动弹出用户满意度调查问卷	有	无
	用户端平台要求	要求不高,可满足多数用户的使用平台	要求不高,可满足多数用户的使用平台
	用户界面个性化定制	有	有
	用户重复使用服务的方便性	较方便	更方便
	咨询员端平台要求	可满足多数使用平台	可满足多数使用平台
	咨询员界面个性化定制	有	有
	系统安全性	相对较好	相对问题较多
成本	软件成本	相对较高	基本无
	软件使用培训成本	相对较高	相对较低
	年度维护/使用费	有	无
培训	软件使用培训	相对复杂	相对容易
服务推广营销		用户对系统使用不熟悉,相对困难	用户对软件使用非常熟悉,相对较容易
管理		由于是为图书馆虚拟咨询服务定制开发的产品,管理上的功能比较完备,服务管理也因此相对容易	服务管理功能相对较弱,因此服务管理也相对麻烦
用于联合虚拟咨询		比较容易	相对困难

8.3.2 独立的 IM 咨询

图书馆参考咨询部或参考馆员直接使用的独立 IM 系统进行咨询。以这种方式开展咨询服务简单方便，只要图书馆参考馆员（或参考咨询部门）申请一个供咨询使用的IM账号并发布在图书馆相关页面上，用户使用相对应的IM系统中自己的账号将图书馆添加为联系人或好友，即可开展问题咨询。

此类图书馆越来越多，国内外均大量出现。如国内图书馆借助腾讯QQ、MSN，国外大多借助市场份额较大的几种IM系统如AIM（AOL Instant Messenger）、Yahoo Messenger、MSN Messenger开展。

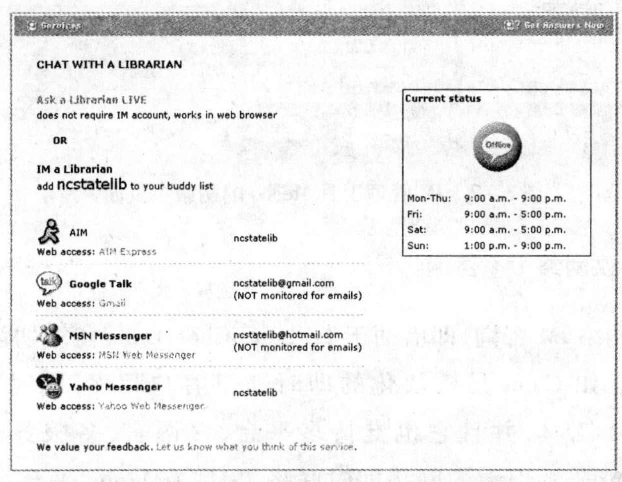

图8-6 基于独立的IM咨询服务①

8.3.3 基于Web的IM咨询

即借助于Plugoo和Meebo这样的IM整合管理系统开展IM咨询。Plugoo和Meebo是网络流行的采用AJAX技术实现的方便使用的Web式IM系统，通过一个Web界面可以登录AIM、ICQ、Yahoo！Messenger、Jabber、GTalk、MSN等多种IM软件，并且通过Web方式进行即时聊天，简单又优雅，用户可以根据自己的习惯选择合适的聊天工具，很是方便。在国外高校图书馆的IM咨询服务中，许多都采用了此种方式，如加州大学伯克利分校图书馆、华盛顿州立大学图书馆等，而"Library Success：A Best Practices Wiki"网站上列举的使用Meebo工具进行IM咨询的图书馆就有51个。在美国高校与公共图书馆中，Meebo应用数量更多，它是一款基于网页的即时通讯客户端，用户直接在网页上登陆自己的任意一个即时通讯账号后即可管理其他即时通讯软件上的好友列表，同时和不同即时通讯软件上的好友进行交流。

---

① 来源：http://www.lib.ncsu.edu/libref/im/

图 8-7　IM 管理工具 Meebo 的网站主页面①

8.3.4　基于多协议网络 IM 咨询

基于多协议网络 IM 咨询，即借助于 Trillian、iChat、Gaim 等多协议 IM 管理工具实现 IM 咨询服务。如 Gaim 是模块化的即时通讯客户程序，同时支持 MSN、AIM、Yahoo!、ICQ 等 IM 工具，并且它也支持多平台、多语言、多服务、多插件。另外，Trillian 是一个功能非常强大的网络即时联络工具，有 Linux 平台，可以自己安装管理，适合图书馆自己使用。它们的优势在于利用一个工具、在一个非 Web 界面上同时管理众多的 IM 用户账号，在同一个界面上与使用不同 IM 工具的用户进行在线交流，并且保留多数 IM 工具都具备的共性特点。Trillian 提供了整合 ICQ、MSN Messenger、Yahoo Messenger、AOL Instant Messenger 等众多聊天软件的即时通讯软件。同时还有一种是 Jabber 系统，它是基于 Internet 的即时通讯系统，但是与其他 IM 软件不同的是，它是一个开放的即时通讯系统，也是一个基于 XML Stream 的协议，用于在 Internet 上的两个实体之间交换信息，可以方便架设自己的 Jabber 服务器，使用不同的 Jabber Client 软件，而不像 ICQ 或 MSN 一样依赖于 AIM 或 MSN 的服务器和软件。

在国外的图书馆中，使用 Trillian 整合与管理多种 IM 系统进行参考咨询的例子有很多，如俄勒冈州立大学 Oregon State University 图书馆参考咨询提供的"via instant messenger"便提供 Trillian 来回答用户通过 AIM、MSN、Yahoo、ICQ 等 IM 系统的提问（见图 8-8），此外欧柏林大学图书馆也在类似的咨询系统。

① 来源：http://www.meebo.com

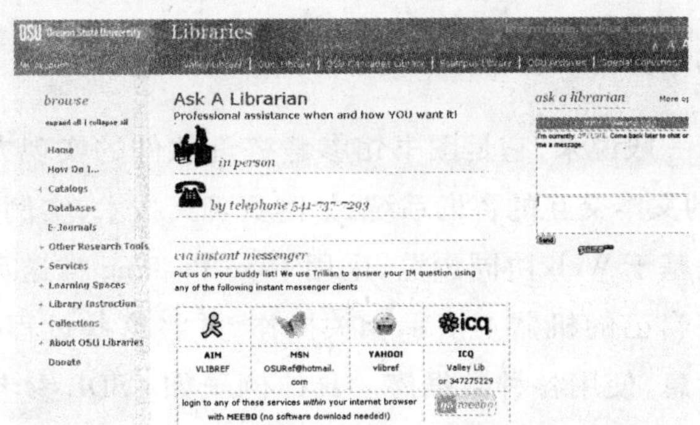

图8－8 基于Trillian管理多种IM工具开展咨询服务①

8.3.5 语音电话、视频会议及网上会议咨询

基于语音与视频的参考咨询方式还有语音会议咨询、视频会议咨询、网上会议咨询等。这些系统除即时讯息功能之外，Google Talk、MSN Messenger、Yahoo! Messenger、Skype等IM工具都还具有VoIP功能。VoIP是一种以IP电话为主并推出相应的增值业务的技术，它通过网络传送语音、传真、视频和数据等业务。如昆士兰技术大学图书馆的“Voice Conversation”咨询方式，就是运用MSN的VoIP功能实现与用户的实时咨询。视频会议主要是通过网络会议技术实现用户与参考馆员间的远程实时交互和面对面的参考咨询服务。如俄亥俄大学图书馆的Video IM Reference，除了提供AOL Instant Messenger、Yahoo! Messenger、MSN Messenger三种IM咨询方式以外，还使用Skype系统实现“Skype a Librarian”，即视频即时讯息咨询方式进行咨询提问与解答，具体页面见图8－9。

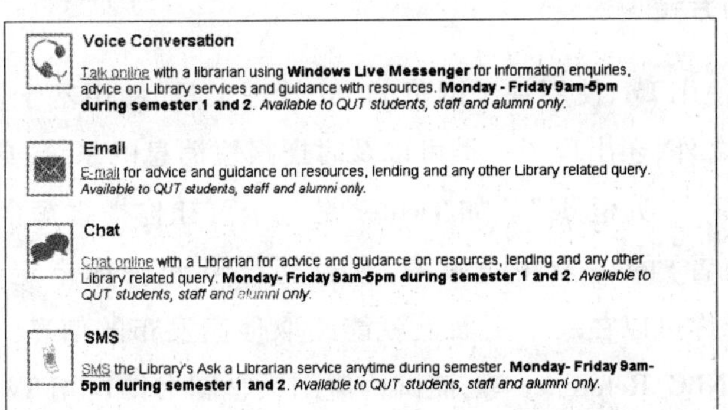

图8－9 Queensland University of Technology图书馆咨询服务页面②

① 网址：http://osulibrary.oregonstate.edu/reference/

② 来源：http://www.library.qut.edu.au/ask.jsp

8.3.6 网络在线聊天咨询(Web/Online Chat Reference)

网络聊天咨询,一般说来,它是图书馆参考咨询软件的实现方法,主要有两大功能:一是基于文本的文本交互的咨询系统,如网页聊天技术,实例如TRS咨询系统的文字实时咨询;二是基于Web协同浏览,采用Page Pushing推送页面技术,咨询过程中,咨询馆员可以在自己的机器上演示相关操作,并将这些过程推送到用户的界面上,帮助用户查找信息,使用各种数据库。具体例子如CSDL参考咨询系统,以及国家科技图书文献的参考咨询服务中的实时参考咨询,便提供网络文字聊天方式接受与解答用户的咨询。

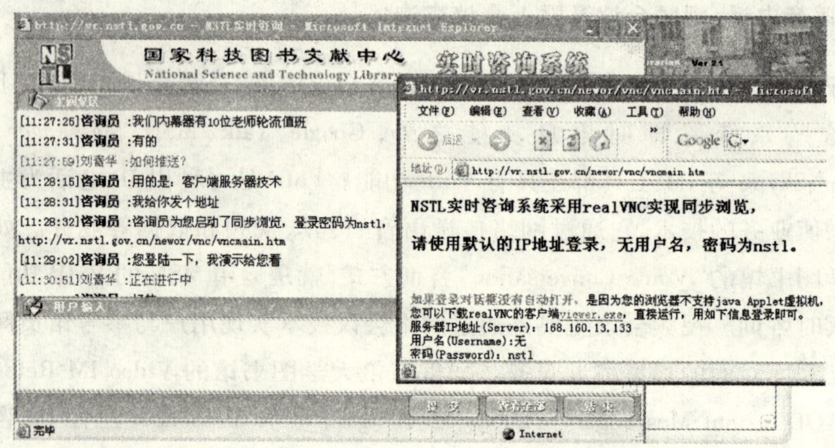

图8-10 国家科技图书文献中心实时咨询截图①

8.3.7 其他咨询方式

除以上直接使用IM、使用基于网页的IM管理工具、使用基于多协议网络IM工具进行参考咨询之外,还出现了一类可以及时播报短消息的系统,典型代表为Twitter以及国内的“饭否”、“叽歪de”。如Twitter是一个可让你播报短消息给你的朋友或“followers”(跟随者)的一个在线服务,它也同样可允许你指定哪个你想跟随的Twitter用户,这样你可以在一个页面上就能读取他们发布的信息。Twitter应用于参考咨询的案例有NLC_Reference等,而国内厦门大学图书馆也用Twitter、“饭否”、“叽歪de”开通了自己的“图书馆吱声”系统。同时Twitter、“饭否”、“叽歪de”除了可以与腾讯QQ、MSN、Gtalk等绑定在一起实现即时通讯功能,同时在许多时候它也可以

① 来源:http://vr.nstl.gov.cn/newor/index.jsp

通过 Web 方式浏览发布的各种消息，具有异步浏览的功能。

语音、视频交流方式能够更清晰地表达人们的意图，更加符合人们的交流习惯，随着这些技术的发展，功能的不断完善，相信越来越多的用户会选择语音会议咨询、视频会议咨询、网上会议咨询、网络聊天等作为首选的咨询方式。

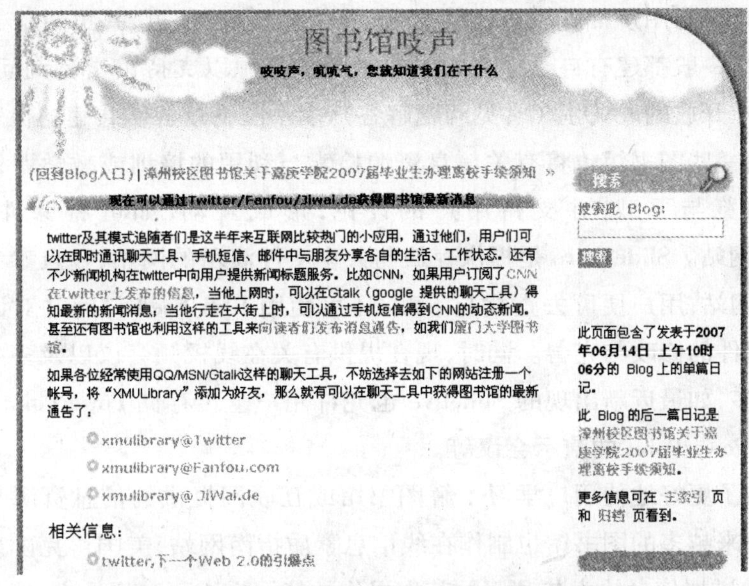

图 8－11　厦门大学图书馆的“图书馆吱声”页面①

8.4　参考与咨询：学习及参考库之建立

图书馆参考咨询数量的下降，不仅要求图书馆在参考咨询的服务方式上进行改变，更强调在参考咨询的内容与质量上进行提升。虽然网上信息良莠不齐，商业咨询的可靠性值得商榷，但参考咨询的传统业务——数据和事实检索，已经有很大一部分被商业咨询所代替。图书馆只有提供准确、丰富、独具特色的咨询服务才能吸引用户。

数字参考咨询 2.0 里，图书馆不仅提供问题的咨询解答，并且重视与用户的交互以及整个图书馆服务系统的开放性。现今环境下的参考咨询服务，不应再是被动与封闭，而要以开放的心态提供开放的服务，让用户参与到资源与服务当中，如评论、标注、贡献、整合等，利用集体的智慧来丰富参考知识库。

① 来源：http://news.xmulib.org/2007/06/twitterfanfoujiwaide.html

8.4.1 电子参考与学习资源库

电子学习中心的设立，是为了满足“参考咨询”中的“参考”功能，即图书馆如何提供用户浏览查询所需的参考资源并培养用户的信息素养。理想的电子参考与学习资源中心是馆员与用户都可以查询信息、推荐信息、创建信息，并可对信息进行在线评论。图书馆一般都建有自己独立的电子资源参考源以支持馆员咨询问题时所用，具体如对用户开放的FAQ库（常见问题解答）、多个图书馆合作共建的检索数据库和咨询知识库；一些图书馆也将有关信息资源检索与利用的培训或教学课件放在网络上供用户浏览与下载，并支持用户的评论，形成互动，如可将课件PPT放在SlideShare① 网站。SlideShare是提供存放与共享文件演示的网站，一旦参考馆员将课件上载到此网站，用户便可去查找与下载，还可使用RSS Feed订阅并对课件进行评论，以促进课件的修改与完善。同时，现在提供有关在线视频会议以及多媒体文件分享的网站很多，如最近新出现的Slidelive也允许用户上传存储PowerPoint文档，并以此开展有关PowerPoint的演示会议等。

同时，为了更好地使用户学习了解图书馆或互联网提供的信息资源与技术的查询与使用，越来越多的图书馆也制作在线信息素质指南网站，美国得克萨斯信息素质指南②对新生讲授信息检索与利用的基本操作技能。它主要包括导言、选择、检索、评价和继续教育五大模块，具有提供操作练习、在线测试和即时反馈功能，其最大特点是提供免费下载其最新版本到单位与个人网站。澳大利亚昆士兰大学图书馆的RAPID（Researchers and Postgraduates Information Discovery），③是针对昆士兰大学的研究人员与研究生而建立的基于网站形式、具有弹性的传递信息素质教育课程的项目。它包括开始、定位资源、检索技巧、Internet高级信息检索等，具有练习、问答与评估功能。美国、加拿大和澳大利亚等国在图书馆普遍建立在线信息素质教育网站，也可算是一种帮助培养用户“具有在需要信息之时能够找到并有效地分析和使用所需信息的能力”的知识库。

电子参考与学习资源库提供参考及咨询服务的特点：

第一，以学习者为中心而非以教师和馆员为中心的服务理念。在整个电子参考与学习资源库及网站中，其内容、学习与参考、互动模块的设计，均体现以学习者为中

① http://www.slideshare.net/keven/library-20-upgrade-your-services/

② http://tilt.lib.utsystem.edu/

③ http://www.library.uq.edu.au/training/israp.html

心的服务理念，采用有效的、灵活的教学模式和技术手段，用户的学习时间具有自主性。

第二，无障碍的学习环境。电子参考与学习资源库及网站的建立与发布对用户的学习与问题咨询提供了一个无障碍的学习环境，设计合理的网站会在措辞用语方面给用户以主动热情的接纳、对用户（学习者）的反馈即时回复，这种服务是无差异服务、无间断服务、无障碍服务。

第三，个性化服务的融合。如在网站中增设方便的点击链接进入数字参考咨询系统；在网站构建中与 WebCT 的无缝连接，在信息推送中完美地结合 WebCT 课件内容；针对不同学科信息资源的独特性进行发布、教授这些资源的查询与获取方式等。

第四，新技术新观念的应用。许多与图书馆 2.0 相关的技术与观念，都可能与应该应用在指南网站之中。如图书馆 2.0 提倡技术的中立性与开放性，在得克萨斯信息素质指南中有所应用，它的资料均可全部下载到自己的网站中；同时图书馆 2.0 重视用户之间的交流与参与，用户创造内容（例如博客/维客）、用户添加内容（网摘/Tagging）、用户的行为创造/添加了内容（点击/选择/评价而形成"群众智慧"），都是值得指南网站构建者思考与借鉴的；Blog/PodCast 被许多国外图书馆用作信息素养教育的一种方式，未来的趋势值得关注；"即时通信"包括文字、语音、视频等多种方式，如何与指南网站整合在一起也值得探讨。

第五，融合作于服务之中/把合作纳入服务之中。电子参考与学习资源库及网站的构建以及开展信息提供与传递服务、参考服务，需要考验合作的可能性，这些合作者是多方面的，如各种数据库商可以提供其本身特有的功能说明、数据库检索中需要特别注意的事项，每个数据库培训人员都有一些较为经典或具代表性的检索案例，这些都可以纳入电子参考与学习资源库及网站的内容之中，或作为单独知识点或系统思想，也或作为测试/问答。

8.4.2　参考咨询中的 Web2.0 技术应用

越来越多的 Web2.0 技术运用在咨询服务电子参考与学习资源的创建与修改中，促进图书馆真正从过去的"以资源为中心"和"以服务中心"向"以用户为中心"的转变。

（1）博客（Blog）

正如第四章所介绍，通过图书馆博客或图书馆员博客，用户可以方便地提出咨询问题，图书馆员可以通过博客或评论加以解答。将博客应用于图书馆各项服务中的实例很多,如Darien图书馆网站上就建立了主管、新馆、图书、电影与音乐、事件、信息与技术、儿童等10个方面的博客,①实现发布信息及解答用户的问题咨询功能。另外也有独立的图书馆博客咨询网站,如凯西西部预备大学的KSL Reference Weblog,便是以博客方式推介资源与服务,同时方便地提供IM咨询(Meebo)方式和RSS订购推送功能。

此外,国外一些图书馆将基于Web表单咨询与博客咨询结合起来提供参考咨询,即用户可先在图书馆主页中的Web Form Reference里提交问题,图书馆咨询馆员针对各种问题进行归类,并选择出有意义的且不涉及用户个人隐私的问题在博客上发布,具体实例如弗吉尼亚共和国大学图书馆的Library Suggestion Blog。

(2)Wiki

第5章已经介绍过Wiki在图书馆的应用。对于建立参考资源所需要的专题知识库有很大帮助。图书馆构建基于Wiki的相关主题资源库,通过图书馆员和用户的共同创作完成优化某一主题的建设,生成主题资源库,构建成整个图书馆的知识库系统。Wiki在参考咨询中的应用包括:支持用户推荐基于主题的资源,支持用户提出咨询问题,建立读书俱乐部、学科信息导航、地方史(涉及地方历史学会)等Wiki网站。如圣约瑟公共图书馆建立的专题指南Wiki网站,可以帮助用户了解专题信息,寻求图书馆资源与社区事务、地区新闻、分享阅读主题和娱乐方式;②LisWiki网站是关于图书馆和信息科学方面的Wiki百科全书,提供图书馆学和信息管理学科方面的信息,以及图书馆和出版方面的动态;③巴特勒大学图书馆设立了“参考Wiki”(Butler WikiRefi),用于参考资源建设与服务。④

图书馆利用Wiki实现用户参与,丰富了图书馆的资源,突破了图书馆员的学科限制,汇集了相关专业的学者、权威人士及专业学习者的智慧,使信息更加专业,更具有实际利用价值。馆员、用户可直接通过这个共创书写平台,提出问题,发表意见,寻求解决问题的最佳方案,省去了许多不必要的精力和时间。Wiki为知识的交流和分享提供了平台,用户在此平台形成以共同兴趣和爱好为前提的交流社区,Wiki打破时间、空间限制,其自由、开放、合作、共享的理念突破了种族、等级的束缚,⑤使个人的

① http://www.darienlibrary.org/

② http://www.libraryforlife.org/subjectguides/index.php/Main_Page

③ http://liswiki.org/wiki/Main_Page

④ http://www.seedwiki.com/wiki/butler_wikiref/

⑤ 雷泽勇.图书馆学科信息导航服务新思路——wiki.图书情报工作,2006(增刊):157—159

积极性和智慧得到充分的发挥和展示。因此，图书馆参考 Wiki 也如雨后春笋般遍地开花。图书馆 Wiki 的应用实例，详见第5章。

(3)社会性网络

第七章介绍过的 Facebook 应用在图书馆参考咨询中，是社会性网络用于参考咨询的一个例子。Facebook 最初是一个在线的通过同学将校内校外的人们通过网络社交圈连接起来的网站，现在它也成为了参考咨询的一种方式，即 Facebook Reference，具体的过程是图书馆或参考馆员创建一个 Facebook 的账号且建立一个咨询组群，用户加入此组群后便可在里面提问与阅读参考馆员的解答。典型的 Facebook Reference 案例有密歇根大学图书馆的"MLibrary2.0 facebook group"咨询，[①]另有如 Alberta 大学图书馆参考馆员 Randy Reichardt 建立的"Engineering Facebook service"，它提供工程方面的信息与咨询服务，在此同一组群里的用户均可看见咨询馆员发布的最新消息，在讨论板(Discussion Board)上的问题咨询与解答内容，成员也都可以在信息墙(The Wall)上发帖子表达与交流各自观点等。

参考与学习资源不再局限于文本形式，音频视频资源也逐渐增加。播客(Podcasting)是一种向互联网发布文件的方法，允许用户订阅 RSS 并且自动接收文件，现阶段的播客文件多是音频文件。其应用有 Lansing 公共图书馆制作 Podcasts，提供用户订阅且可离线收听这些有关图书馆资源与服务的音频资料。[②] Arlington 高地纪念馆图书馆的"libvlog"服务，将图书馆一些简短的录像片段上载在 YouTube 上，形成"libvlogs"视频服务网站，供图书馆用户点击播放，宣传图书馆资源、服务，解答用户问题和进行专题内容的讲解。

(4)虚拟现实空间(Virtual Reality Space)

Web 2.0 应用中的虚拟现实空间与参考咨询自动化解决方案中的一个发展方向是"模拟图书馆员"(artificial librarian)和"虚拟助理"(virtual assistant)相结合，最近已有此类产品面世，它就是 VBI Reference Central 。它是东方大学提供的产品中的一部分，在 VBI 咨询中使用3D 的游戏人物方式，很像是 Second Life，VBI 咨询中心提供用户与虚拟咨询馆员通过网站联结、进行聊天咨询。[③] 一位网络虚拟人物承担着咨询馆员角色，实现机器人自动化助理身份解答咨询问题的功能。

以上所提到的多种 Web2.0 工具在图书馆参考咨询服务中的应用，有的侧重于

---

① http://www.lib.umich.edu/lib20/13things.html

② http://www.lansing.lib.il.us/podcast.htm

③ http://www.eastern.edu/library_spanish/www/services/chat/vbiintro.shtml

参考或学习资源的创建、发布和分享，有的注重馆员与用户之间的交流，另外一些则是直接作为一种新的参考咨询方式出现，我们相信，随着2.0技术的发展，还将有更多的技术与理念会应用于图书馆资源建设与信息服务之中，也将应用于图书馆的参考咨询服务中，使得参考咨询服务的“参考”与“咨询”方式更加多样化。

8.5 参考咨询：梦中细语

参考咨询不仅表现为对用户问题的咨询与解答，也包含主动提供给用户学习与参考信息资源，参考咨询服务是否能够开展得有声有色，受到整个社会、高校、图书馆环境，网络技术发展，图书馆资源状况、整体服务水平，参考馆员的服务意识、服务质量，用户的需求、参与意识等多种因素的影响。图书馆在开展参考咨询服务，尤其是考察其服务业务量、服务质量时，不能忽视图书馆对多种参考咨询服务方式的宣传。

以下情景既可想象为参考咨询的梦景，也可当作是我们对图书馆参考咨询服务活动宣传与开展的一种企望：

精美的宣传海报出现在校园或社区，以足够赚取眼球的图像与色彩，书写着：您也许想不到图书馆的参考咨询服务，但她的心中却始终装着您的需求。

图书馆主页上跳动着的活泼而不失严肃、大众而不失专业的参考咨询服务的logo，让人不禁有点击的冲动，当用户的鼠标一接近，图文便会弹出：参考与咨询，就在您的生活、学习和科研之中。

学校网络中心或公共图书馆根据其用户电子邮件列表信息向用户群发，内容大致如下：有如其他邮件一样，这一封也可能会被当作是垃圾信息，但它更可能会是智慧的敲门砖，也许会改变着您的认识，而您的认识正在改变着参考咨询的发展。

在图书馆、参考咨询部门或参考馆员的专业博客上贴出一篇博文，内容是：咨询提问和解答的便利，有如博客的建立（我们隐约看见了许多的评论与跟帖）。

参考馆员在如BBS等各类讨论板解答着用户的“图书馆参考咨询能为我们做些什么”的提问，同时也在FAQ等各类信息浏览发布平台上对参考咨询服务进行了详细的讲解。

我们使用多种IM工具，不仅有使用独立的QQ、MSN、Gtlak进行消息发送，而且也有利用Meebo等IM管理工具与用户进行交流，我们敲出这样一行文字：参考咨询是一个服务系统，而您也是这个系统的一部分。

我们的参考咨询MySpace、Facebook组群里，有众多的图书馆用户，我们都将这些虚拟社区作为工作与生活的延伸，参考馆员在组群里大大地书写着一句：参与和交流、创建和贡献，参考咨询期待您的进入，因为这是我们共同的社区。

My YouTube、我们的播客网上出现图书馆资源及服务推介的音视频资料，并以一句话结束：参考咨询服务以人为本，参考馆员热情为用户服务，我们的服务与技术发展相结合，体现着与时俱进，并建立图书馆与用户间的完美和谐关系。

在图书馆的Wiki系统里，词条呈几何指数飙升，许多词条，如SMS咨询、CHAT咨询、IM咨询、VoIP咨询、Video咨询、Phone咨询、Email咨询、Face-to-Face咨询，已被用户广泛接受，在很多词条的制作过程中，用户比参考馆员更权威，如学科信息、校园生活、社区新闻等……Wiki系统中有句醒目的话语：您可以进入Wiki查阅信息并奉献您的智慧，这样，您被分享的不仅是您宝贵的知识，也是您的智慧。

在twitter、饭否、“叽歪de”等实时与半实时的信息发布与交流系统里，图书馆在那里有简短的留言：您是用户，您是中心，图书馆一直倡导并践行“以用户为中心”的服务理念。

参考馆员在图书馆的24/7实时数字参考咨询系统上对用户进行解答时，偶尔会有一位用户在键盘上敲出：我一直行走在知识的海洋，我曾迷失在信息的宇宙，但我突然发现参考咨询这盏明灯，于是我找到了正确的方向回到了精确的轨迹（我们权当是用户对图书馆参考咨询的赞誉吧）。

参考馆员摇身一变，成了自动机器人，在虚拟现实技术应用下的参考咨询台上，一边游刃有余地解答着用户的专业问题，一边暗自想到：科学技术改变的不仅是参考馆员的工作，也改变着他们的学习！

参考馆员在在线信息素质教育网站上，收集发布各种实例让用户下载、学习和操作，用户就某一专题的检索方法同其他用户甚至参考馆员进行争论……从中用户能够体会到“在需要信息之时，能够找到，并有效地分析和使用所需信息之能力”的信息素质培养并非十分困难。

参考馆员在那被称为信息共享空间（Information Commons）的图书馆里，不停地接待着我们的用户亲自来人咨询或电话咨询，但更多的也许是网络实时咨询，我们不停地解答咨询问题，键盘上是我们飞快地移动的手指，而在网络的另一端，用户所能看见是戴着耳麦、一边讲解数据库的使用一边向他们推送出那些页面的参考馆员。

……

推荐阅读

1　Lankes, R. David., etc. Digital reference service in the new millennium : planning, management, and evaluation. Neal-Schuman Publishers,2000

2 Diane Nester Kresh. Offering High Quality Reference Service on the Web. http://www.dlib.org/dlib/june00/kresh/06kresh.html

3 Diana Chan. Virtual Reference Service: An Overview. http://166.111.120.70:8000/portal/hyzl/11Diana%20Chan.ppt

4 李昭醇. 数字参考咨询服务初探. 北京:北京图书馆出版社,2004

5 杨思洛,毕艳娜. 基于Web2.0的数字参考咨询服务创新. 图书馆学研究,2007(2)

6 朱月梅,陆丹. 合作数字参考咨询的创新发展:Web2.0技术的应用. 图书馆学刊,2007(3)

7 管进. Blog在参考咨询工作中的实践与发展. 医学信息学杂志,2007(2)

8 黄广业,唐小新,胡昌文,韦成礼. Web2.给图书馆咨询工作带来革命. 农业图书情报学刊,2006(4)

9 钱榕. 图书馆2.0时代的数字参考咨询服务. 江西图书馆学刊,2007(2)

10 黄春毅,周建芳. RSS技术在虚拟参考咨询系统中应用的设计与实现. 情报理论与实践,2007(2)

访谈专栏：图书馆员2.0之路

访谈对象：图林丫枝　　　工作部门：参考咨询部　　　年龄：30—40岁

1. 除了IM,您是从什么时候开始使用第一个Web2.0工具的？这个工具是什么？

答：2005年,Blog。

2. 您现在使用的Web2.0工具有哪些？使用频率如何？您还打算尝试哪些工具？

答：Blog/RSS/IM/SNS/twitter/Facebook/Meebo等,每天使用,想尝试一切自己能接受与符合自己认识水平的2.0工具。

3. 您觉得这些Web2.0工具给您的工作、学习、生活各带来了哪些新的变化？

答：工作上,使得业务处理更加便利。

如IM使文献传递工作、馆际间业务沟通、资源订购与数据库商的交流等成为实时方式而变得更加方便！IM在参考咨询中的应用也越来越广泛,国内使用最多的IM工具如QQ、MSN均有图书馆应用于实时咨询服务之中。当然IM也有其负面作用：

随着越来越多的人使用IM且自己加入这些交流群体中，其弹出式信息传播方式，难免有分散精力之感！

如SNS对于学习交流作用明显，通过SNS认识了一群真正志同道合的图林人士，在与他们的交往中增长知识，促进信息交流，获得很多感兴趣有用信息，对于自己的专业学习产生了极大的影响。可以说，使用网络社区平台之后的一年也是自己专业学习进步最快的一年时光。对新知识的热情明显高涨，对外文信息的获取量明显加大。

生活上，由于对博客的写作与阅读，也产生一些不利的影响，如休息时间减少等。

总之2.0的观念对自己产生的影响很大，主要在参与、交互、贡献方面。只有人人参与人人贡献，才会创造更好的学习与工作环境。

4. 您心目中的图书馆员2.0应该是什么样的？最重要的特征是什么？

答：应该是认同Web2.0理念，同时运用Web2.0技术/工具的人，他们有参与的认识与热情，他们有交互的需要与激情，他们乐于奉献自己的知识与理念，他们勇于对专业与外部环境做出自己的评价，他们对新生事物应具有一定的敏感性，敏感是他们的重要特征之一。

5. 您认为自己可以称作图书馆员2.0吗？

答：应该算是半个图书馆员2.0吧，我关注Web2.0的理念与技术发展、关注LIb2.0的发展现状对其进行宣传。我应用关心与感兴趣的Web2.0技术，我建立博客、我使用IM，我参与在SNS中，我支持大众tagging活动，我乐于奉献自己的想法，尽管它还称不上思想。我逐渐认识到"微影响"、"小众媒体"也是自己的追求。我将自己融入到图书馆事业中，小小馆员的虚拟时光中映照着我的生活激情与专业爱好！

6. 请您帮助分析下面的事例："有两个图书馆员A和B，A有自己的博客和博客圈，经常发表专业见解和同行交流，并且使用各种2.0工具，用于专业学习，但不直接为用户服务。B建立了学科馆员博客，为用户推荐学科资源，介绍图书馆服务等，和用户进行互动。B也使用了一些2.0工具，主要应用在图书馆的资源与服务中。"请问，A和B，哪个更像理想的图书馆员2.0模样？还是"A+B"才更理想？或者您还有其他观点？能说一下理由吗？

答：都应该是图书馆员2.0，一种是自我的专业学习与专业思想的凝炼、充实与提高，A通过博客与博客圈，有利于自己服务观念的改变，它是B的未来潜在可能分子！

B是一种积极投身于服务实践活动的人，他们可能是理论的先行者，更可能是实践的先行者，对于那些B类的馆员，他们永远是值得尊敬与学习的，他们是图书馆发展的希望之所在！如果A+B模式，那是我心中的理想模式！

7. 如果让您选3位图书馆员2.0之星，您会选哪几位？请说明您的理由。

答：图书馆员2.0，首推Keven，Lib2.0大旗也，技术背景与图情学科专业背景，以及不遗余力地宣传与提携图林后生，技术救图的理想，各种2.0技术的应用与大力宣传，带动了一大批中国图林人士。

图书馆员2.0，次推编目业精灵，一句话：她的那些专业思想与对2.0技术在国内外应用的了解和熟悉程度，嫉妒死俺了！当然，她是图书馆员2.0学习的榜样，她是中国图林2.0的骄傲！我们爱她就像爱她的博客文章一样！

图书馆员2.0，另一个是金妮，初试blog，便活力四射，对Lib2.0的理解与投入程度让人惊叹，因为她给我们一个无限想象的空间，她将是图书馆员2.0的未来之星！

8. 您是否认同“所有的图书馆员都该努力蜕变成图书馆员2.0”？

答：我不认同“所有的图书馆员都该努力蜕变成图书馆员2.0”，每一新鲜事物或观念的出现，它都需要不断地被认识、被修正、被接受。我们不能期待也不应该期待所有的人成为某一种观念的拥护者，就如对马克思主义理论认识一样。我们支持多元化、承认多样性，这才是正确之道。

但我们希望，2.0的核心理念如沟通、交互、奉献等，应该广泛而大力宣传，让更多的人接受与认识！

9. 您认为在“用户—图书馆—馆员”这三者中，图书馆员2.0究竟该扮演怎样的角色？

答：图书馆员2.0，就像大多图书馆员一样，提供信息咨询解答、提供信息素养教育、提供信息保障与公平获取等，他无论如何改变，其角色不应该发生改变！技术与观念永远只有为馆员所了解与掌握并应用在图书馆建设与服务中，它才具有实质意义！

10. 如果请您给您的图书馆员2.0生活加标签，您会用哪些词句？

答：敏感——对外部环境的敏感，对技术与观念的敏感；奉献——自我知识与观念的奉献；交互——对他人成果的正确认识与评价；参与——新观念与新技术的实践应用，参与到技术的发展过程之中；激情——没有激情之人，无法体会图书馆员2.0的生活！

我心目中理想的图书馆员2.0生活是：理性与激情、学问与艺术并存！

访谈专栏：图书馆员 2.0 之路

访谈对象：空谷幽兰　　工作部门：在学研究生　　年龄：20—30 岁

1. 除了 IM，您是从什么时候开始使用第一个 Web2.0 工具的？这个工具是什么？

答：2006 年开始用 blog，接着依次是 RSS，Flickr，tagging，podcasting，SNS，Del.icio.us。其他的用得不多。

2. 您现在使用的 Web2.0 工具有哪些？使用频率如何？您还打算尝试哪些工具？

答：使用的有 blog，随心情写一些东西，没有规律，差不多三天更新一次。RSS 差不多四天看一次，Flickr/podcasting 基本上一周看一次，tagging 在写博时会用到，每次都用，也会看别人的 tagging。以后打算尝试 wiki 以及其他没有用过的。

3. 您觉得这些 Web2.0 工具给您的工作、学习、生活各带来了哪些新的变化？

答：工作：暂时没有工作，上学中。

学习：通过 Web2.0 让我结识了很多图林中人，非常高兴，可以和他们交流沟通，学到不少东西，而且拉近了我们之间的距离，例如我这个草根也可以参与到 lib2.0 书的写作过程中。最重要的是这些人对图林的热爱也深深地影响了我，使我感觉图林很美好。

负面影响：有时聊天、看博客、冲浪的过程中会耽误一些时间。看网页的时间比看书的时间多了。

生活：让天涯若比邻，和朋友、家人的联系方便了。我还通过看朋友的博客更多地了解一个人的内心世界。

负面影响：和身边朋友的谈心以及户外活动减少了一些。

4. 您心目中的图书馆员 2.0 应该是什么样的？最重要的特征是什么？

答：我心目中的图书馆员 2.0 是：和用户亲密接触，相互信任，受用户拥戴和依赖。喜欢尝试各种新技术，具有创新精神。对用户和蔼可亲、热情耐心，爱岗敬业。在社会上拥有很高的地位，并且收入不菲。

最重要的特征：专业技能和态度（包括对用户、对工作）。

5. 您认为自己可以称作图书馆员 2.0 吗？

答：我还是学生，如果以后进图书馆，我要努力做用户喜欢的图书馆员 2.0。

努力方向：专业知识和技能欠佳。

6. 请您帮助分析下面的事例："有两个图书馆员 A 和 B，A 有自己的博客和博客圈，经常发表专业见解和同行交流,并且使用各种 2.0 工具,用于专业学习,但不直接为用户服务。B 建立了学科馆员博客,为用户推荐学科资源,介绍图书馆服务等,和用户进行互动。B 也使用了一些 2.0 工具,主要应用在图书馆的资源与服务中。”请问,A 和 B,哪个更像理想的图书馆员 2.0 模样?还是“A + B”才更理想?或者您还有其他观点?能说一下理由吗?

答:我投 B 的票,A + B 当然更理想,但很多馆员做不到样样精通。我认为不管一个馆员的知识背景如何,只要他不断学习,努力为用户服务,与用户互动,喜欢尝试新的技术,都是好的图书馆员 2.0。图书馆员 2.0 并不等于专家,普通馆员更应该成为图书馆员 2.0。

7. 如果让您选 3 位图书馆员 2.0 之星,您会选哪几位?请说明您的理由。

答:我在九江时的一个同事,他建博客和用户互动,介绍图书馆的服务和资源,是一个自觉履行图书馆员 2.0 的人,也许他自己没有意识到……

其他的人嘛,老槐、K 师、大旗、萧馆长、游园、Y 枝,花生壳、sogg、金妮等等都应该榜上有名,还有 YOU 呀!

8. 您是否认同“所有的图书馆员都该努力蜕变成图书馆员 2.0”?

答:我希望这是以后的发展趋势。因为有了这些图书馆员 2.0,我们的图书馆才有生机,我们的服务才能更好,我们的工作才能够更加被用户认可。

9. 您认为在“用户—图书馆—馆员”这三者中,图书馆员 2.0 究竟该扮演怎样的角色?

答:图书馆员 2.0 最基本的工作是利用各种专业知识和 Web2.0 工具为用户提供服务;其次,图书馆员 2.0 还应该通过这个平台展示图书馆,起到一个窗口的作用,透过这个窗口,用户的声音可以传达到图书馆,图书馆的活动和为用户所做的努力也可以让用户了解,让用户更加热爱图书馆。

10. 如果请您给您的图书馆员 2.0 生活加标签,您会用哪些词句?

答:我工作过两年,曾经是图书馆员,但不是图书馆员 2.0,现在在为成为图书馆员 2.0 做准备。估计作为一名优秀的图书馆员 2.0,会给自己找不少事儿,但绝对充实,而且能自得其乐。

标签嘛,首先是爱心:热爱用户,热爱工作,热爱图林;其次活力,为用户、为自己的图书馆、为图林身体力行。

第9章　门户与个性化：泛在的嵌入式服务

钱国富

我们需要认真审视自己是否还适应我们各自的社区，是否能适时而变。不可能有放之四海而皆准的图书馆解决方案。

——Martina Kominiarek

Web2.0技术的发展给图书馆个性化服务带来了极大的冲击，用户的信息需求已经开始从图书馆转向门户网站、搜索引擎 、即时通讯(QQ)、博客(Blog)和无处不在的论坛。个性化更是与用户个人息息相关的东西，因此必须以用户为中心，而不要妄想以一个或几个Mylibrary服务系统为中心。

对图书馆而言，只有将个性化服务置身在一个开放的环境和空间里才能得到用户的肯定。图书馆不可能也不能成为搜索引擎，我们能够做的只有抓住自己的资源和服务，将因特网和用户作为整体来研究，以灵活开放的心态来面对这一变革和挑战。在系统开发、用户研究和资源建设中注重合作分享以及整合，才能使图书馆服务价值得到提升。

9.1　图书馆的个性化服务

9.1.1　“我的图书馆”遇瓶颈

1999年1月，美国图书馆学会ALA下属的来自图书馆和信息技术领域的专家小组LITA对图书馆技术的发展作出了预测，其中定制与个性化位于七大趋势之首。图书馆个性化服务是指图书馆利用馆藏资源和网络资源，根据用户的知识水平、信息需求、行为方式和心理倾向等情况，为具体用户提供符合其需求并有定制性的预定信息与服务，并根据这些定制信息为用户建立个性化信息门户。随着信息技术的发展和社会信息化进程的逐渐加快，个性化成为信息时代的基本特征。对于图书馆而言，个性化服务能更好满足用户的个别需求，能提高图书馆用户服务的质量，增加图书馆信息资源的使用效率。对于用户而言，对于个性化服务的需求逐渐增加，大众化知识服务已经不能满足他们的要求，因此，需要根据不同的用户制定不同的服务内容、服务形式和服务手段。随着研究的深入,图书馆自动化系统厂商加入,各个图书馆均以图书馆自动化系统提供的“我的图书馆”功能为基础或集成自主开发的各种类型的个性化服务功能来向用户提供个性化信息服务。①

但是尽管近年来图书馆网络门户日益增加,提供用户个性化定制的“我的图书馆”功能也风靡一时,但用户对图书馆一厢情愿的功能并不领情,基本上成了摆设。究其原因,一方面是由于仅仅依靠一家图书馆难以支撑任何用户多样化的信息需求,不论从信息源方面还是服务的质量、方便性、响应时间方面,都不足以与现在Web2.0时代的开放的网络资源以及用户“自服务”相比。另外一方面“我的图书馆”的功能也很局限,主要还是局限于查询借阅历史、续借图书等传统服务的网上延伸,而且各个系统之间都是封闭式不开放的,用户不仅需要在多个系统注册,而且需要在不同系统之间反复登陆,造成极大的不便,导致图书馆个性化服务并没有收到预期的效果,用户反映平平。

9.1.2 图书馆2.0下的个性化服务

随着网络技术与Web2.0的发展,互联网的内容越来越丰富,用户利用信息的模式已经发生了重大变化。用户越来越多地通过网络浏览器,利用以Web为基础的信息源。以Google为代表的搜索引擎的出现,更降低了搜索的技术门槛,搜索引擎的“去技术化”特征,使用户可以凭借自己的力量,迅速满意地获取网络上众多信息。

图书馆一直是计算机及网络技术的积极应用者,最重要的检索工具馆藏目录早已上网,成为联机公共检索目录(OPAC)。同时,图书馆收藏也与时俱进,拥有了大量电子资源,同样通过自己的网站向用户提供。遗憾的是,虽然图书馆拥有丰富的实体与虚拟资源,对用户却缺乏足够的吸引力。最近的调查显示,图书馆的主观努力没有得到用户的足够认可,其作为信息依靠的地位在持续下降,与此同时,图书馆员作为信息中介的作用也越来越不重要:“84%的用户使用搜索引擎开始信息搜索,1%的人从图书馆网页上开始信息的搜索”;“图书馆用户喜欢自助服务,大多数用户在使用图书馆资源时不寻求帮助”。调查结果同时也证实,“很少有用户定期的使用图书馆的电子资源,大多数用户也没有意识到他们的图书馆拥有这些资源,大多数用户没有使用图书馆的网站”。

产生这一问题的原因是多方面的,除了便利的搜索引擎及丰富的网络资源对用

① 刘足之. 国内Mylibrary的研究现状. 图书与情报, 2006(2)

户信息利用习惯的影响外，也有图书馆自身原因：宣传推广不够，用户不了解图书馆资源；资源过多而组织分散，缺乏强有力的整合，令用户面对丰富的资源无所适从、无从下手。

近年来学术研究界对图书馆营销、信息资源整合等方面的研究，显示了图书馆界吸引用户、适应用户信息利用行为的努力。然而，面对信息利用行为与以往不同的用户，图书馆的努力不应该仅仅体现在图书馆内部、图书馆网站，而应该走进用户环境。图书馆必须适应用户信息利用行为的变化，提供"图书馆无处不在"的"无缝的用户体验"，才能在Web时代维持图书馆的存在。图书馆需要探索的是OCLC在《环境扫描：模式识别》中所提出的问题："目前的虚拟图书馆和实体图书馆的内容不是大多数搜索者的第一站。图书馆和信息服务提供者怎么才能走进用户的空间而不是让用户到我们的空间来？"

图书馆2.0下的个性化信息服务，应该延伸信息服务到图书馆网站之外 在图书馆加强推广营销、强化信息资源整合的基础上，为适应用户不以图书馆网站作为第一信息源的现状，一些图书馆开始着手"走进用户"的努力，将图书馆服务延伸到图书馆网站之外，在用户最常利用的上网工具、最常访问的网站、日常使用的软件上提供相关服务，使用户在进行网上冲浪时，无需访问图书馆网站，就能及时获知图书馆资源，进而利用图书馆服务。

Ken Chad 和 Paul Miller 在《图书馆2.0技术白皮书》列出图书馆2.0的4个特征（即图书馆无处不在、图书馆没有障碍、图书馆鼓励参与、图书馆使用具有弹性和单项优势的系统）和图书馆2.0核心："社会生物基因"（Meme）。图书馆2.0是Web2.0在图书馆领域的应用，对于图书馆2.0而言，应用最多的还是Web2.0的理念，包括以用户为中心，把Web作为平台，与用户互动、注重用户体验等，而以图书馆2.0所倡导的图书馆无处不在、无缝的用户体验为出发点，图书馆个性化信息服务的功能和应用也将发生变革，一些新的功能和特性将成为图书馆2.0应用的亮点。①

编目精灵认为上述"图书馆无处不在"、"无缝的用户体验"，表达的都是相同的理念，即图书馆可以借助新的网络技术与服务，为用户提供更便捷的服务。OCLC曾将"无缝性"总结为用户在虚拟世界中感觉满意的社会发展主要趋势之一，指的是用户在同一时间完成各种任务："工作、娱乐、学习之间的界限都消失了。电脑不再是

① 刘炜，葛秋妍．从Web 2.0到图书馆2.0：服务因用户而变．现代图书情报技术，2006(9)：8－12

技术,而多任务是一种生活方式。"[①]综合现有对图书馆 2.0 和个性化服务的研究,图书馆 2.0 下的个性化服务应具有以下几个鲜明的特色。

(1)用户驱动为中心

用户驱动是图书馆 2.0 的核心特征,也是未来图书馆发展的驱动模式。当网络和计算机为我们打开了能力的空间后,当用户呼唤新的信息服务能力时,图书馆已经不再是物理或虚拟的存在,它是一个融入到用户信息生活中的泛在的信息存在。

图书馆必须适应这个时代,去创新自己的服务方式,以更好地支持科学创造和学习,而不是把自己局限在"概念"的牢笼里。按照用户驱动的模式来改变我们的服务理念和服务内容,图书馆对于用户而言,不应当仅仅是图书、期刊、全文库,而是一种融入到用户学习、科研、创新全过程的信息服务机制。图书馆的信息服务应当贯穿用户信息过程的整个生命周期,让用户能够无时无刻地方便获得所需要的服务。

(2)脱离图书馆网站的无缝化

图书馆的个性化服务将区别于传统图书馆以图书馆网站为基础的服务方式。图书馆 2.0 下的个性化服务形式将不同于传统形式,它将浏览器/服务器模式与客户端/服务器模式相结合,一方面在图书馆网站上提供个性化主页供用户登录使用,另一方面提供插件或者客户端软件供用户下载,这些软件与图书馆个性化主页相关联,嵌入到用户电脑指定的软件中,其宗旨在于无时无刻、无时不在地为用户提供服务。

而以 OpenID 为代表的开放式身份认证解决方案也为这一无缝式的服务提供了可能,OpenID 是一个以用户为中心的开放的、分散的、自由的用于网络上用户身份验证的身份验证解决方案。OpenID 的创建基于这样一个概念:我们可以通过 URI(又叫 URL 或网站地址)来认证一个网站的唯一身份,同理,我们也可以通过这种方式来作为用户的身份认证。由于 URI 是整个网络世界的核心,它为基于 URI 的用户身份认证提供了广泛的、坚实的基础。OpenID 系统的第一部分是身份验证,即如何通过 URI 来认证用户身份。目前的网站都是依靠用户名和密码来登录认证,这就意味着大家在每个网站都需要注册用户名和密码,即便你使用的是同样的密码。如果使用 OpenID,你的网站地址(URI)就是你的用户名,而你的密码安全的存储在一个 OpenID 服务网站上(你可以自己建立一个 OpenID 服务网站,也可以选择一个可信任的 OpenID 服务网站来完成注册)。登录一个支持 OpenID 的网站非常简单(即便你

① 胡小菁.论图书馆网络服务的延伸.见:传承 服务 创新——华东大学图书馆学术文存.北京:北京图书馆出版社,2007

是第一次访问这个网站也是一样）。只需要输入你注册好的 OpenID 用户名，然后你登录的网站会跳转到你的 OpenID 服务网站，在你的 OpenID 服务网站输入密码（或者其他需要填写的信息）验证通过后，你会回到登录的网站并且已经成功登录。OpenID 系统可以应用于所有需要身份验证的地方，既可以应用于单点登录系统，也可以用于共享敏感数据时的身份认证。OpenID 一处注册，到处通行的特点，使得图书馆可以通过利用 OpenID 来解决不同类型的个性化服务的身份认证问题。此外 OpenID 给所有支持 OpenID 的网站还带来了其他价值——共享用户资源，而用户也可以清楚地控制哪些信息可以被共享，例如姓名、地址、电话号码等，增加了用户对自我隐私保护的可控制性。①

（3）社会性的服务延伸

知识只有在分享中才能彰显其价值。传统的个性化服务总是局限在个别图书馆的封闭式系统之内，缺乏必要的共享。在图书馆加强推广营销、强化信息资源整合的基础上，为适应用户不以图书馆网站作为第一信息源的现状，一些图书馆开始着手“走进用户”的努力，将图书馆服务延伸到图书馆网站之外，在用户最常利用的上网工具、最常访问的网站、日常使用的软件上提供相关服务，使用户在进行网上冲浪时，无需访问图书馆网站，就能及时获知图书馆资源，进而利用图书馆服务。

图书馆 2.0 下的个性化服务将提升图书馆个性化服务的共享性，充分利用 Web2.0 技术的社会性，来将个性化服务提升成图书馆用户全体可分享的层次。这种社会性体现在两个方面：

第一，增强图书馆个性化服务的社会性，即服务不再由一个图书馆来提供，而是充分利用他人的成果，甚至商业性网站的服务来拓展。比如过去那种每个图书馆都有个性化图书馆主页的概念，刘炜先生指出幻想用户进入图书馆主页后再转去个性化图书馆主页是不可能的，图谋不轨认为每个图书馆都去做个性化图书馆，不如由某一图书馆带头做一个动态主页，这个主页是一个模板，该模板从各网站获得符合图书馆 2.0 协议的服务接口，将各图书馆的最新公告、OPAC 检索（也可以导入检索结果的 RSS 文件）、自建资源库等信息形成模块放入个性化图书馆的模块栏，供用户选择。而通过利用开放、标准化的协议来开发一些应用，更加使得图书馆服务具有社会性。②

第二使得图书馆用户之间可共享，形成一个社会性网络。以社会性网络书签网

---

① OpenID 中文. http://openids.cn/

② 数图研究笔记. http://www.dlresearch.cn/keven/

站 Del. icio. us 为例,用户可以通过它来收集、分类、聚合感兴趣的网络信息,如新闻、图片、资料、网站等,同时也能方便地与其他人分享自己的个人收藏,并从其他用户收藏中进行信息采集,这种社会性网络书签使得信息的分享和交流更为简单和方便。而图书馆作为一个崇尚信息共享和信息自由的机构,更应当把这种共享和社会性的功能融入到自己的服务中,这样才能提高自己的用户黏度。

中国国家科学图书馆在推出其个人信息桌面工具"e 划通"时,张晓林先生提到"最开始的时候,利用图书馆首先要走进图书馆;随着网络技术的发展,用户可以登录图书馆网站查找资料;而'e 划通'标志着另一个时代的到来——不是用户到图书馆,而是图书馆到用户身边来。"新时期的图书馆服务应当是用户的信息活动在哪里,图书馆的服务就应该跟到哪里。①

(4)体系结构的开放性

图书馆 2.0 下的个性化服务体系将具有区别于以往封闭式服务的开放性,这种开放性不仅体现在用户数据的开放上,也体现在整个服务体系结构的开放性。

比如图书馆 2.0 的发展将突破"我的图书馆"局限于一家馆藏、一套方案的不足,给"我的图书馆"在功能和应用上带来新的创新。基于开放标准、开放协议和开放接口的图书馆 2.0 将使不同图书馆之间的共享和融合成为可能。用户甚至可以将某一图书馆的"我的图书馆"嵌入到其他图书馆系统中去。

Google 个性化门户就将诸多第三方服务融入进来,而图书馆也可以利用开源软件提供向用户开放的可定制入口页面,并提供灵活丰富的频道资源以供选择。如图书馆可以利用美国圣母玛丽亚大学图书馆开发的开源 MyLibrary 系统来构建"我的图书馆"服务,通过对该软件的本地化,引用其他开源内容和服务,来构建用户的个性化信息门户。②

9.2 图书馆2.0下的个性化服务构建

传统的图书馆个性化门户模式中,图书馆只注重将自己的资源推荐给用户,并不关注与用户的互动,并且存在着想把用户绑定到图书馆来的趋向。新的图书馆个性化服务模式,将从两方面入手,一是打好基础,构建自己的个性化服务门户,新的以用

① 国家科学图书馆桌面信息工具. http://desktool. csdl. ac. cn/

② 胡小菁. 论图书馆网络服务的延伸. 见:传承 服务 创新——华东大学图书馆学术文存. 北京:北京图书馆出版社,2007

户为中心的图书馆个性化服务模式，将把资源、用户和服务三者有机地结合起来，形成一个互动增长的有机体。二是以资源为依托，以服务为宗旨，以用户为目标，将图书馆的个性化服务通过各种 Web 工具推出去，允许用户在自己喜欢的平台添加自己喜欢的图书馆服务。

9.2.1　图书馆个性化服务门户

提供用户个性化定制的“我的图书馆”在各个数字图书馆系统中都有体现和应用，但是效果有限，究其原因，主要有两点：首先是仅靠一家图书馆难以支撑任何用户多样化的信息需求，其次是无法兼顾用户的使用习惯，各个图书馆系统所提供的个性化门户都偏向专业，无法满足用户的多功能需求。Web2.0 的出现给图书馆个性化门户提供了一个崭新的思路，从功能和应用上都出现了新的亮点。

刘炜、葛秋妍在《从 Web 2.0 到图书馆 2.0：服务因用户而变》一文中对现有图书馆 2.0 的一些主要的“我的图书馆”服务进行了系统的归纳总结。① 由此可以看出，在 Web2.0 时代，由于软件技术的不断发展，各种可以辅助人们利用互联网进行学习的社会性软件大量涌现，如何根据个人学习需求，有效地把这些社会性软件纳入到个人学习环境要素中，有效地辅助学习，成为个人学习过程中一个必要的环节，而图书馆个性化门户恰恰具有这样的优势，它不应该仅仅是图书馆资源的推荐、服务的指南，更应当成为用户的个人学习环境的有效组成部分。

表9-1　图书馆2.0中“我的图书馆”服务

服务	描述	目前的不足或趋势	举例
个性化门户（频道定制）	由用户自行设定的个性化门户入口，可订制。曾经许多系统都有频道定制栏目，但是由于开放性和完整性的缺陷（频道设置无标准，不支持外部频道），只作为图书馆门户网站（或资源检索栏目）的一个功能，没有提高的用户个性化门户的地位。	图书馆利用开源软件提供用户开放的可定制入口页面，技术上不复杂，但是图书馆的重点应该在更多的灵活自动的频道资源的提供。	Netvibes，Pageflakes Fold Shanghai Library 2.0 Portal
我的收藏夹	提供用户在线网摘、分类或主题词标注、建立知识库、搜索、共享等功能。个人知识管理的工具，同时具有社会化功能（推荐、评价、聚类等）。	共享功能的开发；分类体系的规范化；提供自动分类、自动摘要甚至自动翻译功能。	365key

① 刘炜，葛秋妍.从 Web 2.0 到图书馆 2.0：服务因用户而变.现代图书情报技术，2006(9)：8—12

（续表）

服务	描述	目前的不足或趋势	举例
我的藏书架	类似于"我的收藏家"，提供个性化藏书（包括CD/DVD收藏）目录，简便地获取书目信息，并提供书目、全文或网上书店的连接，进一步支持社区功能，显示推荐、群组信息。	很有潜力的图书馆2.0应用，但必须克服图书馆应用的繁琐和片面强调功能，必须十分方便和人性化。	IMDB
我的影集	提供用户上载照片的功能，作为本地文化的数字化保存或社区互动。	空间有限，难以防止滥用。	AADL
我的音乐	MP3音乐共享功能，支持P2P。	版权难以控制，容易引起法律纠纷。	Pandora
我的订阅	RSS频道发布，以及新闻订阅、新到资料通知等（类似于传统的SDI服务）。	许多搜索引擎和资源提供商已经提供类似服务，可以进行"聚合"创造。	Google CNKI
我的好友/兴趣小组	进行兴趣聚类，推荐交友，支持兴趣小组活动，可与邮件列表、博客、Wiki以及书评等组合使用。	必须有共同的兴趣和实在的内容，纯粹为交友而交友难以持续。	豆瓣
用户俱乐部	上述多项服务的组合可以形成用户俱乐部，例如书评、影迷等。	界面与流程设计是一个挑战，业务模式难以突破现有服务（如豆瓣）的框架。	豆瓣
空间提供	纯粹提供博客/共笔/网络存储/网页空间。	与图书馆业务相关度不高。	网络硬盘
虚拟参考工作	考虑采用类似于MSN小I之类的机器人方式解决常见问题。	需整合各种方式（Email、即时通讯、语音视频、推送），形成综合业务平台。	VRD
推荐书目/推荐阅读	根据新到资料自动或人工地进行推送。可以作为剪报或专题情报服务的手段。	准确性有待提高，必须依靠相关反馈逐步调优。	许多在线数据库

（1）图书馆外的个性化门户

在Web2.0时代，个性化门户被视为一项炙手可热的服务，通常的个性化门户都提供诸多模块以供选择，这些模块有自身开发的，也可以来自其他网站，个性化门户只是提供一个入口让用户来管理这些应用。随着Web2.0的兴起，各大网络公司纷纷加入了个性化门户的阵营。Google推出了iGoogle个性化主页，允许用户在Google

首页的几乎任何地方加入 gadget，这些 gadget 可以是 Google 的，也可以是其他网站开发的。功能包括邮件、展示图片、播放歌曲甚至是 YouTube 视频，gadget 还可以在朋友之间分享。通过 iGoogle，用户可以将原先简单空白的 Google 首页转变为一个内容丰富的多媒体门户，用户可以加入相框、包含文字和图片的博客，甚至连接到 YouTube 视频。① 微软也于 2007 年 5 月 18 日推出了一项新的名为"Popfly"的 Web2.0 项目。用户可以通过 Popfly 方便地创建自己的网页、Mashups、Widgets 等等，并可以整合到微软现有的社会网络平台上。② 此外还有 Netvibes、Pageflake 等专门的个性化门户网站，这些网站都为用户提供了诸如邮箱接入、天气预报、新闻概览、视频和音乐播放等在内的模块。通过开放 API，有能力的用户可以提交更多的模块以供他人使用。

Web2.0 下的个性化门户的典型特征是：个性与社会化的融合、开放的 API 接口、更强大的可读写功能、更全面的网络应用整合，有人认为未来个人门户的发展方向是成为个人的网络操作系统（Web OS），有了它就可以抛弃掉繁杂的软件，而我们也可以通过个人门户进行学习、娱乐、商务、生活、办公等各种应用。

这些个性化门户不仅可以给图书馆个性化门户的建设提供参考，对于部分技术力量不足的图书馆，更可以利用这些门户来提供个性化服务。

图 9－1　个性化门户 Pageflakes 截图③

---

① iGoogle：个性化 Google 的重要部分. [2007－08－10] http://www.yeeyan.com/articles/view/395/1477

② Popfly 初体验. http://chinabeta.cn/wgjs/rjyy/200705/17508.html

③ 飞鸽，一页网罗天下—Pageflake. http://libralife.yculblog.com/post.1701746.html

(2)图书馆个性化门户新探索

随着Web2.0理念在图书馆界的传播,图书馆界也开始对自身的个性化门户进行反思和重构,并出现了不少独特的案例,如暨南大学、上海大学图书馆、上海图书馆等。这些探索和实践进一步丰富了图书馆个性化门户的理论,其实践也为后来者提供了有意义的参考,如重庆大学图书馆的个性化门户建设就颇有新意。

重庆大学图书馆根据图书馆2.0对该馆的管理系统进行了重新架构,首先改变了原有图书馆系统基于业务工作为核心的自动化系统,成为以"人"为核心的管理系统,这里的"人"包括馆员和用户。其次提供"人"流、图书流、知识流的完整解决方案,体现了图书馆的发展趋势。第三从技术层面改造全架构的B/S模式,运行最新的FLEX技术,体现C/S模式的优点。第四在系统中随处体现"图书馆群"的理念,以地区为中心构建图书馆群,便于资源共享和文献传递。

具体的"我的图书馆"服务,该馆从"抓住用户的心"出发,积极扩展数字图书馆的功能,努力将其打造成为用户的学习交流中心 、休闲娱乐中心。主要提供如下服务:

①个性化服务,提供个人借阅情况、常用数据库、常用电子期刊、常用电子图书、我的图书库、我的音乐库、我的视频库、我的博客。

②个性化学习平台:运用RSS聚合技术,有效整合馆内外各类有用资源,提供FTP、论坛、BLOG、WIKI、短信中心、图书库、音乐库、视频库等现代化学习工具。①

9.2.2 个性化服务工具

荀子《劝学》篇提到:"吾尝终日而思矣,不如须臾之所学也;吾尝跂而望矣,不如登高之博见也。登高而招,臂非加长也,而见者远;顺风而呼,声非加疾也,而闻者彰。假舆马者,非利足也,而致千里;假舟楫(船桨)者,非能水也,而绝江河。君子生非异也,善假于物也。"对于图书馆2.0而言,突破固有思维,以开放的心态,善假于物是其内在要求和特性。图书馆通过提供和利用一些个性化工具和服务,直接嵌入到用户所使用的各种软件和网站中去,随时随处为用户提供图书馆服务。

图书馆2.0下个性化服务可资利用的工具和服务主要有如下几类:②

(1)小书签(Bookmarklet)

---

① 魏群义.重庆大学图书馆管理系统ADLIB2.0.2007年数字图书馆前沿问题高级研讨班,广西桂林

② 胡小菁.论图书馆网络服务的延伸.见:传承 服务 创新——华东大学图书馆学术文存.北京:北京图书馆出版社,2007

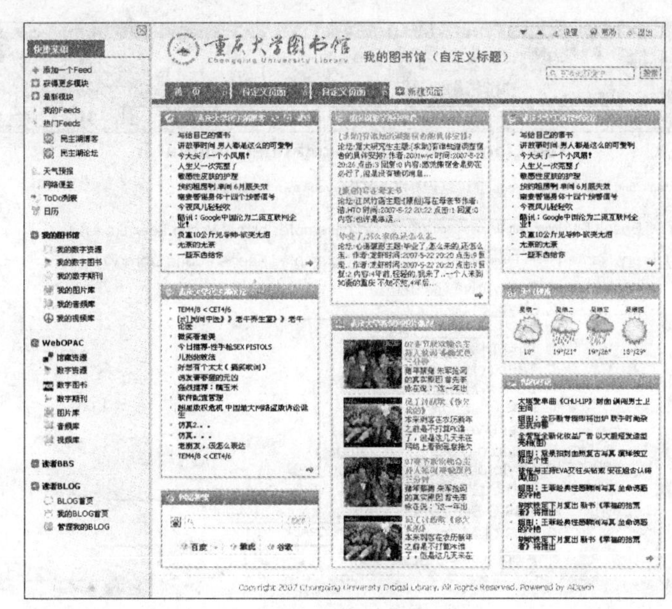

图 9－2　重庆大学“我的图书馆”

小书签实质上是一段 Javascripts 代码，可以像普通网页那样收藏在浏览器的收藏夹（或称书签）中，因而得名。当访问某个网页时，单击收藏夹中的小书签，书签所连接的 Javascripts 代码就会在当前页执行，并将运行结果返回给用户。

对于图书馆界而言，影响最大的小书签，无疑是 Jon Udell 的 LibraryLookup。开发于 2002 年的 LibraryLookup，可以在访问网上书店或其他含有图书信息的网页时，探知图书的 ISBN，由 ISBN 即时查询图书馆 OPAC，从而了解相应图书在图书馆的收藏情况。此外 Jon Udell 还设计了 LibraryLookup 生成器，适应 10 多种图书馆集成系统，包括国内引进较多的 Innovative、Sirsi、Aleph 等，只要提供 OPAC 的基本网址，就可以生成针对特定图书馆的小书签。如果本馆自动化系统不在其列表中，还可以参照 Jon Udell 公布的代码文本，自行开发本馆的 LibraryLookup 小书签。由于字符集原因，国内图书馆要想在中文网站使用这一脚本，就需要根据中文字符集进行相应的代码修改。

LibraryLookup 问世后，很多应用都利用了其代码，其中较有影响的是 OCLC 对 LibraryLookup 的增强，即“xISBN 书签”。xISBN 是 OCLC 的 FRBR 化项目，将同一作品不同版本的 ISBN 形成一组，只要查其中任意 ISBN，即可返回该作品的所有书目记录。“xISBN 书签”也是小书签，它能在识别出网页上的一个 ISBN 后，同时在 OPAC 上查属于同一作品的一组 ISBN，返回图书馆所藏该作品的所有书目记录。目前已有

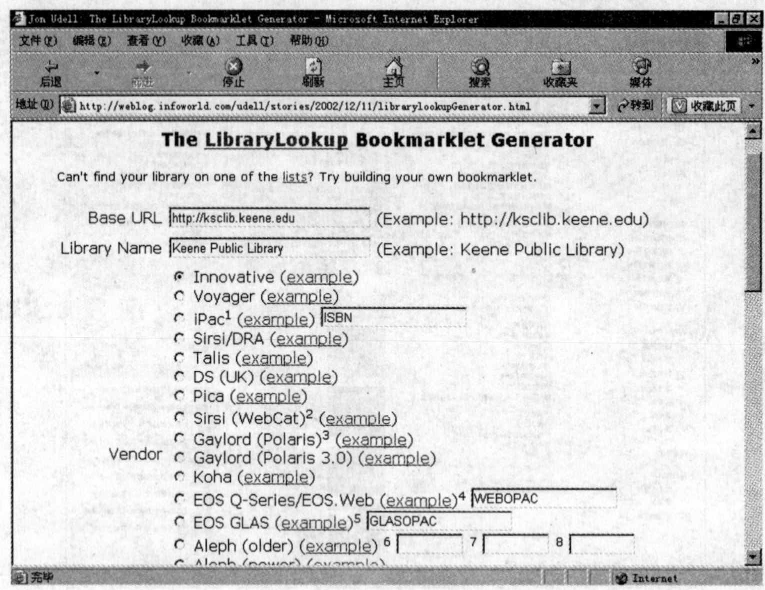

图 9-3 LibraryLookup 代码生成器

一百多所图书馆使用 xISBN 书签。

(2)用户脚本(User scripts)

开源浏览器 Firefox 的推广,为用户脚本带来了的新生命,Firefox 的开放性,使得每个人都可以制作其插件,来提高它的实用功能,全球的计算机爱好者已经为 Firefox 贡献了无数的插件。比如著名的滑猴子(Greasemonkey),是 Firefox 等浏览器的一种特殊的插件,并非支持某种单一的特定功能,而是通过对浏览器运行客户代码(js)的支持,而使用户能够扩展自己对于某些网页或内容的处理功能,例如修改网页、添加特别标注、改变右键功能等。

Ryan Barrett 和 Eric Galloway 首先为 Palo Alto 图书馆设计出检索本馆 OPAC 的 Greasemonkey 用户脚本,能够在访问亚马逊的图书网页时,直接在网页相应位置插入该书在本馆的收藏信息。这也是在 LibraryLookup 代码基础上设计的脚本,由于适用于亚马逊网站,常被称为"Amazon Linky"。Jackie 总结了其他图书馆的 Amazon Linky,包括美国 Seattle 公共图书馆、Ann Arbor 地区图书馆、圣·约瑟县图书馆和英国 Huddersfield 大学图书馆。Ryan Barrett 也链接了世界上其他图书馆的 Greasemonkey 应用。国内的上海图书馆也开发了类似的用户脚本,称为"上图书目连接器",解决了在中文网站识别 ISBN 的字符集问题,目前已经有支持中国图书网、当当和亚马逊三个网站的用户脚本。

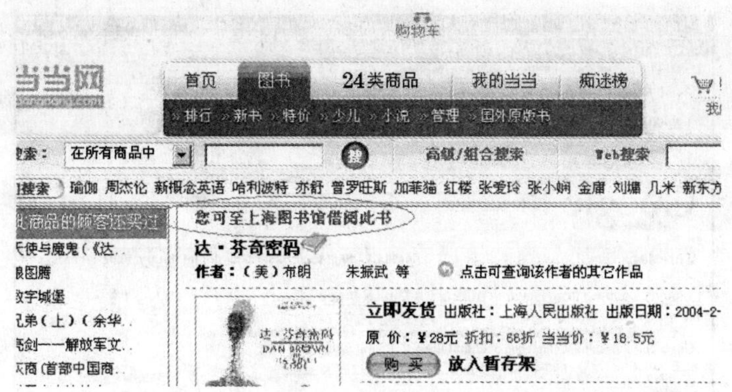

图9-4　GreaseMonkey扩展：上图书目链接器

Greasemonkey强大的用户自定义代码（User Script）功能可以为网页增加功能或美化网页，而另一款Firefox插件Platypus就能帮助用户进行简单的User Script编写工作，用户无需具备专业的代码知识就能进行网页的美化以及修改网页使其更加符合你的浏览习惯、增强浏览体验。而且用户也完全可以脱离GreaseMonkey，独立使用Platypus来进行拓展。

这一插件，增强了Firefox浏览器的可用性，使得Web页面成为可编程和控制的对象，而不单单是一个信息呈现方式，用户脚本能够实现与小书签类似的功能，且访问相应网站时无需用户选择即可自动执行，使用方便。

这一方式的不足之处在于需要做较多前期软件、代码安装，对用户的计算机应用水平有较高要求；由于要修改网页，因而各JS代码只适用于一个网站，不如小书签适应面广。而且由于使用习惯的问题，在目前IE浏览器占浏览器市场主流的情况下，这一服务方式显得有些小众。

（3）浏览器插件（Browser plugins）

浏览器插件是在浏览器中安装一个扩展程序，可以在用户访问某些网站时自动执行。前文提到的GreaseMonkey和Platypus就是类似的插件程序，加拿大Alberta大学图书馆Peter Binkley的"Google学术搜索OpenURL"，就是Firefox浏览器中的一个插件。安装后，在使用Google学术搜索时，如果搜索结果中有Alberta大学图书馆馆藏，就会出现表示其馆藏的图标。点击该图标，就可以直接访问相应的电子资源，实现一站式获取全文资料。

中国科学数字图书馆（CSDL）的Google学术搜索OpenURL，可以在Google学术搜索结果中显示中国科学数字图书馆的馆藏。

（4）工具条（Toolbars）

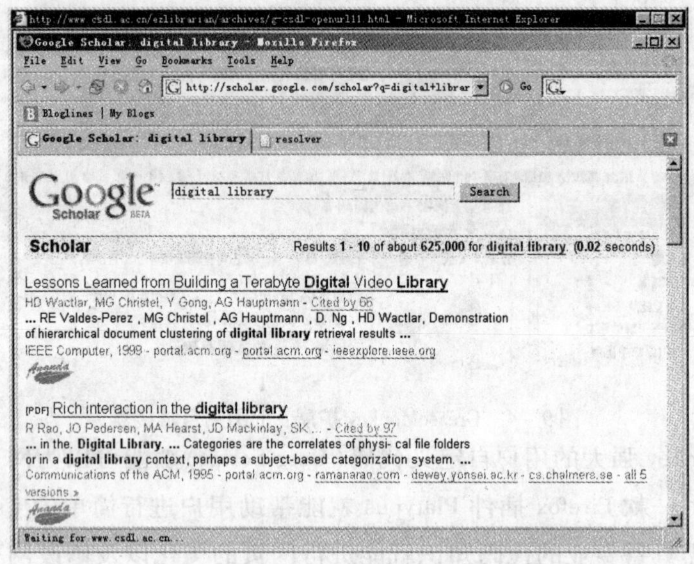

图 9－5　CSDL 的 Google 学术搜索扩展

工具条实质上也是一种浏览器插件，它嵌在 IE、Mozilla Firebox 等浏览器中，可以提供很多有用的功能。比较常见如 Google Toolbar，百度搜霸等，而图书馆界较常用的是 OPAC 检索工具条，用户无需访问图书馆网站，可以直接在浏览器中检索本馆 OPAC。如美国 Toledo 大学的开发的可用于 Mozilla/Firefox 浏览器的 OPAC 搜索插件。

美国哈里斯县公共图书馆的工具条“HCPL Toolbar”，则集成了图书馆网站的很多功能。用户在上网时看到图书或电影时，可以查找图书馆目录并预约，预约完成后可以到邻近分馆去取。该工具条还可用于馆藏续借、阅读与撰写书评、看本馆流行新书与 DVD 一览表、搜索 Google 与亚马逊等。

土耳其伊兹密尔理工学院图书馆也已经开始工具条服务，在用户安装这个工具条后，其按钮和检索字段可以使用户方便快速地检索以下这些资源：搜索引擎，包括图书馆的馆藏目录和 Google Scholar；图书馆的期刊门户或者期刊导航系统；链接到图书馆主页、OPAC（公共联机检索目录）、数据库、资源门户以及“我的账号”界面；由诸如 Yahoo 等提供商提供的电子邮件服务。在该工具条提供服务的第一周，就有 200 多名的用户下载了该工具条。①

（5）桌面插件程序（Widget）

① 桌面工具条，让图书馆离读者近些，再近些. http://www.qiantu.org/liblog/?p＝57

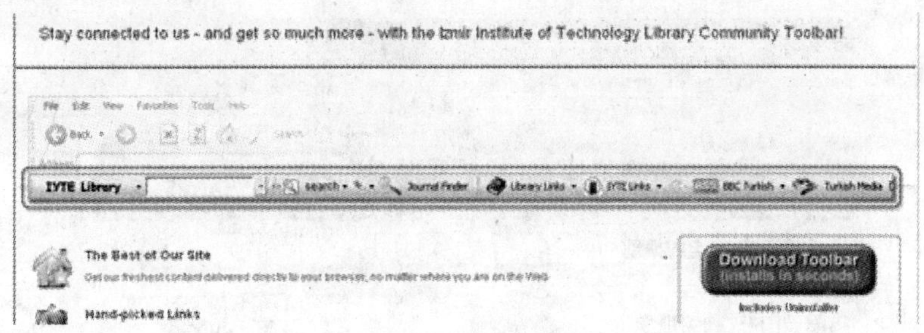

图 9－6　土耳其伊兹密尔理工学院图书馆的工具条

Widget 最初是源于苹果电脑的一个插件工具——Konfabulator，这种软件可以把它的功能块放到你的桌面上，这些功能块就是 Widget。Widget 技术主要表现在桌面程序上，它分为一个桌面平台和无数个可以自主开发的小应用程序，Widget 将桌面变成了一个和互联网实时沟通的浏览器，个性化图书馆可以充分利用这种平台来实现到一个新型个性化图书馆模式的转变，用户不用链接任何一个图书馆网站，而从这个小插件里得到所有需要的图书馆信息。①

这种采用 Widget 技术的个性化图书馆模式给用户带来的益处是显而易见的。首先获取信息将变得十分便捷，用户不需要打开不同的图书馆网站获取最新信息，只用从图书馆管理机构主页上或者各图书馆网站上下载自己所需要的图书馆类 Widget 小应用程序，然后安装，即时信息便可以出现在用户桌面上，如同粘贴在桌子上的便签，一目了然。其次统一、友好的使用界面可以保证用户在获取不同信息的时候，使用相同的操作方式，避免了将时间大量浪费在寻找不同图书馆的服务接口和适应操作方式上。而且采用非常友好的使用界面，方便了用户掌握使用技巧。信息的选择和发布将更加自由，用户可以自由选择所需要的小应用程序，获取特定的信息，完全避免了阅读无用消息。另外由于 Widget 小应用程序的标准是开放的，用户可以按照自己的思路制作小应用程序，可以自由发布，与其他用户共享，调动用户的参与热情。

台湾大学图书馆在利用 Widget 方面做出了尝试，该馆分别提供了馆藏目录 Widget、最新消息 Widget、新书精选推荐 Widget。用户只需在 Yahoo Widget 中添加这些模块就可以使用。

---

① 雅虎 Widget 是什么?. http://ks.cn.yahoo.com/question/?qid=1306112520561

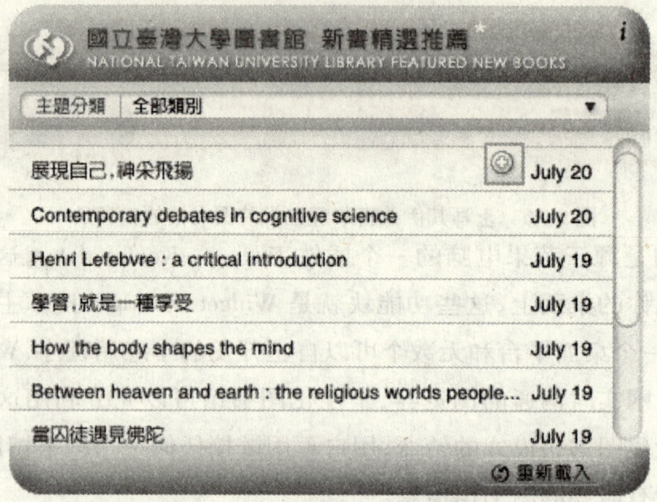

图9-7 台湾大学图书馆的新书精选推介 Widget①

(6)信息推送

信息推送是图书馆的传统服务,如期刊现期目次、新书通报、定题服务 SDI 等。网络技术的发展,使得我们可以扩大服务范围,并且由用户定制需求,更便捷地得到图书馆服务。推送方式除电子邮件外,目前还有手机短信、简易信息聚合(RSS),都无需访问图书馆网站即可得到图书馆服务。

传统的新书通报是按一定周期(如每周、每月)提供的,一般不能定制,用户最多只能选择相应的大类。而美国 Ann Arbor 地区图书馆的 OPAC 可以按任意检索式提供 RSS 源(RSS Feed),从而实现新到馆藏通报的定制。用户按自己需求检索后,可以进行 RSS 订阅,在新馆藏进入书目系统时,即能通过 RSS 阅读器及时收到信息,时滞更短。

厦门大学图书馆的预约图书到馆提示也使用了 RSS 推送方式,用户可以用自己的借书证号订阅预约取书通知。台湾台东大学图书馆则提供个人借阅资料到期提醒 RSS 订阅服务。

① 台湾大学图书馆新服务实验室. http://blog.lib.ntu.edu.tw/beta/

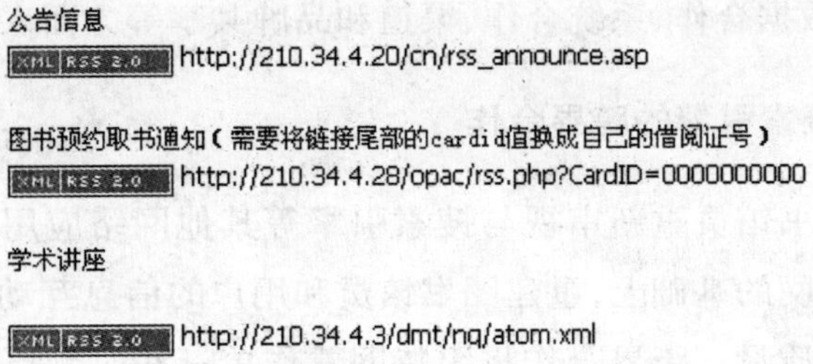

公告信息

XML RSS 2.0 http://210.34.4.20/cn/rss_announce.asp

图书预约取书通知（需要将链接尾部的cardid值换成自己的借阅证号）

XML RSS 2.0 http://210.34.4.28/opac/rss.php?CardID=0000000000

学术讲座

XML RSS 2.0 http://210.34.4.3/dmt/nq/atom.xml

图9-8　厦门大学图书馆预约取书通知①

9.3　走向开放世界：跨界合作（Mashup）

未来图书馆的个性化信息服务将在一个大平台之上和用户及其他信息服务机构进行博弈，因此只有充分厘清、尊重用户的需求，并变革服务方式才能适应时代和用户的变化。比如用户会要求有一个系统能够尽量集成所有的图书馆服务；能够自动接入全文库系统、自动接入其他资源，高度可定制等。跨界合作是在下一代因特网（Web2.0）中软件复用（reuse）和系统集成重要特征，是信息集成创新的理念和技术，为网络时代的图书馆信息服务带来新的发展机遇。

跨界合作（Mashup）通过共享用户资源，发掘用户的“潜力”和激发用户“参与内容创建”，从而提供一致的用户“信息消费”体验。如阿加克斯（AJAX）和大型网络角色扮演游戏（MMRPG）等理念和 Del. icio. us、Flickr 等应用。信息服务领域的跨界合作是“网络应用系统的复合体，它将多个信息源无缝地集成从而提供一致的信息体验，被集成的信息源通常利用应用程序接口（API）、简单信息同步（RSS）、Web 服务（Web Service）等方式公开或者共享自己的内容”。约翰·穆瑟（John Musser）指出2005年8月到2006年2月底，跨界合作应用已达到456个，公布的应用程序接口161个，平均每天有2.79个跨界合作，其中 Google 地图服务的应用达到247个，占整个跨界合作的一半以上，涵盖从英国公共图书馆的地图检索到房屋租赁等。

彼得·里普将跨界合作分为基于特色的跨界和基于应用的跨界。前者是作为某个应用系统的特色功能存在，比如 Google 地图和 Flickr 的跨界就是基于特色的；而基于应用的跨界往往要在“信息增值”上着手开发。总而言之，图书馆和其他网站之间

① 厦门大学知识港. http://210.34.4.20/cn/detail.asp?pid=4&sid=602

的跨界服务,可以从数据合作、系统合作、渠道和品牌共享等方面入手。①

9.3.1 与 Goole 等搜索引擎的跨界合作

跨界合作促使图书馆员重新审视与搜索引擎等其他网络应用的合作,帮助图书馆界在元数据和语义网的基础上,重建图书馆员和用户的信息互动机制,进而持续提升图书馆信息服务的质量。跨界合作将因特网看作单一和时刻更新的操作系统,通过 API、Web 服务等应用程序接口层,各种已有的因特网应用系统被重新组合(跨界合作),形成新的应用系统。这与先前的"网络就是计算机"和"网络就是数据库"的理念一脉相承,在层次上比 Java 语言、XML/RDF 更高层、更面向用户和应用。跨界合作并没有改变网络结构、协议和交互机制,也没有发明新的技术和标准,甚至其理念也早已有之,但是随着用户参与因特网的程度不断深入,用户主导因特网的能力不断加强,网络应用系统的互操作成本不断降低,新的应用系统不再局限于代码级的编写或控件级的引用,而是基于已有优秀应用系统,通过 API 来组合形成新的服务系统。②

以 OCLC 的 WorldCat 数据库为例,Google 索引 WorldCat 的数据前后经历了近三个月,而 WorldCat 的数据加入到雅虎中仅用了一周。OCLC 的副总裁卢坎·戴普西还策划将整个 WorldCat 的数据放在一个 iPod 上,配合类似 Google Desktop 硬盘搜索的功能,用户不必上网就可以方便检索。由此可见跨界合作开拓了图书馆信息服务的空间,为新的服务创新提供了良好的基础。③

比如 Google 地图和 Yahoo! 地图均创建了可公开访问的 JavaScript API,用于免费将地图嵌入随机的 Web 站点。这形成了小规模的 Mashup Web 应用程序集,通过查询针对一组地址的服务,然后使用 Google Map API 来标绘地理位置。

如美国的 Counting Opinions 公司 2005 年 12 月开通了一个面向图书馆用户与公共图书馆的联机服务网站 Libraries411. com。该网站可按名称或邮政编码,检索到美国与加拿大 2 万余所公共图书馆的地址,查总馆,分馆、流动图书馆也能一并检出。可选择以 Google 地图或雅虎地图显示该馆位置,地图可任意缩放,在地图的弹出信息中包括地址、电话、网站,有时还包括馆舍面积及开放时间。

① 毛军. 图书馆信息服务和搜索引擎的跨界合作. 现代图书情报技术,2006(9):2—7
② 毛军. 图书馆信息服务和搜索引擎的跨界合作. 现代图书情报技术,2006(9):2—7
③ 毛军. 图书馆信息服务和搜索引擎的跨界合作. 现代图书情报技术,2006(9):2—7

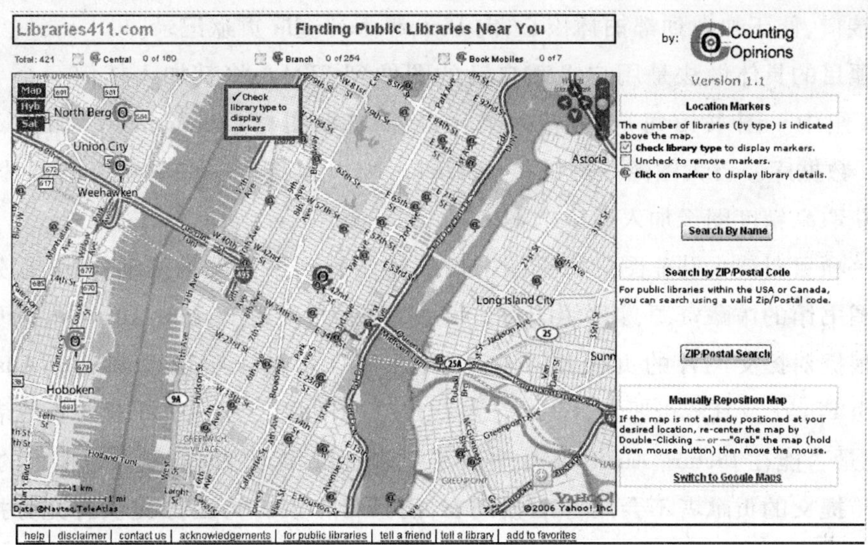

图9-9 图书馆黄页 Libraries411.com 截图①

9.3.2 与 Del.icio.us、Flickr 等专业信息服务站点的合作

Del.icio.us 是一个社会化书签管理工具，它能够帮助用户保存和共享链接（也叫书签、收藏）。它提供了一系列的 API 来帮助其他网址与它进行跨界整合。图书馆可以通过调用 Del.icio.us 的 API，来为用户提供收藏资源的功能。由于 Del.icio.us 是一个开放的社会性网络，用户通过使用它，还可以发现其他类似主题的资源。

Flickr 是一个以图片服务为主要的网站，它提供图片存放、交友、组群、邮件等功能，其重要特点就是基于社会网络（Social Network）的人际关系的拓展与内容的组织。这个网站的功能强大，使用人数众多，已经被 Yahoo 收购。图书馆在利用 Flickr 进行跨界合作方面已经有了很成功的例子，如澳大利亚图像数字图书馆 Picture Australia 项目，该项目始于 1998 年，原名 ImageSearch，是一个联邦图片搜索服务，目前有 44 个参与单位提供的百万以上图片。数据库中以历史资料为主，但 2004 年的一项调查却发现，43% 用户来此寻找当代图像。

为了增加当代图像的数量，并吸引新的用户，澳大利亚国家图书馆（NLA）开始了与 Flickr 合作的试验项目（The flickr Pilot Project），并于 2006 年 1 月 26 日"澳大利亚日"正式发布。之所以选择 Flickr，原因在于三点：首先 Flickr 在澳大利亚有大批的用户，其次 Flickr 鼓励用户使用元数据来帮助发现内容，再次 Flickr 提供了基于元数据

---

① Libraries411.com. Public Library Directory, Locator and Maps. http://www.libraries411.com

的API接口,便于映射到都柏林核心,向Picture Australia贡献记录。①

该项目的具体做法是用户上载自己的图像到Flickr,将其加入任何一个Picture Australia组中。图书馆每周收割一次元数据与小图标(thumbnail),加入Picture Australia数据库。看大图像一般链接到Flickr,NLA也选择一些有意义的图片,联系创作者获取高精度图像加入数字档案。

这一项目对澳大利亚图像数字图书馆的建设起到了很大的推动作用,首先丰富了数字图书馆的馆藏资源,其次由于Flickr的影响力,使得Picture Australia为更多人所知。根据对提交图片的贡献者的调查数据:39%以前未听说过Picture Australia,64%经由Flickr及其成员听说,69%前去看自己的图像。另一项针对非贡献者的调查,发现是否能在Picture Australia中查到了更多图像和元数据质量有着很大的关系。由于上传提交的贡献者不会用标准叙词表,而且常常没有为图像提供有充分描述性的题名,或者提供足够多的标签。图书馆员就需要监测图像,与贡献者取得联系并建议适当的标签,以改善元数据质量。由此该项目还形成了贡献者的社区,在讨论组中进行自我教育与管理。澳大利亚国家图书馆引导这些社区的发展,对提供内容、标签给予指导,形成了良好的互动。此外,受FLickr的启发,Picture Australia的部分参与单位也在自己网站上提供或升级自己的图像服务。如发电站博物馆(Powerhouse Museum)近来开始实验标签,而澳大利亚国家图书馆则建立了工作组考虑加标注(annotation)的需求,包括标签(tags)、评论(comments)、附注(notes)、评级(ratings)与评论(reviews),以支持评级(ranking)与聚类(clustering),或者有趣、相关图像游览。②

9.3.3 与其他信息服务网站的合作

在Web2.0浪潮中,出现了很多新兴的网站,有一些提供与图书馆相关的服务,因而图书馆可以充分利用其他网站提供的服务。

如提供外借到期通知的"图书馆精灵"(Library ELF),能够同时管理同一或不同图书馆的多张借阅卡,除提供借阅清单,还能在借阅到期前,以Email或RSS方式提醒。该服务目前仅适应部分图书馆集成系统,一般用户要利用其服务,需要所在图书馆加入。 使用Horizon的上海图书馆及使用Aleph的广东外语外贸大学已经开通了

---

① User collaboration in websites. http://www.nla.gov.au/nla/staffpaper/2006/jpearce1.html

② "澳大利亚国家图书馆2.0"之Picture Australia. http://catwizard.blogbus.com/logs/2006/10/3534588.html

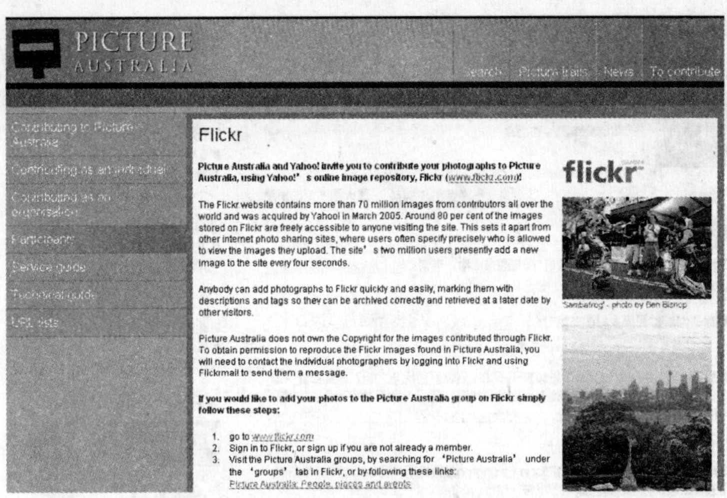

图 9－10　澳大利亚图像数字图书馆(The flickr Pilot Project)①

该项服务。② 对于技术力量薄弱的图书馆而言，专门的工具条制作网站 Conduit 就可以帮助图书馆免费、快速地构建属于自己的工具条，如土耳其伊兹密尔理工学院利用 Conduit 的服务在 15 分钟之内就完成了第一个工具条。而且它还提供了相应的管理模块和使用统计功能。③

厦门大学图书馆就利用迷你博客网站 Twitter 及类 Twitter 的服务饭否等来提供新闻公告服务，由于这些网站都允许用户将服务与他们喜爱的 IM 工具绑定。比如，Jiwai. de 允许用户同时绑定 QQ、MSN、GTalk，甚至还可以和水木社区的 ID 绑定（国内很多高校 BBS 都是采用水木代码的）。该馆在 Twitter 或类 Twitter 服务商注册了账号（如 xmulibrary），并通过这账号发布图书馆的最新消息、通告，用户只要是这些网站的用户，并且添加 xmulibrary 为好友，就可以在自己的 IM 工具上甚至以手机短信的方式获得图书馆的最新消息，省去了自己开发的时间成本和技术障碍。④

9.3.4　与其他应用系统结合

延伸图书馆服务的另一个极有发展潜力的领域，就是与教学科研软件与应用的结合。目前这还是一个探索中的领域，近期的一些研究报告，都相当重视这方面的发展。

---

① Picture Australia. http://www. pictureaustralia. org/contribute/participants/Flickr. html

② Library ELF. http://www. libraryelf. com/

③ Free Community Toolbar Builder. http://www. conduit. com/

④ XMULibrary@ Twitter/Fanfou/Jiwai. de. http://www. sogg. name/archives/2007/0613213521. html

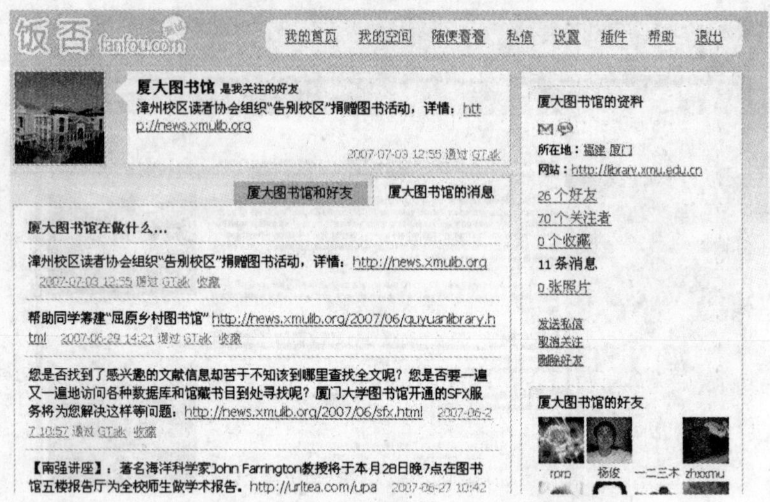

图9-11 厦门大学图书馆利用饭否提供信息发布服务页面

《加州大学书目服务再思考》针对书目的可见性，按照激进的方案，计划"发送书目服务到用户所在；集成服务如目录检索、教学参考书、新书通报等进虚拟学习环境/课程管理系统，以及门户等"；"直接将所有加州大学馆藏暴露给搜索引擎，推动搜索引擎做更好的合并，鼓励用户限定到我们的域名"。

康奈尔大学 Karen Calhoun 受美国国会图书馆委托撰写的研究报告《改变目录性质、与其他发现工具集成》，以研究图书馆的目录为研究对象，分析现状，提出复兴行动方案。该报告以产品生命周期论探讨 OPAC 复兴之策，其中"推送到课程网页"，是为现有产品寻找新用户的一种方法；而"与其他系统大规模集成"，则是寻找新应用与新用户的一种途径。①

图书馆直接与其他系统的大规模集成，目前主要有 Google 学术搜索的"图书馆链接计划"，图书馆参加后，Google 学术搜索结果中就会出现指向本馆订购电子资源的链接。用户如果在内部网或校园网内，直接点击链接就可下载全文；如果在公网上，通过一般的用户认证方式也可以下载全文。我国的国家图书馆、清华大学、北京师范大学和北京理工大学较早加入了该计划。最近国家科学图书馆也加入该计划，并且首先开通其联合目录，点击检索结果中的该馆链接，引向的是国家科学数字图书馆联合服务系统，用户可以通过原文传递服务获取全文。

此外还有一些其他的服务方式可以尝试，如台湾大学图书馆就利用 Javascript 将

① 胡小菁.论图书馆网络服务的延伸.见：传承 服务 创新——华东大学图书馆学术文存.北京：北京图书馆出版社，2007

本馆的馆藏检索系统和学术检索系统与用户的个人 Blog 结合起来，允许用户在自己的 Blog 或其他网站上通过添加一段 Javascript 脚本的方式来添加馆藏检索框，使得用户可以在自己喜欢的页面里进行书目检索。

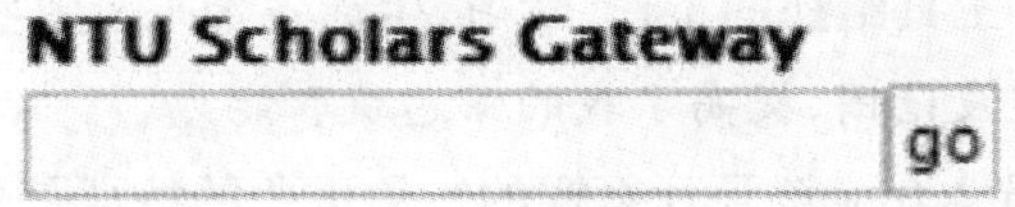

图9－12　台湾大学图书馆馆藏目录检索框

尽管跨界应用层出不穷，但其成熟的商业模式尚未形成，当前的跨界合作多限于成功系统之间的合作，图书馆更不能指望单与搜索引擎的跨界合作就可完全摆脱边缘化和提高信息服务的质量。相反，跨界合作在为图书馆提升信息服务品质提供机遇的同时，也使信息系统更加复杂和不确定，可能降低信息服务的效率等问题。因此图书馆必须处理好用户服务、资源建设和跨界合作之间的关系，避免掉入跨界合作的陷阱，伤害用户和自身权益。①

推荐阅读

1　Talis. Mashing up the library competition 2006. http://www. talis. com/tdn/competition

2　Mashup & Web2. 0API directory. http://www. webMashup. com/

3　温阳红. My Library 系统比较与软件评价研究. 吉林大学优秀硕士毕业论文，2006

4　李青青. 谈图书馆个性化服务几个主要方式. 图书馆工作与研究，2006(3)

5　杨华. MyLibrary——数字图书馆个性化服务新趋势. 农业图书情报学刊，2006(8)

访谈专栏：图书馆员 2.0 之路

访谈对象：钱涂无量　　　工作部门：技术部　　　年龄：20—30 岁

1. 除了 IM，您是从什么时候开始使用第一个 Web2. 0 工具的？这个工具是什么？

答：从 2003 年开始使用 Blog 和 RSS，bookmark 之类的是从 2004 年开始用的。

① 毛军. 图书馆信息服务和搜索引擎的跨界合作. 现代图书情报技术，2006(9)：2－7

2. 您现在使用的 Web2.0 工具有哪些？使用频率如何？您还打算尝试哪些工具？

答：Blog 每日，RSS 每日，bookmark 每日，对 podcasting 之类的有抵触心里，喜欢文本交流。

3. 您觉得这些 Web2.0 工具给您的工作、学习、生活各带来了哪些新的变化？

答：扩大了我的交友范围，提高了我的信息获取能力。

4. 您心目中的图书馆员 2.0 应该是什么样的？最重要的特征是什么？

答：活跃、开放，具有敏锐的信息判断力，具备良好的信息获取能力和信息服务意识。

5. 您认为自己可以称作图书馆员 2.0 吗？

答：我还不算，个人有点自闭，从事的工作也远离用户一线，和用户的沟通交流缺乏，对用户服务缺乏感性的体验。

6. 请您帮助分析下面的事例："有两个图书馆员 A 和 B，A 有自己的博客和博客圈，经常发表专业见解和同行交流，并且使用各种 2.0 工具，用于专业学习，但不直接为用户服务。B 建立了学科馆员博客，为用户推荐学科资源，介绍图书馆服务等，和用户进行互动。B 也使用了一些 2.0 工具，主要应用在图书馆的资源与服务中。"请问，A 和 B，哪个更像理想的图书馆员 2.0 模样？还是"A + B"才更理想？或者您还有其他观点？能说一下理由吗？

答：A + B，2.0 时代应该用 2.0 的方式来学习，来工作，来服务。

7. 如果让您选 3 位图书馆员 2.0 之星，您会选哪几位？请说明您的理由。

答：我身边写 Blog 的很少，我熟悉的基本上就是游园、小钟、sogg 等几个老朋友而已。

8. 您是否认同"所有的图书馆员都该努力蜕变成图书馆员 2.0"？

答：当然支持，其实关键还是要馆长成为馆长 2.0。

9. 您认为在"用户—图书馆—馆员"这三者中，图书馆员 2.0 究竟该扮演怎样的角色？

答：无论 2.0 环境还是传统环境，这三者都是食物链上的一个循环，他们应该是互相影响，互相服务，互相学习的过程。

10. 如果请您给您的图书馆员 2.0 生活加标签，您会用哪些词句？

答：欢乐、分享。

访谈专栏：图书馆员 2.0 之路

访谈对象：图谋不轨　　　工作部门：其他　　　年龄：20—30 岁

1. 除了IM，您是从什么时候开始使用第一个Web2.0工具的？这个工具是什么？

答：2006年初，Blog。

2. 您现在使用的Web2.0工具有哪些？使用频率如何？您还打算尝试哪些工具？

答：我在使用Blog，使用Rss订阅博客，定期更新和阅读，我已尝试了Widget，Wiki，观看了podcasting，加入了一个SNS，即校内网，http://www.xiaonei.com/，没有发布过podcasting，希望有机会尝试发布。

3. 您觉得这些Web2.0工具给您的工作、学习、生活各带来了哪些新的变化？

答：工作：增加了和他人交流的机会，有利于指导工作，开拓思路，促使自己努力跟上最新的技术进展，增加了对图书馆学的热爱。

学习：促使自己不断学习新的知识，而不是故步自封，裹步不前，Blog里大家的留言给自己以鞭策的力量，Wiki让自己感觉责任重大，更加促使自己不断提高自己学术水平。

生活：结交了一些网络好友，一起有着共同志趣的朋友，扩大了自己的交友范围，扩宽了交友途径，交友无地界了。

Web2.0没有对我的实体世界产生任何消极影响，相反我从上面得到的收获反而可以和我的实体世界朋友分享，增加了我的谈资和见识。

4. 您心目中的图书馆员2.0应该是什么样的？最重要的特征是什么？

答：(1)敏锐的信息意识；(2)完全以用户为中心的思想，努力去收集用户需求，并开发更适合用户的2.0应用；(3)信息领袖意识：无论在blog里，在Wiki里，在个性化图书馆里，都努力做到给出权威的见解，认真研究，提出最和事实相符或相近的答案，以聚合人气，扩大图书馆2.0的影响；(4)充满激情和热情：积极主动参与Lib2.0工具的建设，或者参与开发，或者参与内容发布，如blog，Wiki的内容发布；(5)具有对国家、对图书馆、对用户负责任的精神去处理内容，避免不恰当内容的出现。

5. 您认为自己可以称作图书馆员2.0吗？

答：不是，博客更新不及时，没有实践机会，图书馆还没有这种转变，自己在努力提高自己的能力，努力达到以上5点，现在第一点、第三点都做得不太好。

6. 请您帮助分析下面的事例："有两个图书馆员A和B，A有自己的博客和博客圈，经常发表专业见解和同行交流，并且使用各种2.0工具，用于专业学习，但不直接为用户服务。B建立了学科馆员博客，为用户推荐学科资源，介绍图书馆服务等，和用户进行互动。B 也使用了一些 2.0 工具,主要应用在图书馆的资源与服务中。”请问,A 和 B,哪个更像理想的图书馆员 2.0 模样?还是“A + B”才更理想?或者您还有其他观点?能说一下理由吗?

答:很显然,当然是 B 像,因为图书馆员是相对于用户的图书馆员,如果不为用户服务,要图书馆员 2.0 有何用,学以致用,实践很重要,作为一个 2.0 时代的图书馆员,他不是一个学术上的 2.0 玩家,他最需要考虑的是如何将 2.0 为用户服务,否则 2.0 就没有任何生命力了。

7. 如果让您选 3 位图书馆员 2.0 之星,您会选哪几位?请说明您的理由。

答:首先当然有 K 师,其次就是厦门大学图书馆馆长萧德洪,他是中国第一个大力推动图书馆 2.0 服务的馆长,上海大学图书馆做的也不错,另外有图谋,图林老姜等。

8. 您是否认同”所有的图书馆员都该努力蜕变成图书馆员 2.0”?

答:我赞成,图书馆员 2.0 是发展方向,是一种理念,图书馆以用户服务为宗旨,2.0 最有利于更好地为用户服务,这种蜕变是痛苦和不适应的,但确实是必须的。

9. 您认为在“用户—图书馆—馆员”这三者中,图书馆员 2.0 究竟该扮演怎样的角色?

答:如果说图书馆员 2.0 是独立于这三者的,那么他应该是一个润滑剂,一个协调角色,他了解用户需求,了解图书馆的资源,明白馆员所做的努力,所以他可以根据图书馆的资源,将用户需求以图书馆员可以处理的方式表达出来。但其实图书馆员 2.0 就是图书馆员,作为图书馆和用户,甚至信息和用户之间的纽带,起着沟通作用,不可或缺。

10. 如果请您给您的图书馆员 2.0 生活加标签,您会用哪些词句?

答:奉献,共享,创新,交流,博客,Wiki,收藏,标签,SNS,podcast,Skype,个性化主页,iGoogle。

第 10 章　OPAC 凤凰涅槃：低门槛技术挑战 LIS

楼向英　黄田青　胡丹

几乎所有的图书馆集成管理系统，如现在各类图书馆装备和使用的，都应该从大众的视野中消失。

——Roy Tennant

无奈的用户唱给 OPAC 的歌①

我在找"海明危"
找来找去一无所获
可怜的 OPAC
这只是偶然的笔误
并不是我的错

我就像大海捞针
找来找去一无所获
可怜的 OPAC
仿佛还磨蹭在蛮荒时代
这是你之过

我还能怎么做
我真的很困惑
可怜的 OPAC
节约时间成了空口的承诺
这都是你惹的祸

① 作词 Brian Smith（芝加哥图书馆），来源：http://www.laughinglibrarian.com，翻译：bridge

N 年前电脑取代了卡片
如今我依然一无所获
可怜的 OPAC
你就像没头的苍蝇哟
一遍遍把我折磨
可怜的 OPAC 啊,可怜的 OPAC

10.1 OPAC 的征程:一江春水

10.1.1 OPAC 的卅年回眸

早在 20 世纪 60 年代初期,国外一些图书馆就尝试着将计算机作为辅助工具用于日常书目信息加工过程中。此时,计算机还仅限于在少数领域内使用,如国防、金融等行业。1963 年,美国国会图书馆研究报告预计在未来的 10 年,利用计算机来处理书目检索的方法肯定会被图书馆与用户采纳,计算机检索必将取代繁琐的穿孔书目卡片的检索。与此同时,可用于计算机阅读的书目数据编码格式也在悄然制定中,最终形成了名为机读目录(英文全称为 Machine-Readable Catalogue,简称 MARC)的元数据方案。一些相关的书目加工整理标准也陆续完成,如英美编目条例(AACR)、国际标准书目著录(ISBD)和国际标准书号(ISBN)等。

1977 年,美国英特系统(InterSystems)软件公司向加拿大贵湖(Guelph)大学图书馆和滑铁卢(Waterloo)大学图书馆提供了"GESC"图书馆书目与流通整体解决方案。该方案将图书馆的书目数据从"单一本地"体系变成了"中央数据库"体系,服务对象也从单一的图书馆用户扩展到各类联网用户,形成了面向所有用户的远程信息访问系统。最终,这种书目检索形式变为在线联网检索(当时的联网,指的是主机/终端式的联网,并非现在大家熟悉的互联网)。人们把图书馆书目检索系统称为"在线公众书目访问系统",英文全称为"Online Public Access Catalogue",简称 OPAC。从此,计算机把图书馆用户从传统的手工书目检索中解放出来。当时的图书馆走在了信息技术的前沿,创造了一个让图书馆从业者颇为自豪的辉煌时期。

自 20 世纪 90 年代起,面向 Web 的 OPAC 也对其检索技术进行了改进。增强式检索和匹配技术、检索结果相关性排序、词组检索和关键词检索等新功能、新技术的应用,使 OPAC 初步具备与用户交流、理解并掌握用户需求的能力。同时,检索对象也突破了书目数据范围,拓展到期刊资源、数字资源等各个领域。而 Z39.50 协议的应用也为跨库检索提供了可能。在这期间，一些提供图书馆系统集成服务以及OPAC服务的商业公司逐渐发展并壮大起来，如艾利贝斯（Ex Libis）公司和美国联机计算机图书馆中心（Online Computer Library Center 简称OCLC）等。由此，包括OPAC在内的图书馆自动化系统步入了黄金时代。①

时过境迁，21世纪的OPAC受网络搜索引擎、特别是在线图书搜索引擎的强大影响，用户对图书馆OPAC所能提供的搜索功能的期望值已经有了大幅度的降低。再加上OPAC固有的一些技术上的缺陷，用户对OPAC的依赖性也越来越低。2005年，OCLC在《对图书馆与信息资源的认知：给OCLC成员的报告》中提到：信息用户中的“84%的用户使用搜索引擎进行信息检索，1%的人从图书馆网页上进行信息检索；只有10%的大学生认为，在通过搜索引擎找到图书馆网站后，图书馆的馆藏可以满足他们的信息需求”。

OPAC，这个旨在为图书馆员和用户提供全面集成的书目信息服务的软件系统，正前所未有地遭受着多方挑战。似乎转瞬间，历时三十多年的图书馆书目检索的黄金时代已潸然退却了。

10.1.2 OPAC的三重挑战

OPAC直面的第一重挑战来自Google、百度等搜索引擎。对于一般用户而言，这些搜索引擎之所以比OPAC更具吸引力，主要是因为搜索引擎能直接、快速地满足用户的信息需求。这与搜索引擎的功能及其获得用户认可的搜索方式有着直接的联系。

一般来讲，OPAC可以快速地提供图书馆书目信息的搜索结果。单纯从搜索耗时上比较，OPAC应该比搜索引擎更有优势。然而OCLC的2005年年度报告研究表明，信息用户选择搜索引擎而非OPAC开始他们的书目搜索之旅的原因，并非是由系统返回检索结果的速度决定的。他们更关心信息的数量与质量，而这正是整个信息搜索过程中最主要的决定因素。他们认为，搜索引擎能够比图书馆的书目搜索工具提供质量更高和数量更多的信息，更为不幸的是搜索引擎检索的速度比OPAC更快。②

---

① 上述论述重点参考泰德（英国威尔士大学图书情报学系）的论文*OPAC Through the Ages*（历史上的OPAC）。此文虽然写于上个世纪末，但对图书馆OPAC的历史沿革做出了详尽的描述。

② 《Perceptions of Libraries and Information Resources（2005）对图书馆与信息资源的认知：给OCLC成员的报告》近年来，OCLC在年末都会推出针对全球互联网用户的研究报告，重点是针对信息用户的搜索习惯及喜好所做的调查。其中涉及图书馆书目检索的用户调查可靠性强。

此外,搜索引擎在搜索的智能化方面比 OPAC 更出色。搜索引擎提供自然语言搜索功能,通过智能分词、句法分析等手段有效地理解用户的请求。有的搜索引擎还可在知识层面上辅助查询,通过主题词典、上下位词典、相关同级词典,形成一个知识体系或概念网络,给予用户智能上的提示。也有搜索引擎允许用户将搜索范围限制在其索引或数据库的某个子集中,以产生最直接相关的搜索结果。而且搜索引擎的界面非常直观,特别适合检索经验不足的一般用户使用。人工智能和自然语言搜索为用户提供了省时省力的检索方式,他们既不需要使用检索式,也不需要了解只有图书馆馆员才可能弄明白的各种图书分类法,就能准确地找到他们想要的检索结果。

美国学者艾瑞克(Eric Novotny)调查发现,在图书馆 OPAC 检索中,无论是经验老到的用户还是毫无经验的用户,都采用了更适合于 Google 而非图书馆目录的搜索策略。[①] 再加上 OPAC 指引的仅仅是有限的馆藏资源,而搜索引擎指引的几乎是无限量的网络文献,在信息时代的大背景下,后者无疑更有吸引力。从本质上讲,OPAC 提供的资源与搜索引擎相比较已经先天不足,如果还不能给用户提供与搜索引擎相媲美的搜索体验,那么,被 Google 等"宠坏"了的用户,就会毫无留恋地选择离开。

第二重挑战,是来自于以亚马逊为代表的网上图书销售商的大力冲击。这是在 OPAC 所具备的核心竞争力领域上的恣意肆虐,并且在不知不觉中,OPAC 已经处于下风。亚马逊、当当网、豆瓣网等普遍为用户提供了丰富的书目服务,如分面浏览功能,结果相关排序、最终用户评级与标记、可视化导航、新书分类浏览、热门图书及热门检索词推荐、作者生平以及读者评论、评级等。值得注意的是,这些网站在图书分类和标识等方面,已经完全摒弃了图书馆常规分类方法,如杜威分类法。他们或采用 ISBN 作为图书典藏标引,或自由设计书目流水号,并给予书目数字资源识别(DOI)定位,为书目资源检索和保存创造了条件。用户在检索时,他们会被高质量的检索结果与人性化的服务所吸引,这时,极少数用户可能会想到使用图书馆 OPAC,但这仅仅是为了确认是否有可供外借的馆藏。

第三重挑战,是来自于 OPAC 的本身局限。OPAC 自身有着不少先天性的缺陷,通过相应的 OPAC 检索实例便可以得出这一结论,也可以直观地了解传统 OPAC 功能上的局限。以"Lucence java"和"C++"为检索词,在国内几家大图书馆进行 OPAC 的题名检索,并与 Google 的检索结果相比较,可以看到:

---

① Eric Novotny. I Don't Think I Click: A Protocol Analysis Study of Use of a Library Online Catalog in the Internet Age. College & Research Libraries, 2004(6)

以“Lucence java”为检索词的题名检索，在目前几大图书馆 OPAC 中，零检索结果的概率偏高，OPAC 也无检索词提示或纠错功能。但同样的检索词在 Google 中检索，它会非常友善地问你：Did you mean：*Lucene* java（完全正确！这正是读者所想要的）。Huddersfield 大学图书馆跟踪了其 OPAC 六个月的关键词检索情况，发现 23% 的检索行为得到了零结果集。①

以“C++”为检索词的题名检索实例反映了 OPAC 的索引方式有待提高，系统自身的查准率不够好。输入检索词“C++”，ILAS 与 Horizon 的 OPAC 系统会把所有带字母“C”的书都列作结果集，而事实上，读者想要的仅仅是一本关于 C++ 的教程，误检率如此惊人。然而同样的检索词“C++”在 Google 中的检索结果，查准率却非常好。

表 10－1　国内图书馆常用的中外 OPAC 系统检索结果比较

图书馆自动化系统	检测用户	检索结果
汇文	南京大学图书馆	“Lucence java”：零结果集且无拼写提示 “C ++”：结果数:383（题名中有 C ++ 的才命中，误检率低）
ILAS	深圳图书馆	“Lucence java”：零结果集且无拼写提示 “C ++”：记录数 15499 条（所有题名中含字母 C 的都命中，误检率高）
UNICORN	北京大学图书馆	“Lucence java”：零结果集，但有相近检索词提示 “C ++”：结果数：174（题名中有 C ++ 的才命中，误检率低）
Horizon	上海图书馆	“Lucence java”：零结果集且无拼写提示 “C ++”：记录数：6698（所有题名中含字母 C 的都命中，误检率高）
ALEPH	国家图书馆	“Lucence java”：零结果集且无拼写提示 “C ++”：外文文献数据记录数：582 中文及特藏文献记录数：1684（基本理解 C ++ 含义，误检率低）

说明：测试对象为我国图书馆常用的中外 OPAC 系统，测试时间 2007 年 6 月 11 日，测试网络条件为中国电信宽带网。

余金香、李书宁等认为目前 OPAC 的可用性已经落后于技术的发展和用户的要求：①书目记录之间的关联性不强，结构扁平单调，用户不易辨别和理解检索结果各实体之间的关系。②停留在文献单元与实现形式层次上的 OPAC 已经不能满足用户的需求，应该从形式层面提升到内容层面。③检索问题：失败率偏高、耗时，扩展检索能力不强；缺乏具有用户互动、参与的检索途径；逻辑运算符在不同的系统内检索

① 参见：http://library.hud.ac.uk/wikis/dug_files/barcelona/presentations/IanHaydock/Enhancing-HIP.ppt

策略的支持度不同;检索结果的相关度差,缺乏相关排序,拼写检查、自动断词、灵活的分类选择;缺乏检索结果的集成以及检索帮助的人性化和检索结果导出、保留等机制;异构平台互检功能不完善。①

除上述缺点外,多数OPAC还有不支持语种限定,不支持模糊检索,对检索结果集的排序非常局限,没有二次检索功能等问题。

小结

传统的OPAC面临的挑战是巨大的。OPAC应对挑战的结果似乎是且战且退,逐渐变成了封闭于图书馆内部,单纯地检索本图书馆内部资源信息的搜索工具。除了揭示传统意义上的馆藏目录信息和书刊物理典藏信息之外,似乎不屑于功能的拓展和为用户提供信息增值服务。

然而,习惯于使用Google等搜索引擎的信息用户完全会使用他们惯用的搜索行为来搜索图书馆的资源,包括他们最为感兴趣的图书信息和电子资源信息。对于他们而言,使用OPAC的信息检索行为可能直接影响着他们对于图书馆以及数字图书馆的认知。图书馆并没有给用户提供一种有趣的体验。使用一个功能不全的OPAC而产生失败的检索行为很可能让他们造成这么一个错觉:下次不用去图书馆了,因为那里什么东西也没有。

就这样,OPAC渐渐地被用户所漠视,原因是它不再是用户得到所需的书目信息资源的最佳途径。信息用户对于资源的获取有多种途径,面对用户的多种选择,OPAC只是他们选择之一。就目前而言,OPAC却是图书馆资源向用户揭示的唯一途径。没有了OPAC,图书馆的所有资源就成为与世隔绝的孤岛生灵。也许有一天,无法与用户交互的图书馆会渐渐消失在用户的视线中。

10.2 OPAC的奋进:雏凤新声

令人感到欣慰的是,OPAC正在迎难而上,为适应用户的需要而不断变化着。纵观海内外,近几年来OPAC的改进浪潮此起彼伏。关于OPAC系统功能介绍、升级与改造方面的主题一直是OPAC文献研究的热点。② 图书馆内外充满了对理想的新一代OPAC的渴望。这一渴望是如此的强烈,以至于对OPAC怨恨的歌声也被淹没于其中了。

---

① 余金香,李书宁. Web2.0时代OPAC发展研讨. 图书馆杂志,2007(8):31—35

② 芦红. 1992—2006年国内OPAC研究文献内容分析. 图书馆学研究,2007(4):68—72

OPAC 改进的主要参与者包括图书馆行业软件供应商，图书馆内部技术人员以及与图书馆有密切联系的相关机构团体。由于各群体对于 OPAC 功能定位的不同理解，OPAC 的改进方式各有千秋。从实现途径上看，新一代的 OPAC 大致可以分成三大类型：一是由图书馆行业软件公司自主改良的 OPAC，整体架构出色。第二种是图书馆技术人员自主开发的 OPAC，专业性与开放性并存。第三种类型是图书馆与第三方机构合作过程中诞生的 OPAC，其特点在于形式新颖，功能定位准确。以下是三种 OPAC 改进类型的一些案例分析，以国外图书馆为主。

10.2.1　图书馆行业软件公司主导的改进

图书馆自动化系统的生产商是 OPAC 变革的主要实现者之一。包括图书馆行业软件巨头 Innovative Interfaces 公司的 Millennium 系统，SirsiDynix 公司开发的代号为 Rome 的集成系统，Ex Libris 公司的 ALEPH 500 系统，Endeavor 公司的 Voyager 系统和 Polaris 公司的 Polaris 系统都对 OPAC 模块做出了大胆的变革，融入了 Web2.0 的理念、功能的新版 OPAC 正在受到图书馆界的高度重视。①

Innovative Interfaces 公司新近开发的资源搜索平台 Encore，既可与公司自己的图书馆集成系统（ILS）Millennium 配合使用，又可以整合在其他厂商的 ILS 内作为 OPAC 使用，极具扩展性。Encore 提供的最具特色的社会化功能就是系统动态生成基于主题词表、分面导航的“热门”标签云图。开放的检索界面功能齐备，包括联邦搜索、分面浏览、自动纠错、相关度排序、通过 AJAX 实现的信息显示、资源内容提示性链接等。

Ex Libris 公司的 Primo 新型图书馆自动化系统的 OPAC 模块除了提供图书馆本身拥有的目录资源外，还能提供多种不同资源的检索能力，并提供分面导航、检索结果相关性排序，以及其他有关向用户传递内容的丰富功能。

各公司也对 OPAC 基于 OpenURL 的链接解析服务也做出一些改进，以满足图书馆与用户对于数字资源的利用。SirsiDynix 结盟销售的 Article Linker 成为很受欢迎的链接产品，和 Ex Libris 的 SFX 产品一样，它也对数字资源的检索和链接功能做出了改进。

---

① 马谢尔 · 布里汀（Marshall Breeding），范德毕特大学图书馆（纳什维尔）创新技术与研究部主任，对图书馆自动化系统的研发和评价有着较深的造诣。在他的文章 *An Industry Redefined*（重构中的图书馆软件产业）中，详细介绍了图书馆行业软件的近况。2006 年图书馆自动化领域发生了许多战略性的变化。这预示图书馆行业软件的产业重构必将对图书馆的书目信息服务带来深刻的变化。

许多提供 ILS 产品的公司也都对 OPAC 的联邦搜索功能进行了升级，如与 Innovative Interfaces 和 TLC 公司合作的 MuseGlobal、Webfeat 等都提供联邦搜索产品。

大型图书馆行业软件体系架构的前瞻性和先进性保证了应用系统的灵活性、扩展性、可升级性、易维护性和跨平台性。作为商业公司，他们对于用户应用需求有着敏锐的洞察力。他们并不排斥 Web2.0 的基本理念，为巩固甚至提高自己的用户群和市场份额，它们在不断对 ILS 进行着重塑，同时也在提升着 OPAC 的开放性和社会性功能。

案例分析：Talis 的 Whisper 项目①

Talis 信息公司②早期诞生于英国伯明翰图书馆的一个合作研究计划，现已占据了英国公共与学术图书馆管理系统（LMS）市场 25% 以上的份额，管理着 1 亿 9 千万条数据。

2005 年 10 月 Paul Miller 加盟 TALIS，使得 Talis 公司在图书馆 2.0 的研究、应用中声名鹊起。③ 该公司于 2005 年 11 月推出的 Whisper 项目，设想建立一个完全基于图书馆 2.0 概念的资源站点，并希望有更多的图书馆加盟，贡献其馆藏书目，从而提供整合全英图书馆馆藏信息的 OPAC 服务。

到目前为止，Whisper 的原型具有以下四大功能模块：检索、地图、目录和典藏模块。

检索（Discover）模块：基本检索可以在"所有馆区"、"所有开放馆区"和"所在馆区"的范围内，通过关键词、题名、作者和 ISBN 检索；通过 Whisper Libraries 查看哪个图书馆具有馆藏并可生成一个馆际互借请求；同时提供英国亚马逊网上书店的价格和购买链接；在 Whisper 的检索模块中也能通过 Google 查找。

地图（Locate）模块：Whisper 接入的 Google Map，提供标注图书馆所在地的可视化信息，用户可获取需查看地域的详细地理信息、类型（学术或公共）区域，直至确认图书馆后点击该馆图标获取馆藏信息。

目录（Directory）模块：按字顺排列了书目资源收藏机构以及所使用的系统和代码。这个模块融合了 Talis 公司的另一研究项目 Silkworm Directory，用户通过提交 Email 地址和密码即可实现登陆。

典藏（Monitor）模块：可通过选择书目典藏状况并查看 Google 的在线地图。

---

① 参见：http://www.talis.com/tdn/whisper

② 公司网址：http://www.talis.com/

③ 参见编目精灵的博文"TALIS 与图书馆 2.0"：http://catwizard.bokee.com/5269930.html

Whisper 下的 OPAC 采用了大量的混搭技术(Marsh-up)，提供资源导航服务与地图服务相结合的后台服务，具有图书封面图片和评论(由 Amazon 提供)展示功能，同时，也采用了大众分类标签。

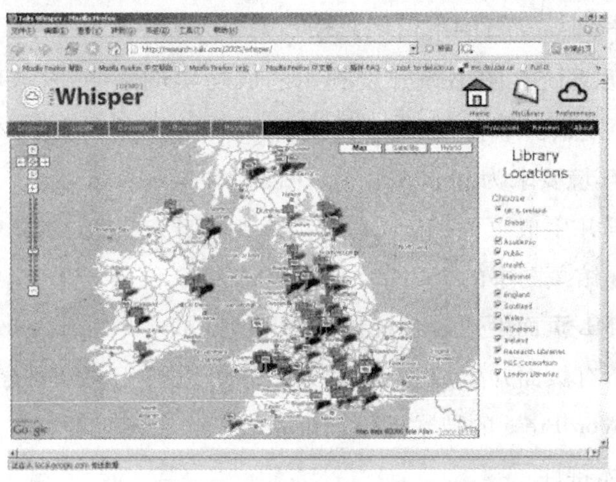

图 10－1　Whisper 示意图

小结

Whisper 虽是一个测试项目，但是它折射出了为图书馆界提供软件服务的商业大公司雄心勃勃改造 OPAC 的设想和计划。通过混搭(Mash-up)技术和多种网络服务(Web Service)在 Whisper 上的运用，OPAC 的检索与交互能力大大增强了。Whisper 的理念是倡导应用于图书馆的系统软件及服务，包括 OPAC 都可以和 Amazon、Google 等大公司进行合作。这也就为图书馆的书目服务提供了一个新思路：OPAC 的自我改造可以转变到与各个系统、公司的相互合作上来。OPAC 大可不必、也不应该排斥来自于外部系统的挑战。这种合作将会成为 OPAC 发展的方向之一。

10.2.2　图书馆自主改进的 OPAC

图书馆一直没有放弃自主改进甚至全新开发 OPAC 的努力。开放的数据库接口提供了图书馆技术人员对于数据的操控权，开放源代码也能够给予图书馆员 OPAC 功能上的控制权，加上软件供应商程度不一的技术支持，这为 OPAC 功能改进提供了另外一种途径：图书馆自主改进 OPAC。事实上，图书馆早就是开放源代码运动的支持者，随着图书馆 OPAC 开源软件开发的热情高涨，自主开发 OPAC 已经让一些图书馆感到巨大的满足。一旦解决了系统的日常维护和升级的瓶颈，OPAC 的自主之路应该会越来越宽广。

(1)案例分析：Scriblio(原 Wpopac)

2006 年，美国马塞诸塞州普利茅斯州立大学信息技术工程师凯西·本盛(Casey Bisson)试验性地开发了基于 Web2.0 的新一代图书馆 OPAC 系统软件 Scriblio，①当年在该大学的拉姆申(Lamson)图书馆②投入试用。

Scriblio 是开源系统在图书馆开发利用的成功实例之一，核心模块为 WordPress 平台，Open Search 搜索引擎和 Amazon 提供的 Open API，支持 SRW/SRU 协议。

Scriblio 系统环境要求为 php5X + MySQL 5X 和 Windows 系统。php + xslt 用于编写相应的操作代码并生成页面，MySQL 数据库则用于转入后的 MARC 数据保存、发布以及内容编辑。馆藏图书的 ISBN 号采用 EAN - 13 位条码采集。每条书目信息都有相应的静态 HTML 页面生成。系统目前采用 WordPress OpenSearch 1.1 搜索引擎，该引擎负责抓取所有页面并生成索引，搜索结果可进行相关度排序。管理人员只需具备安装和维护 WordPress 的技术即可保证系统安全稳定地运行。

Scriblio 的具体特性

Scriblio 是一个建立在博客平台上的 OPAC，它将每条书目信息变为一个博客页面供用户浏览。每个博客页面具有评论和引用功能，使得用户对书目信息可自由地添加评论并与图书馆展开互动。同时，Scriblio 向用户提供博客标签(tagging)和书签(bookmark)，提供新书的书目信息 RSS(聚合内容)订阅。

系统提供了执行 XHTML 的校验入口以随时校验和完善系统代码，同时提供 WordPress 后台管理入口方便了用户创建自己的个性化界面。支持用户个性化设置和插件开发也是 Scriblio 有别于现有 OPAC 的特点之一。Scriblio 的系统应用和后台管理程序目前可免费下载，同时还为图书馆提供了外部社区、程序员和设计人员的登录口，Scriblio 在一定程度上摆脱了 ILS 的束缚。

另外，Scriblio 在技术实现的其他方面也采用了许多 Web 2.0 的技术。例如，系统使用 AJAX 网页混合开发，检索页面在不打断交互过程中进行重新加载和动态更新，动态创建 Web 界面用于显示图书的封面信息、评论、馆藏信息，满足了读者对书目信息的全面了解，从而激发读者的阅读兴趣。

Scriblio 具有很好的开放性，它支持 SRW/SRU 协议，采用 Amazon 提供的开放 API，可对图书的整书内容执行主题词检索。同时在每个静态页面中套用 Amazon 提

---

① http://about.scriblio.net/

② http://www.plymouth.edu/library/opac

供的精彩书评。Scriblio 也为以后有更多的开放 API 接入做好了准备。

搜索能力永远是 OPAC 相关技术中毋庸置疑的核心技术。Scriblio 的站内搜索引擎 Open Search 采用查询执行算法和可延续的固定 URL 语法，执行自然语言搜索，具有拼写自动纠错功能。Open Search 能智能判断检索式中是否含有作者名。页面提供检索结果的相关度排名列表。系统为图书馆外部的搜索引擎如 Google 提供索引，可使这些搜索引擎能搜索到 Scriblio 提供的书目信息的 URL。如在 Google 搜索作者名 Joe Monninger 的书目信息，其页面出现的首条搜索结果即为 Scriblio 提供的 Lamson 图书馆收藏的该作者图书的 URL。

Scriblio 系统启用 WordPress 构建书目信息前端界面，页面简洁富有个性化。以最早采用 Scriblio 的拉姆申（Lamson）图书馆为例，其界面上的"最近搜索"侧栏提供了用户检索结果的记录保存，"热门图书排行榜"提示最受用户喜爱图书的借阅信息，"最新评论栏"是展示用户针对性的图书评论。居中页面为书目信息显示栏，显示包括书目信息、图书状态、馆藏地点等传统信息。

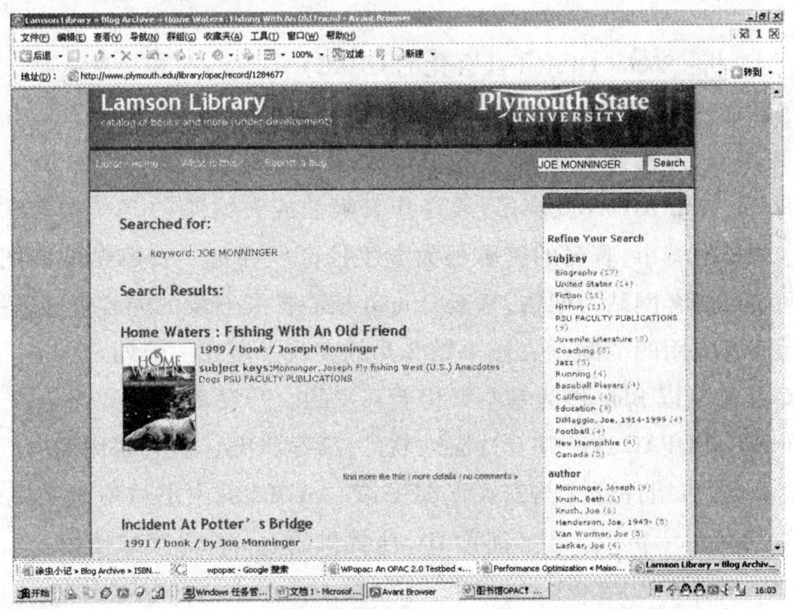

图 10－2　普利茅斯州立大学拉姆申图书馆 Scriblio 示意图

另外，Scriblio 可为外部搜索引擎提供书目信息记录。如在 Google 搜索作者名 Joe Monninger 的书目信息，其页面出现的首条搜索结果就是 Scriblio 提供的书目信息。

不过，Scriblio 不支持布尔逻辑检索，这对于有经验的信息搜索用户会觉得不习惯。但对于一般用户而言,他们使用布尔逻辑检索的观念比较淡漠,宁愿将搜索词整行地输入也不使用有逻辑关系的布尔运算符进行检索。事实上,布尔检索模式能不能代表用户信息搜索的行为习惯已争论了很久。Scriblio 对于这个问题的解决将视用户的实际检索行为发展的趋势而定。其他一些次要的系统模块,如预约通知等还未开发完成。

小结

早在 1999 年,著名的奠基石的原则(The Keystone Principles①)中提出的行动纲领中有一条:"图书馆将在他们发展的系统中实现互操作并开发开源软件进行信息的存取、传播和管理。"

Scriblio 就是一个颇具开放色彩的开源软件,为 OPAC 独立于图书馆集成系统做出了尝试。Scriblio 融入了多种 Web2.0 技术,通过向用户免费提供复杂的数据库驱动的内容管理,并支持用户个性化设置和插件的开发,吸引用户参与 OPAC 的检索,直接增加图书馆书目服务的黏度。Web 2.0 时代最重要的因素基本上可以在 Scriblio 上找到。

(2)案例分析:Social OPAC(社会化的 OPAC)

美国密歇根州安娜堡图书馆(Ann Arbor District Library,简称 AADL)的 OPAC 开发者 John Blyberg 将其开发的新版 OPAC 称为 SOPAC,即 Social OPAC(社会化的 OPAC)的简称。Ann Arbor(安娜堡,或译作安阿伯或安纳保②)是美国密歇根州的一个学术气息浓厚的城市,著名的密歇根大学主校区所在地。安娜堡地区图书馆创建的图书馆网站以博客网站为架构,基于 Drupal 核心扩展开发的内容管理系统(CMS),同行称其为博客应用的范例,③在图书馆 2.0 的实践中走在了前列。

SOPAC 是完全以 Blog 作为基本架构而开发的。开发者 John Blyberg④ 于 2007 年逐步完善了 Social OPAC 这一整套社会性软件,简称 SOPAC。它采用面向服务的架构(SOA)设计思路,以组件形式与安娜堡图书馆(AADL)的主书目检索系统(该 OPAC 为 Innovative Interface Inc 公司⑤(简称 III)所提供的 Innopac)集成使用。

---

① The Keystone Principles: An action plan for values-based librarianship. http://www.ala.org/ala/acrl/acrlpubs/crlnews/backissues2000/february3/keystoneprinciples.cfm

② 参见:http://zh.wikipedia.org/wiki/安娜堡

③ 参见:http://libraryviews.blogsome.com/2005/07/25/94/

④ John Blyberg 极力提倡开源软件在图书馆的应用,力图将 OPAC 改造成真正的社会性软件(social software),并鼓励用户重组(remix)图书馆书目内容与服务。

⑤ 公司网址:http://www.iii.com

SOPAC 的社会性是其最显著的特征，它强调书目评级、图书评论和回复以及社会化标签(tag)等作用，用户可以标注卡片目录，对馆藏进行评级、标签、评论、回复评论等。系统提供丰富的内容敏感信息链接，OPAC 检索结果 RSS 订阅，扩大了图书馆书目信息的大众化传播。SOPAC 的 RSS 功能完备，为用户定制他们关注的书目信息和评论内容。

SOPAC 采用名为“Glue”的中间件来统一他们与原有的 Innopac 系统与 Drupal 的接口。SOPAC 提供统一接口与其他系统实现松耦合并的 SOA 开发构架也为图书馆 OPAC 的更新增加了一种选择。

依托 Drupal 比较成熟的社区服务，SOPAC 的更新和维护的难度也降低了不少。SOPAC 拥有 GPL 授权，在 blyberg. net 提供代码下载。

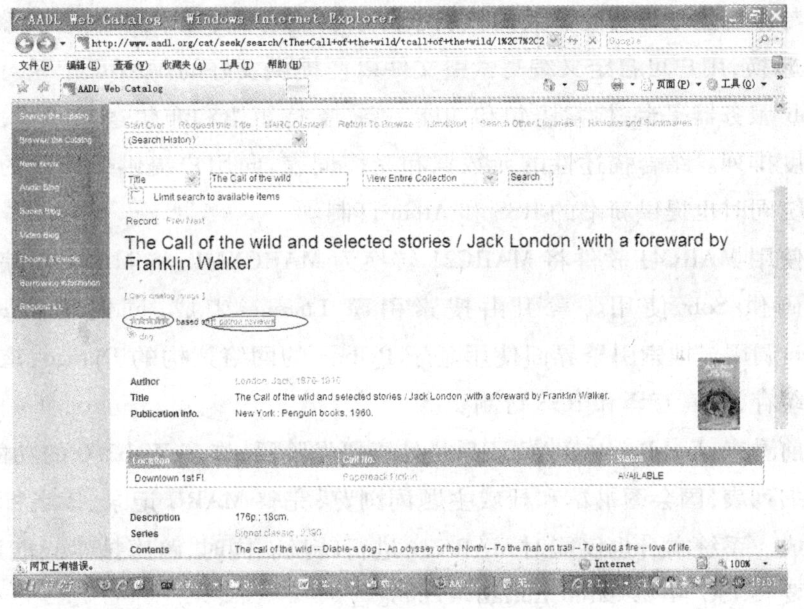

图 10－3 安娜堡图书馆的 SOPAC

小结

有极强的社会化功能性质的 SOPAC 已经变成了一种工具。用户在使用 SOPAC 过程中，可以更加感觉到用户与图书馆之间的关系，进而关注到用户与用户是社会关系。书目评级、图书评论和回复以及社会化标签(Tag)的运用拉近了他们相互之间的距离。技术层面上，SOA 架构的系统增加了 SOPAC 服务之间的耦合度，提高了书目信息的细粒度。

(3)案例分析：独特的 Fac-Back-OPAC[①]

Fac-Back-OPAC(Facet Backup Opac,分面备用书目系统 OPAC)是由加拿大劳伦森大学(Laurentian University)图书馆 Dan Scott 和纽约保罗·史密斯学院(Paul Smith's College)Mike Beccaria 共同开发的一个实验性的 OPAC,其最大的特色是将 OPAC 从 ILS 独立出来,以实现书目数据的共享,为图书馆外部的搜索引擎提供书目索引,使图书馆的 OPAC 能无缝地与网络搜索引擎集成。[②] 其提供的分面浏览、相关度排序、模糊检索和个性化界面定制功能也是相当出色。

Fac-Back-OPAC 源于西雅图公共图书馆 Casey Durfee 的一个设计原型,该原型用 250 行左右的源码对搜索引擎 Endeca 的部分源码进行精炼后重用于 OPAC,利用 Apache Solr 平台和 Django 语言来实现 OPAC 的一些 WEB2.0 功能,如提供分面浏览、标签云图与作者生平等功能。其内核引擎为索引搜索引擎和文本搜索引擎。系统支持 MARC 转换,用户可自定义编写索引文件以便提供友好的 MARC 记录。搜索引擎使用了 Solr 服务器平台,检索语句和功能完备,支持短语和布尔逻辑检索,检索结果可按相关度排列。结合描述性的元数据和受控词表,向用户提供个性化的分面浏览功能。系统同时也提供新书的 RSS 和 Atom 订制。

系统使用 MARC4J 软件将 MARC21 转换为 MARCXML,将 MARC-8 编码转换为 UTF-8 编码供 Solr 使用。索引由搜索引擎 Lucene 生成,同时 Lucene 也提供 WebService 调用。搜索引擎界面使用基于 Python 的网络架构的 Django,该架构支持搜索结果缓存,语言互译和 RSS 订制。

从目前看来,Fac-Back-OPAC 还只是处于研发阶段,许多 Web2.0 的功能,如用户生成的图书列表,国会图书馆和杜威主题词浏览,完整 MARC 记录,读者标签和评论等仍未完成。系统本身也仅能对 MARC21 进行转换。同时,跨库搜索只能期待 NISO 元搜索纲要(NISO MetaSearch Initiative)的完善。

Fac-Back-OPAC 模块的软件环境为：开源代码的版本控制系统 Subversion 客户端,Java JDK,Solr,Python Django(Unicode 编码)。

Fac-Back-OPAC 目前还处于测试阶段,其软件也没有任何证书授权。用户可在 OSS4LIB 资源站点和 Google 的代码项目(Google Code project)Wiki 站点进行下载。

---

① 编目精灵.又一个开源 OPAC——Fac-Back-OPAC. http://catwizard.blogbus.com/logs/10193965.html

② Fac-Back-OPAC 所用的 SOLR 引擎支持与各种搜索引擎的数据交换. http://www.infotoday.com/cilmag/oct07/Beccaria_Scott.shtml

其系统更新和维护也在以上站点上完成。

小结

拥有良好检索技术的 OPAC 才能为用户提供他们需要的检索结果。Fac-Back-OPAC 运用了成熟的开源系统 Solr 与 Lucene,并可进一步提高 OPAC 的系统开放性。

Fac-Back-OPAC 代表着图书馆系统两大发展趋势的融合：用于资源发现的工具从传统图书馆集成系统中分离出来;利用获取方便的开源组件来迅速构建满足读者和图书馆需要的先进技术应用。[①]

(4)案例分析：模块化的 VuFind

VuFind 是 Andrew Nagy 于 2007 年 7 月发布的开源数字图书馆门户系统。[②] 系统特点是将以往适用图书馆的集成系统模块化处理,用户根据自身业务需求自由选用和组建模块,这也使 OPAC 从系统中独立了出来可能变成了现实。

VuFind 的 OPAC 与 Fac-Back-OPAC 一样,采用 Solr 搜索引擎服务器,该引擎基于 Java 和开源搜索引擎 Lucene,提供了基于 XML 和 HTTP 的 API 接口,系统检索响应快。目前,Voyage 系统已向其开放了接口并实现了无缝集成。VuFind 设想与各常用的图书馆集成系统进行集成。截至目前,美国维罗诺瓦大学福维图书馆的书目检索系统已采用 VuFind 的 OPAC 模块。

VuFind 的 OPAC 模块具有许多明显的 Web2.0 特点。界面提供分面搜索侧面栏,用户可以轻易地提高检索的精度。书目检索运用了 AJAX 技术,动态提示在编书目信息。系统提供书目信息相似信息提示,向读者推荐与他们正在浏览书目近似的书目信息。著者生平以及其相应所有馆藏记录也可显示在界面上。系统为用户保留检索历史记录。该模块支持 OAI 即“开放档案计划”(Open Archives Initiative)元数据收割协议。

OPAC 模块的软件环境为：Apache HTTP Server,PHP 5,MySQL 4,Java J2SE JDK 1.4 以上版本,以及 GNU Aspell Library 工具。

VuFind 所有模块代码为 GPL 授权,用户可在 OSS4LIB 资源站点进行下载。VuFind 系统更新和维护主要通过 Email 完成。

---

① Mike Beccaria,Dan Scott. Fac-Back-OPAC:An Open Source Interface to Your Library System. http://www.infotoday.com/cilmag/oct07/Beccaria_Scott.shtml

② 罗伊特纳,美国图书馆杂志(Library Journal)专栏作家,就任于 OCLC 管理与研究部。2002 年撰文“*MARC should die*”(MARC 要安乐死)引发了较大的争论。他对于图书馆业界的新闻报道和评论客观而又震撼。

(5)案例分析：工具条与Facebook上的OPAC

用户不来图书馆,那么图书馆就到用户中去。为了让图书馆嵌入到用户自己的信息环境中,图书馆界已经有所行动。

行动一：提供一些小工具条供用户使用,使得用户不必非得到图书馆网站上才能使用图书馆的各项功能。用户可以在其工作时,通过随时调用图书馆工具条来获取信息。如美国哈里斯县立公共图书馆的工具条"HCPL Toolbar",集成了图书馆网站的很多功能,其中包括查找图书馆目录并预约,预约完成后可以到邻近分馆去取。该工具条还可用于馆藏续借、阅读与撰写书评、看本馆流行新书与DVD一览表、搜索Google与亚马逊等,目前支持IE与Firefox两大主流浏览器。

行动二：到用户形成的网络社区,如Facebook中去。

Facebook是一个人气极高的社交应用平台,很多第三方应用软件和服务可以融合进Facebook平台,这也为图书馆将OPAC嵌入到用户环境中提供了技术上的可能。很多图书馆将OPAC检索作为第三方应用提供给用户,这也让OPAC具有了社会化网络功能。以下Facebook上的第三方应用均由图书馆提供：

(1)Mini Library①

Mini Library通过与欧洲图书馆联合目录门户网站European Library的合作,可以检索一些欧洲国家重要图书馆的馆藏。

(2)UIUC Library Search②

伊利诺伊大学奥巴马校区图书馆(UIUC)提供的具有书目检索功能的一个可独立在桌面运行的实用小工具(Widget)。

(3)Digital Past③

允许检索北苏博班图书馆(North Suburban Library System)的数字馆藏。此外④还有耶圣(Yerson)大学图书馆、阿维尼亚(Alvernia)学院图书馆、海宁平(Hennepin)以及博拉沃(Broward)县图书馆均在Facebook中嵌入了本馆OPAC搜索工具栏的第三方应用。

小结

---

① 参见：http://www.facebook.com/apps/application.php?id=18231741224

② 参见：http://www.facebook.com/apps/application.php?id=2414276217

③ 参见：http://www.facebook.com/apps/application.php?id=2441922469&ref=s

④ 参见：http://youyuan.wordpress.com/2007/08/23/facebook%E4%B8%AD%E7%9A%84%E5%9B%BE%E4%B9%A6%E9%A6%86/

且不管这类应用一开始就受到置疑，至少这是 OPAC 的发展方向之一：融入到用户的社区中去！到用户的网络环境中去！而且，只要选择合适的用户环境，OPAC 在这一方面的发展技术门槛并不是很高。

10.2.3　第三方的 OPAC 研发

这里的第三方泛指除图书馆与图书馆自动化产商以外的其他群体。

图书馆早已在多个业务流程中开展着第三方外包业务，甚至与 OPAC 关系紧密的图书馆编目工作也在进行着外包。因而，与第三方合作开发的 OPAC 出现也就不足为奇了。图书馆可以将其具有核心价值的书目数据交由第三方处理、发布和管理，由第三方重组后的 OPAC 服务可以为用户提供更开放的书目信息服务。通过各种技术的运用，如系统应用接口的开放，Web Services 的注册使用，轻量级协议的应用，开放搜索引擎的重用，一些第三方公司可以将很多高质量的书目数据“暴露”给用户，通过不同的分类和重新置标，让这些数据更符合用户的需要与使用习惯。

（1）案例分析：信息可视化的 AquaBrowser Library

AquaBrowser Library 是荷兰 Medialab Solutions 公司推出的具有可视化分面搜索功能的新颖 OPAC 系统。用户机构只要将其图书馆馆藏书目数据提交给该公司重建索引后，便可使用其定制的 OPAC。AquaBrowser Library 是一个不依赖某个特定 ILS 的图书馆书目检索系统，它为图书馆提供了书目数据处理与检索的外包服务，减轻了图书馆在人力资源和管理方面的负担。

AquaBrowser Library 的特点

AquaBrowser Library 是一个可视化的检索系统．它提供了处理用户检索式的可视化优化过程，具有三大特点：可视化分面搜索（visual faceted search）展示，检索结果相关性排序输出，根据检索结果提示限定信息。

AquaBrowser Library 创新之处在于用户可以从其界面上看到整个检索式的构造过程及每个检索式所返回的检索结果的树状结构示意图，也可以根据前一次检索的结果来修改检索式。

AquaBrowser Library 对于馆藏数字资源的标引采用的是 xml 的输入和输出，并不是沿用传统 MARC 中的 856 字段标引。

AquaBrowser Library 提供了一种新颖的 OPAC 服务模式——OPAC 外包服务（OaaS——OPAC as a Service），即用户机构将馆藏目录数据提供给专业公司并支付少量的维护费用就可定制专用的 OPAC。毫无疑问这种服务模式将受到中小型图书馆的青睐。

全球书目信息处理巨头 P. R. Bowker 公司于 2007 年 6 月收购了 Medialab Solutions 公司,这将使 Aquabrowser Library 能更顺利、更迅速地扩展其未来的业务。截至 2007 年 6 月底,全球已有 200 多图书馆和信息机构在使用 AquaBrowser Library,其中包括荷兰阿姆斯特丹公共图书馆、新加坡国家图书馆、芝加哥公共图书馆、新西兰惠灵顿市立图书馆等。

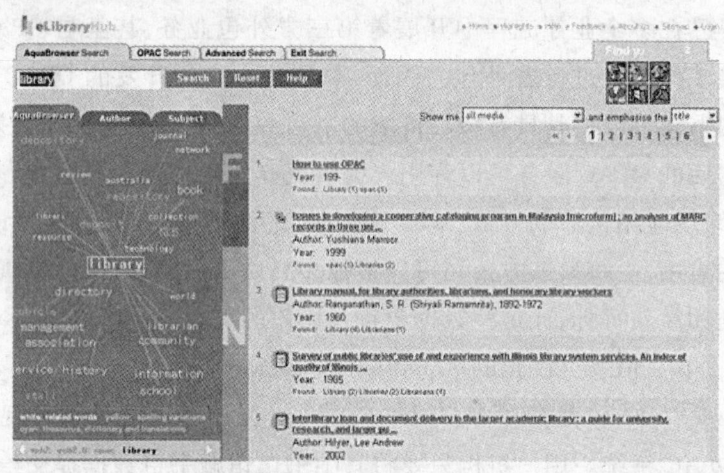

图 10-4　新加坡国家图书馆使用的 Aquabrowser Library 示意图

小结

应用信息可视化技术,完善 OPAC 的交互界面是改进 OPAC 功能的可选方案之一。有了可视化技术的支持,OPAC 不仅能帮助用户在信息检索的过程中能探索、过滤和发现隐藏在书目信息内部的知识体系和信息特征,而且还能提高用户检索行为的效率。通过视觉化的多维视图,不仅在语义层面来引导用户的决策,也可以从知识管理的角度去揭示数据、信息和知识的内在联系,使用户原本并不注意的信息查全率和查准率得到提高。采用可视化技术的 OPAC 可以整体反映检索过程,让信息检索过程透明,也可以为用户提供友好的人机对话和交流的环境。具有信息可视化功能的 OPAC 和用户之间具有良好的人机对话和交流的环境,用户的认知能力可以自然地融入信息检索和信息浏览过程之中。这样的 OPAC 已经不再是一个简单意义上的图书馆书目查询系统,它理应成为用户进行数据挖掘、信息处理和知识管理的可视化工具。当然 OPAC 还可以赋予更多的功能,如自然语义检索,社会化标签等以可视化地展示信息之间关系。采用信息可视化的 OPAC 可以提高图书馆资源信息检索的层次,丰富用户的体验,它也是下一代 OPAC 的发展方向之一。

OPAC 采用信息可视化技术还有另外的模式。美国的宾汉顿大学（Binghamton）图书馆与格鲁克公司（该公司以提供可视化搜索引擎 Grokker 而闻名）合作，将 Grokker 的搜索引擎移植在其 OPAC 上使用，获得了不错的效果。

Aquabrowser Library 的服务模式也预示着图书馆业务第三方托管（也称业务外包）模式的成熟。传统的图书馆业务外包基本不涉及 OPAC，因而 Aquabrowser Library 的这种 OPAC 的设计管理和服务业务在业界还是并不多见的。Medialab Solutions 公司推出的 AquaBrowser Library 可以为中小型图书馆节省人力和物力做出范例。同时，图书馆亦可以在元数据和索引的开放过程中，借助信息咨询公司的帮助，从而完成对 OPAC 的改进。

（2）案例分析：NCSU 新版 OPAC

2006 年 1 月 12 日，美国的北卡罗来纳州立大学（North Carolina State University，简称 NCSU）推出的新版的 OPAC。新版的 OPAC 使用原图书馆系统中的书目记录，但放弃原检索界面，改用 Endeca 公司的 Endeca ProFind 企业搜索引擎，与 NCSU 采用的 SirsiDynix Unicorn 图书馆自动化系统同时使用，Endeca ProFind 可从 Unicorn 中导出 MARC 数据并予以展现，并实现了数据的每日更新。

NCSU 的 OPAC 的检索技术比较多样化，如用户可以点击相关作者、主题和其他缩小范围的选项来精确搜索结果。例如，在普通的 OPAC 中以“library”作为关键词检索，一般得到的是题名或描述中包含这个关键词的无序结果集；在 NCSU 的 OPAC 中得到的不仅是按相关度排序的结果集，而且允许用户根据主题、图书馆、年代、地域、格式等来缩小结果范围。该 OPAC 还具有以下特点：综合相关度排序，流行度排序，拼写纠错功能，以国会图书馆主题词表（LCSH）子字段做限定检索，相近作者或相似文献链接，允许追踪检索过程、删除不需要的限定项等。

（3）案例分析：第三方的个性化服务 ELF

ELF（libraryelf. com）是一家专业的图书馆系统第三方服务公司。该公司主要以 Email 为服务方式，为各类型用户，如研究人员、一般用户以及家庭用户等跟踪其借阅图书的当前状态，包括借阅图书书目清单、借阅信息的查询、超期提醒、预约续借等，也就是个性化服务（My Library）。其设计思路是让 OPAC 真正成为用户的个人信息工具。目前支持 SirsiDynix 的 Horizon 系统的 IPAC 服务，Horizon 系统的用户可以享用这一免费的第三方服务。国内的 Horizon 系统用户，如上海图书馆用户就已经开始使用这一服务。

OPAC 改进已经涉及到了许多功能范围，但对于读者借阅情况查询、续借和超期

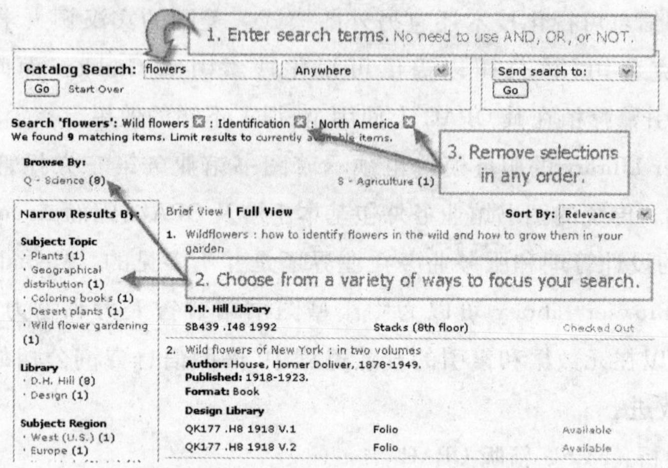

图 10－5　NCSU 新版 OPAC 检索结果

提醒等功能模块的改进,使其具有更多的社会化功能却少有尝试。各大主流的图书馆行业软件供应商或是开源软件社团,似乎都在回避这一技术难题。ELF 公司规模不大,却将书目个性化服务的技术范式,如手机短信、Email、RSS 书目超期提醒以及实时在线查询读者借阅情况等,充分地应用于实际的书目服务中,帮助用户获得了极好的书目服务体验。

（4）案例分析：基于浏览器插件的 OPAC

Web2.0 提倡开放与用户参与,因此,OPAC 方面有很多轻灵的小应用直接使用在浏览器中,比如浏览器插件。浏览器插件是配合浏览器使用的一种辅助软件,以扩充一般浏览器不支持的功能,或响应服务器的特殊指令。传统上图书馆的许多应用都是 C/S 结构的,客户端的功能做成浏览器插件的形式之后,就可以执行一些特殊的功能。[①] 不过使用这些插件对用户的技术理解力有一定要求,需要用户自行安装。此类内容的详细介绍请参见第 9 章第 2 节。

对于 OPAC,除上述的例子外,很多图书馆都在不遗余力地进行改进,真可谓乱花迷眼。比如,英国哈德斯菲尔德（Huddersfield）大学图书馆的 OPAC 不断地推出新的功能,其中包括："借某书的读者同时又借了某书"的推荐功能,图书的馆藏架位图示等。研究表明,86% 的用户希望看到未上架流通的文献,如图书在预订、编目、加工中等的数据,表现出用户较深层次的文献需求。

① 刘炜,葛秋妍. 从 Web 2.0 到图书馆 2.0：服务因用户而变. 现代图书情报技术,2006(9)：8—12

10.2.4　OCLC 的书目策略：直面最终用户

联机编目服务作为 OCLC 的核心服务，WorldCat 数据库是其拳头产品，号称“世界图书馆之窗”（Window to the world's libraries），截至 2007 年 10 月，WorldCat 拥有 9100 多万条书目记录，馆藏记录更是高达 11 亿条。[①] OCLC 针对 WorldCat 书目记录的发展策略，也是图书馆 OPAC 发展的一个风向标。

OCLC 对 WorldCat 的发展策略非常清晰，那就是通过 Internet 直接向最终用户（而不是图书馆）直接提供书目信息。在 OCLC WorldCat 主页上，它有如下的宣传：“WorldCat 将使您的馆藏和服务让更多的用户发现。如何做到这一点？把这些馆藏送到寻找信息时人们首选的媒介工具：Internet。”虽然这里的“您”指的是图书馆，但实际上，通过 Internet 在书目检索方面 OCLC 已经开始直面最终用户。

在此我们仅以用户（而非图书馆）的角度来看待 OCLC WorldCat 的变化。在 2004 年以前，图书馆用户一般只能通过授权访问 OCLC 的 FirstSearch 数据库才能登录 WorldCat。不过，现在访问 WorldCat 容易多了。WorldCat 通过如下几种方式向用户提供书目信息：

第一，无需注册，通过 WorldCat 的网站（http://www.worldcat.org/）可执行 WorldCat 书目检索，用户界面的可选语种有德语、英语、西班牙语、法语、荷兰语及中文。用户注册后，还可以为自己喜爱的特定主题或者类型的图书和电影上加批注，为图书补充目录，查看和输出书目引文等；

第二，通过 Google，Yahoo!，Google 图书搜索，Google 的学术搜索等常用搜索引擎检索 WorldCat 书目数据；

第三，许多图书馆通过自己的主页或 FirstSearch 参考服务向用户提供 WorldCat 书目检索。而且，本地 WorldCat 会增加额外的功能，如高级检索、相似馆藏、增加评论和摘要来帮助读者更好地选择馆藏。

第四，一些在地理位置相近或馆藏主题相似的图书馆可以组成图书馆联盟。这些图书馆联盟通过 WorldCat 形成仅包含联盟内图书馆馆藏的联合目录，即以 WorldCat 的子集作为联盟的目录。有些联盟会将目录放在主页上，通过这种“本地化”，WorldCat 以子集的形式提供给用户。

第五，WorldCat 的书目检索也可以由浏览器插件形式来实现，包括 Yahoo！工具

---

① 参见：http://www.oclc.org/worldcat/

条、Firefox 浏览器插件扩展等。

分析以上 WorldCat 的应用策略,OCLC 将书目数据融入到互联网并向用户开放的设计思路清晰可见。虽然业界对 OCLC 的很多做法并不赞成,担心其形成新的信息垄断,但用户并不会去理会这些争论。事实上,图书馆的最终用户认可 WorldCat 的书目检索功能,这才是令业界兴奋的。

10.3 OPAC 的障碍:雪拥蓝关

毋庸置疑,OPAC 需要改变,目前也已经有了诸多的尝试。OPAC 改良思路也正经历着"向左转"还是"向右转"的抉择。但是,不管如何选择,要更进一步提升 OPAC 的功能都不得不触动其底层架构和核心功能区块。而这样的改良难度极大,OPAC 的改良之路似乎到了"雪拥蓝关马不前"的隘口。

从传统角度讲,图书馆目录诞生于网络技术大发展之前,主要是为了揭示图书馆的馆藏。OPAC 最初的核心作用是为用户提供索书号,通过索书号把书目指向具体的图书典藏点。随着图书馆资源种类越来越丰富,书目检索的范围延伸到了图书馆拥有的各种资源:纸版与电子版的图书、报纸、数据库、音像资源等。因而,OPAC 是图书馆书目数据展现的平台。其中,书目数据检索是系统核心功能,而书目数据的质量又是由编目加工过程产生的元数据决定的。我们需要从 OPAC 系统内核中去发掘影响 OPAC 改良的障碍,因此彻底了解图书馆元数据对 OPAC 的影响有着深刻的含义。

10.3.1 MARC 对 OPAC 的影响

多数的 OPAC 都是图书馆自动化集成系统(简称 ILS)的一个子系统。ILS 采用的以 MARC 为代表的元数据方案,因而 OPAC 自然受制于 MARC 的这种元数据方案(包括 AACR2、ISBD 和 MARC21 等多种类似体系的元数据方案)。

MARC 是图书馆界昔日的荣耀,为图书馆书目资源的典藏与展示做出了巨大的贡献。但毕竟 MARC 是用于图书编目和典藏的元数据方案,对于数据的封装和交换并未考虑其扩展性和互操作,元数据描述到语法结构无法适应网络资源定位要求。MARC 限制了外部系统的对其生成的元数据的收割,造就了图书馆书目数据的封闭,这也促成了 OPAC 封闭在图书馆的内部,与网络搜索引擎老死不相往来。

刘炜在《建设 2.0 版的图书馆集成管理系统》一文中,明确分析了 MARC 的 7 点

不足：[①]

（1）字段众多，且重复严重。真正对读者有意义的字段（主要指与内容描述有关的字段）很少，因此真正作索引的字段也并不多。据最新的研究统计，80% 的书目记录只使用了 36 个字段或子字段，[②]国图数据的抽样中多于 30 个字段的记录只占 0.09%，[③]几乎可以忽略不计。

（2）技术超期服役，严重过时。格式设计所依赖的是以磁带为主要存储介质的技术，在目前各种集成系统的技术实现中早已采用了关系数据库技术，乃至其他更为先进的全文索引、面向对象技术甚至 XML 技术（在与其他数据格式进行数据交换时）等，MARC 格式可以是一个动态映射的用户视图。

（3）规范乃至著录规则很不统一，语义含糊。特别是不同国家地区和不同版本的 MARC，即便不是不能互操作，也绝难互操作。从各家系统对于多 MARC 的支持情况就可以看出来。

（4）字段、子字段标识和结构复杂。书目记录的描述主体、客体及关系模型不清晰，格式规定琐碎、不统一。例如新引入的数字资源链接 856 字段，著录方式千差万别千奇百怪，造成系统实现方式也难以统一。况且这个字段随着新的链接机制的应用普及，其本身的必要性也值得怀疑。

（5）数据加工成本巨大，专业门槛高，难以普及，难以称为网络时代人人可用的标准。

（6）数据生产的周期较长，时间滞后，不利于服务开展。

（7）语义与语法及结构捆绑，适应性和灵活性差，难以适应新媒体和新技术发展的需要。具体表现在难以应用于电子资源编目，以及难以进行无损失的元数据映射。

书目数据加工的逆向过程是书目数据检索，两者构成了书目信息检索的全过程。了解 OPAC 书目数据检索技术的不足也同样有助于对 OPAC 的深层次研究。

MARC 是图书馆一个“不能承受的重”。庆幸的是，MARC 的改造已经有了一些很好的方案，如 MARCXML、MODS、DC 等元数据方案。当然随着 RDA 或者是 OWL 等框架协议的日益完善，MARC 作为图书馆作为首要的元数据方案会得到彻底的改变。

可以肯定的是，未来的 MARC 将是一套从元数据描述语义到语法结构、模型及著

① 刘炜．建设 2.0 版的图书馆集成管理系统．数字图书馆论坛，2007（4）：1—7

② 参见编目精灵的报道及相关链接：http://catwizard.bokee.com/3422224.html

③ 参见飞云的博客报道：http://topflyer.bokee.com/3078314.html

录规范和算法的完整体系，这套体系是固化在网络应用的人机界面中，无需用户和任何非专业人士掌握和直接面对的。① 这会使图书馆资源（书刊与各类型的电子资源）真正地为系统和用户开放，OPAC 改进过程中的主要障碍也自然而然地消失了。

找到了 OPAC 改进的技术障碍，并不意味着理想的新一代 OPAC 会唾手可得。以 MARC 为例，对于图书馆从业者来说它是熟悉的编目方案，并且已经形成了一个非常完整的体系架构，无论从业务流程和书目数据的展示等方面考虑，在没有规范元数据方案被业界广为介绍之前，图书馆不会在推翻其现有的底层架构上去努力，只能对现有的 MARC 进行加固和完善。

10.3.2 检索技术对 OPAC 的影响

OPAC 是面向用户资源检索的软件系统。对于用户而言，软件可操作性是最感兴趣的部分。OPAC 的可操作性就是用户就图书馆资源进行检索时系统提供的检索功能，检索字段、检索途径以及相应的速度与精度（等同于查全率与查准率）。然而，与搜索引擎相比，现有大多数的 OPAC 无论是在检索操作方式、检索词之间的逻辑关系处理、检索词与索引词表的匹配方式、设置检索点的内容和检索的限制条件等诸多功能存在者不足。传统的 OPAC 还停留在文本主题词检索阶段，检索字段的设置过于专业，无法提供分面检索与浏览。对于非专业用户而言，软件系统的易用性和他们的检索习惯存在着差异。

而就目前的现状来说，检索技术已经成为 OPAC 改进中仅次于 MARC 的拦路虎。

OPAC 检索技术改进的任务也不轻松。同样的，OPAC 复杂而又略显愚蠢的检索方式和检索技术，也不能立刻使用自然语义检索等取代，毕竟自然语义检索技术本身还有相当长的路要走。当前，图书馆服务对象已经从馆内用户扩展到馆外用户，还必定将扩展到全球的网络、手机等用户。未来多种技术范式的图书馆，如无处不在的图书馆（Pervasive Library）对 OPAC 的检索技术提出更高要求。检索内容逐步走出“目录”的范围，扩展到全文、论文期刊、声音和视频文件等非书目信息。因此，我们需要在 OPAC 中引入关系密切的检索技术，特别是智能检索技术、多媒体检索技术、XQuery：XML 检索、移动检索（WAP 检索）、知识检索等。

---

① keven. 也谈如何让 MARC 安乐死. http://www.dlresearch.cn/keven/index.php/archives/date/2007/04/05

10.4　OPAC 的未来：上善若水

用户希望得到他们理想的 OPAC，OPAC 也必须彻底的改变。OCLC 的罗伊德纳（Roy Tennant）在 2005 年的美国《图书馆杂志》上撰文，对 OPAC 的改进提出了风趣而又精辟的见解："OPAC 的改进不能是面子上的涂脂抹粉，而是应该深入骨子里的系统性变革，毕竟猪嘴涂上了口红还是一张猪嘴。"

那么，未来的理想的 OPAC 究竟应该是什么样的呢？答案应该不止一个。每一个具体的应用，都会界定适用自己的、相对完美的 OPAC。但是，有一点是确凿无疑的：OPAC 并不需要拘泥某种固有的软件框架形式，如分布式的，中间件形式的，C/S 或是 B/S 等等。OPAC 应追求数据与系统，服务与建设的开放性——对用户开放，对其他图书馆开放，对网络开放，对其他应用的开放。

设想以下 OPAC 使用的场景：

场景一：用户需要查一些相关资料，他在自己的信息环境中（比如：常用的搜索引擎、工具条、个性化主页、常用的聊天工具，甚至是我们无法想象的其他应用），输入关键词，系统给出的检索结果中，嵌入了他自己设定的图书馆的馆藏或自动嵌入当地公共图书馆的馆藏。事实上，用户在不经意的交互过程中，已经使用了集成在别的系统中的图书馆的 OPAC 数据。这样透明的、开放架构的 OPAC，或许就是理想的 OPAC。

基于以上场景要求，理想化 OPAC 的开放性就是需要系统能支持与其他互联网服务的集成，也可以支持单一的互联网服务中个人服务功能集成和通讯，并与其他个人服务在其他网站上实现集成共享。通过提供多种开放的 API 和混搭（Mash-Up）集成技术的运用，OPAC 让图书馆书目信息服务彻底地"暴露"在互联网每一个角落。

场景二：用户在运用某个主题词检索资源，对自己的拼写不太确定，输入其猜测的检索词时，系统自动提示用户可能需要查找的词；当用户浏览检索结果时，系统提示可能相关的资料；他使用此 OPAC 越久，系统对他越了解，提示的信息也越准确。系统还可以提示用户，哪些人与他有着相同的兴趣，并汇聚成社区或兴趣小组，当他在知识探索过程中，奇文有人与他共欣赏，疑义有人与他相与析。个性化、社会化的 OPAC，或许也是另一种理想的 OPAC。

也是基于这样的场景要求，理想化 OPAC 的社会性要求系统能融合到社会关系网络中去，让用户参与图书馆的书目建设和服务，通过用户的相互交流，自下而上地构建图书馆与用户、用户与用户之间社会关系网络。最终,互联网上的用户会以图书馆书目平台为媒介聚集在一起。这也促使OPAC从单纯的“用户读取”模式上转变为“参与编写”和“共同建设”模式,OPAC将成为了用户的个人软件,从而推动了图书馆人气指数的提升。

概括地说,理想化OPAC框架可以是这样的:其系统核心为数据,当然不一定局限于MARC。一个数据集可以派生出多个服务(比如基于数据的可视化表现)。对于最终用户而言,多个服务(并不仅仅是数据集派生出的服务,如添加标签、评级或评论等)组成个性化的OPAC服务。

OPAC要成为用户的个性化工具平台,从而使用户感觉到用户与用户之间的社会关系,实现“人人交互”,为其获取知识开启一条新途径。从这点意义上来说,OPAC可以成为图书馆服务驱动的社会化软件,并且主动地融入用户群体中,作为信息大众化传播的窗口。OPAC形式也可以是轻量级的松散耦合的分布系统,为用户数据挖掘、信息处理和知识管理提供服务。如果OPAC成为了图书馆信息服务用社会性软件,将会彻底改变图书馆的大众认知,把图书馆与用户之间的呆板的“图书”关系升华到图书馆与用户之间的生动的“服务交流”关系、“人际交流”关系和“知识交流”关系,使图书馆书目检索成为虚拟空间中的一种交往方式。这样的OPAC应该是理念和技术上的突破,是一种完美的知识挖掘和管理的工具。

10.4.1 OPAC的转型:迈向开放

Roy Tennant说:只有图书馆员喜欢“搜索”,用户都喜欢“找到”。OPAC作为图书馆馆藏资源“搜索”工具,提供的只能是获取信息资源全文的“线索”,在“信息随处可得”的网络时代,处于天然的劣势。这就意味着它必须更加开放、更加灵活,与各类其他的服务结合、链接,充当中介,才能够不被边缘化。它可以淡出人们的视线,但是不能淡出人们的生活。无处不在的OPAC服务,是OPAC2.0所追求的目标。

OPAC是图书馆资源与用户的交互点,一旦OPAC满足不了用户的需求,图书馆资源将淹没在信息的海洋下,图书馆也成为知识的博物馆从而失去了作为知识提供者、服务者的功能。“无法想象没有读者的图书馆是什么样子?仿佛一艘没有乘客的轮船,永远地停泊在码头,最后在海水、风、盐和海洋动物的共同作用下分崩离析。”这是法国作家古勒莫在其小说《图书馆之恋》中的无情预言。

图书馆馆藏资源数据流应该就像水一样自由流动的,绝不能静止地封闭在图书馆内部。只有这样才有可能将用户吸引到图书馆来,不必强求用户是实际意义上的到馆资源访问，或者是通过网络在线访问图书馆。用户将得到的是一个开放的OPAC，可以随时随地获得的图书馆信息资源的图书馆资源系统，他们能从中获得有趣体验。

事实也证明了具有开放的、社会化的 OPAC 系统是有生命力，是图书馆界和用户理想中的 OPAC。一旦 OPAC（Online Public Access Catalogue）的“Online”转定义为“Open”，即为“开放获取的公共书目”时（Open Access Public Catalogue），必能迎来一个生机勃勃的 OPAC2.0 的新时代。

10.4.2　OPAC 转型的方向

根据以上的思路，并综合目前改进中的 OPAC 实例，OPAC 功能改进中应涉及以下内容：

资源组织：OPAC 需在资源组织方面有变化，如 OPAC 组织管理的资源是否包括各类非书资源，如图片、音视频、多媒体、原生数字资源（如网站、机构库）等？是否采用 Taxonomy、Folksnomy 等技术或内置知识本体机制，从而提高信息揭示的粒度。毕竟，知识组织是 OPAC 核心竞争力之一。

资源检索：OPAC 需在知识检索方面有改进。如应该增加各类提高检索满意度的方式；无命中结果时，提供有效的扩检方案、替代方案；检索时包含同义词环增加查全率；检索算法上有突破等等。

资源展现：OPAC 需在资源展现方面的改进。知识展现与知识组织密不可分。图书馆需要充分发挥高质量的书目数据的作用，增进用户获得信息的检索途径；增加诸如分类浏览、二维或者三维可视化检索结果、检索结果 FRBR 化等功能；完善系统的人机交互。

资源选择：OPAC 需协助用户进行资源的选择，比如是否有推荐机制、评分机制、提供其他用户的评论等功能。

知识交流：OPAC 需在知识交流上有突破。比如资源信息应社会化，如提出书目信息的“用户参与”（添加 TAG，添加评论）等功能。

其他服务：如 OPAC 需在检索结果中有馆藏方位的指示；对于无馆藏的文献资源，运用 OpenURL 资源调度系统无缝集成，通过整合相关资源与服务，为用户提供数据库、网上书店和馆际互借及引文链接，提供增值服务；提供受用户的欢迎个性化服务，如手机短信借阅提醒服务等。

技术上对于 OPAC 的改进并不是杂乱无章的，它具有一定的共性。下表简单总结了目前OPAC改进的方向及所涉及的框架与技术。

表10-2 OPAC2.0的一些共性需求

OPAC2.0具备的功能	可选框架、方案或纲领
开放的资源组织	
多类型信息资源	FRBR、OAI
增强性的书目信息	xISBN
联邦搜索、分面浏览	目录分类法(Taxonomy)、大众分类法(Folksnomy)、聚类的算法
开放的资源检索	
内部搜索引擎	Open Search、Lucence、Endeca、ProFind
外部搜索引擎	开放API、使用Web Services
拼写纠错	内部词表、同义词环
书目封面、图书短评	Web Services注册、使用
让用户有意外收获,减少零结果集	改进的算法
社会性的资源选择	
新书推荐RSS	XML
社会化标签	XML,tagging
评分机制	Ajax
书目评论	Blog, Wiki
社团交流	Blog, Wiki、Widget、Gadget

小结

“上善若水,水善利万物而不争”,完美的OPAC应该像水一样,在有形或无形中为用户提供最好的图书馆馆藏资源服务。“因其无有,故能入于无之间”,图书馆馆藏资源数据流应该就像水一样自由流动的,自如地融入到各个需要它的应用中去。这应该是理想的OPAC的灵魂。

10.5 OPAC2.0:凤凰涅槃

传说中的东方神鸟凤凰,500年一次的大限来临之时,便在梧桐枝上自燃而焚。在烈火中新生的凤凰,其羽更丰,其音更清,其神更髓。而OPAC2.0,也正是OPAC的一次凤凰涅槃,浴火重生。

关于OPAC2.0,目前并没有统一的定义。华东师范大学图书馆胡小菁曾在2007年的数字图书馆高级问题研讨班中以图示的方式简单定义了OPAC2.0,①如下图所示。

① 胡小菁. OPAC 2.0案例分析. http://210.34.4.20/tools/dl2007/%e8%83%a1%e5%b0%8f%e8%8f%81.pps

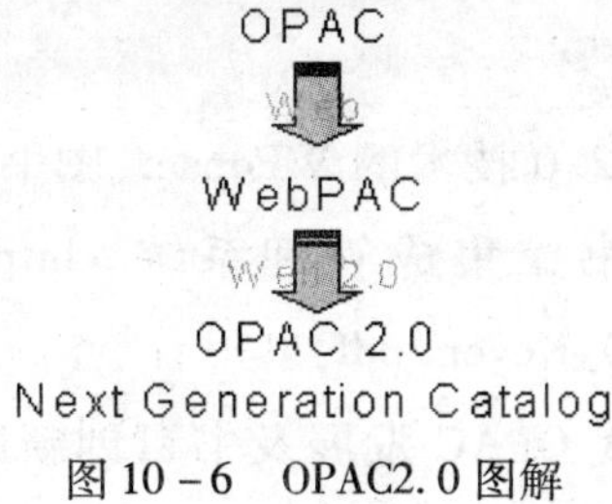

图 10-6　OPAC2.0 图解

在这里，我们把 OPAC2.0 理解为下一代的 OPAC，这是 OPAC 受 Web2.0 思潮驱动的一次升华，并不是现有 OPAC 的一次简单升级。OPAC2.0 应该是一个以用户驱动、服务驱动的社会性软件和在线服务，以数据的开放性作为其核心功能，系统支持与其他互联网服务之间的集成。同时，软件从"可读取"模式转变成"可读写"模式，从而让用户参与到图书馆的书目建设和服务中来。它可以是用户桌面上的一个工具，也可以是融入到通用搜索引擎中的、泛在的信息系统，更可以成为图书馆资源服务的个性化统一门户。"上善若水"，OPAC2.0 中的图书馆资源的数据流就像水一样，自由地流动着，自如地融入到各个需要它的应用中去。开放、用户参与、共享，这是 OPAC2.0 的灵魂，而用户需求就是 OPAC 凤凰涅槃时的梧桐枝。

那么，凤凰涅槃的勇气与底气来自哪里？我们可以在与图书馆自动化软件生产商博弈中获得双赢；可以自力更生，由图书馆员进行由内而外地改进；可以与第三方合作……总之，不能不战而退，而应适时而动，按需而改。因为图书馆界无法回避一个事实：目前 OPAC 可用性已经远远落后于技术的发展和用户的要求，说其"大限已至"并非危言耸听。在一系列痛苦的抉择与努力后，"蛹出以为丽蝶，蝉蜕则独鸣高枝"，流光曳火中，OPAC 方能升华。

推荐阅读

1　Bisson, Casey. Designing an OPAC for Web 2.0. http://maisonbisson.com/blog/post/11483/

2　雨禅. 思考的乐趣. 关于 OPAC. http://rainzen.bokee.com/4423813.html

3　Tamal Kumar Guha. OPAC usability: assessment through verbal protocol. http://web.syr.edu/~tkguha/opacweb.pdf

4 Lucy A. Tedd. OPACs through the Ages. http://www.emeraldinsight.com/Insight/ViewContentServlet?Filename = Published/EmeraldFullTextArticle/Pdf/0350430402.pdf

5 黄田青,陈清文. 基于 Web2.0 技术的 WPopac. 图书馆杂志,2007(6)

6 刘炜. 建设 2.0 版的图书馆集成管理系统. http://www.libnet.sh.cn/sztsg/fulltext/reports/2007/web20_Keven.pdf

7 付蔚,王海兰. Web2.0 时代 OPAC 发展及书目创新服务的思考. 图书情报工作,2007(2)

8 芦红. 1992—2006 年国内 OPAC 研究文献内容分析. 图书馆学研究,2007(4)

9 余丰民. 当 OPAC 遭遇 WEB2.0: OPAC 个性化服务展望. 新世纪图书馆,2007(4)

10 文小明. 简论 library2.0 时代的 OPAC. 湘潭师范学院学报(自然科学版),2007(3)

11 余金香,李书宁. Web2.0 时代 OPAC 发展研讨. 图书馆杂志,2007(8)

访谈专栏:图书馆员 2.0 之路

访谈对象:花生壳　　工作部门:其他　　年龄:20—30 岁

1. 除了 IM,您是从什么时候开始使用第一个 Web2.0 工具的?这个工具是什么?

答:第一个用的是 BLOG 和 RSS,这两者一定要排出个一二的话,就是 BLOG。好像是 2003 年吧,博客平台是 blogger,后来被 GFW 封锁了,就没再用。到 2005 年才开始比较经常地写博客,主要用于记录学术上的日常积累和生活的点滴琐事。

2. 您现在使用的 Web2.0 工具有哪些?使用频率如何?您还打算尝试哪些工具?

答:偶现在常用的 Web2.0 工具有:BLOG:每月更新几次;RSS:基本上隔几天集中阅读,重点 BLOG 每天跟踪收割;SNS:twitter\Ning 等都用,但大众点评网与豆瓣最为常用;Wiki:拥有自己搭建并维护的 Wiki;social bookmarking:furl;photos:Flickr 和 Picasa 都用的;其他:gtalk 与 QQ 等算不算?

3. 您觉得这些 Web2.0 工具给您的工作、学习、生活各带来了哪些新的变化?

答:影响主要在工作与学习上,这些工具大大方便了同行之间的交流及专业信息的获取,既有利于工作也有利于学习。生活上的影响是:找对一些与衣食住行方面的评价容易多了。

4. 您心目中的图书馆员2.0应该是什么样的？最重要的特征是什么？

答：图书馆员2.0应在始终恪守图书馆核心价值的基础上与时俱进，不断地满足现在及将来读者的信息需求。其最重要的特征是对社会知识与信息交流方式的变化保持敏锐。

5. 您认为自己可以称作图书馆员2.0吗？

答：不能，原因是不够积极主动，对社会的变化无法快速感知。

6. 请您帮助分析下面的事例："有两个图书馆员A和B，A有自己的博客和博客圈，经常发表专业见解和同行交流，并且使用各种2.0工具，用于专业学习，但不直接为读者服务。B建立了学科馆员博客，为读者推荐学科资源，介绍图书馆服务等，和读者进行互动。B也使用了一些2.0工具，主要应用在图书馆的资源与服务中。"请问，A和B，哪个更像理想的图书馆员2.0模样？还是"A+B"才更理想？或者您还有其他观点？能说一下理由吗？

答：A和B按自己的意愿使用他自己选择的2.0工具，两者没必要进行比较。2.0就是各取所需，各畅其言（在不伤害他人的前提下）。

7. 如果让您选3位图书馆员2.0之星，您会选哪几位？请说明您的理由。

答：只举一位：keven。

8. 您是否认同"所有的图书馆员都该努力蜕变成图书馆员2.0"？

答：不同意。反对的理由很简单，任何"一刀切"的观点，正确的可能性都不会很高。我理解中的Web2.0有一个比较核心的观点就是尊重个人，当然也包括图书馆员个人。

9. 您认为在"用户—图书馆—馆员"这三者中，图书馆员2.0究竟该扮演怎样的角色？

答：图书馆员2.0是图书馆员的一种类型，图书馆员2.0的角色价值在于对社会进步（主要是技术上和服务理念上）保持同步，并适当超前。

10. 如果请您给您的图书馆员2.0生活加标签，您会用哪些词句？

答：分享、努力、技术、交流。

访谈专栏：图书馆员2.0之路

访谈对象：beafsteak　　工作部门：技术部　　年龄：30—40岁

1. 除了IM，您是从什么时候开始使用第一个Web2.0工具的？这个工具是什么？

答：2005年，RSS。

2. 您现在使用的Web2.0工具有哪些？使用频率如何？您还打算尝试哪些工具？

答：使用RSS订阅，即时更新，每天阅读。如果有更有趣而易用的工具会选择使用。

3. 您觉得这些Web2.0工具给您的工作、学习、生活各带来了哪些新的变化？

答：工作中有更多的社团支持，学习的资源更为丰富，生活的朋友更多。

4. 您心目中的图书馆员2.0应该是什么样的？最重要的特征是什么？

答：图书馆员2.0应该是有更多用户参与的图书馆，主要的特征也就是更多的用户参与，技术永远为服务而服务。

5. 您认为自己可以称作图书馆员2.0吗？

答：不是。理念和能力还有差距，提高自身的专业技术是最重要的。

6. 请您帮助分析下面的事例："有两个图书馆员A和B，A有自己的博客和博客圈，经常发表专业见解和同行交流，并且使用各种2.0工具，用于专业学习，但不直接为读者服务。B建立了学科馆员博客，为读者推荐学科资源，介绍图书馆服务等，和读者进行互动。B也使用了一些2.0工具，主要应用在图书馆的资源与服务中。"请问，A和B，哪个更像理想的图书馆员2.0模样？还是"A+B"才更理想？或者您还有其他观点？能说一下理由吗？

答：B，因为图书馆馆员的含义是要为用户服务的，必须和用户交流互动才是一个真正的libarian，不然的话就成为了图书馆的馆长了（也是librian，呵呵）。

7. 如果让您选3位图书馆员2.0之星，您会选哪几位？请说明您的理由。

答：Keven，Leonz，小钟。还需要理由吗？

8. 您是否认同"所有的图书馆员都该努力蜕变成图书馆员2.0"？

答：反对。理由：图书馆员2.0还没有准确的定义。

9. 您认为在"用户—图书馆—馆员"这三者中，图书馆员2.0究竟该扮演怎样的角色？

答：图书馆员2.0像链路，没有他们，用户和图书馆就无法对话。

10. 如果请您给您的图书馆员2.0生活加标签，您会用哪些词句？

答：图书馆员2.0，让您的生活更阳光。

访谈专栏：图书馆员2.0之路

访谈对象：小暗　　工作部门：技术部　　年龄：20—30岁

1. 除了 IM，您是从什么时候开始使用第一个 Web2.0 工具的？这个工具是什么？

答：2003 年，Blog。

2. 您现在使用的 Web2.0 工具有哪些？使用频率如何？您还打算尝试哪些工具？

答：Blog，偶尔更新；Rss 订阅，每周阅读；Del，经常使用；Wiki，每天都用。

3. 您觉得这些 Web2.0 工具给您的工作、学习、生活各带来了哪些新的变化？

答：因为我不是一个技术的狂热追求者，我只会根据自己的需要来选择适合的工具，而不会执著的求新，所以这些 Web2.0 工具给我的工作、学习、生活带来了便捷，我用它们记录生活点滴、工作计划、学习笔记等，利远大于弊。Tool is just tool，it can't control my life。

4. 您心目中的图书馆员 2.0 应该是什么样的？最重要的特征是什么？

答：互相交流，共同探讨，一起进步、交流。

5. 您认为自己可以称作图书馆员 2.0 吗？

答：不能。如果说 Web2.0 的核心是"你"变得重要，那么每一个人都是重要的，都是参与者与建设者，那么又为什么要把图书馆员 1.0 和图书馆员 2.0 区分出来呢。无论是过去，还是现在，我们都在参与图书馆的建设，没有谁孤立存在，又有谁不是图书馆员 2.0 呢？

6. 请您帮助分析下面的事例："有两个图书馆员 A 和 B，A 有自己的博客和博客圈，经常发表专业见解和同行交流，并且使用各种 2.0 工具，用于专业学习，但不直接为读者服务。B 建立了学科馆员博客，为读者推荐学科资源，介绍图书馆服务等，和读者进行互动。B 也使用了一些 2.0 工具，主要应用在图书馆的资源与服务中。"请问，A 和 B，哪个更像理想的图书馆员 2.0 模样？还是"A + B"才更理想？或者您还有其他观点？能说一下理由吗？

答：各有各的方式。A 可以存在，A + B 也可以存在，B 也可以存在。

7. 如果让您选 3 位图书馆员 2.0 之星，您会选哪几位？请说明您的理由。

答：sogg。

8. 您是否认同"所有的图书馆员都该努力蜕变成图书馆员 2.0"？

答：反对。每个人身上都有图书馆员 2.0 的一面，发扬光大即可。

9. 您认为在"用户—图书馆—馆员"这三者中，图书馆员 2.0 究竟该扮演怎样的角色？

答：……

10. 如果请您给您的图书馆员 2.0 生活加标签，您会用哪些词句？

答：哈哈，像 sogg 那样。

第 11 章　图书馆员 2. 0：心随你动

郭　晶　赵需要

Web 2. 0、Library 2. 0 及所有的 2. 0 都是以用户为中心，而不是专业人员……尽管如此，如果没有“知识推进者”和“支撑变化的人”来帮助填补缺口，Library 2. 0 是无法发展到巅峰的。图书馆员 2. 0 便要承担这个角色，协助用户填补他们知识的缺口。

——Helene Blowers

有学者用公式来表示“图书馆 2. 0”，即 library2. 0 = Web2. 0 + library。[①] 图书馆员作为图书馆活动中最活跃的要素，责无旁贷地被推到了图书馆 2. 0 大潮的浪尖，由此，“图书馆员 2. 0”这一新的称呼便应运而生，以示与非图书馆 2. 0 时代的图书馆员加以区分。但究竟何为图书馆员 2. 0？他们与传统意义上的图书馆员区别在哪里？在融入了图书馆 2. 0 元素的现代图书馆实践活动中，他们将扮演怎样的角色？等等诸如此类的一系列问题，虽然至今还处在探寻摸索阶段。但不可否认的是，在 Web2. 0 的时代背景下，图书馆员已经不可能固守城池了，而是必须主动出击，以变制变，方能适应新形势的需要。

11.1　从独行到共舞——图书馆员的角色变迁

11.1.1　畅游在历史长河中的图书馆员

图书馆员是一个有着悠久历史传统的职业，她依托图书馆而存在，并随着不同社会时期图书馆职能的变化而有所不同。虽然对于图书馆员的职业特征、理念、角色、职责至今仍无定论，但可以肯定的是，作为一种社会化的职业，图书馆员是伴随人类社会的文明进程而产生并逐步发展的，她受制于技术进步、民主精神、文化传统等诸多因素，更要依据社会形态与需求环境的变迁而不断修整。

公元前 3000 多年前，在埃及和美索不达米亚的王室和寺庙里就设置了专事收藏

① 叶鹰，黄晨. Dspace 下的 lib2. 0. 大学图书馆学报，2006(3)

纸草书和泥板书的场所，并由专人管理，①这些人就是最早以收藏为要则的图书馆员。沿着历史的脉络渐次回溯，从古代埃及寺庙里管理文书的司马，到美索不达米亚的书记员；从中国的老子、古希腊的柏拉图、亚里士多德这些显赫学者，到中世纪以教堂、寺庙和隐修院的图书馆为主体，并由修道士来担当的图书馆员；②从中国历代执掌"皇家图书馆"牛耳的学者重臣，如担任周朝守藏史的道教鼻祖老聃，汉代编制《别录》、《七略》的刘向、刘歆父子，以及清代整理四库全书的纪昀，到近代拥有私人藏书楼的民间学士，这些"图书馆员"称谓不同，地位迥异。他们有时是掌握"知识权利"的图书占有者，有时是教化民众的教师，有时是从事艰深学术研究的著名学者，有时被誉为"知识导航员"，而有时又仅仅被认为是管理图书的普通"管理员"。究竟是什么原因使"图书馆员"这一角色变换更迭？在现代信息浪潮迅速蔓延的今天，在数字图书馆与传统图书馆并存的当下，在第二代万维网即 Web2.0 冉冉升腾的发展趋势下，图书馆员又该承担怎样的职责？如何重新解析这一职业的角色内涵？

曾任阿根廷国家图书馆馆长的博尔赫斯满怀深情地把图书馆描绘成"天堂的模样"，图书馆员更被比作文明的使者甚至"天使"，但她一路独行的身姿却并非风光无限。早在20世纪60年代，在人类刚刚踏入信息社会的门槛时，"无纸社会"的预言就曾宣告过图书馆的终结，一度成为图书馆员的梦魇，尽管至今并未成为现实，但图书馆员这一职业的确面临着越来越多的挑战。作为一个已经走过上百年职业社会化进程的群体，"图书馆员"这一称呼早已越来越多地被接受和认同。正如图书馆2.0带给我们的表象一样，从字面上理解，所谓"图书馆员2.0"，实际上就是给图书馆员添加了2.0标签，尤指研究和建设图书馆2.0的那部分群体。既然如此，有人不免要有这样的质疑：2.0标签究竟为何物？现在给图书馆员加2.0标签，是不是有为图书馆2.0的"应景"之嫌呢？图书馆员加了2.0标签，就等于拿到一把在信息时代畅通无阻的万能钥匙了吗？

凡此种种，都需要重新审视图书馆员自己的定位，在原有的专业技能、职业精神、服务理念的基础上，不断创新和调整，添加适应新时代的"标签"，与用户共舞于2.0时代，重塑其在多元的信息化时代所扮演的角色。

11.1.2　技术助力 开疆辟土

在社会活动的所有要素中，"人"是其中最活跃的部分，而技术的发展又为人类智

---

① 中国图书馆学会.新世纪的图书馆员.北京：北京图书馆出版社，2007

② 图书馆的定义及历史.http://www.jcctm.edu.hk/~lib/lib_hist.htm

慧和能力的延伸提供了工具和无限可能。从图书馆员的嬗变轨迹不难看出，对人类文明成果的保存和延续是图书馆形成的最初原因，这也直接决定了早期图书馆员以搜集、整理、校订、抄写、复制图书等为主要职责，扮演书籍"守护者"的角色，因而只能在图书馆中落寞独行。源于15世纪现代印刷术所引发的信息传播革命，以及文艺复兴带来的人文主义和科学思想，刺激了人们对教育、写作和阅读的需求，产生了大批文学作品和科学著作，对保存和传播的需求日益迫切，这些直接导致了图书馆数量在当时的迅速增长。与此同时，图书馆员的理念和承担的社会责任也开始转化。早在17世纪，现代图书馆学的奠基者诺德就主张图书馆要向学者和公众开放；英国皇家图书馆馆长戴利更明确提出，图书馆员应成为用户读书治学的向导、文化的传播者。这些理念的影响和逐步推行，使图书馆从封闭转向开放，把更多的图书馆员从书库中推向了服务的前台，使其逐渐成为信息、知识的加工者，传播者和信息海洋中的领航员。

除了信息传播革命的影响，以计算机和网络通信技术为代表的信息技术革命，渗透到人类社会生活中的方方面面，改变了人们的工作模式和生活方式。发端于20世纪90年代的数字图书馆的研究和建设，对资源的加工、存储、利用及服务方式等产生了深远的影响，图书馆员也随之从依托实体资源的工作中抽身出来，开始把服务重心转向数字资源的建设和数字服务的提供上来。随着研究和实践的深入，数字图书馆从早期的单一数据库管理系统，业已发展成为融合了技术、标准、人员、管理等多种因素的组织体系。在全球信息化和网络化的背景下，图书馆不再是信息的主要获取场所，人们查询和使用信息的方式和习惯发生了重大变化：搜索引擎大行其道，网络资源目不暇接，数字图书馆建设陷入瓶颈，Web2.0又带来了全新的理念和技术。

因此，图书馆员必须借助并善于应用技术之力，重视用户的实际需求和体验，不断调整角色定位，提升服务技能，才能适应新形势的需要。借用朱光潜先生的一句话，这种对技术发展敏感，并能与实际工作结合起来的技能，就"好比开疆辟土，须逐渐把本非我所有的变为我所有的，便是新征服的领土。"①因此，能够及时感知并充分理解和利用Web2.0的技术，拓展图书馆服务的领域，是图书馆员2.0的重要特征。

11.1.3 用户驱使 理念先行

理念决定态度，态度昭示行动。用户驱使（user－driven）目前已经逐渐成为服务行业，包括图书馆服务发展的根本动因。网络环境下，用户的信息利用行为、使用习

① 贺照田．朱光潜学术文化随笔．北京：中国青年出版社，1998：233—234

惯等都较传统图书馆有了巨大的变化，Web2.0 时代所倡导的“全民织网”、去中心化等理念把普通用户推向了网络应用的潮头。在这种形势下，用户不仅仅只是图书馆员的服务对象，还是资源和服务的合作建设者。图书馆员也将嵌入用户的使用环境，陪伴其学习、科研过程，成为用户网络遨游、探索新知的良师益友。所有这些变化，都充分印证了以“用户”为中心的服务理念，也是图书馆员 2.0 应该记取和身体力行的方向。

回首 20 世纪 90 年代的数字图书馆建设，并由此诞生的一大批依托网络和数字资源提供服务的数字图书馆，现在已逐渐成为业界服务的主体之一。那段时间，同样有关于“图书馆员”职业内涵及角色定位的思考，但所提出的一些称呼，如“知识导航员”等，多是从其工作内容与服务手段中抽象而来的，很少听到有“数字图书馆员”这一称呼。如果深入思考数字图书馆的建设和现今有关图书馆 2.0 的研究，虽然技术的应用是两者的共同特征，但不难看出两者间的显著区别。数字图书馆所带来的，更多是图书馆员作业手段、作业对象、业务流程等的变化。这些变化主要围绕图书馆管理和运行层面，没有对其理念带来本质的变革，更没有去充分关注、调动用户的需求和力量。

图书馆 2.0 所倡导的，则是基于民主、平等、开放、沟通、分享等精神层面的理念所组合、研发的技术应用和服务，它强调人与人之间的互动和沟通，强调开放获取和共享，强调用户的参与，是真正“一切以用户为中心”的理念……所有这些，都充满了人文关怀和民主精神，都是以“人”（用户）的价值为核心的，而绝不仅仅是图书馆为了提高效益，或是围绕图书馆员提高效率去发展技术。在这些新理念、新技术的支撑下，对图书馆员 2.0 的呼唤也就在情理之中了。

11.1.4　2.0 标签——“用户至上”的试金石

图书馆员 2.0 的实质是给图书馆员加一个 2.0 标签。之所以用一个 2.0 标签，而不是用一个概念或定义对图书馆员 2.0 进行界定，是因为他们并非“天外来客”，不是对现阶段图书馆员工作的全盘否定，更不是脱离传统业务模式下图书馆员群体的“新新人类”。图书馆员 2.0 只是众多图书馆员中的一部分，只不过他们对用户需求更加关注，对新理念、新技术保持更高的敏感和热情，并乐于不断去开疆辟土，拓展更多的服务空间。

那么，何谓“2.0”标签？2006 年，由 Laura Cohen 在 *Library 2.0：An Academic's*

Perspective 中提出了“图书馆员 2.0 宣言”(A Librarian's 2.0 Manifesto),[①]这 17 条宣言包括：

(1)服务因用户而变；

(2)学而不殆,学以致用；

(3)不抱残守缺,依据图书馆现状,客观评价；

(4)笃行之,推进图书馆发展；

(5)团结协作,迎接变化；

(6)不畏阻挠,勇于尝试；

(7)享受积极变化带来的快乐,并和同事及用户分享；

(8)没有最好,只有更好；

(9)尝试,然后知不足；

(10)有花堪折直须折；

(11)博采众长,为我所用；

(12)摒弃专业术语,提供傻瓜式服务；

(13)服务无处不在；

(14)构建开放的网络平台与用户沟通互动；

(15)支持开放式目录,为用户量体裁衣；

(16)请图书馆领导开博客；

(17)践行图书馆员职责,实现图书馆员价值。

从这 17 条“图书馆员 2.0 宣言”不难看出,有些理念其实早就有所提及,而且依据不同阶段的认识,也会不断衍生出新的表述。不管是称作 2.0,抑或以后可能发展到的 3.0、N.0……,其中所蕴涵的精神都是值得我们承袭、发展与实践的。这些阐述传递着如下关键词：用户、学习、改变、服务、沟通,这也是“2.0”精神最本质的内容。

尽管目前没有正式的提法,但总结各家观点,“2.0”标签包含了“精神”和“技术”两个层面,为用户提供服务是其最终目标。因此,可以表述为：

2.0 标签 =2.0 精神 +2.0 技术应用 ⟺ 用户服务

其中,图书馆员的“2.0”精神是核心要素。所谓“2.0”精神,即认同并履行 Web2.0 所倡导的一系列理念,尤其秉承“以用户为中心”的宗旨,敢于接受改变,乐于

① Library 2.0：An Academic's Perspective. http://liblogs.albany.edu/library20/2006/11/a_librarians_20_manifesto.html[2007-06-17]

学习和分享。对用户不再是冷若冰霜的管理，不再是一厢情愿的服务，而是平等的、亲切的、主动的、人性化的，同时具有高度的同理心，[①]关注并针对用户的具体需求开展个性化服务。可以说，具备了“2.0”精神，就可以称之为图书馆员 2.0。在“2.0”精神的影响下，图书馆员自然会去主动尝试 2.0 技术的开发、应用，并思考与用户服务的有机结合，实实在在地去实践图书馆 2.0 的价值。

除了各项专业技能外，2.0 精神更加强调图书馆员的学习能力、沟通能力，对用户行为、心理等方面的识别与分析能力。

由此可以看出，所谓 2.0 标签，实质是“用户至上”的试金石。图书馆员 2.0 不需要有统一的定义，只需要有相同的理念——“2.0”精神；不需要有统一的技能，只需要有共同的目标——以“用户”为中心提供服务。因此，他可以是技术的研发者，服务的传递者，也可以是理念的实践者，用户的支持者……他绝不是更高级别上的图书馆员，他只是在对先进理念的认识与实践的跑道上先行一步。

2.0 标签是否就是图书馆员在信息时代的一把万能钥匙？现在下结论还为时尚早。但不可否认的是，Web2.0 的工具，如 Wiki、Blog、SNS 等，为图书馆员提供了更多展示、学习与交流的平台。在开拓自身视野的同时，对用户服务能起到更好的推动作用。同时，Web2.0 所倡导的开放共享的理念，使图书馆员和用户不再互相孤立，更多的是彼此分享，共同学习，积极合作。

11.2　图书馆员 2.0 写真

先行者的筚路蓝缕递述着悠久绵长的发展历程，每个图书馆员，都应该努力践行并思考其在当下与未来所扮的角色与存在的意义，并以此来调整与督促前行的脚步。正如 ACRL（The Association of College and Research Libraries，学术和研究图书馆学会）所呼吁的那样：“当我们站在 2007 年并展望未来的时候，我们必须记住的一点是，与其努力预测未来，不如把这个假定当作是用来鼓励图书馆员拥抱变革与机遇的动力。”[②]

11.2.1　图书馆员 2.0 访谈设计

关于图书馆员 2.0，虽然至今没有明确的定义或说明，但已引起了诸多同行尤其

① 著者注：“同理心”为心理学用语，即能够设身处地，进行换位思考。文中指图书馆员能够站在用户的角度和立场思考问题。

② ACRL. http://www.ala.org/ala/acrl/aboutacrl/whatisacrl/acrlstratplan/stratplan.cfm

是一些博客同行的关注,更有先行者进行了有益的尝试。从这些活跃的关注图书馆2.0的代表性人物中,寻访他们实践与探索的足迹,虽然对图书馆员2.0形象的展现未必精确,但一鳞一爪,不废其真,多少都可以去触摸图书馆员2.0的脉搏,进而把握其生命的律动和思考。

Michael P. Sauers 在其新作 *Blogging and RSS—A Librarian Guide*① 中,记录了对11位图书馆界著名博客的访谈内容。包括:

(1)个人基本介绍

(2)开博客的目的是什么?

(3)什么原因促使其开始写博?

(4)自己的博客属于哪类性质?比如:是个人的还是专业的等等。

(5)博客最大的优势在什么地方?

(6)目前博客存在的最大问题是什么?

(7)对开博客的人有什么建议?

(8)说出最喜欢的5个博客。

从 Michael P. Sauers 设计的问题可以看出,访谈的目的主要在于了解这些博主对于博客的认识及感受。从某种意义上来说,博客是门槛最低、最容易介入 Web2.0 领域。尤其是依据各自的兴趣爱好、学科专业、工作经验而形成的博客圈,更是一个开放自由的交流空间和学习平台。因此,能够开设博客,并探讨、分享各自的工作心得、专业体验,对图书馆员的继续学习和专业素养的提升有很大的助益。虽然这并不直接影响到用户服务,但对于图书馆员的服务理念与专业技能会产生潜移默化的影响。

基于上述考虑,我们选取了部分"lib2.0 工作室"的作者及关注图书馆2.0实践的同行,通过开放式访谈问卷的形式,对其中的34位进行了书面"采访"。期望通过他们的实践与认知,去刻画出"有血有肉"的图书馆员2.0形象。

由于我们的访谈是针对图书馆员2.0的特征及图书馆2.0实践展开的,因此我们设计了10个带有参考性质的问题,主要基于两点考虑:一是了解这些受访者接触、实践、运用 Web2.0 工具的情况;二是试图通过这些人的思考,析取出他们对图书馆员2.0基本特征的共同认知。

这10个访谈问题包括:

① Michael P. Sauers. *Blogging and RSS——A Librarian Guide*. 53—76

(1)除了 IM(即网络即时通讯工具),您是从什么时候开始使用第一个 Web2.0 工具的？这个工具是什么？

(2)您现在使用的 Web2.0 工具有哪些？使用频率如何？您还打算尝试哪些工具？

(3)您觉得这些 Web2.0 工具(包括 Web2.0 理念)给您的工作、学习、生活各带来了哪些新的变化？

(4)您心目中的图书馆员 2.0 应该是什么样的？您认为图书馆员 2.0 最重要的特征是什么？

(5)您认为自己可以称作图书馆员 2.0 吗？如果是,能说明理由吗？如果不是,还应该在哪些方面努力？

(6)下面的事例,请您帮助分析：

有两个图书馆员：A 和 B。A 有自己的博客和博客圈,经常发表专业见解,和同行交流,并且使用各种 Web2.0 工具,用于专业学习,但不直接为用户服务。B 建立了学科馆员博客,为用户推荐学科资源,介绍图书馆服务等,和用户进行互动。B 也使用了一些 Web2.0 工具,主要应用在图书馆的资源与服务中。

请问,A 和 B,哪个更像理想的图书馆员 2.0 模样？还是"A + B"才更理想？或者您还有其他观点？能说明您判断的理由吗？

(7)在您身边(或者您了解的人中),有具有图书馆员 2.0 特征的人吗？如果让您选 3 位图书馆员 2.0 之星,您会选哪几位？请说明您的理由。

(8)您是否认同"所有的图书馆员都该努力蜕变成图书馆员 2.0"这个观点？能说明您同意或反对的理由吗？

(9)您认为在"用户—图书馆—馆员"这三者中,图书馆员 2.0 究竟该扮演怎样的角色？

(10) 如果请您给您的图书馆员 2.0 生活加标签,您会用哪些词句？

11.2.2　图书馆员 2.0 访谈集体照

本次调查以书面的形式,共成功访谈了 34 人,包括 19 名图书馆员,3 名馆长,6 名部门主任,3 名从事图书馆学教育的教师,3 名图书馆学在学研究生。

除了内地的同行外,台湾淡江大学图书馆的林泰宏先生和美国 Kent State 大学的曾蕾教授,也欣然接受了本次访谈。虽然受访者从事的工作各有侧重,但对图书馆 2.0 的关注甚至实践是他们的共同特征,因此访谈信息具有一定的参考价值。

表 11－1　访谈对象基本信息表

身份	图书馆员	馆长	部门主任	学生	教育工作者
	19	3	6	3	3
职称	助理馆员	馆员	副教授/副研究馆员	学生	教授/研究馆员
	12	11	7	1	3
部门	技术部	用户服务	编目	情报所	其他
	8	9	3	5	9
年龄	20—30	30—40	40—50		
	12	17	5		
性别	男		女		
	23		11		
机构类型	高校图书馆	公共图书馆	教育机构		
	26	4	4		

在受访者的积极参与和配合下，本次访谈非常顺利，图书馆员 2.0 在众笔描绘下，形象渐渐清晰。本次访谈还进行了一次“图书馆员 2.0”之星评选，旨在发现目前国内业界公认的研究及从事图书馆 2.0 活动的同行，通过对他们 2.0 生活的体验与思考的展示，触动更多图书馆员探索与实践的热情。这种挂一漏万的展示，虽然只能粗线条地显现图书馆员 2.0 的雏形，但还是让人真切感受到图书馆员 2.0 那渐渐激扬的生命跃动。

表 11－2　访谈对象图书馆 2.0 实践活动信息表

第一次接触 Web2.0 工具的时间/人数	2001 年	2002 年	2003 年	2004 年	2005 年	2006 年	2007 年
	1	1	3	9	8	9	3
第一个 Web2.0 工具/人数	Blog	Wiki	RSS	Flickr	SNS	其他工具	
	21	3	4	1	1	4	
图书馆员 2.0 之星（前五名）	刘炜	陈晓亮	胡小菁、俞传正	刘青华、钟远薪	萧德洪		
	13 票	11 票	7 票	6 票	5 票		

针对访谈的 10 个问题，受访者从不同角度，对图书馆员 2.0 给出了自己的观点。通过不同的视角，也可以反衬出图书馆员 2.0 的一些典型特征，归纳起来，主要体现在如下几方面。

（1）Web2.0 工具的使用

受访者第一次接触 Web2.0 工具（“IM”即时通讯工具除外）的时间集中在 2004 年、2005 年和 2006 年，占总人数的 76%。而 2004—2006 年期间，也恰好和 Web2.0 正式提出并逐渐兴起的时间相呼应。

在众多的 Web2.0 工具中，有 62% 的受访者第一次尝试使用的工具是 BLOG（博客），足以说明博客易于使用且影响深远。

对于目前使用的Web2.0工具，除了BLOG和RSS工具外，Wiki、网摘、SNS等也被大多数的受访者所熟悉和使用。

对于使用Web2.0工具给生活、学习和工作所带来的影响，所有受访者都认为以正面影响为主，如利用BLOG、RSS等工具，可以及时获取最新信息。通过交流调动了专业学习的兴趣和热情，探讨业务，交换思想，Web2.0为每个人提供了一方舞台。当然，就像网络带给我们的困惑一样，有人也提出若沉溺于Web2.0之中，也会疏于对家人和朋友的关注。

(2)图书馆员2.0的特征

在询问“利用Web2.0工具进行学习”的馆员A和“利用Web2.0工具开展用户服务”的馆员B，谁更像理想的图书馆员2.0模样时，所有受访者都认为是馆员B，即通过应用Web2.0工具来提供服务的图书馆员，才是图书馆员2.0的典型代表。

结合实际问题的回答，虽然每位受访者用不同的表达方式给出了各自对图书馆员2.0的理解，但归纳起来，还是传递出了图书馆员2.0特征的共识，如：

①对新事物敏感，乐于接受改变；

②树立以“用户”为中心的理念，充分互动和分享；

③熟悉并能利用技术很重要，但理念更关键；

④不画地为牢，服务没有等级之分；

⑤积极学习，乐于思考和主动实践；

⑥具有乐业、敬业、专业的职业精神；

⑦从细微之处做起，从本职工作的改进做起。

在访谈中还出现了一些高频词，如：用户、互动、分享、学习、快乐、充实、过载等，或可看到图书馆员2.0聚焦的主题特征。

(3)图书馆员2.0的角色与未来

当问起“在用户—图书馆—馆员这三者中，图书馆员2.0究竟该扮演怎样的角色”时，很多访谈者给出了精彩的回答。尤其是台湾淡江大学图书馆的林泰宏先生，用图来解构图书馆1.0和图书馆2.0中“用户—图书馆—馆员”三者之间的关系变化。他指出，在图书馆2.0中，图书馆员由原先的“从图书馆的角度来思考及提供服务”转型为“站在用户的立场来提供服务”。这也正是大多数受访者的倾向性意见。

对于是否认同“所有的图书馆员都该努力蜕变成图书馆员2.0”时，受访者的回答略有歧。认同这一观点的略占多数，这主要基于一种对图书馆员职业未来发展的期望。认为图书馆员不应该因循守旧，故步自封，而应主动应对变革，不断利用新技术、新理念和新方法来拓展服务空间，提升专业技能，改善服务水平。也有相当一部分受访者对此观点持否定态度。从否定的原因来看，主要是觉得所有的图书馆员都来蜕变不太现实，并且图书馆员工作中只有分工的不同，而不能因为是否带有 2.0 标签而有所区别或歧视。当然否定的并不是图书馆员 2.0 本身。

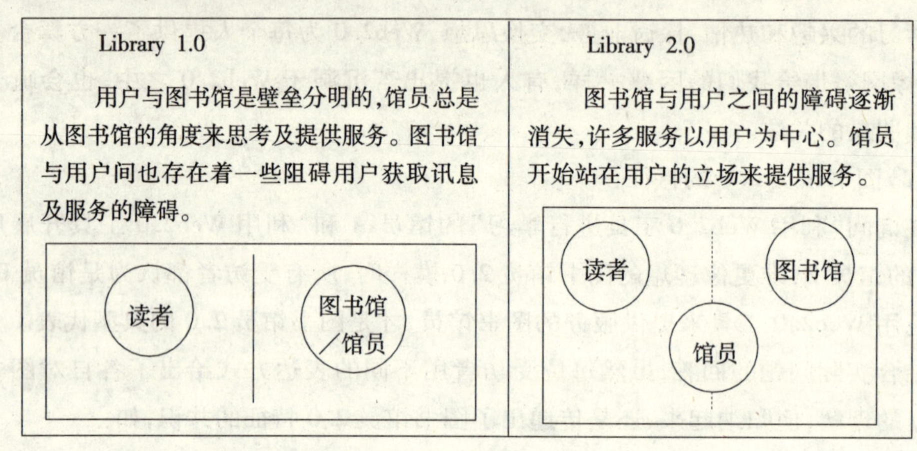

图 11-1　林泰宏先生的"用户—图书馆—馆员"三者关系转型图

(4)"图书馆员 2.0 之星"评选

"图书馆员 2.0 之星"的推选，旨在推选出一些公认的图书馆员 2.0，作为大家学习和努力的榜样。根据受访者的投票结果，上海图书馆的刘炜众望所归，荣膺榜首。其他得票数较多的图书馆员 2.0 之星包括：厦门大学图书馆的陈晓亮，华东师范大学图书馆的胡小菁，淮南师范学院图书馆的俞传正，东北师范大学图书馆的刘青华等。而他们也都是国内图书馆界著名专业博客写作者。

除了上述参加正式访谈的对象外，还有两位"2.0 风云人物"不能不提。一位是老槐，作为学界大师级人物，他的人格魅力、超迈胸襟正如他的精博学养一样令人折服。而作为国内第一篇图书馆 2.0 正式研究成果的作者，他积极倡导 2.0 时代的科研，鼓励、宣传图林博客，在他的"槐荫"庇护下，一个个图书馆员 2.0 茁壮成长，他也成为很多人心中的偶像。另外一位竹帛斋主也同样深入人心，他创建的"图林博客圈"已汇聚了学界 200 余众，只此一件，便足见他的号召力及对图书馆界 2.0 运动的支持和推动。作为"思想的裸奔者"，他的率真和他的才情一样，令众人仰止。

11.2.3　图书馆员 2.0 访谈全记录

从 34 位受访者的反馈中，时时可以感受到精彩纷呈 2.0 思索和熠熠发光的思想火花。部分访谈记录已随被访者附于他们所写章节之后，(见各章节"访谈专栏：图书馆员 2.0 之路"），本处另萃取几位代表性人物的访谈记录，让我们踏着他们的思绪，寻访图书馆员 2.0 的成长之路。

（1）远洋过客，美国 Kent State 大学教授

她与祖国远隔重洋，却时时牵念国内图书情报事业的发展；她通过 Ning 社区的个人博客[①]向内地同行发布相关的信息，呼吁中国图书馆员们力争国际基金和资助。她热心奖掖后学，积极参与到图书馆 2.0 运动中，成为很多人心中的导师。以下是部分访谈记录：

问：您觉得这些 Web2.0 工具（包括 Web2.0 理念）给您的工作、学习、生活各带来了哪些新的变化？

答：生活中：如果将 7902. net（http://www. 7902. net）[②]算上，这种社会网络已经成为我们生活中不可缺少的一部分。"中文图书馆 2.0"社区也让我交了一些年轻的朋友，从他们那里感受到年轻的活力。我总希望将自己所见所知与大家分享，这也是对其他愿意真心交流的同行和朋友们的一种回报，更是一种相互支持的动力所在。

学习中：我经常从编目精灵和 Keven 的 Blog 那里得到很多好的材料和观点，使自己视野更加开阔，知识不断更新。从"厦大网志聚合"[③]也看到很多精彩的标题和博文。国外资料更新主要靠极少数 listserv 和少数博客，因为没有时间多看。网上的开放资源是我们学习、探索、教学的最好支持。

工作中：利用 2.0 相关的技术和材料能使教学更加生动活泼、深入浅出，可以说帮助很大。我的一些课题报告、研究文章等也通过 Wikipedia 提供的线索找到很多好材料。我们用图书馆联盟的服务 Kentlink 和 OhioLINK 能随时阅读几乎所有英文期刊或者看到任何想看的书，但那种极度的方便和优质的内容覆盖还需要快捷的网络资源线索的支持，所以 Wikipedia 和 Google scholar 上的线索往往能帮助我很快收集和筛选大批资料。

问：您心目中的图书馆员 2.0 应该是什么样的？您认为图书馆员 2.0 最重要的特征是什么？

答：回答这个问题的前提是我们应该认识到在图书馆里有分工不同，图书馆员 2.0 的称号可能是因为他们与 2.0 技术的近距离。但是在图书馆里也与外面一样，只

---

① "远洋过客"的博客：http://cnlib20. ning. com/profile/yuanyang

② 注：2001 年 9 月开始，武大图情五届校友有了自己的社会网络（social network：http://www. 7902. net，简称 7902），由 79 级情报专业两位同学设计和编程，在使用中随大家的反馈不断完善。

③ "厦大网志聚合"地址为：http://wiki. xmulib. org/rss/

应有跑道不同,不应有等级之分。

图书馆员 2.0 首先应该是一个称职的图书馆员,最重要的特征是要有一种上进的精神和事业心。我心目中的图书馆员 2.0 在本质上必须是愿意接受新事物、愿意思考的。他们应该以本职工作为荣、以满足用户需要、推动社会资源分享、消灭文化上的贫富差距、促进 equal access、保存文化遗产为己任。这样他们才会去不断学习和更新自己的知识,并发挥特长。他们的能力可以各异,有的更具备领导能力,有的更有技术头脑和动手能力,但是他们都有勇于尝试、不怕失败的勇气,同时有自信心、有科学的工作方法和工作效率,且持之以恒,做事有始有终 。不管是 2.0 还是 20.0,不管技术怎样发展和变化,有责任感和上进心的人总是会很快投入的。

问:在您身边(或者您了解的人中),有具有图书馆员 2.0 特征的人吗?如果让您选 3 位图书馆员 2.0 之星,您会选哪几位?请说明您的理由。

答:Keven 的全身心投入、孜孜不倦、衣带渐宽终不悔的布道精神让我深深感动!

编目精灵的睿智、深虑、坦诚也是公认的。Keven 和精灵与大家分享的知识财富是千金难买的,我为有这样一些杰出的图书馆员而感到幸运。

厦门大学萧馆长是我所了解的馆长中最值得当选的。他除了给厦大创造一个图书馆 2.0 的环境,还为促进全国图书馆事业的发展做出了很多贡献,比如历届数图前沿问题研讨班及其会中会、这次 2.07 会议等等,都少不了他的功劳。

在这边,我以前的学生 Brian Gray 已经成为 2.0 图书馆员的代表,他的特点在于不断创新并去实践,可以说是立竿见影。以前他在学校时就特别突出,比别人做的事要多 10 倍,上进心和事业心极强,工作效率特高,不管干什么事,不论大小,他只要认准了,就会十分专注、投入,而且自信。一个进图书馆工作不到 5 年的草根馆员,能够胜任学科馆员的工作,还带动了很多普通馆员,也影响了不少在领导岗位的人物,包括推动美国图书馆协会 ALA 及时向 2.0 迈进,如果没有一种精神,这简直是不可想象的。Brian Gray 真是 2.0 图书馆员的代表。

问:您是否认同"所有的图书馆员都该努力蜕变成图书馆员 2.0"这个观点?能说明您同意或反对的理由吗?

答:"蜕变"一词容易让人误解,因为贬义的用法也很多。

"所有的图书馆员都该努力变成图书馆员 2.0"这个观点不现实也不可能。首先,每个人的工作和学习环境不同,需求不同,生活中的压力也不同。不能以他们是否知道和采用一些 2.0 技术来衡量他们是不是称职的图书馆和情报服务人员。另外,任何时代都有不愿与时共进的人。

问：您认为在“用户—图书馆—馆员”这三者中，图书馆员 2.0 究竟该扮演怎样的角色？

答：我认为图书馆员首先不要受物理的图书馆（甚至是概念上的图书馆）的局限，其次不要将图书馆服务独立与或孤立与社会上的各种服务之外。一般认为 2.0 馆员就是要想办法让用户充分享受到图书馆的服务（但不一定非要他们时时意识到是图书馆的服务）。实际上，图书馆员不能光扮演服务人员的角色，他们也应是决策人员和管理人员，是创造人员。我想这也可能是我最希望看到的由 2.0 馆员族扮演的角色。目前 2.0 大环境下，2.0 图书馆员正好有用武之地，他们应给图书馆界带来新的活力，成为变革的主力。

(2) 林泰宏（Ted），台湾淡江大学图书馆员

他是台湾图书馆界著名博客“Library Views”（图书馆观点）的作者，[①]长期对图书馆利用 Blog 等咨询工具提出杰出见解。从他的博客传递的讯息和智慧，不光影响着台湾图书馆博客界，也吸引了内地众多志同道合的博友。以下为对 Ted 的部分访谈记录：

问：除了 IM，您是从什么时候开始使用第一个 Web2.0 工具的？这个工具是什么？

答：2004 年开始使用 Flickr，一个网络相簿，使用了 tagging 功能。

问：您现在使用的 Web2.0 工具有哪些？使用频率如何？您还打算尝试哪些工具？

答：目前使用的工具有：Blog：每周更新 2—3 次；RSS 订阅及阅读：每日必做功课；Flickr：不定期上传照片；个人化首页：iGoogle；IM：每天使用；SNS：虽然加入一些社群，但因个性关系，并未积极参与。

问：您觉得这些 Web2.0 工具（包括 Web2.0 理念）给您的工作、学习、生活各带来了哪些新的变化？

答：在个人学习上：RSS reader 已经成为我讯息来源的重要窗口，而 Blogging 则成为我的抒发管道。透过 Blogsphere 的讨论，得以了解其他人的想法，进而在不同意见的陈述与讨论中获得较客观的思考。

在生活上：Web2.0 工具，特别是 RSS 订阅及阅读，占用了我工作以外的时间，改变了我生活的形态。电视已经成为可有可无的家电用品，Internet 成为继水、空气、阳

① “Library Views”博客. http://libraryviews.blogsome.com/

光、食物之外最重要的必需品。亲人在那儿？他们都在抗议着呢。

在工作上：虽然暂时无法随意将 Web2.0 工具轻易融入图书馆中，但藉由局部的 Web2.0 实验，及以一些 Web2.0 理念的学习，大部分的馆员都是可以接受 Web2.0，并乐意提供 Web 2.0 服务。

问：您心目中的图书馆员 2.0 应该是什么样的？您认为图书馆员 2.0 最重要的特征是什么？

答：我觉得 Meredith Farkas 对“21 世纪图书馆员”的五点建议最足以说明我心目中的图书馆员 2.0：

✓接受改变（embrace changes）—时代与读者都在改变

✓质疑每件事（question everything）—是帮助读者还是馆员

✓确实了解读者的需求（figure out what patron's need）

✓尝试新技术（play with technology）

✓有需求时才实施新的技术，不要只是因为很酷或令人兴奋的缘故（Don't buy into technolust）

其中，“接受改变”是我认为图书馆员 2.0 最重要的特征。

问：您认为自己可以称作图书馆员 2.0 吗？如果是，能说明理由吗？如果不是，还应该在哪些方面努力？

答：就前一问题的回复内容来看，应该算是吧，虽然算在学习阶段，但还是会努力在工作上实践这些理念。

问：A 和 B 哪个更像理想的图书馆员 2.0 模样？（注：此问题详细内容请参见前文相关论述）

答：A 和 B 都是图书馆员 2.0。A 虽然是在自己的 Blog 上耕耘，但这些想法一定会影响到他在图书馆的工作，或者影响到其他图书馆从业人员。只要任何的人其理念足以影响图书馆 2.0 目标的进行，都应该算是图书馆员 2.0。

问：在您身边（或者您了解的人中），有具有图书馆员 2.0 特征的人吗？如果让您选 3 位图书馆员 2.0 之星，您会选哪几位？请说明您的理由。

答：Keven：不只是技术酒徒，Keven 在理论的整理及论述上也是令人佩服。

编目精灵：图书馆员 2.0 的模范之一，编目专家，密切注意 Library 2.0 发展。

吴锦范（台东大学图书馆）：Library 2.0 的实践者，替该馆提供了许多 RSS 服务。

问：您是否认同“所有的图书馆员都该努力蜕变成图书馆员 2.0”这个观点？能说明您同意或反对的理由吗？

答：同意这个观点，虽然不见得所有的图书馆员终将成为图书馆员2.0。我认为在终身学习的时代里，不论是组织（如图书馆）或者是个人都必须不断地学习成长。然而重点在"努力"这两个字，不是努力就一定会成功的，一定会有一些人无法成功地蜕变成图书馆员2.0，即便如此，当所有的馆员都愿意努力学习成长时，就图书馆整体而言，便是一股向上的力量。

问：您认为在"用户—图书馆—馆员"这三者中，图书馆员2.0究竟该扮演怎样的角色？

答：在Library 1.0时代，读者与图书馆是壁垒分明的，馆员总是从图书馆的角度来思考及提供服务。图书馆与读者间也存在着一些阻碍读者获取讯息及服务的障碍。

在Library 2.0图书馆与读者之间的障碍逐渐消失，许多服务以读者为中心。馆员变得站在读者的立场来提供服务。

问：如果请您给您的图书馆员2.0生活加标签，您会用哪些词句？

答：充实、信息过载、充满活力。

(3)编目精灵，华东师范大学图书馆员

毫不夸张地说，编目精灵是很多图书馆员心中的老师，梦中的偶像。她有着极强的专业求索精神和分享热情。她在网海闲游的同时，也把专业信息及时向同行播撒。和Keven一样，她的博客被图书馆员看作知识宝库，她的精神更是女性图书馆员的学习榜样。以下为对编目精灵的访谈记录：

问：除了IM，您是从什么时候开始使用第一个Web2.0工具的？这个工具是什么？

答：不记得了，可能是Wiki吧，大概是2004年初。

问：您现在使用的Web2.0工具有哪些？使用频率如何？您还打算尝试哪些工具？

答：Blog，每周更新数次；使用RSS订阅，每天阅读；网摘，见到无RSS订阅的内容用网摘保存（Furl）；网络相片，偶尔使用（Flickr）；文档共享、共同编辑：有需要时（Google Docs）；社会网络：参加了几个Ning上的社区，刚建了一个Facebook账号，恐怕不会在上面花太多时间；浏览器工具条：常常使用。

问：您觉得这些Web2.0工具（包括Web2.0理念）给您的工作、学习、生活各带来了哪些新的变化？

答：主要使用的是RSS和Blog。由于是工余活动，对工作及与同事交往没有带来什么变化。从学习角度使自己充实了不少。现实生活则受到一些负面影响——网上花的时间多了,生活安排上马虎不少,但也不至于与家人疏远。

问:您心目中的图书馆员 2.0 应该是什么样的?您认为图书馆员 2.0 最重要的特征是什么?

答:与时俱进。

问:您认为自己可以称作图书馆员 2.0 吗?如果是,能说明理由吗?如果不是,还应该在哪些方面努力?

答:不是。因为自己基本上是纸上谈兵,并没有真正付诸实践。如果要努力,首先要改变观念,不在其位而谋其政——像自己这样缺乏社会责任感的人,这是不可能的。

问,A 和 B,哪个更像理想的图书馆员 2.0 模样?(注:此问题详细内容请参见前文相关论述)

答:由对 5 的回答可知,我以为 B 更像图书馆员 2.0。

问:在您身边(或者您了解的人中),有具有图书馆员 2.0 特征的人吗?如果让您选 3 位图书馆员 2.0 之星,您会选哪几位?请说明您的理由。

答:我选 Sogg,最早在图书馆工作中引入 WIKI 和 BLOG。

问:您是否认同"所有的图书馆员都该努力蜕变成图书馆员 2.0"这个观点?能说明您同意或反对的理由吗?

答:如果从与时俱进的角度,同意。

问:您认为在"用户—图书馆—馆员"这三者中,图书馆员 2.0 究竟该扮演怎样的角色?

答:如果所有的图书馆员都成了 2.0 的,那就与馆员的角色一致了。

问:如果请您给您的图书馆员 2.0 生活加标签,您会用哪些词句?

答:前提不对,虽然是图书馆员,但并非图书馆员 2.0,何来图书馆员 2.0 的生活?

仅就自己而言,就是晚饭后上网,直到休息。

(4)萧德洪,厦门大学图书馆副馆长

馆长作为能够推动图书馆 2.0 发展的根本力量,获得图书馆员们的支持和认可尤其重要。萧馆长是唯一获得投票当选为"图书馆员 2.0 之星"的图书馆馆长,其意义愈显珍贵。他为图书馆 2.0 所作的贡献,推动厦门大学图书馆 2.0 的实践及在业界的影响,名至实归。以下为对萧馆长的访谈记录:

问：除了IM，您是从什么时候开始使用第一个Web2.0工具的？这个工具是什么？

答：RSS，忘了什么时候开始。

问：您现在使用的Web2.0工具有哪些？使用频率如何？您还打算尝试哪些工具？

答：现在用Wiki、Twitter、厦大图书馆网志聚合。

问：您觉得这些Web2.0工具(包括Web2.0理念)给您的工作、学习、生活各带来了哪些新的变化？

答：对外界的变化能有更快的反应。

问：您心目中的图书馆员2.0应该是什么样的？您认为图书馆员2.0最重要的特征是什么？

答：有关技术问题找他时，都能给出解决方案，这种解决方案是超出一般图书馆员本身应该掌握的知识之外的。

问：您认为自己可以称作图书馆员2.0吗？如果是，能说明理由吗？如果不是，还应该在哪些方面努力？

答：我不是。我只是图书馆员2.0的朋友。

问：A和B哪个更像图书馆员2.0之星？(注：此问题详细内容请参见前文相关论述)

答：A+B。图书馆员一定是要服务的。图书馆员2.0不是那种抱怨抱负无法施展的馆员，而是实际施展了抱负的馆员。不能光有outbounding的一面，也应有inbounding的一面。

问：在您身边(或者您了解的人中)，有具有图书馆员2.0特征的人吗？如果让您选3位图书馆员2.0之星，您会选哪几位？请说明您的理由。

答：Fandog、Sogg、毁人不倦、小暗。①

问：您是否认同“所有的图书馆员都该努力蜕变成图书馆员2.0”这个观点？能说明您同意或反对的理由吗？

答：同意，但不可能，但参考馆员应该具备更多这方面的特质。

问：您认为在“用户—图书馆—馆员”这三者中，图书馆员2.0究竟该扮演怎样的角色？

① 著者注：Fandog、Sogg、毁人不倦、小暗都是厦门大学图书馆的馆员。

答：图书馆员2.0是图书馆的一种微生物，让图书馆找到成长的新养分。

问：如果请您给您的图书馆员2.0生活加标签，您会用哪些词句？

答：“共产主义劳动者”。

(5) Xinya，重庆大学图书馆副馆长

他是一个诗人，但是敢于实践自己的理想。他是一个虚拟名人，但是从来就倡导真实。他虽然是最后一个参与的受访者，却为此次访谈画上了一个厚重而浑圆的句号。更令人钦佩的是，由Xinya馆长亲自主持开发，应用Web2.0技术和理念寻求图书馆管理系统的整体方案已初步完善，投入正式应用已列上日程。毫无疑问，这位馆长是值得尊敬的，他也是当之无愧的图书馆馆长2.0之星。以下为对Xinya馆长的访谈记录：

问：除了IM，您是从什么时候开始使用第一个Web2.0工具的？这个工具是什么？

答：大约是在2003年，注册了第一个Blog。但是写了几篇，就没有继续。2005年，本馆开辟了Blog，开始认真使用，几个月后，月访问量就到了1万。但后来因为工作的原因，更新较少，又逐渐荒废下来。从2006年开始，从技术层面接触了更多的Web2.0工具，开始尝试纳入图书馆管理系统的整体解决方案中。

问：您现在使用的Web2.0工具有哪些？使用频率如何？您还打算尝试哪些工具？

答：目前主要还是使用Blog和RSS。每周能够更新。除了技术开发的需要，暂时没有打算尝试别的Web2.0工具。

问：您觉得这些Web2.0工具（包括Web2.0理念）给您的工作、学习、生活各带来了哪些新的变化？

答：由于本来就是一个互联网的建设者和管理者，因此就我个人而言，这些Web2.0工具更加方便自己整理思想、收集专业资料、记录生活轨迹。从工作上而言，这种全新的理念，能够使得自己与读者更加贴近，这种变化是革命性的，需要我们从思想上接受——不管是主动的还是被动的。

问：您心目中的图书馆员2.0应该是什么样的？您认为图书馆员2.0最重要的特征是什么？

答：或许是对技术有较多的了解，所以我并不认为Lib2.0仅仅是一种技术，它更应该是一种理念。因此从这个角度上来讲，我觉得图书馆员2.0首先是具有让读者参与的精神，其次是无处不在的服务精神，最后才是能够熟练使用各种Web2.0工

具。图书馆员 2.0 最重要的或许就是与读者协同参与知识服务体系的构建。

问：您认为自己可以称作图书馆员 2.0 吗？如果是，能说明理由吗？如果不是，还应该在哪些方面努力？

答：因为从事图书馆的管理工作，我常常把自己的角色定位为读者。从读者的角度要求馆员们。所以，我不认为自己是图书馆员 2.0，更愿意自己是 reader2.0。

问：A 和 B，哪个更像理想的图书馆员 2.0 模样？（注：此问题详细内容请参见前文相关论述）

答：B。A 更多的是一个图书情报学的研究者，B 才是真正为读者服务的图书馆的馆员。但是作为图书馆而言，应该给馆员提供统一的工作平台，而不能让馆员自建。

问：在您身边（或者您了解的人中），有具有图书馆员 2.0 特征的人吗？如果让您选 3 位图书馆员 2.0 之星，您会选哪几位？请说明您的理由。

答：老槐、超平他们是研究者，暨大、厦大、上海大学、重庆大学等，是实践者，重庆大学致力于整体解决方案。我觉得这些图书馆的管理者和实践者，都是图书馆员 2.0。Lib2.0 要走的路还很长，所以目前还没有人是"图书馆员 2.0 之星"。

问：您是否认同"所有的图书馆员都该努力蜕变成图书馆员 2.0"这个观点？能说明您同意或反对的理由吗？

答：前面已经说过，我认为图书馆员 2.0 主要是一种理念而非技术，所以，我认同"所有的图书馆员都该努力蜕变成图书馆员 2.0"的观点。

问：您认为在"用户—图书馆—馆员"这三者中，图书馆员 2.0 究竟该扮演怎样的角色？

答：这可以是一个等边三角形的形状，用户和馆员在下面，图书馆这个知识中心在上面。用户和读者协同起来，共同支撑图书馆。

问：如果请您给您的图书馆员 2.0 生活加标签，您会用哪些词句？

答："参与"，"服务"。

(6)倪代川，上海大学图书馆员

虽然很多人对他很陌生，但这个工龄只有两年的小伙子，利用学科博客开展图书馆服务的历史却已经有一年半。真要感谢上海大学图书馆 2.0 会议，感谢万二在博客中把他列为图书馆员 2.0 的三个代表之一，[①]让我们得以认识到这位图书馆员 2.0

① "大旗底下". http://dqdx.blogbus.com

的耕耘者。他“乐业、敬业、专业”的职业态度更让人肃然起敬。以下为对倪代川的访谈记录：

问：除了 IM，您是从什么时候开始使用第一个 Web2.0 工具的？这个工具是什么？

答：对于 Web2.0 理念了解的比较晚，但具体涉及这些 Web2.0 技术还是比较早的，特别是 Blog，本人是在 2004 年开始了解，2005 年 2 月在网上建立了自己第一个个人博客，后来在 2006 年建立起自己的专业博客以及工作博客，主要是兴趣使然；对于其他工具，像 RSS、Tag、Wiki 后来都有所涉及，都是在 2006 年开始的。

问：您现在使用的 Web2.0 工具有哪些？使用频率如何？您还打算尝试哪些工具？

答：主要使用 Blog 和 RSS，都是不定时更新。

问：您觉得这些 Web2.0 工具（包括 Web2.0 理念）给您的工作、学习、生活各带来了哪些新的变化？

答：这个问题不好系统回答，若从个人生活博客来说，变化很大，甚至有一种依赖性，因为只要接触网络，便要去那里看看。而对于工作博客，确实使自己感到自己的工作能够为部分用户服务感到一种被人认同以及由此产生的自我肯定。

问：您心目中的图书馆员 2.0 应该是什么样的？您认为图书馆员 2.0 最重要的特征是什么？

答：这个问题一直在考虑，但至今没有结果。首先应该是个快乐的图书馆馆员，乐于奉献图书馆事业。其次要具备一些基本的技术应用能力和沟通素质；再次，需要专业知识和学科知识。最重要的特征是乐业、专业、敬业！

问：您认为自己可以称作图书馆员 2.0 吗？如果是，能说明理由吗？如果不是，还应该在哪些方面努力？

答：虽然被“万二”戏称图书馆员 2.0 的三个代表，但客观地说，自己不够资格，只是开始做了点和图书馆员 2.0 有那么点关系的事情而已，而许多事因为种种原因还不能尽人意。自己主观上需要努力，但不能凭一己之力做无谓的执著追求，需要一个良好的平台，不仅仅是技术平台，还要氛围，要图书馆各部门的协同，图书馆领导的实质支持等。

问：A 和 B 哪个更像理想的图书馆员 2.0 模样？（注：此问题详细内容请参见前文相关论述）

答：个人认为选择 B！前者只是反映个体在图书馆学的研究与关注上，其活动群在同行内，而图书馆馆员的本职工作是面向用户，为用户服务是其职责所在，只有和自己的"客户"通过 2.0 的方式沟通和服务，方能真正体现图书馆员 2.0 的价值所在，只有得到用户的认可方才可以堪任图书馆员 2.0。尽管通过 A 可以做到这一点，但似乎距离有点远，而学术的东西和真正的实践之间存在着差异。

问：在您身边（或者您了解的人中），有具有图书馆员 2.0 特征的人吗？如果让您选 3 位图书馆员 2.0 之星，您会选哪几位？请说明您的理由。

答：这个问题需要进一步限制范围，这个 Lib2.0 是专指图书馆馆员与用户之间比较还是广大的图林范围的 Lib2.0，再次，这里的 Lib2.0 是否包括图书情报研究者还是专指图书馆实体内的工作人员，所以说很难选择。若是针对整个图书馆博客界，可能老槐、竹帛斋等算，若是专指图书馆工作人员，则很难选择，本人认为没有"星"，或者说本人还没发现。

问：您是否认同"所有的图书馆员都该努力蜕变成图书馆员 2.0"这个观点？能说明您同意或反对的理由吗？

答：根据个人理解，问题中的"蜕变"用词不当，但能够理解问题的初衷。反对，根据工作需要以及个人兴趣去认识 Lib2.0；作为图书馆，有空间的价值或者说作为场所的实体空间价值，这是无论在传统环境还是在 Web2.0 甚至 3.0，图书馆这一存在价值不变，为此，图书馆馆员必然会有所分工，没有必要都是图书馆员 2.0，既没有必要也很难做到。

问：您认为在"用户—图书馆—馆员"这三者中，图书馆员 2.0 究竟该扮演怎样的角色？

答：作为图书馆员 2.0，我觉得应该充分利用 Web2.0 技术为图书馆用户推送服务，从而直接的提升图书馆在用户心中的地位，换句话说就是为图书馆加分！

问：如果请您给您的图书馆员 2.0 生活加标签，您会用哪些词句？

答：责任、便捷、自由、充实。

11.3　升级，您准备好了吗？

Paul Saffo 指出："未来既不属于内容创建者，也不属于渠道传播者，而是属于过滤、查询和使信息变得有意义的人，只有借助于他们，我们才能在广阔的赛百空间中遨游。"[①]这里的"他们",所指可能不仅仅是图书馆员,但图书馆员至少应有勇气、有准备成为"他们"中的一员。在 Web2.0 冉冉升腾的时代,每个图书馆员都应该自问一句：如何跟上时代的节拍,与用户一起遨游网海,舞动未来?

11.3.1 有花堪折直须折——处变求新

我们正处在一个瞬息万变的时代,《吕氏春秋·尽数》中有言"流水不腐,户枢不蠹",只有主动去适应变化,处变更新,才能不断焕发新的生机和活力。博尔赫斯也曾说过："时间永远分岔,通向无数将来",只有准确把握时代的特征,了解图书馆员在不同时期肩负的职责,才能选择一条充满光明的未来之路。Stephen Abram 曾经说过："虽然 Google、Microsoft 等公司都想要建立网上图书馆,但唯有图书馆员存在的地方才算是真正的图书馆"。由此可见,图书馆员在图书馆 2.0 中仍须扮演一定的角色。Web2.0 时代已经向我们发出了呼唤,只有去拥抱这个时代,才能深刻体验它赋予的热情与欢乐,当然,同时也能感知到它带来的困扰。唯有身体力行,才能发现问题,寻求解决之道。时代的进步不会拒绝犯错,但肯定拒绝停滞不前。

正如前文论及的那样,图书馆员 2.0 无非是多了一个 2.0 标签,这个标签,可能只需要每个图书馆员一丝细微的改变即可发生。以博客的应用为例：可以从开始关注专业博客做起,然后花 5 分钟的时间自己开设博客,和同行分享信息,直至把博客服务引入图书馆服务中……这一系列变化的过程,就是一个图书馆员 2.0 从初级阶段到高级阶段的最好说明。

11.3.2 图书馆员 2.0 修炼秘籍

(1)图书馆员 2.0 功夫宝典

Stephen Abram 列出了成为图书馆员 2.0 的条件,[②]对图书馆员"升级"带来一些有意义的参考：

①理解 Web2.0 机遇带来的力量。

②学习使用 Web 2.0 和图书馆 2.0 的主要工具。

③把电子资源和印本资源融合起来,由电脑传递到 PDAs 和 iPods。

④开发联邦检索,采用 OpenURL 标准。

---

① 摘自"云影流光"博客. http://blog.sina.com.cn/s/blog_45d02256010009ad.html

② Stephen Abram. Web 2.0, Library 2.0, and Librarian 2.0: Preparing for the 2.0 World. http://www.imakenews.com/sirsi/e_article000505688.cfm?x=b6yRqLJ,b2rpQhRM

⑤通过语境把人、技术、信息联系起来。

⑥在适当的情况下不羞于尝试选择民俗分类和大众标签。

⑦乐于尝试非文本形式的信息，如图片、视频、音频，并感受它们的魅力。

⑧了解长尾，并能在新旧势力中采取有效的行动。

⑨洞悉利用开放资源，如 Open Content Alliance，Google Print 和 OpenWorldCat 的潜力。

⑩和用户一起进行专业讨论、交流，参与社区的实践。

⑪利用、开发先进的社区网络来创建优势。

⑫用 Skype，IM，SMS，E-mail，virtual reference 等进行联系与交流。

⑬鼓励由用户驱动的元数据，由用户创建内容和说明。

⑭认可大众智慧，能认识到博客圈、WIKI 等应扮演的角色。

⑮用户不仅仅是“点击者”，图书馆员要对用户有更深入的了解。

⑯图书馆员能了解最终用户某方面的需求，如用户的目标及渴望、工作流程等，随时准备为用户提供服务。

除了提出图书馆员 2.0 一些应该具备的特征外，针对 Web 2.0 技术，Stephen Abram 也提到了一些比较典型的工具，如：

- RSS 、Wikis、AJAX 和 APIs、Blog
- 评论与推荐功能
- 个性化及“我的档案”
- Podcasting 和 MP3 等个性化媒体、流媒体、用户主导的应用
- 个人提醒
- Web 服务
- 即时消息
- 包含合作浏览的 VRS 系统
- 民俗分类和标签
- 网络相册
- 社会软件
- 开放存取、开放资源和开放内容
- 社会化驱动的内容、社会书签等

除了上述工具，对于关注技术，以技术见长的图书馆员，还可以参照 Keven 的博

文“2.0开发人员的技术背景”①进行相应的“练级”：

Web2.0应用的研发和管理需要许多开源背景，但是究竟是哪些？我也说不清楚，但肯定不是依靠考证书或盗版软件光盘培养出来的“主流”的一代，从这一点上来说，我们的Geek与国外的Geek真是有很大的不同啊。这里有一份warnerbrosrecords.com招聘Web产品开发经理的要求列表，大家可以参考。

需要的知识和技能：

- XML，XHTML Transitional/Strict，CSS 2
- PHP 4/5
- MySQL 4/5，phpMyAdmin
- Telnet，SSH，SVN
- Web Production knowledge（e.g. graphic optimization 图形图像优化）
- Linux/Solaris/UNIX 系统知识
- Apache familiarity（.htaccess etc.）
- Mailing list management
- 具有不断学习新技术/新方法/新过程的能力

有则更好的知识或技能：

- Mac OS，Photoshop，Illustrator
- Flash 8 +（ActionScript 2.0）
- Video preparation / optimization
- Drupal 4/5，Wordpress，PHPTemplate familiarity
- DHTML，XmlHttpRequest，jQuery，Dojo，Mochkit
- SVK，CVS，Perl，Ruby

WBR建设的大多是与音乐、视频有关的多媒体网站，上述需求中在这方面并没有非常特殊的要求。

注意：这些需求并不是对图书馆员2.0的需求。我曾在最近的几次介绍中提出”信息工作者应该具备的2.0素质”如下，供参考。

①Breakthrough GFW（三招突破GFW）；

②Things you don't know about Google（你所不知道的Google）；

③Still use IE？What a pity！（抛弃IE，投奔Firefox）；

① http://my.donews.com/keven/2007/06/02/20%e5%bc%80%e5%8f%91%e4%ba%ba%e5%91%98%e7%9a%84%e6%8a%80%e6%9c%af%e8%83%8c%e6%99%af/

④Netvibes/Pageflakes PIP（个人信息门户）；

⑤Zotero/Connotea PKM（个人知识管理）；

⑥Web－based Office（网络办公环境）

⑦ Full use of RSS（掌握 RSS）；

⑧Syndication within working group 协同工作（SN/IM/Calender/PM 等）；

⑨Publishing can be fun！信息发布技巧博客/维客/Gpages（包括 Gadget/Toolbar）；

⑩More for free！另类 Knowhow（notebook/pipes 等特殊工具）。

（2）图书馆员 2.0 升级训练营

由此看来，图书馆员 2.0 能关注并学习使用 Web2.0 工具是第一步，这需要图书馆员具有热爱学习的热情、乐于尝试的兴趣。而了解、应用 Web2.0、图书馆 2.0 工具越多，图书馆员 2.0 的标志就越明显。国外图书馆界已经开展了很多相关的培训活动，密歇根大学图书馆于 2007 年 6 月 8 日到 8 月 21 日，举办了一个名为“MLibrary 2.0”①的面向图书馆员论坛系列，口号是：创新、共享、网络。活动内容涉及图书馆 2.0、社会网络及搜索未来，鼓励图书馆员亲身体验 Web2.0 工具，并从七个 2.0 工具应用，一共做“13 件事”②入手，对图书馆员 2.0 进行“培训”，具体为：

①Blog & RSS：创建一个博客；使用 RSS 阅读器。

②Social Tagging：创建美味书签账号；创建 Flickr 账号。

③Social Networking：创建 Facebook 账号；思考如何用 Facebook 做参考咨询。

④Next Generation OPACs：体验一个新一代 OPAC；检索至少三个新一代 OPAC，写一篇体验博文，比较其功能、能力及界面的可用性，提出你想在本馆 OPAC（Mirlyn）中看到的优选功能。

⑤Podcasting & YouTube：订阅 3 个播客；创建一个 YouTube 账号。

⑥Firefox Extensions：在 Firefox 浏览器上安装 LibX 和 Zotero；使用 LibX 找书/文章，使用 Zotero 将它保存到你的个人图书馆。

⑦Wrap－up：在博客中反映对 Web/Library 2.0 的学习和体验。在“13 件事”之后，通过博客，继续写出对图书馆的思考。

随着图书馆 2.0 的逐渐推广，类似的活动会越来越多。2.0 工具应用的较低门

① 参见 http://www.lib.umich.edu/lib20/

② 参见 http://www.lib.umich.edu/lib20/13things.html

槛,也必将激发更多的图书馆员开始亲身体验,并在相关的用户服务中加以考虑或实施。

在图书馆 2.0 环境中,对图书馆员的专业性及职业界定、职业精神和规范等也会提出新的要求。以用户为中心的图书馆 2.0 服务,需要图书馆员时刻提醒自己从用户的角度思考问题。而用户大量参与到图书馆活动,也势必带来很多新的问题,如权限管理、隐私保护,激励与奖惩政策等。因此,只有具备处变求新的决心,善于利用新的技术工具,依靠先进的用户理念来主动发现并积极改善现有服务中存在的不足,方能堪称图书馆员 2.0。

11.3.3 图书馆员 2.0 行胜于言

罗伯特. L. 斯蒂文森曾经指出:"图书馆员应该教会公众这样的技能,在信息高速公路密如蛛网的路线中和无数转弯处识别方向。"这句话形象地展示了图书馆员在网络时代,在用户获取信息的路途中所扮演的角色。在现代信息社会中,图书馆员应承担起领航员的职责,为用户快速定位和获取最有价值的信息提供指引和帮助。

前文已经罗列了很多图书馆员 2.0 应该具有的特征和技能,归纳起来,我们认为以下几点是其中最重要的核心内容:

①勇于接受变化,并能适时对服务进行调整和改变;

②乐于学习,对新事物有浓厚的兴趣和尝试的热情,并能与实际应用结合起来;

③站在用户的立场去思考与解决问题;

④积极利用新技术与新方法提升专业技能;

⑤从细微处着手,不断改善服务;

⑥具备良好的沟通能力和服务精神。

尽管有人不认为图书馆 2.0 是一个全新的事物,但对图书馆来说,理念的转变意味着新的服务模式、服务手段和服务政策等的配套实施。因此,图书馆 2.0 的研究和实践进展,必将对图书馆员的职业内涵、角色定位、专业技能乃至专业教育都产生深远的影响。这个影响是长期的渐进过程,因此,问题的关键不在于图书馆员该作何称谓,而是在此过程中,图书馆员是否能始终保持主动和积极的态度,脚踏实地而又始终站立在变革的潮头,亲手勾画出图书馆 2.0 所展示的美景。如何能做到这一点?俄国寓言作家克雷洛夫曾说过:"现实是此岸,理想是彼岸,中间隔着湍急的河流,行动则是架在其上的桥梁。"行胜于言,路在脚下,每个图书馆员都去亲身实践,哪怕仅是迈出自己的一小步,距离图书馆 2.0 的美景就将是前进了一大步。

推荐阅读

1　A Librarian's 2.0 Manifesto. http://liblogs. albany. edu/library20/2006/11/a_librarians_20_manifesto. html

2　Librarian 2.0 – Interviews of the future of librarians. http://www. degreetutor. com/library/librarians-online

3　Stephen Abram, MLS. Web 2.0, Library 2.0, and Librarian 2.0: Preparing for the 2.0 World. http://www. imakenews. com/sirsi/e_article000505688. cfm

4　Library Views 图书馆观点. Librarian 2.0. http://libraryviews. blogsome. com/2005/12/31/233/

5　Pfitz. Librarian 2.0. http://www. bibliotechweb. com/archives/2007/01/26/librarian-20/

6　乱弹图书馆员 2.0. http://you. xmulib. org/(05)lib2. ppt

访谈专栏：图书馆员 2.0 之路

访谈对象：金妮　　工作部门：用户服务部　　年龄：30—40 岁

1. 除了 IM，您是从什么时候开始使用第一个 Web2.0 工具的？这个工具是什么？

答：2006 年，RSS。

2. 您现在使用的 Web2.0 工具有哪些？使用频率如何？您还打算尝试哪些工具？

答：2007 年 4 月创建 BLOG，5 月正式落笔，每周不定期更新；Flickr，下载图片，准备近期上传搜集到的图书馆照片；有了自己的 douban，但还没真正用起来；在游园推荐下使用 365Key 网摘，尝试过火狐狸，但后来卸载了；开始使用 Gmail 信箱；偶尔使用哪吒；在 chinaNing 上面新开了个园子，等待耕耘；注册了并试用了 secondlife；使用 igoogle 作为个性化主页；有 fanfou、facebook、meebo 的账号；经常使用 Wiki；除了个人饭否，为上海交大图书馆建立了饭否账号并不定期填充内容；下一步打算深入去实践刚刚开始的这些服务，同步进行新的尝试。

3. 您觉得这些 Web2.0 工具给您的工作、学习、生活各带来了哪些新的变化？

答：2.0 提供了交流和展示的平台，拓展了获取信息的渠道，结交了一大批志同道合的朋友,激发了专业学习和业务探讨的热情。另外,在实际工作中更能站在"用户"的角度去思考问题,这是我体会最深的,2.0真是个魔法师啊!

影响基本都是正面的,但还是要注意不能把太多的时间用在2.0中,而忽略了照料家人和朋友。

4. 您心目中的图书馆员2.0应该是什么样的?最重要的特征是什么?

答:(1)勇于接受变化,并能适时对服务进行调整和改变;(2)乐于学习,对新事物有浓厚的兴趣和尝试的热情,并能与实际应用结合起来;(3)站在用户的立场去思考与解决问题;(4)积极利用新技术与新方法提升专业技能;(5)从细微处着手,不断改善服务;(6)具备良好的沟通能力和服务精神。

5. 您认为自己可以称作图书馆员2.0吗?

答:我认为自己有图书馆员2.0的潜质,它将是我努力的方向。

6. 请您帮助分析下面的事例:"有两个图书馆员A和B,A有自己的博客和博客圈,经常发表专业见解和同行交流,并且使用各种2.0工具,用于专业学习,但不直接为用户服务。B建立了学科馆员博客,为用户推荐学科资源,介绍图书馆服务等,和用户进行互动。B也使用了一些2.0工具,主要应用在图书馆的资源与服务中。"请问,A和B,哪个更像理想的图书馆员2.0模样?还是"A+B"才更理想?或者您还有其他观点?能说一下理由吗?

答:我认为理想的图书馆员2.0应该是A+B,但其实也没有明确的标准。如果能用2.0的精神,对目前的工作哪怕只做一点很细微的改变,也是图书馆员2.0应该具有的素质。

7. 如果让您选3位图书馆员2.0之星,您会选哪几位?请说明您的理由。

答:我选Keven、编目精灵和SOGG。Keven、编目精灵的专业探索精神和分享热情让我感动,SOGG则能主动尝试并应用2.0工具来改进服务。

8. 您是否认同"所有的图书馆员都该努力蜕变成图书馆员2.0"?

答:我赞同曾蕾老师所说的图书馆员只是"跑道不同,方向一致"。但不管是在哪个岗位,都应该主动对变化做出积极的反映,不断完善服务细节,用"没有最好,只有更好"的标准来要求自己,用"乐业、敬业、专业"的精神来勉励自己。

9. 您认为在"用户—图书馆—馆员"这三者中,图书馆员2.0究竟该扮演怎样的角色?

答:图书馆员2.0应该有一种职业敬畏感和使命感,把心底之爱献给用户和图书馆。用户是朋友,图书馆是可以施展专业技能和挥洒服务精神的舞台。

10. 如果请您给您的图书馆员2.0生活加标签,您会用哪些词句?

答：投入地 2.0 一次。

访谈专栏：图书馆员 2.0 之路

访谈对象：图娃　　　工作部门：在学研究生　　　年龄：20—30 岁

1. 除了 IM，您是从什么时候开始使用第一个 Web2.0 工具的？这个工具是什么？

答：2006 年 4 月，BLOG。

2. 您现在使用的 Web2.0 工具有哪些？使用频率如何？您还打算尝试哪些工具？

答：有自己的 Blog；每周更新，每天查看；还打算尝试 Wiki，podcasting，photos 等。

3. 您觉得这些 Web2.0 工具给您的工作、学习、生活各带来了哪些新的变化？

答：学习上从被动式学习或主动式盲目获取信息到自助式互动学习并轻松快乐获取信息转变；生活上从孤立的个体学习生活到互动的社区交流。

4. 您心目中的图书馆员 2.0 应该是什么样的？最重要的特征是什么？

答：技术、服务等形象与角色的集合体或化身，也许就是“嫦娥”的模样吧。

5. 您认为自己可以称作图书馆员 2.0 吗？

答：NO，因为还不是图书馆员呢嘻嘻。

6. 请您帮助分析下面的事例：“有两个图书馆员 A 和 B，A 有自己的博客和博客圈，经常发表专业见解和同行交流，并且使用各种 2.0 工具，用于专业学习，但不直接为用户服务。B 建立了学科馆员博客，为用户推荐学科资源，介绍图书馆服务等，和用户进行互动。B 也使用了一些 2.0 工具，主要应用在图书馆的资源与服务中。”请问，A 和 B，哪个更像理想的图书馆员 2.0 模样？还是“A + B”才更理想？或者您还有其他观点？能说一下理由吗？

答：A + B，图书馆员 2.0 要焕然一新 ing，为用户提供的服务不仅仅是提供指导/指南，要提供深层次服务。

7. 如果让您选 3 位图书馆员 2.0 之星，您会选哪几位？请说明您的理由。

答：小钟、丫枝、金妮。

8. 您是否认同“所有的图书馆员都该努力蜕变成图书馆员 2.0”

答：YES，时代造就。

9. 您认为在“用户—图书馆—馆员”这三者中，图书馆员 2.0 究竟该扮演怎样的角色？

答：连接图书馆与用户的金丝带/红娘。

10. 如果请您给您的图书馆员 2.0 生活加标签,您会用哪些词句?

答:天上嫦娥、水中明月、若有若无。

有:有实实在在的用户感受到的服务为证。

无:只能感受到服务,但对提供服务的地方,提供服务的主体等也许是“犹抱琵琶半遮面”或“雾里看花”的感觉。

附录：术语解释

管理员（administrator）：在某个虚拟环境中具有完全控制权的人。管理员可以为任何用户设置或更改密码；改变网站的外观或者插入新的软件、程序；执行协调、仲裁的任务。

聚合（aggregation）：指从多个网站中搜集信息，最典型的是通过 RSS 搜集。聚合让网站能混合来自多个站点的信息，例如发布关于一个特定关键词的所有新闻。

博客（blog）：源于 Webblog（网络日志）的缩写，一个博客实际是由多个条目组成的网页，一个条目可以是文本、音频、视频、图片或它们的混合体，多个条目按时间的倒序排列，即最新的条目放在最顶端。

blogroll：出现在博客侧边栏的一串推荐网站列表。这些网站或者与该博客在主题上相似，或者是博主经常阅读的，也可能是属于博主的朋友或同事的站点。术语“blogroll”，也使人联想到一个政治上的用语“logrolling”：议员们互相投赞成票以通过彼此都有利的提案。

论坛（forum）：一个在线讨论组，在这里具有共同兴趣的参与者可以开放地交换彼此观点。

混搭（mashup）：一种网络服务或是一个软件工具，它可以把两个或多个工具结合起来提供一种全新的服务。典型的例子是 ChicagoCrime，它把 Google 地图和 Chicago 警察部门的犯罪跟踪网站相结合，来提供 Chicago 不同地区的犯罪地图。

移动博客（mobloging）：是“mobile blogging”的缩写，是指通过移动电话、拍照手机或者 PDA（个人数字化助理）更新博客帖子。写移动博客的人可能比其他博主更频繁地更新网站页面，因为他们并非一定要通过电脑上才能发布博客文章。

版主（moderator）：被授予特殊的权利来执行互联网论坛、公告板或邮件列表规则。

新闻阅读器（newsreader）：通过 RSS 从多个博客和新闻站点搜集新闻的一种程序，它允许读者通过一个网站或者一个程序获取他们所需要的所有新闻。新闻阅读器分为两种：在线式（bloglines，pluck，等等）和桌面式。在线阅读工具允许你在线阅读聚集来的新闻。

播客（podcast）：音频博客，一般每周或每日更新。这个名字起初与 ipod 的相关（苹果公司的MP3播放器)，但现在被广泛用于指可下载的音频文件。

RSS：是一种保存在线信息的格式，通过这一格式使得信息能被多种不同软件读取。很多博客和网站都提供RSS订阅的种子：随时更新的网站最新内容，以一种可以通过新闻阅读器或聚合器马上阅读的版本发布。

社会书签(social bookmarking)：相当于在网站中存储一些喜欢的东西或书签。社会书签服务(如del. icio. us和Furl)让人们在线存储他们喜欢的网站。社会书签还让人们和别人一起分享自己喜欢的网站，让他们扩宽了获取新站点、结识朋友、和同事分享兴趣爱好的渠道。

社会网络(social networking)：社会网络帮助人们通过显示共同的兴趣、相关的技能、相同的地理位置来发现新朋友和合作伙伴。典型的例子有：Friendstr, Linkedln, 和43people。

标签(tag)：用于描述网站内容、书签、照片或者博客帖子的关键词。你可以对同一个网络资源定义多个标签，不同的人对相同的资源也可以定义不同的标签。具有标签功能的网络服务包括社会书签网站(如del. icio. us)照片共享网站(如Flickr)和博客跟踪网站(如technorati)。标签提供了一种组织，检索和发现信息的方法。

引用通告(trackback)：Trackback原本是在Movable Type上应用的一个功能，后来被许多博客工具采用，如TypePad, BoastMachine, WordPress和Nucleus，它使得博客作者了解到谁看了初始帖子后又写了关于这一帖子的其他文章。该系统通过在博客之间互相发送"ping"来工作，借此通告对方。因为垃圾引用太多，它用得并不多(来自www. en. wikipedia. org/wiki/Trackback)。

维基(wiki)：一个协作编辑的网页。最知名的例子是维基百科(wikipedia)，世界上任何人都可以来编写和更新的百科全书。维基经常被用来多个人共同编写一份文档资料，分享参考资料从而可以让同事或者大众一起来贡献内容。

XML：可扩展置标语言(eXtensible Markup Language)的简称，是一个允许用户自定义的语言来显示文档的标记系统。例如：同一个XML文件可以产生基于它的HTML文件、PDF文件和WORD文件等，这就使得用户只需更新一个主文件即可。(来自www. 4umi. com/web/glossary. htm)。

图书馆2.0定义：

- 图书馆2.0的全部都与图书馆用户有关——维系好现有的用户并积极寻找目前还没有使用我们服务的用户。它与吸收思想、技术相关，吸收那些有助于图书馆将他们的服务传递给用户的思想与技术；它和“参与”相关，鼓励用户在服务创新和服务提高方面的参与。图书馆 2.0 是一个能够让图书馆快速地反应市场需求的运作模式。这并不表示要放弃既有的读者或使命。它是一种快速改变、弹性的组织架构、Web 2.0 工具、及使用者参与的哲学，能够使图书馆处于一个更加巩固的位置，并有效地、有效率地满足更多使用者的需求（Michael Casey，LibraryCrunch：www.librarycrunch.com，参考“图书馆观点”的译文）。

- 图书馆 2.0 的原则是试图去打破障碍，例如在时间及地点上的障碍、我们固有作法所带来的障碍，从而使得用户不论在什么地方，图书馆都能将信息、娱乐等内容送到他们的手中。它是一个“以用户为中心”的范例，关注的是知识、经验、合作、新内容的创新和鼓舞人心（Michael Stephens，Tame the Web：www.tametheweb.com）。
- 图书馆 2.0 深受馆员之间或馆员与读者之间那种在技术驱动下、双向的、社会性的互动的影响。Lib2.0 提供了一个框架（framework），在这个框架内我们能够以可用性与可查找性为根本目标，重新评估传统图书馆事业本质上的方方面面（John Blyberg，Blyberg.net：www.blyberg.net）。
- 图书馆 2.0 是图书馆服务自然进化到一定水平的结果。在这个水平阶段，图书馆用户自己控制着怎样以及何时获取，想要的服务（Thomas Brevik，Library 1.5：http://lib1point5.wordpress.com/）。

（娄秀明翻译，楼向英审校）

参考文献

1 Aaron Skonnard 著；NorthTibet 译. 关于 Blog 和 RSS 的全面介绍. http://xoops. org. cn/modules/wordpress/?p=89［发布日期：2004-9-12］

2 Aether. 在世即是理想乡［博客］. http://woooh. com/［检索日期：2007-12-26］

3 Aidan Henry 著；毛心宇 译. iGoogle：个性化 google 的重要部分. http://www. yeeyan. com/articles/view/395/1477［发布日期：2007-8-10］

4 Jackie. OPAC：处在边缘. http://my. donews. com/jackiege/2006/11/13/opacs-on-the-edge/［发布日期：2006-11-13］

5 Keso. 对牛乱弹琴 | Playin' with IT［博客］. http://www. donews. net/keso/［检索日期：2007-12-26］

6 Keven. 数图研究笔记［博客］. http://www. dlresearch. cn/keven/［检索日期：2007-12-26］

7 Olivier Diesnis 撰写，爱思唯尔科技部 翻译. 桌面工具条，让图书馆离用户近些，再近些. http://www. qiantu. org/liblog/?p=57［检索日期：2007-8-10］

8 Sogg. XMULibrary@Twitter/Fanfou/Jiwai. de. http://www. sogg. name/archives/2007/0613213521. html［发布日期：2007-6-13］

9 艾颖. 图书馆的现代化对图书馆人际关系的影响. 科技咨询导报，2007(12)：255

10 编目精灵. OPAC 改朝换代由此开始. http://catwizard. bokee. com/4209193. html［发布日期：2006-1-16］

11 编目精灵. Talis 与图书馆 2.0. http://catwizard. bokee. com/5269930. html［发布日期：2006-6-20］

12 编目精灵Ⅱ--On the Fly［博客］. http://catwizard. blogbus. com/［检索日期：2007-12-26］

13 曹树金，罗春荣编著. 信息组织的分类法与主题法. 北京：北京图书馆出版社，2000

14 陈冠军. 精通 ASP. NET 2.0 典型模块设计与实现. 北京：人民邮电出版社，2007

15 初景利. 图书馆数字参考咨询的理论与实践研究［博士论文］. 北京：中国科学院研究生院（文献情报中心），2003

16 崔景昌，刘德洪. 自由分类法的社会性及其利用. 图书情报工作，2007(2)：41—43

17 戴维民主编. 信息组织. 北京：高等教育出版社，2004

18 邓天颖. TAG：无序中有序的个性化分类传播. 河北大学学报（哲学社会科学版），2006(2)：131—133

19 范并思,胡小菁. 图书馆 2.0：构建新的图书馆服务. 大学图书馆学报,2006(1)：2—6

20 范并思. 20 世纪西方与中国的图书馆学. 北京：北京图书馆出版社,2004

21 范并思等编著. 20 世纪西方与中国图书馆学：基于德尔斐法测评的理论史纲. 北京：北京图书馆出版社,2004

22 方兴东,王俊秀. 博客——e 时代的盗火者. 北京：中国方正出版社,2003

23 付蔚,王海兰. Web2.0 时代 OPAC 发展及书目创新服务的思考. 图书情报工作,2007(2)：117—120

24 高丹,李晓红. 近年来我国网络信息组织研究述略. 图书情报知识,2004(5)：63—65

25 高丹. 网络信息组织方法研究综述. 图书馆杂志,2004(10)：40—42

26 胡小菁. 发展中的新一代 OPAC. 数字图书馆论坛,2007(4)：20—24

27 胡小菁. 论图书馆网络服务的延伸. 传承 服务 创新. 北京:北京图书馆出版社,2007：1—10

28 胡小菁. 论新一代 OPAC 的理念与实践. 中国图书馆学报,2006(05)：67—70,75

29 黄纯元. 图书馆与网络信息资源. 中国图书馆学报,1997(6)：13—19

30 黄如花. 网络信息组织：模式与评价. 北京：北京图书馆出版社,2003

31 贾春华. 从文本信息秩序到数字信息秩序——信息组织进展研究. 情报资料工作,2005(3)：53—55

32 姜明媚. Web2.0 全球同此冷暖. http://www.ciweekly.com/article/2007/0508/A20070508574394.shtml [发布日期：2007-05-08]

33 老槐. 新年献辞：博客是个好东西. URL:http://oldhuai.bokee.com/6006660.html [发布日期：2007-1-1]

34 雷泽勇. 图书馆学科信息导航服务新思路——wiki. 图书情报工作,2006(增刊)：157—159

35 冷伏海主编. 信息组织概论. 北京：科学出版社,2003

36 李书宁,纪高飞. RSS 及其在图书馆的应用. 图书馆理论与实践,2006(5)：96—98.

37 李远. 威斯康星大学宣布加盟 Google 数字图书馆. http://it.sohu.com/20061013/n245774151.shtml [发布日期：2006-10-13]

38 立博若. 飞鸽,一页网罗天下—Pageflake. http://libralife.yculblog.com/post.1701746.html [发布日期：2006-12-11]

39 林信成,陈莹洁,游忠谚. Wiki 协作系统应用于数字典藏之内容加值与知识汇集. 教育资料图书馆学,2006(3)：285—307

40 刘炜,葛秋妍. 从 Web 2.0 到图书馆 2.0：服务因用户而变. 现代图书情报技术,2006(9)：8—12

41 刘炜. 基于本体的数字图书馆语义互操作[博士论文]. 上海：复旦大学计算机系,2005

42 刘峥. 基于 Folksonomy 的数字资源系统研究. 现代图书情报技术,2006(2)：40—42

43 刘足之. 国内 Mylibrary 的研究现状. 图书与情报,2006(2)：104—107

44 毛军. 元数据、自由分类法(Folksonomy)和大众的因特网. 现代图书情报技术,2006(2):1—4

45 毛军. 图书馆信息服务和搜索引擎的跨界合作. 现代图书情报技术,2006(9):2—7

46 能向群. Web2.0 时代的网络传播——SNS:网络人际传播的现实化回归. 河北大学学报(哲学社会科学版),2006(2):130—131

47 潘宏. Google Print 简介. http://www.chinainfo.gov.cn/data/200509/1_20050912_118366.html [发布日期:2005-9-12]

48 潘卫,郑巧英. IM-实时数字参考咨询方式的再选择. 现代图书情报技术,2006(11):12—15

49 乔欢,刘漫,陈志新. OPAC 历史沿革及其发展趋势. 国家图书馆学刊,2006(4):5—9

50 尚克聪. 信息组织论要. 图书情报工作,1998(11):1—4

51 孙秀秀(CNNIC 信息服务部). 2006 年中国搜索引擎市场调查报告. http://www.cnnic.cn/download/2006/sreport.pdf [发布日期:2006 年 9 月]

52 台湾大学图书馆新服务实验室. URL:http://blog.lib.ntu.edu.tw/beta/ [检索日期:2007-8-10]

53 谈鹤玲. 试论信息泛滥. 现代情报,2001(1):35—36

54 谭斌. 2006 年度中国 Web2.0 回顾与展望. http://news.ccidnet.com/art/1032/20070122/1006787_1.html [发布日期:2007-1-22]

55 王博, 刘青华. 基于 wiki 的图书馆网络交流平台建设. 图书馆学研究,2006(11):19—21

56 王大可. 数字图书馆. 深圳:海天出版社,2002

57 魏群义. 重庆大学图书馆管理系统 ADLIB2.0. 2007 年数字图书馆前沿问题高级研讨班,广西桂林

58 吴锦范. RSS 的介绍及其在图书馆的应用. http://www.lac.org.tw/epaper/200607/RSS20060716.pdf [检索日期:2007-12-26]

59 谢亮,李淑芬. 我国 30 所高校图书馆 OPAC 系统的调查分析. 图书馆工作与研究,2007(1):54—57

60 鑫森淼焱垚. 2006"博客年"博客的规模已达 6000 多万. http://news.ccidnet.com/art/1032/20060714/630435_1.html [发布日期:2006-7-14]

61 杨威理. 西方图书馆史. 北京:北京图书馆出版社,1988

62 尹开国. 自由人的自由联合:维基百科评介. 图书情报工作,2007(02):142—144,86

63 游园. 游园惊梦[博客]. http://youmeng.bokee.com/ [检索日期:2007-12-26]

64 俞懿晗. 美国筹建世界最大"数字图书馆". http://news.21tx.com/2005/11/23/11370.html [发布日期:2005-11-23]

65 臧国全. 实时型网上参考咨询的效用分析. 图书馆杂志,2005(3):28—32,19

66 张帆主编. 信息组织学. 北京:科学出版社,2005

67 赵阳. 图书馆 RSS 应用探索. 图书馆建设,2007(1):83—85

68 中国 Web2.0 时代网络媒体发展趋势研究报告. http://www.365report.com/report/reportview9333.

htm［发布日期：2006－11－29］

69 钟远薪，张春晓．基于 AJAX 的嵌入式 TAG 系统初步研究．图书馆杂志，2007（8）：40—43

70 周宁主编．信息组织．武汉：武汉大学出版社，2004

71 周荣庭，郑彬 编译．分众分类：网络时代的新型信息分类法．现代图书情报技术，2006（3）：72—75

72 朱烨．基于窄分众分类法构建学科网摘门户初探．图书情报知识，2007（1）：74—78

73 2005－2006 Web2.0 现状与趋势调查报告发布．http://it.sohu.com/20060224/n242002953.shtml［发布日期：2006－02－24］

74 2006 中国 Web2.0 发展现状与趋势调查报告［简版报告］．http://www.internetdigital.org/report/Web20_Report_Sample.pdf［检索日期：2007－12－25］

75 e 划通首页．URL：http://desktool.csdl.ac.cn/［检索日期：2007－8－10］

76 Internet Guide 2007 中国互联网调查报告简版报告．http://www.dcci.com.cn/download/InternetGuide2007中国互联网调查报告简版报告.pdf［检索日期：2007－12－25］

77 Java 开源 RSS 组件包．http://www.open-open.com/48.htm［检索日期：2007－12－26］

78 OpenID 中文博客．http://openids.cn/［检索日期：2007－8－10］

79 Popfly 初体验．http://chinabeta.cn/wgjs/rjyy/200705/17508.html［发布日期：2007－5－23］

80 RSS Feed 的应用以及周边．URL：http://blog.sina.com.cn/s/blog_48aa52f101000ciz.html［发布日期：2007－07－08］

81 Wikipedia：关于．http://zh.wikipedia.org/w/index.php?title=Wikipedia:%E5%85%B3%E4%BA%8E&oldid=53464262007－10－14［检索日期：2007－11－12］

82 Wikipedia：中立的观点．http://zh.wikipedia.org/w/index.php?title=Wikipedia:%E4%B8%AD%E7%AB%8B%E7%9A%84%E8%A7%82%E7%82%B9&oldid=5561566［检索日期：2007－11－12］

83 Windows RSS 平台简介．http://www.microsoft.com/china/msdn/library/data/xml/ms686418.mspx?mfr=true［发布日期：2007－06－12］

84 Yahoo 知识堂．谁能详细的说说 yahoo widget 是什么?．http://ks.cn.yahoo.com/question/?qid=1306112520561［检索日期：2007－8－10］

85 德国巴伐利亚州图书馆将加入 Google 数字图书馆项目．http://www.caijing.net.cn/finance/show.php?itemid=51862&page=1［检索日期：2007－3－8］

86 国图在行动了—全球数图风暴一瞥．http://blog.donews.com/group/blogsir/p52.aspx［发布日期：2005－12－21］

87 互联网发展时间线（简史表）．http://www.lzu.edu.cn/netteach/dncz/jbyl/lszl/timeline.htm［检索日期：2007－12－25］

88 互联网历史．http://wiki.donews.com/index.php?title=%E4%BA%92%E8%81%94%E7%BD%

91%E5%8E%86%E5%8F%B2&printable=yes［检索日期：2007-12-25］

89 计算资讯. 中国WEB2.0研究报告(精要版). http://www.ccwresearch.com.cn/store/downloads/200641213294%B1%A8%B8%E6%BE%AB%D1%A1%B0%E6.pdf［发布日期：2006年4月］

90 美国图书数字化再掀新浪潮 计划将耗资巨大. http://stock.hexun.com/column/detail.aspx?id=1448681［发布日期：2005-12-14］

91 欧洲提议数字图书馆计划 对抗Google和美国文化冲击. http://www.21cnbj.com/industrynews/google2005/2005-05-10-3459.html［发布日期：2005-05-10］

92 全球博客超七千万 日语博客继续领跑 中文排第三. http://www.chinalabs.com/view/ZXKM0PNI.html［发布日期：2007-4-9］

93 墨神的凡龛.数图发展新契机之：OCA-抗衡Google的数字图书馆计划. http://www.thinkjam.org/mercury/archives/2005/11/ocagoogle.html［发布日期：2005-11-6］

94 图书馆2.0应用拾贝. http://www.slideshare.net/keven/20-38911/［检索日期：2007-12-28］

95 图书搜索成人类知识数字化战争焦点. http://www.isc.org.cn/20020417/ca369539.htm［发布日期：2006-08-29］

96 网站RSS化简明指南. http://hi.baidu.com/cloudk/blog/item/e703d85cf1a2c943fbf2c0a1.html［发布日期：2007-01-18］

97 厦门大学知识港. http://210.34.4.20/cn/detail.asp?pid=4&sid=602［检索日期：2007-8-10］

98 与马德里大学合作 Google首推非英语数字图书馆. http://www.p5w.net/news/gjcj/200609/t542984.htm［发布日期：2006-9-23］

99 早期计算机发展大事记(1614-1994). http://www.cnsharenet.com/DOS/F/dosh/doshh.htm［检索日期：2007-12-25］

100 只说［博客］. http://blog.donews.com/sayonly/［检索日期：2007-12-26］

101 2005-2006中国WEB2.0现状与趋势调查报告. http://www.internetdigital.org/report/web20_report_index.pdf［检索日期：2008-1-10］

102 中国国家图书馆. 世界各国图书馆资料库-美国国会图书馆. http://www.nlc.gov.cn/old/nav/nlibs/us/［检索日期：2007-12-25］

103 Christina M. Desai, Stephanie J. Graves. Instruction via Instant Messaging reference: what's happening?. *The Electronic Library*. 2006.24(2):174—189

104 Cris Ferguson. Technology Left Behind -- Making Friends Online. *Library Use of Social Networking Services. Against the Grain*, 2007, Vol. 19(Issue 3): 86—87

105 Danah Boyd. Friends, Friendsters, and Top 8: writing community into being on social network sites. *First Monday*, Dec 2006, Vol. 11(No. 12)

106 Darcy Dapra. Google Scholar Library Links Hits 1,200 Participating Libraries. http://librariancentral.

Blogspot. com/2007/06/google-scholar-library-links-hits-1200. html [发布日期: 2007 - 6 - 7]

107 Darlene Fichter. Why and How to Use Blogs to Promote Your Library's Services. *Marketing Library Services*, 2003, Vol. 17(Issue: 6):1—4

108 David D. Oberhelman. Reference service and resources in the age of instant messaging. *Reference Reviews*. 2007. 21(2):7—8

109 David Liben-Nowell, Jon Kleinberg. The link-prediction problem for social networks. *Journal of the American Society for Information Science and Technology*, May 2007, Vol. 58(No 7): 1019—1031

110 Elaine Peterson. Beneath the Metadata: Some Philosophical Problems with Folksonomy. *D-Lib Magazine*, 2006(11). http://www. dlib. org/dlib/november06/peterson/11peterson. html [检索日期: 2007 - 12 - 27]

111 Eulynn Shiu, Amanda Lenhart. ARL STATISTICS 2004 - 05. http://www. arl. org/bm ~ doc/arlstat05. pdf [检索日期: 2007 - 11 - 12]

112 Eulynn Shiu, Amanda Lenhart. How Americans Use Instant messaging. http://www. pewinternet. org/pdfs/PIP_Instantmessage_Report. pdf [2004 - 9 - 1]

113 J. Alison Bryant, Ashley Sanders-Jackson, Amber M. K. mallwood. IMing, Text Messaging, and Adolescent Social Networks. *Journal of Computer-Mediated Communication*. 2006(11): 577—592

114 Jeremy Frumkin. The Wiki and the digital library. *OCLC Systems & Services*. 2005, Vol. 21(No. 1): 18—22

115 Judith Pearce. User collaboration in Websites. http://www. nla. gov. au/nla/staffpaper/2006/jpearce1. html [检索日期: 2007 - 10 - 7]

116 Ken Chad. Talis Insight 2004 conference: views of technology futures. *The Electronic Library*, 2005, Vol. 23(Issue: 5): 514—520

117 Lucy A. Tedd . OPACs through the Ages. http://www. emeraldinsight. com/Insight/html/Output/Published/EmeraldFullTextArticle/Pdf/0350430402. pdf [检索日期: 2007 - 11 - 8]

118 Marieke Guy, Emma Tonkin. Folksonomies: Tidying up Tags. *D-Lib Magazine*, 2006(1). http://www. dlib. org/dlib/january06/guy/01guy. html [检索日期: 2007 - 12 - 27]

119 Marc Solomon. Searching Becomes Conversing. *Searcher*, 2004, Vol. 12(Issue 3):16—26

120 Mary Ellen Bates. It's Not Who You Know, It's Who's Linked To You. *Econtent*, 2004. 11(27)

121 Michael P. Sauers. *Blogging and RSS: A Librarian's Guide*. Medford: Information Today, 2006

122 mzeng[曾蕾]. Folksonomy Bookmarks. http://www. slis. kent. edu/ ~ mzeng/metadata/folksonomymark. htm [检索日期: 2007 - 12 - 26]

123 Philipp Keller. Then each went to his own home--Philipp Keller's thoughts on tags and other sweets [Blog]. http://www. pui. ch/phred/ [检索日期: 2007 - 12 - 26]

124 Richard Wallis. Project Whisper. http://www.talis.com/tdn/whisper [发布日期: 2006-4-9]

125 Robin Peek. Librarians on Second Life. *Information Today*, Feb 2007, Vol. 24(Issue 2): 15—16

126 Ryan Bigge. The cost of (anti-) social networks: identity, agency and neo-luddites. *First Monday*, Dec 2006, Vol. 11(No. 12)

127 Stacey Schesser. Myspace on the record: the admissibility of social website content under the Federal Rules of Evidence. *First Monday*, Dec 2006, Vol. 11(No. 12)

128 Stan Schroeder. The Ultimate RSS Toolbox - 120 + RSS Resources. http://mashable.com/2007/06/11/rss-toolbox/ [发布日期: 2007-6-11]

129 Teri M. Vogel, Doug Goans. Delivering the News with Blogs: The Georgia State University Library Experience. *Internet Reference Services Quarterly*, 2005, Vol. 10(Issue: 1), :5—27

130 Thomas Gruber. Ontology of Folksonomy: A Mash-up of Apples and Oranges. *Int'l Journal on Semantic Web & Information Systems*, 2007(3). http://tomgruber.org/writing/ontology-of-folksonomy.htm [检索日期: 2007-12-27]

131 Tony Hammond, Timo Hannay. Social Bookmarking Tools (I): A General Review. *D-Lib Magazine*, 2005(4). http://www.dlib.org/dlib/april05/hammond/04hammond.html [检索日期: 2007-12-27]

132 Tracey Caldwell. Who shares, wins. *Information World Review*, Dec 2006, No. 230: 23—25,

133 [美国12所大学将与Google数字图书馆计划合作]. http://www.computerworld.com/action/article.do?command=viewArticleBasic&articleId=9023818&source=RSS_news50 [英文,原文无题名,中文题名自拟] [发布日期: 2007-6-6]

134 A Stale State of Tagging? http://vanderwal.net/random/entrysel.php?blog=1945 [发布日期: 2007-8-30]

135 Advanced Query User Interface Architecture(AQUA). http://dsd.sztaki.hu/projects/aqua/en/ [检索日期: 2007-12-27]

136 AquaBrowser customers. http://www.medialab.nl/index.asp?page=customers/overview&sortby=market [检索日期: 2007-7-10]

137 Bowker Acquires Medialab Solutions, Developer of AquaBrowser Library. http://www.bowker.com/press/bowker/2007_0622_bowker.htm [发布日期: 2007-6-22]

138 Dystmesis. [Blog]. http://dystmesis.net/ [检索日期:2008-1-10]

139 Feedom 0. http://diveintomark.org/archives/2004/05/14/freedom-0 [发布日期: 2004-5-14]

140 Free Community Toolbar Builder. http://www.conduit.com/ [检索日期: 2007-8-10]

141 How Librarians Can Use. http://www.libsuccess.org/index.php?title=How_Librarians_Can_Use&oldid=3792 [检索日期: 2007-11-12]

142 Library ELF. http://www.libraryelf.com/ [检索日期:2007-8-10]

143 Medialab Solutions announces the first fully web-based search service with AquaBrowser Online. http://www.librarytechnology.org/ltg-displaytext.pl?RC=12199 [检索日期: 2007-7-10]

144 More Google Products. http://www.google.cn/intl/zh-CN/options/ [检索日期: 2007-12-26]

145 NCSU Libraries Unveils Revolutionary, Endeca-Powered Online Catalog. http://www.lib.ncsu.edu/news/libraries.php?p=1998&more=1 [发布日期: 2006-1-12]

146 OCLC. WorldCat: Facts and statistics. http://www.oclc.org/asiapacific/zhcn/worldcat/statistics/default.asp [检索日期: 2007-12-26]

147 OCLC. WorldCat: Window to the world's libraries. http://www.oclc.org/worldcat [检索日期: 2007-12-26]

148 OPML(Outline Processor Markup Language). http://www.opml.org/ [检索日期: 2007-12-26]

149 RSS 2.0 Specification. http://blogs.law.harvard.edu/tech/rss [发布日期: 2003-7-15]

150 Software comparison chart. http://www.ojr.org/ojr/images/blog_software_comparison.cfm [检索日期: 2007-12-27]

151 WordPress About. http://wordpress.org/about/ [检索日期: 2007-12-27]

152 WordPress Codex. http://codex.wordpress.org [检索日期: 2007-12-27]

153 WordPress Features. http://codex.wordpress.org/WordPress_Features [检索日期: 2007-12-27]